谨以此书献礼山西省考古研究所六十华诞

汾阳东龙观宋金壁画墓

山西省考古研究所
汾阳市文物旅游局　编著
汾阳市博物馆

文物出版社

封面题签　武毓璋
责任印制　王少华
责任编辑　秦　彧　杨新改

图书在版编目（ＣＩＰ）数据

汾阳东龙观宋金壁画墓 / 山西省考古研究所，汾阳
市文物旅游局，汾阳市博物馆编著. -- 北京 ： 文物出版
社，2012.7
ISBN 978-7-5010-3486-4

Ⅰ．①汾… Ⅱ．①山… ②汾… ③汾… Ⅲ．①壁画
墓－研究－汾阳市－辽宋金元时代 Ⅳ．①K878.84

中国版本图书馆CIP数据核字(2012)第135699号

汾 阳 东 龙 观 宋 金 壁 画 墓

山西省考古研究所
汾阳市文物旅游局　　编著
汾 阳 市 博 物 馆

*

文 物 出 版 社 出 版 发 行
北京市东直门内北小街2号楼
邮政编码：100007
http://www.wenwu.com
E-mail: web@wenwu.com
北京杰诚雅创文化传播有限公司　印制
新 华 书 店 经 销
889×1194　1/16　印张：33.5　插页：4
2012年7月第1版　　2012年7月第1次印刷
ISBN　978-7-5010-3486-4　定价：450.00元

Song and Jin Tombs with Murals at Donglongguan in Fenyang

(With An English Abstract)

by

Shanxi Provincial Institute of Archaeology

Fenyang Municipal Bureau of Cultural Relics and Tourist

Fenyang Municipal Museum

Cultural Relics Press

序

　　《汾阳东龙观宋金壁画墓》是为纪念山西省考古研究所成立六十周年而出版的考古报告之一，书稿于2011年底交给文物出版社，约定今年（2012年）八月前正式出版。

　　今年初，作者王俊请我为报告写个序。我说应该找一位对宋金考古有深入研究的专家写，但是，他说从工作角度考虑，由我来写序更有意义。我仔细一想有些道理。从墓葬发现、现场保护一直到"走近考古、步入宋金"公众考古活动的举办，应该说我倾注了大量心血，这是我任所长以来关注度最大的项目之一。近年山西省考古研究所做的基本建设考古项目很多，宋金考古也不是我研究的长项，为何我对汾阳东龙观墓地如此情有独钟呢？这恐怕还要从东龙观墓地发掘和公众考古活动的话题说起。

　　2008年6月初，王俊开始主持东龙观墓地的发掘。一个月后，墓地发掘有了重要发现，先后发掘出了金代的砖雕和壁画墓。7月16日，我同海金乐、马昇两位副所长一同前往工地了解情况，当看到M5的壁画时不觉一震，内容不但有"香积厨"和"茶酒位"，还有"换钞"等内容，其学术价值相当重要。我们当即认为墓葬应该加以保护，如果现场保护有困难的话，那就实施异地搬迁保护。与随同的汾阳市领导沟通后，决定在7月18日先举行一个专家咨询会议。由于整个墓地发掘工作还在进行中，这次会议先就重要墓葬的现场保护形成了一个意见。8月16日，发现了王氏家族墓地规划图"明堂"，这是我国宋金考古首次发掘出土的"明堂"实物，其意义非同凡响，这个发现进一步增加了该墓地的重要性。9月26日，汾阳市政府就东龙观墓地保护举行了第二次专家论证会，这次会议确定了在原址建设墓葬博物馆保护。11月26日，国家文物局专家组到东龙观墓地考察，再次强调了墓地原址保护的意见，要求我所尽快交给地方文物部门加以保护。12月23日，东龙观墓地墓葬及出土遗物全部移交给汾阳市文物旅游局，第二天，考古队离开汾阳，结束了现场发掘和保护工作。

　　在墓地发掘结束与移交给地方政府前这段时间，墓葬的现场保护工作一直由考古队负责，只能进行临时的保护，正式永久的保护方案需要等待汾阳市政府尽快拿出。然而，也许是心情焦急的原因，这个等待的过程我们总感觉漫长。连续的焦虑与思考，12月9日，我突然产生了一个想法，何不借此贴近生活的考古发现举办一场大型公众考古活动？一则能传播考古知识，提升东龙观墓地知名度；二则以活动促保护，推动地方政府尽快启动原址保护；三则能探索考古成果惠及于民的途径。想到说到更重要是做到，经过一个月的紧张策划与筹备，2009年1月10日，依托东龙观墓地重要考古发现举办的"走近考古、步入宋金"大型公众考古活动在山西博物院报告厅顺利进行，来自社会各界的三百多人参加了活动，这次公众考古活动取得了意想不到的成功！

现在看来，我所举办的"走近考古、步入宋金"大型公众考古活动，无疑已成为我国公众考古实践的一个典型案例，在业内外引起了强烈反响。并且以此为契机，我所还随后成立了公众考古室，专职策划组织各种公众考古活动，并创建了真正面向公众的"考古汇"网站，旨在传播考古、推动保护、传承文明。三年多来，这一系列公众考古工作得到了社会各界的大力支持和认可，引领了我国公众考古事业的蓬勃发展。应该说，没有东龙观墓地的发现就没有"走近考古、步入宋金"公众考古活动，而没有这个活动就没有我们的公众考古室和之后三年多来的一系列公众考古工作。由此可说，我所公众考古工作取得的成绩都与东龙观墓地有直接的关系，当然也就同发掘主持人王俊有一定的关系。所以，当王俊提议我从工作角度特别是公众考古写这篇序时，我不仅愿意，同时还有些兴奋，其缘由由上可知。

然而，一篇序不涉及报告本身和作者，总感觉少了些什么，就像一场戏缺了主角让观众索然无味一样。所以，还是要略谈一下报告和作者。

报告最终取名《汾阳东龙观宋金壁画墓》是费了一番周折的，是以主要地点、主要时代、主要特征三者概括出来的名称。实际上，这是一本公路建设考古报告集，道路起自汾阳南关，终于孝义贾家庄，全线长10千米，发掘地点虽然相对集中，但还是分散在东龙观、西龙观、团城三处地点五个发掘区。墓葬时代则涉及到唐、宋、金、元、明、清多个时期，墓葬数量共48座，报告中材料全部发表。但最精彩部分是东龙观南区的M2、M3、M5、M6和北区的M1、M48六座分属于两个家族的宋金砖雕壁画墓，这是本报告的亮点之一。精美的砖雕和壁画仅仅是一种表现的艺术形式，这还不足于使我们如此兴奋，更令人惊叹的是壁画所反映的内容涉及到宋金时期社会生活的诸多方面，衣食住行，无所不包。尤其是M5壁画中兑换货币的场景，类似内容的壁画以往在汾阳高级护理学校、孝义下吐京村、平定姜家沟村、大同宋辽金墓中就有发现，但无人将其同货币兑换联系起来，而这次东龙观M5又一次发现，作者则将此类内容上升到货币兑换的经济学角度来研究，进而推论更早的晋商，应该说是本报告的另一亮点。报告的第三个亮点是东龙观南区"王立"家族墓地发现的"明堂"实物。墓地"明堂"的文献资料出现较早，《地理新书》、《大汉原陵秘葬经》书中明确记载了晚唐、五代至宋金时期今天华北、西北部分地区"明堂"选择、安置的习俗。宿白先生在《白沙宋墓》中对"明堂"也有明确的论述，但"明堂"实物此前从未发现。东龙观墓地"明堂"的发现无疑填补了这一空白，其学术价值和意义不言而喻。

谈了报告，还需谈谈作者王俊。常言道"巧妇难为无米之炊"，但考古工作的现状常常是"好米难遇巧妇"。现在是物欲横流的时代、考古发现层出不穷的时代、人心浮躁不安的时代，现实的情况往往是"发掘抢着做，报告无人理"。因此，即使是一个重要的考古发现，报告的出版也常常是遥遥无期。与此形成鲜明对比的是王俊，作为该报告的作者，发掘一结束就迅速进入整理阶段，并在规定的时间内完成了报告的整理编写工作。他不但在发掘和整理期间查阅了大量的文献资料，还运用民族学的调查方法走访了一些熟悉当地葬俗的地方名人，为深入研究和解读东龙观墓地奠定了基础，这种刻苦钻研的精神非常令人钦佩。从发掘开始到报告书稿交给出版社历经三年，期间他还经历了父亲离去的痛苦和资料室管理工作的负荷，而这一切都没有影响作者交出这份令人满意的答卷。正如他自己曾经所说的，这是他具备领队资格后独立主持的第一个项目，无论心理还是资料上都已做好充分准备，希望所里对他的田野工作有一次充分的了解认识。这份表白道出了作者的肺腑之言，而报告的正式出版也给他的这项工作画上了圆满句号。

报告就要付梓了，以上所述只是帮助读者在阅读报告前了解此项工作的一些相关背景。无论报告内容，还是作者王俊，这个短短的序均无法涵盖。若想了解其中的精彩与存在的问题，还需读者细细翻阅。

宋建忠

2012年5月

目　录

插图目录

彩版目录

第一章 前 言

一 地理环境

汾阳市位于山西省晋中盆地西缘，西倚吕梁山、东临汾河水，属于低山平原地区，其地理坐标是北纬 37° 8′ 50″ ～ 37° 29′ 10″，东经 111° 20′ 50″ ～ 112° 0′ 24″。汾阳市东顺磁窑河流向与平遥县、介休市接壤，南逾虢义河、颙颉岭与孝义市交界，西依吕梁山脉与中阳县、离石县连接，北沿石桦崖、墙板山、龙洞梁走向与文水县相邻。汾阳市境东西长 52 千米，南北宽 45 千米，东北距省城太原 108 千米，总面积 1178.91 平方千米。

汾阳市全境地势西北高、东南低，由西北向东南逐渐倾斜，平均海拔 1414 米，其中石华崖海拔 2043 米，是辖境内的最高峰。汾阳地处黄土高原，属温带大陆性气候。冬夏风向更替明显，冬季寒冷干燥，夏季炎热多雨，春秋短暂凉爽。全境大致分为洪积冲积平原区、台塬丘陵区、高山中山区三个气候区，境内年平均气温因受地形影响，差异较大，一般海拔每增高 100 米，年平均气温降低 0.5 ～ 0.6℃。平原地区年平均气温 9.7℃，丘陵地区 8.5℃左右，山区 6℃，头道川河以北的高山中山区仅 4.9℃。气温一年内变化也比较大，1 月份气温最低，多年平均为 -6.5℃，7 月份最高，多年平均为 23.8℃。全市日照比较充足，全年平均日照时数为 2601.3 小时（1956 ～ 1990 年），日照百分率 59%。年降水量及无霜期也因地势原因呈梯次分布；冲积平原区年平均降水量 460 余毫米，无霜期 170 ～ 180 天。台塬丘陵区年平均降水量 520 毫米，水土流失严重，多出现干旱和轻干旱状态，无霜期比平原地区短，高山中山区年平均降水量 600 余毫米，无霜期 90 ～ 130 天。

汾阳市境内土壤主要有三类：棕壤、褐土、草甸土。其中棕壤主要分布在万宝山乡西北部，海拔 1820 米以上的高山中山区，总面积 16444.5 亩，占全市总土地面积的 0.9%，土层较厚，呈微酸性—中性反应。褐土是汾阳市境内的主要土壤类型，广泛分布于西部和中部的 12 个乡镇，总面积 216862 亩，占全市总土地面积的 69%。草甸土主要分布于河谷平原一级台地及季节河谷中，洪积扇缘也有小面积分布，是市内主要农业土壤类型之一，面积 329211 亩，占总面积的 18.6%。其中褐土亚类之一的淡褐土主要分布在三泉镇西部、城关西部、峪道河西北部地形平缓的台塬地带，海拔在 760 ～ 1000 米[①]。

东龙观墓地基本处于淡褐土壤分布区中，地形上属于山前缓坡地带，黄土发育完善。墓地北距汾阳市约 4 千米，南距孝义市贾家庄约 6 千米，西北距颙颉岭山前丘陵约 5 千米，东距汾阳—孝义二级公路约 1.5 千米。墓地处于阳城河与虢义河之间，西北高东南低，海拔约 770 米（图一）。

---

① 汾阳县志编纂委员会：《汾阳县志》，海潮出版社，1998 年。

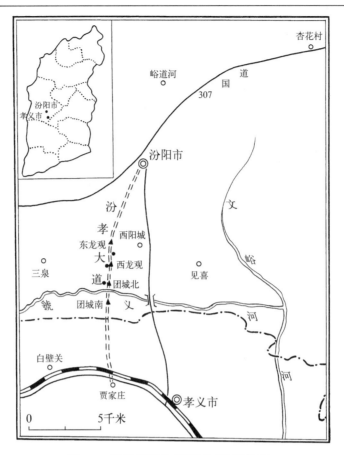

图一　东龙观墓地地理位置示意图

二　历史沿革

　　东龙观墓地位于今汾阳市境内南部。汾阳，在《禹贡》九州中为冀州之域，在周《职方》中属并州。春秋初期晋灭虞、虢，迁其人于此，置瓜衍县。战国属赵，为兹氏县。秦昭襄王二十五年（公元前282年），秦攻赵，拔兹氏。秦庄襄王三年（公元前247年）地入秦，为太原郡的属县。

　　秦统一中国后，仍名兹氏县，隶太原郡。

　　汉属并州刺史部——太原郡。王莽新朝易名兹同。东汉复为兹氏县，仍属并州刺史部之太原郡。

　　三国魏黄初二年（221年），置并州西河郡，郡治设于兹氏县，县属之。

　　西晋咸宁三年（277年），改封陈王司马斌为西河王，驻兹，改郡为国，兹氏易名隰县隶之。永安元年（304年），地归前赵（刘渊）。以后邑先后递归后赵、前秦、前燕、后燕，拓跋珪皇始元年（396年），地归北魏。太延（435～440年）中隰城县改称什星军。太和八年（484年）复名隰城县，邑置西河郡，隶于汾州，州治设于蒲子城（今交口县蒲依村）。孝昌二年（526年）山胡起义军围蒲子，汾州移至隰城。

　　东魏、北齐时期，隰城县均隶属于汾州西河郡，州、郡治均置于隰城县城。北周于建德五年（576年）取汾州，废州，西河郡隰城县改隶于介州。

　　隋开皇三年（583年）废郡，隰城县直属介州。大业三年（607年）州改郡，复西河郡，郡治置隰城。

唐武德元年（618 年），西河郡改称浩州，属河东道。武德三年（620 年）复称汾州，治隰城县如故。天宝元年（742 年）改汾州为西河郡。乾元元年（758 年），复名汾州，州郡治所均设于隰城县城。肃宗上元元年（760 年），县名改称西河县。历五代、宋、金、元，县名均称西河，属于汾州，汾州治所在县城。其间，周显德元年（954 年）宁化军置于县。宋元丰年间（1078～1085 年），汾州西河郡军置于县，宣和年间（1119～1125 年），汾阳军置于县。

北宋靖康元年（1126 年），金天会四年九月初，粘罕（宗翰）领导西路军攻破太原。之后又下汾州（汾阳）、平阳府（临汾）、龙德府（长治）等地[①]。

金末，蒙古人南征到汾州（汾阳）。《元史·本纪·第一太祖》记载："成吉思皇帝元年，是岁实金泰和之六年（1206 年）也。成吉思汗八年秋……拔汾、石、岚、忻、代、武等州而还。十三年秋八月（金宣宗兴定二年，即 1218 年），木华黎自西京入河东，克太原、平阳及忻、代、泽、潞、汾、霍等州"[②]。

明洪武元年（1368 年），省西河县置汾州（直隶州），兼领平遥、介休、孝义三县。万历二十三年（1595 年），升州为汾州府，依郭设汾阳县，府属冀南道，府、道治所皆驻县城内。

清初，县仍属省冀南道汾州府。康熙五年（1666 年），冀南道并入冀宁道，府与县遂隶冀宁道，府治仍设本邑。

1912 年，废道府存县。1914 年，复置道，县属冀宁道。1930 年废道，县由省直辖。1938 年 2 月，汾阳县政府逃亡，日军侵占县城，4 月，汾阳县抗日民主政府在边山成立。1940 年，属晋西北行署第八专区。1943 年属晋绥边区行署第八专区。1945 年属晋绥边区行署吕梁行署七专区（同年，县政府接管汾阳县城，属省第四区督察专员公署管辖，专署驻汾阳县城，延至县城解放）。1946 年，吕梁行署撤销，县属晋绥边区。1948 年，县划属华北区晋中专区，同年 7 月，县全境解放。8 月，县隶属华北人民政府晋中二分区。

1949 年 9 月，山西省人民政府成立，设汾阳专区（专员公署驻汾阳县城）。1951 年 3 月汾阳专区撤销，汾阳县隶属榆次专区。1958 年 10 月，榆次专署更名为晋中专署。1958 年 11 月至 1959 年 9 月，汾阳与文水、交城合并称汾阳县，仍属晋中专区。1971 年 5 月，汾阳县划归新组建的吕梁专区[③]。1996 年 10 月，撤县建市。

三　发掘概况

汾孝大道考古发掘开始于 2008 年 6 月 11 日，2008 年 12 月 26 日结束，历时 198 天。整个汾孝大道长 10 千米，发现的文物遗存主要是古代墓葬。2008 年 6 月进入考古工地之后，首先对墓葬的分布做了细致的分析和研究，最终确定将分布于长约 10 千米的道路沿线的古墓分为四个区域

①陈振：《宋史》第 423 页，上海人民出版社，2003 年。
②《元史·本纪·第一太祖》，中华书局，1976 年。《元史·列传第六·木华黎》中克"汾州"的纪年也为"戊寅"，与《元史·本纪·第一太祖》记载相同。
③汾阳县志编纂委员会：《汾阳县志》，海潮出版社，1998 年。

进行发掘，它们分别为东龙观段、西龙观段、团城北段和团城南段。在这四个区域之中，东龙观段无疑是最重要的考古遗存。为此，考古队经过慎重考虑，决定先从东龙观段开始发掘。最终，在报告编写过程中，也遵循由北往南，分为东龙观北区、东龙观南区、西龙观区、团城北区和团城南区五章。

为了对墓葬排列进行系统发掘和综合研究，把墓地在钻探图中标识出来的墓葬按照发掘的先后顺序由北到南、自西向东进行统一编号，如发掘中出现打破关系，墓葬编号与发掘顺序号相悖时，个别墓葬的编号便临时调整。由于在东龙观段墓葬发掘过程中，发现钻探图中的墓葬关系混乱，便对整个墓地采取"边发掘边钻探"的方法。因在 M1 与 M2 之间新发现 M39 至 M46 等 8 座金代土洞室墓，且在本段工作临近结束的时候，又在 M1 的北边和 M4 的西面发现 2 座（M47、M48）遗漏的宋金墓葬。这样，原本统一的编号就被打乱，致使在报告中出现了大号在东龙观北区出现和个别墓葬编号错乱的现象。

出土器物的编号采用墓葬回填土中发现的以 01 为起始，依次递增，如 M5 回填土中发现的白釉盘编号为 M5：07；墓葬底部发现的器物以 1 为起始，依次递增，如 M5 墓葬底部发现的铁牛编号为 M5：8；如果两件器物相互叠压，就以 1-1、1-2 等加以区分，如 M41 白釉盘编号为 M41：1-1、M41 白釉碗编号为 M41：1-2。墓葬附属遗迹中发现的器物以 001 为起始，依次递增，如 M5 明堂中遗物澄泥砚的编号为 M5：004。这样编号的目的对出土遗物的位置及其功能的研究有重要的意义，比如在 M2 中很多器物发现在淤土中，使我们考虑到 M2 在下葬不久便被水淹，有的器物便漂浮起来，但是如此多的器物漂移了原来位置，而又在墓底发现铁质棺环、垫棺的方砖等遗物，使我们认识到当时不但用木质大棺来装殓火葬后的墓主人，而且推测下葬时还很可能有木质的棺床。这就是根据遗物出现不同位置，采用不同编号方法在室内整理中给我们的重要启示。由于本报告用了近三年时间才编写完成，其中对某些问题的认识曾发生过多次改变；对于在此期间发表的有关报道和认识与本报告结论相悖时，均以本报告的结论为准。

（一）墓地分区

汾孝大道考古发掘可分为东龙观北区、东龙观南区、西龙观区、团城北区和团城南区，共五个区域（图二）。整个发掘区绵延约 10 千米，北起汾阳市南关村，南至孝义市贾家庄村。本次发掘最主要也是最具价值的发现全部位于东龙观北区和南区，下面主要介绍东龙观墓地南北两区，其他各区仅作简要介绍。

东龙观南、北两区墓地位于东龙观村西北约 1 千米，北距阳城河约 1.5 千米。墓地位于山前台地的缓坡地带，地势开阔，西北高东南低，在墓地的西面约 1 千米处有一个季节性冲沟由南向北注入阳城河，将台地一分为二。发掘之时种植玉米等作物，据当地百姓反映，以往这片耕地为水浇地，曾经种植蔬菜。由于工期紧，没有采用探方发掘法，只是尽可能扩大墓葬周围的发掘面积，以防止丢失重要遗迹。在整个东龙观墓地发掘中，严格遵守《田野考古工作规程》，对墓葬开口层以上的文化层进行了仔细的清理。同时对墓葬附近的早期文化堆积做了试掘，仅发现少量汉代遗迹和汉、唐、宋时期的遗物。东龙观墓地南北两区共发掘墓葬 27 座，发掘面积（含扩方）共 657.45 平方米。

西龙观区墓地位于西龙观村东部，紧邻村庄的台地上。由于历年农田水利建设等的破坏，本地点仅存 6 座唐墓，实际发掘面积为 280.57 平方米。

团城北区墓地位于团城村东北，距离团城村约 150 米。团城北区墓地墓葬较少，分布较分散，无法布方发掘。只是对个别元代墓葬封土进行局部解剖。团城北区墓地共发掘墓葬 4 座，发掘面积为 73.6 平方米。

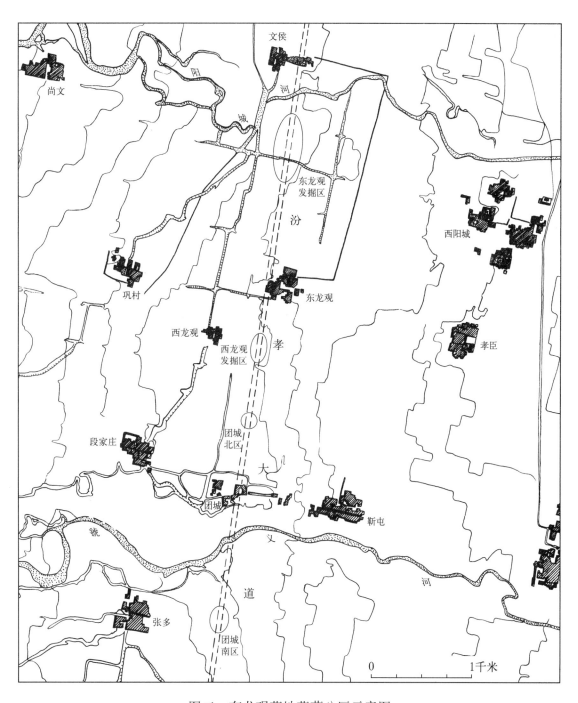

图二　东龙观墓地墓葬分区示意图

团城南区墓地位于团城村南，虢义河从墓地北部自西向东穿过，北距虢义河约200米。团城南区墓地墓葬分布稀少，无法布方发掘，仅对个别唐代墓葬的棺床进行解剖。团城南区墓地共发掘墓葬11座，发掘面积为205.3平方米。

汾阳至孝义一级公路（汾孝大道）考古发掘清理出唐、宋、金、明、清墓葬共48座。根据其分布状况进行分区发掘，由北向南依次分为：东龙观北区、东龙观南区、西龙观区、团城北区和团城南区五个发掘区。

东龙观南、北两区墓葬较为集中，以宋金元墓葬为主。北区家族墓地内的M46墓室北端打破北邻的M43墓道南端。南区王氏家族墓地内的M4墓道打破东邻的M5墓道，该墓地有部分砖室墓被盗扰。

西龙观区以唐代墓葬为主，但因早年平整土地时砖室墓被破坏严重。

团城北区、团城南区以小型砖室墓为主，但部分墓葬也不同程度被破坏，以金元时期墓为主，明清墓次之。团城南区的M32打破相邻的M33的墓道。

本次发掘因工期期限，未采用大面积布方，仅按墓葬所处位置布方发掘。另有部分被坏严重的墓葬和部分时代较晚的土洞室墓，由于工期等原因并未发掘墓道。

根据墓葬的建筑材料和整体结构的不同，此次发掘墓葬分为砖室墓、土洞室墓、竖穴土坑墓三类，其中砖室墓有32座，土洞室墓有15座，竖穴土坑墓1座。唐代砖室墓是在地面上挖好一个带墓道的圆角方形土圹，然后在土圹内砌筑砖室。宋金元时期砖室墓的建筑方法应是在地面上挖好一个带墓道的圆形土圹，然后在土圹内砌筑砖室。

本次发掘的墓葬中，虽然有部分砖室墓早期被破坏或盗扰，但还是获得了一批组合明确的器物，有陶器、瓷器、铁器、铜器和少量骨器及铜钱等。东龙观南区墓地内发现有"明堂"，且M3和M5墓室内出土有明确纪年的"买地券"。西龙观区唐代墓葬内出土有纪年的"墓志"。

从葬式角度看，东龙观南、北两区存在较为特殊的葬式，部分土洞室墓内存在俯身屈肢葬，二人、三人同棺合葬，有个别为火葬。

从墓葬形制结构上看，东龙观南、北两区大多为仿木结构建筑砖室墓，其墓室内装饰手法有砖雕、砖雕彩绘、砖雕壁画等手法。墓葬形制各异，大小不同，壁面装饰内容丰富，各具特色。东龙观两区墓葬为研究宋、金、元时期山西地方文化提供了一批极为重要的资料。西龙观区、团城北区、团城南区的墓葬，对研究当时地方文化也具有一定的参考价值。

为了详细介绍墓葬情况，采用分区详述的方法。

（二）地层堆积

本次发掘墓葬之间很少有打破关系，发现的墓葬开口层位清晰，因此，选择东龙观北区墓地试掘探沟G1，下面以探沟G1南壁剖面进行介绍（图三、四）。

第①层：耕土层。厚0.14～0.16米。土质松散，土色花杂。包含有大量的植物根茎及杂物等。

第②层：扰土层。厚0.22～0.32米。土质较硬，土色发黄，包含有木炭屑、碎瓦砾、炭粒及瓷片。瓷片可辨器形有白釉黑花碗、褐釉瓷片、青釉瓷片、白釉碗和少量泥质灰陶片、布

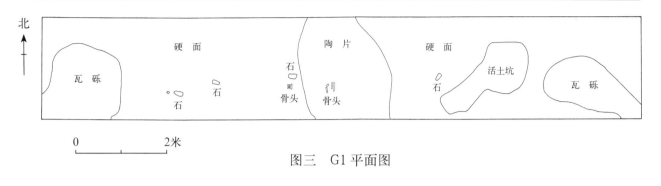

图三　G1 平面图

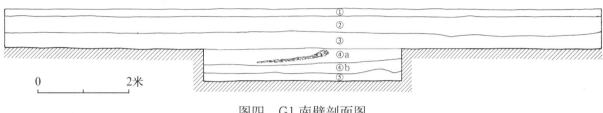

图四　G1 南壁剖面图

纹瓦片。

东龙观墓地宋、金、元时期的墓葬均在此层开口之下，由于墓葬发掘完毕之后做原地保护，所以无论大小墓葬的营建方法并未做解剖，墓葬以下的文化层分布情况均不明了。

第③层：唐宋文化层。厚 0.28 ～ 0.37 米。土质较硬，土色发黄，该层近底部清理出两处较为明显的瓦砾层、一处活土坑和两处硬面，其中还有大型食草动物颅骨。出土遗物有泥质灰陶豆、盘、罐的残片和绳纹板瓦、黑釉碗片、白釉碗片等。

第④层：汉代文化层。厚 0.30 ～ 0.62 米。分为 a、b 两个小层。土质较硬，土色淡黄。发现有泥质灰陶罐、盆、甑等器底及细绳纹板瓦。

第⑤层：次生土层，无文化遗物。厚 0.16 ～ 0.24 米。其下为纯生土。

（三）采集遗物

在墓葬打破的晚期文化层中发现有少量唐、宋、明、清时期的遗物，主要以瓷器为主，现挑选部分标本介绍如下。

青釉碗　标本 C：04，仅存口沿及上腹部。圆唇，口微侈。内壁口沿部有三周酱黑色线。外壁有流釉现象。浅灰胎。厚 0.3 厘米。

青釉碗　标本 C：07，仅存底部残片。挖足至肩。内底残存三个支烧痕，还保留有酱色圆圈纹和书写"山"字。内外壁施全釉。青灰胎。足径 4.6 厘米。

青釉小碗　标本 C：06，仅存下腹部及底足残片。折腹，矮圈足，挖足未至肩，内高外底。浅灰胎。足径 4、厚 0.4 厘米。

青釉盘　标本 C：05，仅存盘口沿及上腹部。圆方唇，折沿，斜腹。盘口沿内绘三周界隔，中间填有写意花草。灰黄胎。厚 0.6 厘米。

白釉碗　标本 C：01，圆唇，侈沿，敞口，浅腹，内圜底，圈足，足床宽厚，残存两个支烧痕。内壁满釉，边残存两个支烧痕。外壁上半部施白釉。白釉泛黄。口径 14.2、足径 6.2、高 4.2 厘米。

白釉碗　标本 C：09，碗底部残片。内为圜底，内底有一周凹弦纹，残存一个支烧痕，挖足过肩。内壁施全釉。外壁先施化妆土再施半釉。青灰胎。残高 2.8 厘米。这件标本可能为元代。

白釉砚滴　标本 C：02，口部已残。肩部有小巧的注口，肩部略鼓，斜腹，平底，底部外侧有一个支烧痕。内壁未施釉。外壁施釉至下腹部。白釉略泛黄。底径 3.8、残高 4 厘米。

绿釉炉　标本 C：03，釉陶。仅存肩部，在白色陶土上施绿釉，肩部有四周凹弦纹。厚 0.6 厘米。

青花碗　标本 C：013，残。下腹弧内收，圜底，矮圈足。碗内底为圜底，绘有一个青花字，内外壁施满釉。浅灰色胎。壁厚 0.5 厘米。

青花小碗　标本 C：014，底部残片。矮圈足。碗内底为平底，绘有树木、月亮。外底双圈纹内写有"长□□□"四个字，楷书。内外壁均施满釉。白色胎。底厚 0.7 厘米。

青花小碗　标本 C：016，底部残片。高圈足，内底下凹。碗内底双圈内绘花叶纹，外底近圈足处绘有数周圈纹，外壁绘有连续花叶。内外壁均施满釉，釉色青亮。白色胎。底厚 0.4 厘米。

青花小碗　标本 C：017，腹底残片。高圈足，平底。碗内底绘花草纹，外壁绘有连续花叶，近圈足处绘三周连续圈纹。内外壁均施满釉。白色胎。足径 2.5、足高 1.2 厘米。

青花小碗　标本 C：018，腹底残片。弧腹，高圈足。内外壁均施满釉。碗内底绘有一把莲纹，外绘双圈作界隔。圈足内绘双圈纹，中间绘有树叶形款。外壁绘有写意花草，近圈足处有三周圈纹。白色胎。足径 2.5、残高 3 厘米。

青花小碗　标本 C：012，碗底部残片。平底，矮圈足。碗内底绘有青花"寿"字，已残，上部绘有蝶纹。外底绘有青花双圈。内外壁施满釉，足床上釉料被刮掉。浅灰色胎。底厚 0.5 厘米。

青花小碟　标本 C：019，底部残片。平底，上凹明显，矮圈足。内底磨损痕迹明显。内底绘折枝花卉，外有一周圈纹。外壁仅圈足处及圈足上有两周圈纹。外底中间绘有一个印章形款，"圃□"两个字。白色胎。底厚 0.4 厘米。

青花盘　标本 C：015，底部残片。矮圈足。盘内底近圈足处绘双圈纹，外绘交错竹节纹两周。外壁圈足处绘有双圈纹，圈足内绘双圈纹。内、外壁均施满釉，釉色发青。浅灰色胎。壁厚 0.4 厘米。

青花盘　标本 C：011，盘底部残片。平底，矮圈足，足床尖细、内敛，残留火石红。盘内底绘有牡丹花纹，外底手绘戳记，已残，似"长昌□□"。胎质细腻，浅灰色胎。釉色明亮。底厚 0.7 厘米。

黑釉碗　标本 C：08，碗底部残片。斜腹，内底略平，挖足至肩。足床较平。内底留有涩圈，外底墨书"王"字。足径 3.7、厚 0.3 厘米。

缸底　标本 C：010，厚底，矮圈足圆钝。内底先施釉后绘有酱色写意花卉，外壁施釉至圈足。灰黄胎。底厚 1.7 厘米。

第二章　东龙观北区

　　东龙观墓区共发现两片集中分布的墓地，分为北区和南区两个家族墓地，共计发掘墓葬27座。东龙观北区共10座墓、1条探沟（图五）。分别为M48、M1、M39、M40、M41、M42、M43、M44、M45、M46和G1。

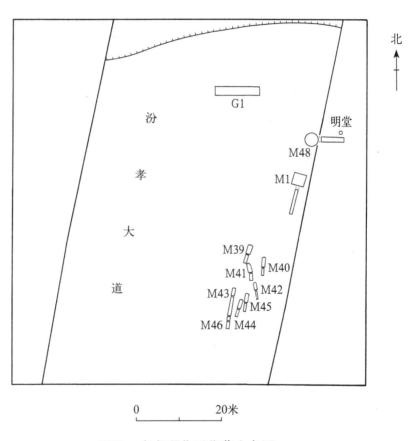

图五　东龙观北区墓葬分布图

一　M48

　　M48（08FXM48）位于东龙观北区墓地北部，南邻M1，开口于第②层下。2008年8月21日局部布方发掘，为保证文物安全，先发掘墓室，后发掘墓道。首先把墓室土圹部分的原始边找到，先清理土圹至发现砖墓顶之后，再清理砖墓顶。绘图、照相之后，再揭开部墓顶盖砖。发掘墓室内淤土，分层清理。在淤土中发现并清理了瓷器 1 件。清理墓壁过程中发现墓壁四周均有砖雕彩绘，近墓底发现砖棺床，清理出土遗物有陶器 6 件、瓷器 8 件、铁器 3 件、铜器 2 件、泥枕 1 件。然后发掘墓道部分，在发掘墓道过程中发现墓道开口线并不笔直，有明显的弯曲现象，这应是二次葬的遗存。墓道中的土质台阶直达墓底，发现墓门外用大石板封堵，石板上有白灰书写的字迹，内容不明，内用条砖垒砌封门。清理完甬道，清洗完墓室之后，照相、绘图、采集随葬品、采集人骨。9 月 5 日发掘结束，历时 16 天。墓室保存较好，墓道整体完整。

（一）墓葬形制

M48 是一座中型砖砌八角形单室墓，穹隆顶。由墓道、墓门、甬道、墓室组成（图六、七、八；彩版一，1）。墓道朝东，墓向 85°。该墓使用墓砖共三种规格，第一种为条砖，长 34、宽 16、厚 5 厘米。第二种为子母砖，长 28.5～32、宽 16、厚 5 厘米。第三种为铺地方砖，一类长 33、宽 33、厚 5 厘米，另一类盖顶方砖，长 34、宽 34、厚 5 厘米。

墓道 为长条形阶梯状，位于墓室东侧。墓道西宽东窄，中部平面略向南弧。口底同宽，直壁，壁较整齐。上口长 5.47、宽 0.66～1.26、墓口距地面深 0.80 米。底坡长 1.92、下端宽 0.66～1.26、自深 3.90 米。墓道共发现土质台阶共十级，高宽均不等，台阶尽头，近墓门处有一段长 1.92 米的通道。第一级宽 0.28、高 0.28 米，第二级宽 0.35、高 0.25 米，第三级宽 0.35、高 0.23 米，第四级宽 0.30、高 0.36 米，第五级宽 0.37、高 0.32 米，第六级宽 0.33、高 0.28 米，第七级宽 0.30、高 0.34 米，第八级宽 0.39、高 0.44 米，第九级宽 0.27、高 0.35 米，第十级宽 0.26、高 0.31 米。墓道填土为黄褐色花土，土质较松软，包含有碎砖块、白灰粒等。

墓门 距墓口 2.64、高 1.29、宽 0.87 米。主体为条砖垒砌的拱形门，表面抹白灰。先用条砖封门，从底向上，共四层，有规律垒砌。第一、三层左斜向，第二、四层右斜向。其余随意堆砌，最后用一块大石板砌于墓门外，石板长 1.30、宽 0.68、厚 0.08 米（彩版一，2、3）。

甬道 长 0.66、宽 0.87 米，甬道壁用条砖错缝垒砌，起券外表抹灰，拱顶未抹灰，距墓底 0.98 米起券，甬道地面用方砖铺地。

墓室 土圹平面呈圆形，东西径 3.12、南北径 3.18 米，壁略呈袋状。砖室为仿木建筑结构，平面为八角形。长 2.79、宽 2.70、墓深 3.90 米。内部被淤土充填，几近墓顶。方砖铺地，砖室内设较矮砖制棺床，棺床高 0.10 米。墓壁用条砖垒砌且装饰有砖雕，再施彩绘。墓壁分为八壁，东壁为墓门所居之面，宽 1.14 米，西壁宽 1.16 米，南壁宽 1.14 米，北壁宽 1.13 米，东南、东北壁宽 1.15 米，西南、西北壁宽 1.10 米，每壁高 1.08 米。墓顶先用 12 层条砖叠砌，再用 17 层子母砖叠涩成圆顶，方砖盖顶（彩版二，1、2）。

（二）墓葬装饰

墓室各壁用条砖垒砌，除墓门（东壁）及东南壁之外，其余六个壁均砌有砖雕，表面施彩绘，八个壁面间均绘有黑彩倚柱一根（图九、一〇；彩版三～一三）。

东南壁用黑彩绘制，壁画内容为尺子、剪子、熨斗、注子等日常生活用品（彩版一四，1、2）。

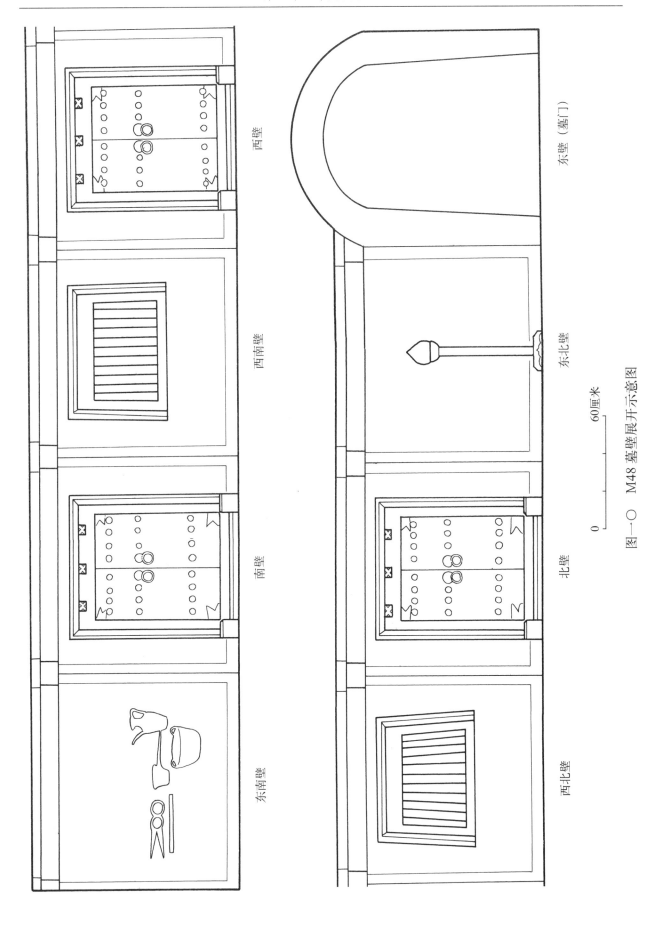

图一〇　M48 墓壁展开示意图

西壁

西南壁

南壁

东南壁

东壁（墓门）

东北壁

北壁

西北壁

0　　　　　60厘米

滴水之上，用 12 层条砖叠砌，条砖上 17 层子母砖叠涩收顶，且子扣向内，母扣向外，顶口条砖立放封口，之上用方砖盖顶（见彩版二，1）。

（三）葬式葬具

棺木已朽，情况不明。人骨架 2 具，保存状况一般，南侧为女性、北侧为男性，头向西，面向北（彩版一七）。男性为仰身直肢，女性为二次葬。年龄均在 40 ～ 44 岁。最北侧在清理中发现有火葬人骨残渣，推测为女性。

（四）出土遗物

出土遗物共 23 件，主要包括陶、瓷两类，陶器 6 件、瓷器 9 件、铁器 3 件、铜器 2 件、泥枕 1 件、明堂地心砖 2 块。该墓墓道东北角向北约 0.80 米处发现有"明堂"，深 0.80 米，系两块八角形的砖相合而成，未见墓主人买地券，仅见戊己、中宫、八卦方位图，具体内容有待详考。

墓室内的遗物位置：01 号白釉碗出土于墓室淤土内，1、4 号白釉碗、2、3 号白釉盘位于墓室西南部，人骨右肱骨旁，5 号陶罐、6 号陶钵位于墓室西南部，7 号泥枕位于南侧人骨颅骨旁，8 号铁牛、9 号陶魂瓶位于墓室中西部，10 号黄绿釉方形枕位于北侧人骨颅骨旁（彩版一八，1），11 号青釉小碗、12 号陶钵、13 号青釉印花小碗、14 号茶叶末釉罐位于墓室西北部（彩版一八，2），15 号陶钵位于北侧人骨股骨旁，16 号铁管位于南侧人骨左右股骨中间，17 号陶钵位于墓室东部，18 号铁（棺）环位于南侧人骨踝骨旁，19 号铜钉位于北侧人骨颅骨下。

明堂内的遗物位置：001 号、002 号八角地心砖位于明堂内，且 001 号整齐叠压在 002 号之上，001 号无文字，002 号有中宫地心图，朱书写成，字面向上（彩版一九，1、2）。

1. 陶器

陶钵　标本 M48：6，侈口，鼓腹、平底。泥质灰陶，素面。器体较小，明器。口径 5.6、底径 3.6、高 5.4 厘米（图一一，1；彩版二〇，1）。

陶钵　标本 M48：12，泥质灰陶。侈口，鼓腹，平底。素面。器体较小，明器。口径 6.4、底径 4.0、高 5.4 厘米（图一一，2；彩版二〇，1）。

陶钵　标本 M48：15，泥质灰陶，下腹残存少许彩绘。侈口，鼓腹，平底。器体较小，明器。底径 3.8、残高 3.4 厘米（图一一，3；彩版二〇，1）。

陶钵　标本 M48：17，泥质灰陶。侈口，鼓腹，平底。素面。器体较小，明器。口径 6.4、底径 3.6、高 5.6 厘米（图一一，4；彩版二〇，1）。

带盖陶罐　标本 M48：5，残。泥质深灰陶。圆盖，呈浅盘状，顶部有扁圆形纽，扁圆唇，平底。罐为圆方唇，敛口，口外下侧有一周凸棱，弧腹微鼓，大平底，底面平整，边缘有磨损，最大径在中腹部，局部有剥落，下腹有刮抹痕迹。素面，略磨光。口径 13.2、底径 13.5、通高 16.2 厘米（图一一，5；彩版二〇，2）。

陶魂瓶　标本 M48：9，略残。泥质灰陶。口微敛，筒形上腹，下腹外鼓，底外折，底外方唇，上腹中间有两周规整凸棱，最大径在底部。口外侧和上底部各附加泥条一周，捏成花边状，

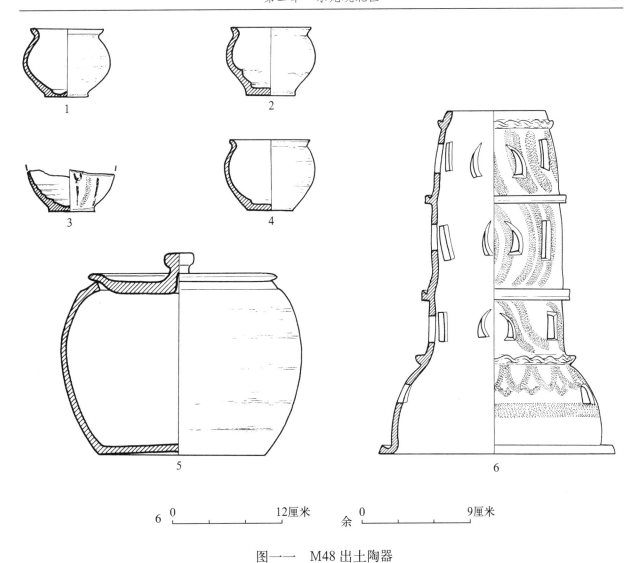

图一一　M48 出土陶器

1～4. 陶钵 M48：6、M48：12、M48：15、M48：17　5. 带盖陶罐 M48：5　6. 陶魂瓶 M48：9

从上至下有白色彩绘，有四层镂孔，有扁月形、长方形等。内壁垫印凸篦点纹，抹压。手制，慢轮修整，四次套接。口径 10.6、底径 26.0、高 36.5 厘米（图一一，6；彩版二〇，3）。

　　泥枕　标本 M48：7，残。泥质。银锭形，枕面下凹，底面平整，制作粗糙，属明器。顶长23.2、顶宽 7～8.4、高 8.2～10.4 厘米（图一二，1；彩版二〇，4）。

　　地心砖　标本 M48：001、002，陶质，灰色，八角形。对角长 38、对边长 34、厚 5 厘米。标本 M48：001 在上，无字。标本 M48：002，有图文，用朱砂绘制而成（图一二，2；彩版二一，1～3）。

　　条砖　长 34、宽 16、厚 5 厘米（彩版二一，4）。

　　子母砖　弧形。长 28.5～32、宽 16、厚 5 厘米（图一三，1；彩版二一，5）。

　　方砖　一类铺地方砖，长 33、宽 33、厚 5 厘米。另一类盖顶方砖，长 34、宽 34、厚 5 厘米（图一三，2；彩版二一，6）。

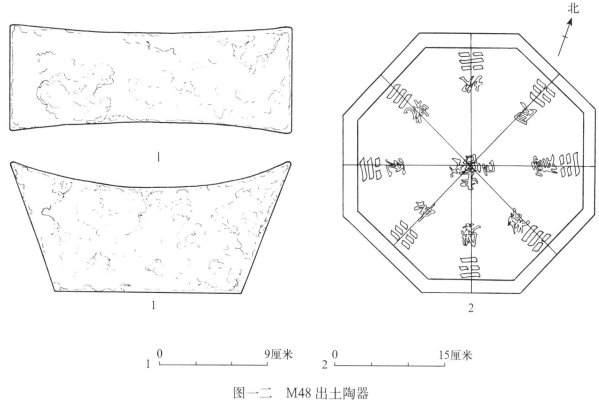

图一二　M48 出土陶器
1. 泥枕 M48：7　2. 地心砖 M48：002 临摹本

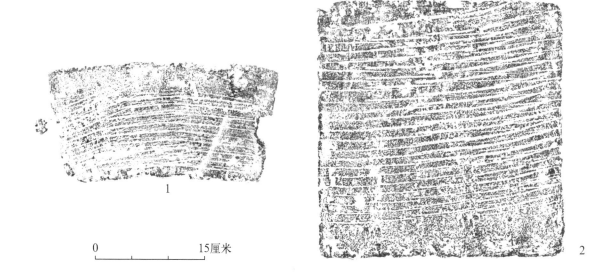

图一三　M48 出土陶砖
1. 子母砖　2. 方砖

2. 瓷器

青釉印花小碗　标本M48：11，略残。敞口，口沿外撇，斜腹略弧，下腹急收，圈足矮小，足底及圈足内有黏砂及火石红。内壁印花缠枝菊纹，底部印花菊花纹，外壁近口部施弦纹一周，外壁为折扇纹。器形规整，胎质细腻，器表有明显的开片，是比较成熟的耀州窑的产品。口径11.4、足径2.9、高4.9厘米（图一四，1；彩版二二，1～3）。

青釉印花小碗　标本M48：13，敞口，口沿外撇，斜腹略弧，下腹急收，圈足矮小，足底及圈足内有黏砂及火石红。内壁印花缠枝菊纹，底部印花菊花纹，外壁近口部施弦纹一周，外壁为折扇纹。器形规整，胎质细腻，是比较成熟的耀州窑的产品。口径11.2、足径2.8、高4.8厘米（图一四，2；彩版二二，4、5）。

白釉碗　标本M48：1，敞口，斜腹略弧，下腹部急收，小圈足较矮，挖足过肩，足内高外低，足床上有三个较小的支钉。口部有六个葵形花口，且有六个压印的凹槽与碗外壁上的凹线相

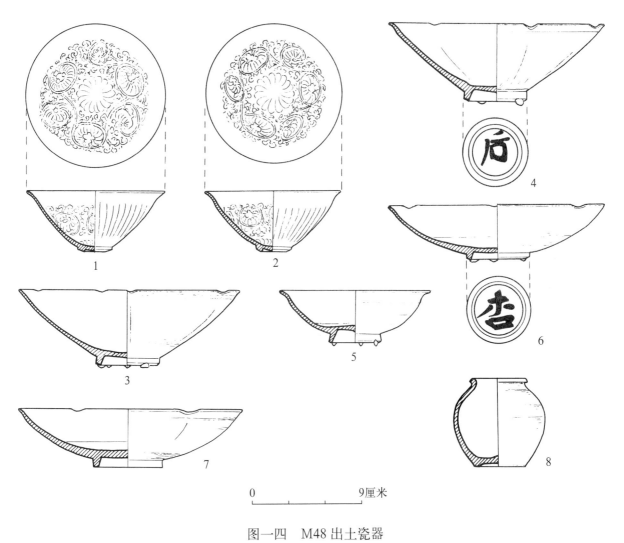

0　　　　　　　　　9厘米

图一四　M48出土瓷器

1、2. 青釉印花小碗M48：11、M48：13　3～5. 白釉碗M48：1、M48：4、M48：01　6、7. 白釉盘M48：2、M48：3　8. 茶叶末釉罐M48：14

对应。内壁施满釉。外壁施釉至圈足，足内有墨书"后"字，被白釉部分覆盖。胎质细腻，釉色略泛黄，器壁较薄，制作规范，似霍州窑的产品。口径18、足径5.2、高6厘米（图一四，3；彩版二三，1～3）。

白釉碗　标本M48：4，圆唇，敞口，斜腹微弧，斜腹急收，小圈足略高外撇，上有三个较小的支钉，圈足内侧留有较小鸡心钉，并有墨书"后"字。口沿上有六个葵口，外壁与葵口对应处有竖向压印纹。内壁施满釉。外壁施釉至圈足外侧。器壁较薄，可能是霍州窑早期产品。口径17.6、足径5.1、高6.2厘米（图一四，4；彩版二四，1～3）。

白釉碗　标本M48：01，略残。敞口，口外撇明显，斜腹较浅，下腹内收分明显，近底部略平，圈足较高，足床上有三个较小的支钉。内底残存有三个芝麻粒大的支烧痕。素面，内外均施白釉，足床上不施釉，圈足内部分施釉。胎质较细，壁略厚，制作规整，似介休窑的产品。口径12.4、足径4.4、高4.2厘米（图一四，5；彩版二三，4～6）。

白釉盘　标本M48：2，敞口，浅腹，下腹部内收明显，圈足较短，足床略外斜，上有三个较小的支钉。口部有七个葵口，盘内近下腹部施凹弦纹一周。内壁施白釉。外壁施白釉近圈足，圈足内施釉不全，且有墨书，似"杏"字。胎质较细，釉色泛黄，器壁较薄，制作规范，似霍州窑产品。口径17.8、足径5.2、高5.4厘米（图一四，6；彩版二四，4）。

白釉盘　标本M48：3，圆唇，敞口，弧腹较深，下腹斜收，圈足较小略外撇，足床平整，上有三个较小的支钉。口沿上刻六个葵口，内壁腹部有一周凹弦纹，外壁上腹部与葵口对应处有六个竖向压印纹。内外壁均施满透明釉，未施化妆土，仅将足床上的釉料刮去。器壁较薄，釉色略泛黄。口径18.3、足径5.6、高4.3厘米（图一四，7；彩版二四，5、6）。

黄绿釉方形枕　标本M48：10，略残。长方形，亚腰，六面有界格。枕面的四个边纹饰分布相同，均为先施双线做界格，中间有连续的毯纹，上施黄绿两种色釉，余两面纹饰方法及施釉均相同。只是每个面上均留有四个窑黏，是立竖叠烧釉黏连形成的。由于长期使用，枕面光滑油亮，只是四个角面上有磨损。长19.6、宽11.4、高12.2厘米（图一五；彩版二五，1～3）。

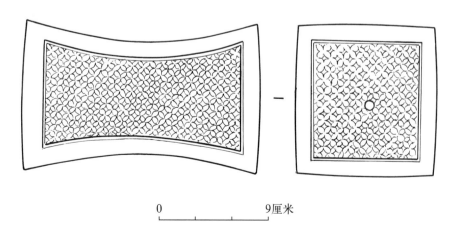

0　　　　　　　　9厘米

图一五　M48出土黄绿釉方形枕 M48：10

茶叶末釉罐　标本 M48∶14，也就是茶铷，深灰色。圆唇，卷沿，小口，矮领，圆肩，鼓腹，下腹斜收，圈足较矮。罐内部施釉。圈足内施釉，有爆裂痕。外壁留有明显凸棱角。做工精细，器物小巧，口部釉面有磨损，推测功能是茶叶罐。口径 4.4、足径 4.2、高 7.0 厘米（图一四，8；彩版二二，6）。

3. 铜器

铜钗　标本 M48∶19（出土时残，最初登记为 2 件，整理时黏拼为一体，应为 1 件），模制。整个外形呈"U"形，钗体圆扁，表面局部腐蚀严重。素面。长 17.2、直径 0.3 厘米（图一六，1）。

4. 铁器

铁牛　标本 M48∶8，头微垂，身粗长，尾垂落，四蹄着地，似向前走。表面锈损严重，凸凹分明。长 15.6、高 11.4 厘米（图一六，2；彩版二〇，5）。

铁管　标本 M48∶16，呈管状，外表粗糙，锈蚀严重。有一层层凹槽缠物。内壁较粗糙，管壁较薄。残长 5、管径 2.1、壁厚 0.15 ～ 0.20 厘米（图一六，3）。

铁棺环　标本 M48∶18，呈圆形，环身于铁耳内，外表锈迹严重。内径 6.4、外径 8.7、厚1 厘米（图一六，4）。

墓葬下葬时代应为北宋晚期至金代初年。

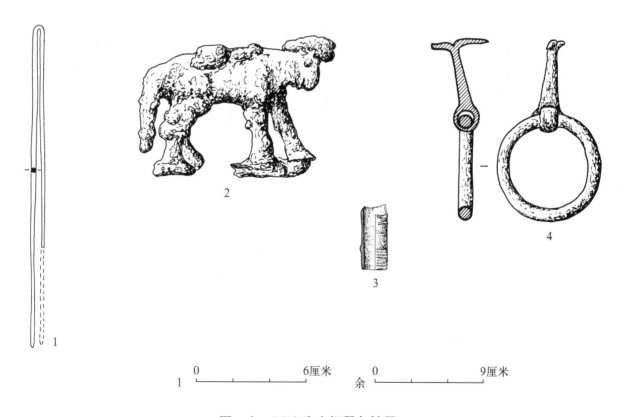

图一六　M48 出土铜器与铁器

1. 铜钗 M48∶19　2. 铁牛 M48∶8　3. 铁管 M48∶16　4. 铁棺环 M48∶18

二　M1

M1（08FXM1）位于东龙观北区家族墓地北部，北邻 M48，西南邻 M39，开口于第②层下。2008 年 7 月 6 日局部布方发掘，为保证文物安全，先发掘墓室，后发掘墓道。首先把墓室土圹部分的原始边找到，先清理土圹至发现砖墓顶之后，再清理砖墓顶。在绘图、照相之后，再揭开部分墓顶盖砖。最后，发掘墓室内淤土，分层清理。清理墓壁过程中发现墓壁四周均有砖雕，近墓底发现用砖垒砌的较高的砖棺床，清理出土遗物有：陶器 7 件、瓷器 12 件、铁器 1 件、玻璃耳环 2 件。然后挖墓道部分，墓道中的土质台阶直达墓底，发现用条砖垒砌封门。清理完甬道，清洗完墓室之后，照相、绘图、采集随葬品、人骨。7 月 20 日发掘结束，历时 15 天。墓室保存较好，墓道整体完整，局部有塌陷。

（一）墓葬形制

M1 是一座仿木结构砖雕单室墓，叠涩攒尖顶。由墓道、墓门、甬道和墓室组成（图一七、一八；彩版二六，1）。方向 195°。所用条砖规格长 32、宽 16、厚 5 厘米。铺地及盖顶方砖长 33、宽 33、厚 5 厘米。

墓道　位于墓室南部，长条形阶梯式，斜壁较整齐，上口长 5.7、宽 0.60、口距地面 0.80 米，底长 1.6、下端宽 0.60～0.82、深 4.46 米。共有土质台阶 12 级，均为纯生土。第一级台阶宽 0.50、高 0.27 米，第二级台阶宽 0.29、高 0.34 米，第三级台阶宽 0.25、高 0.26 米，第四级台阶宽 0.50、高 0.42 米，第五级台阶宽 0.30、高 0.40 米，第六级台阶宽 0.30、高 0.55 米，第七级台阶宽 0.40、高 0.35 米，第八级台阶宽 0.40、高 0.25 米，第九级台阶宽 0.20、高 0.35 米，第十级台阶宽 0.30、高 0.45 米，第十一级台阶宽 0.40、高 0.30 米，第十二级台阶宽 0.30、高 0.15 米。近墓门处有长 1.6 米的缓坡。墓道填土为黄沙土，土质松散，包含有少量碎砖块。

墓门　主体为条砖垒砌，呈拱形。距墓底 1.15 米起券，宽 0.74、高 1.52 米（图一九）。从墓道正视墓门，有 27 层条砖封门，每层错缝垒砌（彩版二六，2）。

甬道　呈拱形，长 0.68、宽 0.74、高 1.52 米。甬道壁由砖和生土组成。其中靠墓室端由磨制条砖弧券 0.67 米，靠近墓道生土部分 0.43 米，甬道底部用方砖错缝平铺。

墓室　土圹平面为四边形（彩版二七，1、2），东西径 2.99、南北径 2.91 米，直壁。砖室平面为四边形，南北长 2.5、东西宽 2.4、墓深 4.5 米。设有较高的砖棺床，南北长 2.06、东西宽 2.4、高 0.50 米，床面由方砖铺设（彩版二八，1、2）。墓壁用磨制条砖错缝平砌成床围子形状。东、西、北三个壁均为素面雕装饰。墓壁分为四壁，南壁为墓门所居之面，其宽 2.40、高 1.79 米，北壁宽 2.40、高 1.29 米，东、西壁宽 2.50 米，东、西壁高 1.29～1.79 米。墓顶先用 12 层方砖叠砌，后用 14 层条砖叠涩收顶，最后用 2 块方砖平叠盖顶。

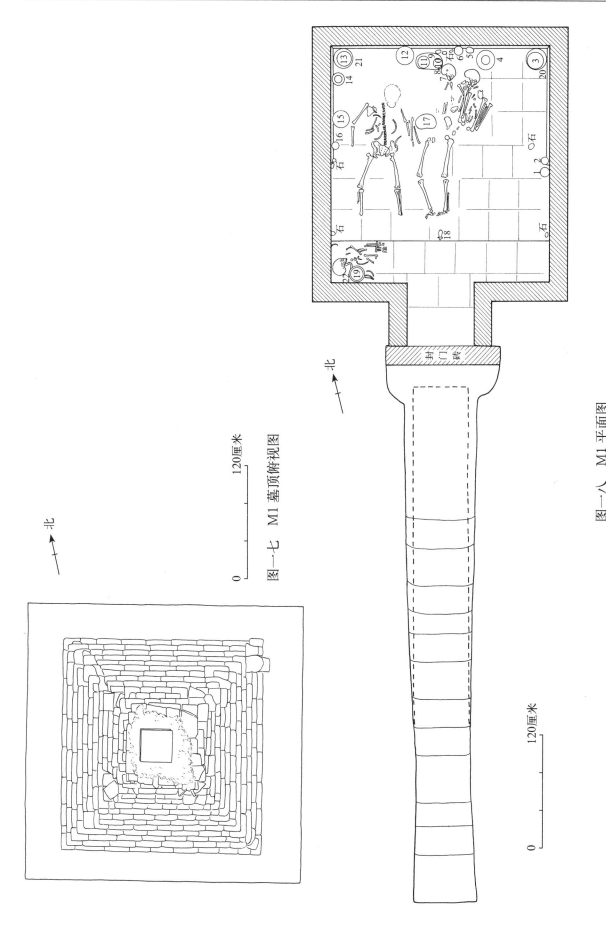

图一七　M1 墓顶俯视图

图一八　M1 平面图

1、2、6、16. 陶钵　3. 10～12、19、21、22. 白釉碗　4. 陶魂瓶　5、14. 陶罐　7、8. 玻璃耳环　9. 三彩腰圆形枕　13、15、20. 白釉盘　17. 白釉黑花腰圆形枕　18. 铁牛

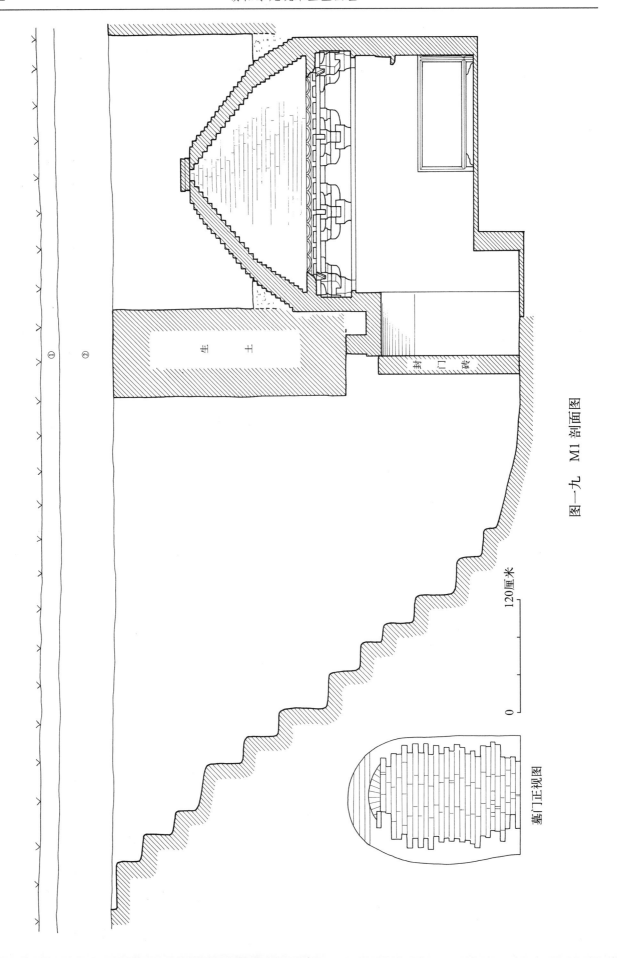

①
②

生　土

封门砖

图一九　M1 剖面图

0　　　　　　　120厘米

墓门正视图

（二）墓葬装饰

墓室内仿木结构建筑，四壁用磨制条砖平砌（图二〇、二一；彩版二九、三〇）。

东、西、北三壁上砌有素面的棺床围子，北壁床围之上正中置有双鱼形倒立砖雕灯台（彩版三一，1、2）。

南壁正对墓门。

墓壁上方置斗栱共12组。其中转角铺作4组，其余为补间铺作8组。斗栱之下为普柏枋，之上为橑檐枋、檐椽、滴水（彩版三一，3、4，三二，1～3），见表7。

表7 普柏枋、橑檐枋、檐椽、滴水详细尺寸

	普柏枋	橑檐枋	檐椽	滴水
宽（厘米）	22.4	6.2～7.5	12	12
厚（厘米）	5	5	3	2

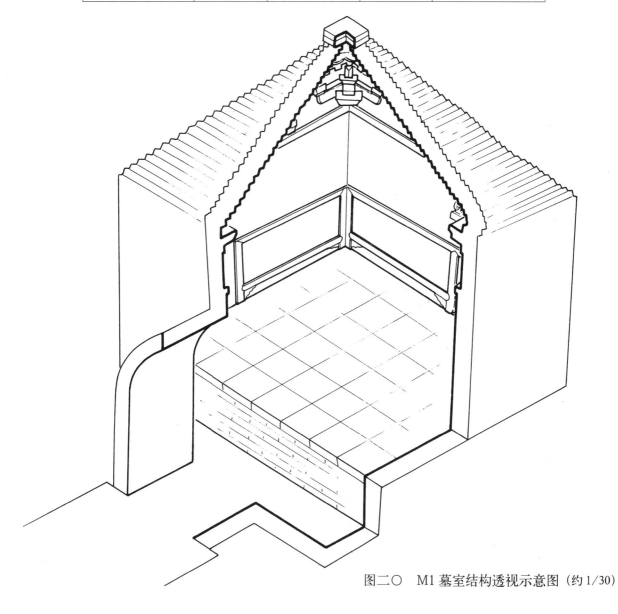

图二〇 M1墓室结构透视示意图（约1/30）

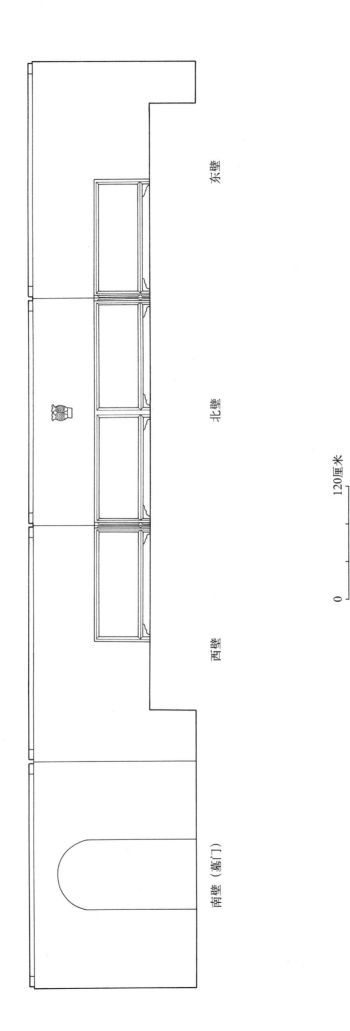

南壁（墓门）　　　　　西壁　　　　　北壁　　　　　东壁

0 _____ 120厘米

图二一　M1 墓壁展开示意图

墓壁上方置斗栱，均为一斗三升，四铺作，转角铺作为蚂蚱形耍头，补间铺作为琴面形耍头。其形式、详细尺寸见表8～11。

表8　墓室补间铺作详细尺寸

	上宽	下宽	耳高	平高	欹高	总高	附注
栌斗（厘米）	25	19	6	4	7	17	斗欹内颤
散斗（厘米）	10	9	5	2	4	11	斗欹内颤，交互斗、齐心斗略同

表9　墓室补间铺作详细尺寸

	泥道栱	昂	耍头	替木
长（厘米）	57	11	10	41
附注	栱端卷杀	琴面	琴面	替木两端卷杀

表10　墓室转角铺作详细尺寸

	上宽	下宽	耳高	平高	欹高	总高	附注
栌斗（厘米）	17	13	6	4	7	17	斗欹内颤
散斗（厘米）	10	9	5	2	4	11	斗欹内颤，交互斗、齐心斗略同

表11　墓室补间铺作详细尺寸

	泥道栱	昂	耍头	替木
长（厘米）	37	11	10	27
附注	栱端卷杀	琴面	蚂蚱头	替木两端卷杀

（三）葬式葬具

砖棺床上未发现木质葬具，置人骨3具，棺床下墓室西南角置人骨1具。由于早年水淤严重，部分骨骼有移位现象。东侧女性人骨为屈肢，属中年。中间男性人骨为仰身直肢，年龄属成年。西侧女性人骨为仰身直肢，年龄35～39岁。棺床西南角人骨为屈肢，应属陪葬，性别不明，年龄4.5～5岁，骨骼保存较差。棺床上人骨头向均为北向，东侧及中间人骨面向东，西侧人骨面向不详，见表12。

表12　墓室棺床床围详细尺寸

	围额	槫柱	围面	龟脚
宽（厘米）	116	2～2.5	111	14
高（厘米）	2.5	48	43	8

（四）出土遗物

出土遗物共 22 件，陶器 7 件、瓷器 12 件、铁器 1 件、玻璃耳环 2 件。

1 号、2 号陶钵位于墓室中东部，3 号白釉碗位于墓室东北角，4 号陶魂瓶、5 号陶罐、6 号陶钵位于墓室北部，7 号、8 号玻璃耳环位于棺床中间人骨头骨旁，9 号三彩腰圆形枕及 10 号、11 号白釉碗位于棺床中间人骨头骨西北，12 号白釉碗位于墓室北部，13 号白釉盘、14 号陶罐位于墓室西北角，15 号白釉盘、16 号陶钵位于墓室西部，17 号白釉黑花腰圆形枕位于棺床西侧人骨与中间人骨之间，18 号铁牛位于墓室南部，头部正对墓门，19 号、22 号白釉碗位于墓室西南角陪葬人旁，20 号白釉盘位于墓室东北角，21 号白釉碗位于墓室西北角。

1. 陶器

陶钵　标本 M1：1，泥质灰陶。圆方唇，侈口，束颈，鼓腹，下腹急收，小平底，底面有偏心涡纹。素面。器体较小。口径 8.4、底径 4.0、高 4.6 厘米（图二二，1；彩版三三，1）。

陶钵　标本 M1：2，泥质灰陶。圆方唇，侈口，束颈，腹略鼓，下腹急收，小平底。内外壁均有旋抹痕迹，内底有泥凸，底面有偏心涡纹和切割痕迹。器体较小。口径 7.4、底径 3.6、高 3.4 厘米（图二二，2；彩版三三，1）。

陶钵　标本 M1：6，泥质灰陶。方唇，侈口，束颈，鼓腹，下腹急收，小平底。器体较小。口径 8.2、底径 4.2、高 4.2 厘米（图二二，3；彩版三三，1）。

陶钵　标本 M1：16，泥质灰陶。方唇，侈口，束颈，腹略鼓，下腹急收，小平底。内外壁均有旋抹痕迹，内底有泥凸，底面有偏心涡纹。素面。器体较小。口径 7.4、底径 4、高 3.6 厘米（图二二，4；彩版三三，1）。

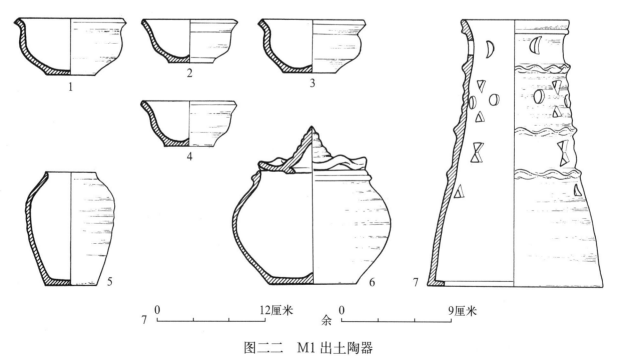

图二二　M1 出土陶器

1 ～ 4. 陶钵 M1：1、M1：2、M1：6、M1：16　5. 陶罐 M1：5　6. 带盖陶罐 M1：14　7. 陶魂瓶 M1：4

陶罐 标本 M1：5，泥质灰陶。尖圆唇，口微敛，溜肩，垂腹，平底。腹中部有数道凹弦纹，底面有涡纹。器体较小。口径 4.0、底径 4.2、高 9.0 厘米（图二二，5；彩版三三，1）。

带盖陶罐 标本 M1：14，泥质深灰陶，外表陶色不匀。塔式盖，罐身小，口内敛，口外下侧有突棱一周，鼓腹，平底，腹部数周凹槽，局部有剥落。底面有偏心涡纹。器体较小。口径 8.6、底径 7.2、通高 12.6 厘米（图二二，6；彩版三三，2）。

陶魂瓶 标本 M1：4，泥质灰陶。侈口，斜直腹，下腹微鼓，底面周边内折，腹部浑抹凹槽数周。口外侧腹部附加四周泥条，泥条捏成花边状，有四层镂孔，形状有半月形、倒三角形、圆形、三角形。手制轮修。口径 11.2、底径 19.2、高 28.4 厘米（图二二，7；彩版三三，3）。

条砖 长 32、宽 16、厚 5 厘米（图二三，1）。

方砖 长 33、宽 33、厚 5 厘米（图二三，2）。

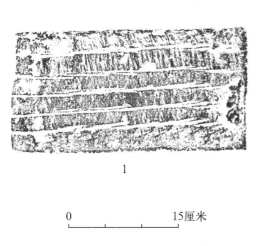

图二三 M1 出土陶砖
1. 条砖 2. 方砖

2. 瓷器

白釉碗 标本 M1：3，圆唇，敞口，沿外撇，弧腹较浅，圈足。挖足较浅，内底有六个支烧痕，黏有少许砂子，圈足内残存鸡心钉，足床上有六个支钉痕。内壁先施化妆土，再施满釉，腹部以下印有较浅莲纹。外壁先施化妆土，再施透明釉，足床和圈足内无釉，有流釉现象。胎质较粗，白釉泛青，器体较大。口径 24.0、底径 8.2、高 7.2 厘米（图二四，1；彩版三四，1～3）。

白釉碗 标本 M1：12，圆唇，敞口，弧腹，圈足略外撇。圈足内有较小鸡心钉，足床上有五个支钉痕，挖足至肩。内壁先施化妆土，再施满釉，腹部至底印有极浅的缠枝菊纹六组，每组之间有较细凸棱，内底有一周凹棱，中心印莲纹，周围有五个支烧痕。圈足内未施化妆土，仅施透明釉，足床上未施釉。胎质较粗。口径 20.2、足径 7.2、高 7.4 厘米（图二四，2；彩版三四，4～6）。

白釉碗　标本M1：10，圆唇，敞口，弧腹，小圈足。圈足留有较小鸡心钉和一圈刮削痕，足床上有五个支钉痕，未经打磨，圈足有破损。内壁先施化妆土，再施透明釉，内底残存灯油油渍，系做为灯盏使用。外壁施透明釉至圈足，釉色白泛黄。制作粗糙，火候比较低。口径10.6、足径4.0、高4.0厘米（图二四，3；彩版三五，1）。

白釉碗　标本M1：11，圆唇，敞口，弧腹，下腹急收，圈足，挖足过肩，略外撇。内壁施满釉，内底残存六个支烧痕。外壁施釉近圈足，足床上黏有砂子。胎质较粗，颜色灰白不均，制作粗糙。口径15.4、足径5.2、高6.0厘米（图二四，4；彩版三五，2）。

白釉碗　标本M1：19，圆唇，敞口，弧腹较深，圈足略外撇。挖足过肩，足床上有六个支

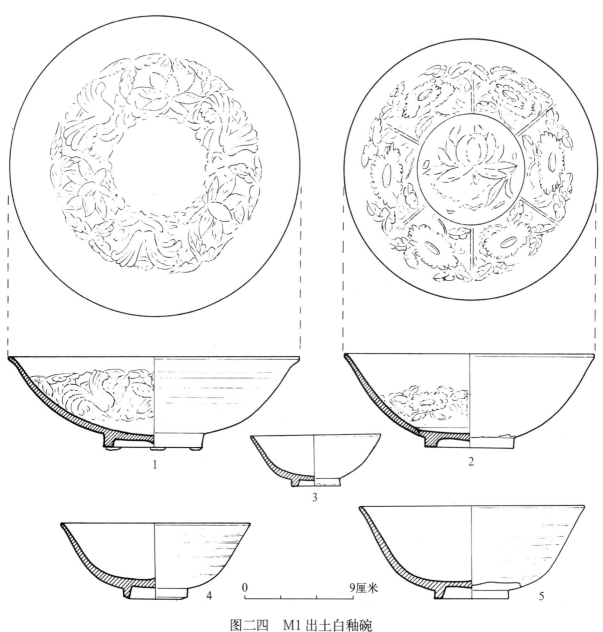

图二四　M1出土白釉碗

1～5. 白釉碗 M1：3、M1：12、M1：10、M1：11、M1：19

钉痕，略残。内外壁先施化妆土，再施透明釉，内底有六个较小支烧痕。外壁施釉至圈足，近唇部有黏釉和黏砂痕迹。胎质较粗，白釉泛青，有流釉现象，制作粗糙。口径18.4、足径6.2、高7.4厘米（图二四，5；彩版三五，3）。

白釉碗　标本M1∶21，圆唇，敞口，弧腹，圈足。挖足至肩，圈足内墨书"□帝"，足内微凸，有爆裂痕迹。内壁先施化妆土，再施全釉，腹部印有较浅缠枝牡丹，内底正中施印转轮菊纹，近底处有一周凹棱，内底中部可见五个支烧痕。外壁化妆土近圈足，再施透明釉，有流釉现象，近圈足处部分露胎，胎质较粗。口径20.0、足径6.2、高7.6厘米（图二五，1；彩版三五，4～6）。

白釉碗　标本M1∶22，圆唇，敞口，弧腹，下腹急收，圈足略外撇。挖足略过肩，足床上有五个支钉痕，在使用时被磨掉。内壁先施化妆土，再全施透明釉，腹部印有六组较浅牡丹纹，每组之间有细微凸棱作为界格，底部中心施莲纹，有五个支烧痕。外壁先施化妆土，再施透明釉至足床，有流釉现象，圈足内有一道釉痕，上腹有一周凹弦纹。胎质较粗，胎色青灰。口径18.4、足径5.6、高6.6厘米（图二五，2；彩版三六，1、2）。

白釉盘　标本M1∶13，圆唇，敞口，浅弧腹，圈足。圈足平整，挖足过肩，足床上有五个较大支钉，保存完整。唇上有六个葵口，内、外均先施化妆土。内壁施满釉，腹部印有一周较浅缠枝菊纹、莲纹相间隔，内底可见五个支烧痕。外壁施釉至圈足，釉色不均。胎质较粗。口径18.0、足径6.2、高4.3厘米（图二六，1；彩版三六，3、4）。

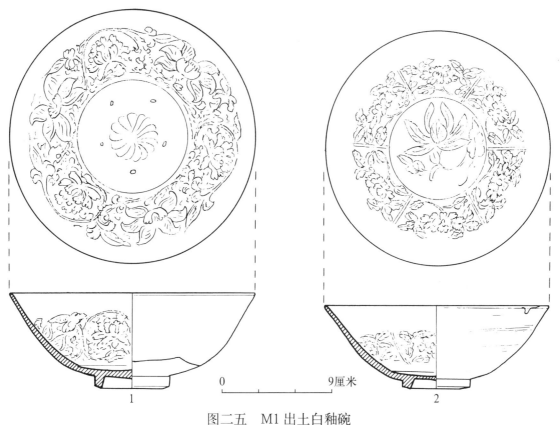

0　　　　　9厘米

图二五　M1出土白釉碗
1、2. 白釉碗 M1∶21、M1∶22

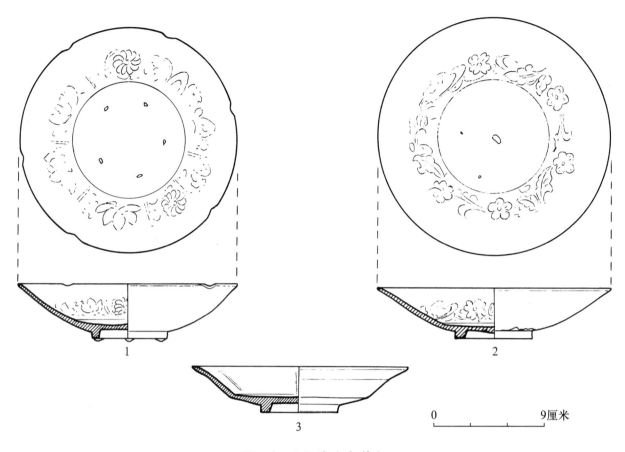

图二六　M1 出土白釉盘
1～3. 白釉盘 M1：13、M1：15、M1：20

　　白釉盘　标本 M1：15，圆唇，敞口，浅弧腹，矮圈足略外撇。圈足挖足过肩，足内留有小鸡心钉，足内侧有少许釉料，足床上有六个支钉痕。内壁先施化妆土再施釉，腹部印有一周较浅牡丹纹，内底可见两个支烧痕，器壁有黏连痕。外壁先施化妆土，再施釉至圈足。釉色泛青，局部有流釉现象，近圈足处有少许露胎。胎质较粗，胎色青灰。口径 19.0、足径 6.2、高 4.0 厘米（图二六，2；彩版三六，5）。

　　白釉盘　标本 M1：20，口略残。圆唇，敞口，折腰，平底，底部有分布均匀的六个支烧痕，矮圈足。足床平整，挖足略过肩，且有六个大支钉痕。器壁有六条分布均匀的凸棱。内壁先施化妆土再施釉。外壁先施化妆土，再施釉至圈足处，有部分露胎。胎质较粗，胎色青灰。口径 17.8、足径 6.4、高 3.6 厘米（图二六，3；彩版三六，6）。

　　白釉黑花腰圆形枕　标本 M1：17，椭圆形，枕面较小，出棱很小，仅在枕面上绘制折枝萱草纹，只用细碎的叶片及花瓣装饰，装饰手法简洁明快。腰带前端留有一圆形气孔，与底板系套接而成，底面未施釉及化妆土。有一墨书题字，无法释读。先施化妆土，再彩绘最后施一层透明釉。釉面泛黄，且有破裂，枕面两侧部分被磨损。器物小巧。长径 21.8、顶宽 17.2、高 7.4～11.0 厘米（图二七，1；彩版三七，1～3）。

　　三彩腰圆形枕　标本 M1：9，椭圆形，枕底面平整。枕腰带用模制而成，在枕的一侧有明显

图二七 M1 出土瓷枕

1. 白釉黑花腰圆形枕 M1 : 17 2. 三彩腰圆形枕 M1 : 9

的连接痕迹，模印花纹粗壮，由缠枝菊花、石榴及卷曲的枝叶组成。枕面上剔出童子持物骑瑞兽图案，瑞兽似鹿，口衔瑞草，童子身披飘带。枕面施绿彩，部分已脱落。腰带施黄彩，底面未施彩。长径28.4、顶宽20.0、高8.2～10.4厘米（图二七，2；彩版三八，1～3）。

3. 铁器

铁牛　标本M1：18，整体肥硕，突角，长尾，四腿直立，背部局部凸起。表面锈蚀严重，保存基本完整。长13.4、高10.0厘米（图二八，1；彩版三三，4）。

4. 玻璃器

玻璃耳环　标本M1：7、8，玻璃，磨制。平面呈圆形，表面光滑，剖面扁圆。白色，素面，中间有大量气泡。成对，器体较小。外径1.8、内径0.8厘米（图二八，2、3；彩版三三，5）。

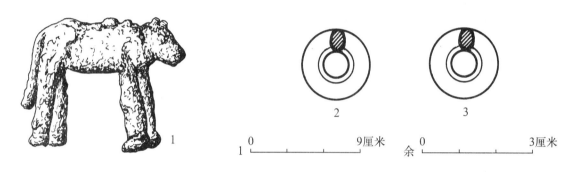

图二八　M1出土铁器与玻璃器
1. 铁牛M1：18　2、3. 玻璃耳环M1：7、M1：8

三　M39

M39（08FXM39）位于东龙观北区家族墓地中部，第三排最西端，东南邻M40、M41，东北邻M1，开口于第②层下。2008年8月11日布方发掘。该墓为土洞室墓，先找到墓口，为保护文物安全，先发掘墓室，后发掘墓道。发掘墓室顶部至墓室底部，经清理发现洞顶前高后低，墓壁较整齐，近墓底未发现葬具、人骨及随葬品。墓底呈斜坡状。接着清理墓道，墓道为竖井式，近墓底处有缓坡直达墓门。封门砖散乱。照相、绘图，8月18日发掘结束。

（一）墓葬形制

M39是一座土洞室墓，由墓道、墓门、墓室组成（图二九）。方向197°。洞顶前高后低，墓壁较整齐，近墓底未发现葬具、人骨及随葬品。墓底呈斜坡状。

墓道　位于墓室南部，呈长方形。上口长2.1、宽0.44～0.76、墓口距地面深0.76、底长2.0米。下端宽0.76～0.8、自深2.36米。填土为黄沙土，土质松散，土色花杂。

墓门　距墓口1.5、宽0.58、高1.16米。用条砖封门。

墓室　呈长方形，底长2.2、宽0.80～0.92、墓深2.4～2.8米。墓室已被淤土塞满。

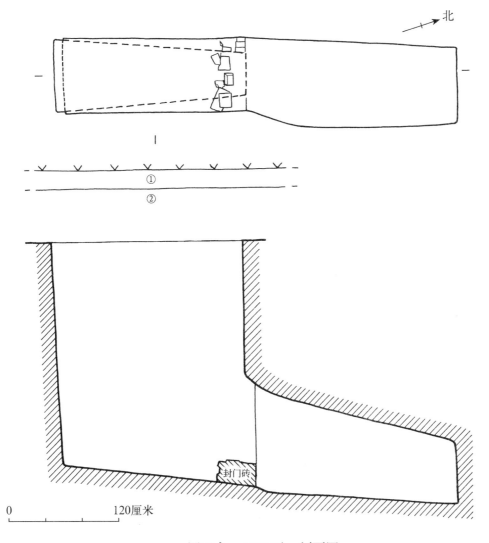

图二九 M39 平、剖面图

（二）葬式葬具

此墓为迁葬墓，未发现葬具、人骨。

四 M40

M40（08FXM40）位于东龙观北区家族墓地中部，西邻 M39，西南邻 M42，开口于第②层下。2008 年 8 月 12 日布方发掘。该墓为土洞室墓，先找到墓口，为保护文物安全，先发掘墓室，后发掘墓道。发掘墓室顶部至墓室底部，经清理发现洞顶前高后低，墓壁较整齐，近墓底未发现葬具，清理出 2 具人骨，随葬品有：陶砚 1 件、瓷器 5 件、铜钱 4 枚、骨器 1 件。墓底呈斜坡状。接着清理墓道，墓道为竖井式，有缓坡直达墓门。河卵石垫底，土坯封门。照相、绘图后采集随葬品、人骨标本。8 月 16 日发掘结束。

（一）墓葬形制

M40 是一座土洞室墓，由墓道、墓门、墓室组成（图三〇；彩版三九，1、2）。方向 185°。洞顶前高后低，墓壁较整齐，近墓底未发现葬具，仅见人骨及随葬品。墓底呈斜坡状。

墓道　位于墓室南部，呈长方形。上口长 1.8、宽 0.40～0.76、口距地面深 0.66 米，底长 1.8、下端宽 0.80～0.90、自深 2.22 米。填土为黄沙土，土质松散，土色花杂。

墓门　距墓口 1.24、宽 0.8、高 1.06 米。用土坯封门。

墓室　呈长方形，底长 2.1、宽 0.40～0.88、墓深 2.20～2.52 米。墓室已被淤土塞满（彩版四〇）。

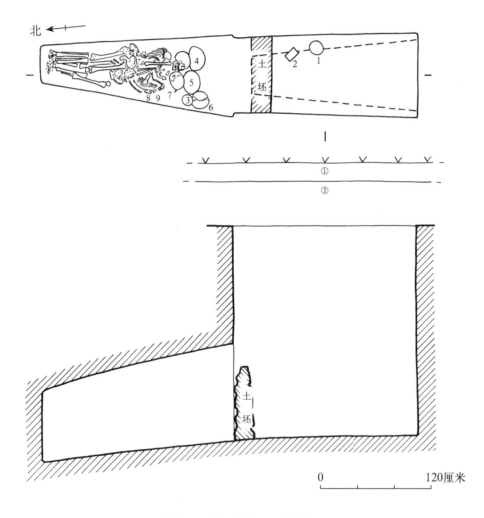

图三〇　M40 平、剖面图

1. 白釉碗　2. 陶砚　3. 白釉钵　4、5. 白釉黑花腰圆形枕　6. 白釉黑花盘　7. 骨簪（头下面）　8、9. 铜钱

（二）葬式葬具

墓室中发现有棺痕，但腐朽严重，无法测量尺寸。棺内置人骨 2 具，头向南，东侧男性面向西，年龄 50 岁左右，西侧女性面向东，仰身直肢葬，人骨未作鉴定。人骨保存较好，属于夫妇同棺合葬。

（三）出土遗物

出土遗物共 11 件，陶砚 1 件、瓷器 5 件、铜钱 4 枚、骨器 1 件。

墓室内的遗物位置：3 号白釉钵、6 号白釉黑花盘位于墓室西南部，4 号、5 号白釉黑花腰圆形枕位于人骨颅骨下（彩版四○），7 号骨簪位于西侧颅骨下，8 号、9 号铜钱位于西侧人骨肋骨间。

墓道内的遗物位置：1 号白釉碗、2 号陶砚出土于墓道东北部。

1. 陶器

陶砚　标本 M40：2，泥质灰陶。抄手砚。用淘洗过的陶土制成。正面由砚海、砚堂组成，砚堂中被部分磨损。砚背上刻"己卯正隆四年六月十五日砚瓦记□周□"字，背面顶部还刻"周□"两字。素面略磨光。砚略有残损，系实用器。长 16.8、宽 9.4～10.2、厚 2.8 厘米（图三一、三二，1；彩版四一，1、2）。

2. 瓷器

白釉碗　标本 M40：1，唇略残。敞口，弧腹，平底，圈足。圈足挖足略过肩，中心留有不明显的鸡心钉，足床上残留间距相等的六个较大的支钉。内底有六个支烧痕。表面先施化妆土，再施透明釉，内壁满釉，外壁到足床。器型较规整，胎质较细，白釉泛黄。口径 18.4、足径 6.8、高 7.6 厘米（图三三，1；彩版四一，3）。

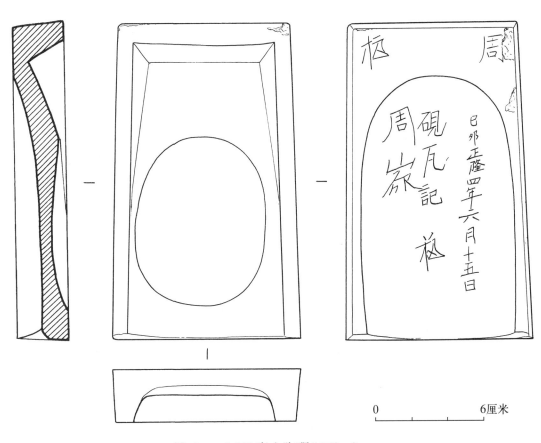

0　　　　　　6厘米

图三一　M40 出土陶砚 M40：2

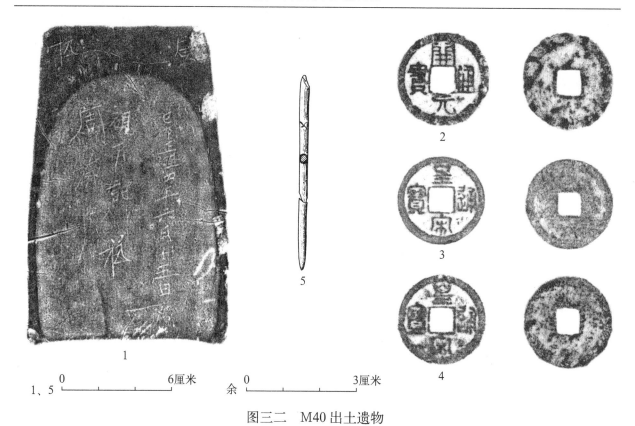

1、5 0━━━━━━━━6厘米　　余 0━━━━━━━━3厘米

图三二　M40 出土遗物

1. 陶砚 M40：2 拓片　2. 开元通宝 M40：9-2　3、4. 皇宋通宝 M40：8、M40：9-1　5. 骨簪 M40：7

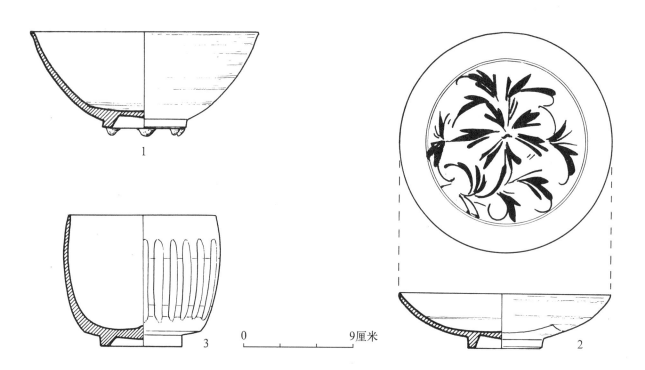

0━━━━━━━━9厘米

图三三　M40 出土瓷器

1. 白釉碗 M40：1　2. 白釉黑花盘 M40：6　3. 白釉钵 M40：3

　　白釉黑花盘　标本 M40：6，圆唇，弧腹较深，圜底，小圈足。足床平整，挖足过肩，上留五个支烧痕。盘内中部有一周凹弦纹，中间绘制缠枝花，中间留有五个较小的支烧痕。内壁施满釉，外壁施釉过半，有明显的流釉现象。器壁较厚，釉色泛黄，为定窑系产品。口径 17.2、足径 6、高 4.4 厘米（图三三，2；彩版四一，5、6）。

　　白釉钵　标本 M40：3，圆唇，敛口，深腹，腹部有一圈分布均匀的瓜棱，矮圈足，足床平整，圈足底部有鸡心钉，凹底部有三个支烧痕。内外壁先施化妆土，再施透明釉，口下有流釉现象。外壁施白釉至圈足部。内壁由拉坯留下较浅凸棱，外壁由于长期使用，釉面磨损露胎，似定窑系产品。口径 12.2、足径 6.8、高 10.4 厘米（图三三，2；彩版四一，4）。

　　白釉黑花腰圆形枕　标本 M40：4，枕面椭圆形，器体较小，较高。分体制成，枕前端有一圆形气孔，中间有部分白釉。枕面上用双阴线刻划为四分壶口，中间填画卷曲缠枝莲纹，刻画流畅。因窑变花叶部分变成褐色或深褐色，白釉泛牙黄。长径 22、顶宽 19、高 7.6～10.6 厘米（图三四，1；彩版四二，1、2）。

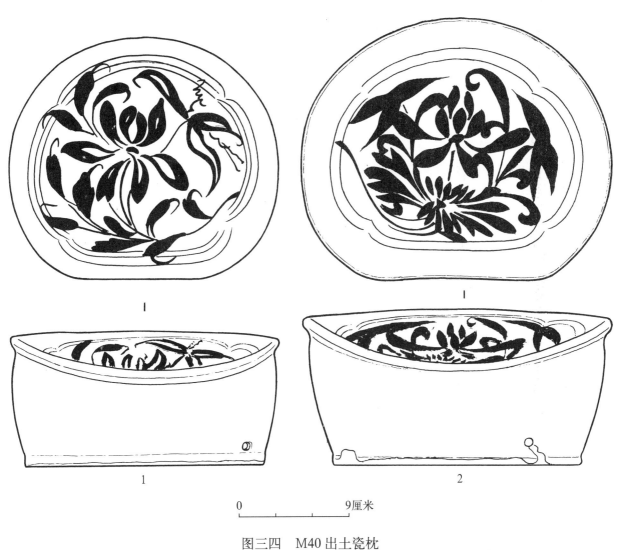

图三四　M40 出土瓷枕
1. 白釉黑花腰圆形枕 M40：4　2. 白釉黑花加彩腰圆形枕 M40：5

0　　　　　　9厘米

白釉黑花加彩腰圆形枕　标本 M40：5，枕面椭圆形，四边均有出棱。先施白色化妆土，在绘制花草之前先划出双线壶口作为界格，再在之上绘制缠枝莲纹、茨菰纹，花朵分为上下两层，叶与茎同色，花朵呈暗黄，花蕊与枝叶同色，呈棕褐色，花叶的凹凸感较强。腰带较宽，瓷枕显得高挑，前端有一圆形气孔。瓷枕系套接而成，底面未施化妆土及透明釉。保存完整，只是枕面两侧因长期使用，磨损严重。长径 25.8、顶宽 20.6、高 8～12.4 厘米（图三四，2；彩版四三，1、2）。

3. 铜钱

开元通宝　标本 M40：9-2，圆形方孔。直径 2.5、孔径 0.7 厘米（图三二，2）。

皇宋通宝　标本 M40：8，圆形方孔。直径 2.4、孔径 0.7 厘米（图三二，3）。

皇宋通宝　标本 M40：9-1，圆形方孔。直径 2.4、孔径 0.6 厘米（图三二，4）。

铜钱　标本 M40：9-3，残，圆形方孔，钱文不识。

4. 骨器

骨簪　标本 M40：7，圆柱形，尖部磨制光滑，簪身表面光滑，尾端呈斜三角。局部残损，剖面呈圆形。长 10.3、直径 0.4 厘米（图三二，5）。

五　M41

M41（08FXM41）位于东龙观北区家族墓地中部，东邻 M42，开口于第②层下。2008 年 8 月 15 日布方发掘。该墓为土洞室墓，先找到墓口，为保护文物安全，先发掘墓室，后发掘墓道。发掘墓室顶部至墓室底部，经清理发现，洞顶前高后低，墓壁较整齐，近墓底清理出 2 具人骨。出土器物有瓷器 3 件、陶瓦 1 块、铜钱 2 枚。接着清理墓道，墓道为竖井式，有缓坡直达墓门。仅见封门砖一块。在照相、绘图后采集随葬品、人骨标本。8 月 16 日发掘结束。

（一）墓葬形制

M41 是一座土洞室墓，由墓道、墓门、墓室组成（图三五；彩版四四，1、2）。方向 175°。洞顶前高后低，墓壁较整齐，近墓底发现棺痕、人骨及随葬品。墓底较平整。

墓道　位于墓室南部，呈长方形。上口长 1.7、宽 0.49～0.68、口距地面深 0.70、底长 1.7、下端宽 0.68～0.80、自深 1.54～1.60 米。填土为黄沙土，土质松散，土色花杂。

墓门　距墓口 1.12、宽 0.68、高 0.50 米。仅见封门条砖一块。

墓室　呈长方形，底长 2.04、宽 0.50～0.72、墓深 1.64 米。墓室已被淤土塞满。

（二）葬式葬具

墓室中发现有棺痕，但腐朽严重，无法测量尺寸。棺内置人骨 2 具，头向南，面向西，东侧女性为仰身直肢葬，西侧男性为二次葬，年龄 51～60 岁，人骨保存较好，属于夫妇同棺合葬。

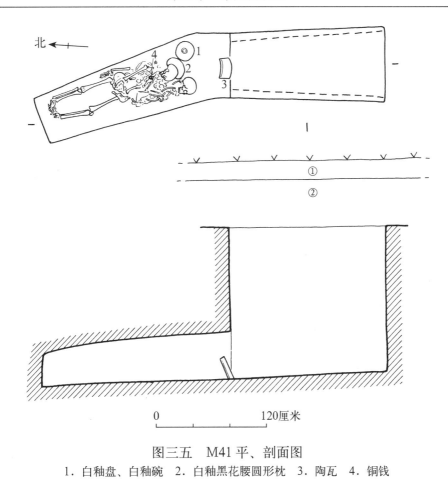

图三五　M41 平、剖面图
1. 白釉盘、白釉碗　2. 白釉黑花腰圆形枕　3. 陶瓦　4. 铜钱

在北区洞室墓中，这是唯一 1 具男西女东的特殊葬式。由于此墓包含有二次葬，加上有水淤因素，不能排除人骨有东西错位的情况。

（三）出土遗物

出土遗物共 6 件，陶瓦 1 件、瓷器 3 件、铜钱 2 枚。

1–1 号白釉盘、1–2 白釉碗位于墓室东南部颅骨旁，2 号白釉黑花腰圆形枕位于东侧人骨颅骨下，3 号陶瓦位于墓室与墓门间，4–1 号、4–2 号铜钱位于东侧人骨肋骨间。

1. 陶器

陶瓦　标本 M41：3，泥质灰陶。外表素面，内有较细密的布纹。内切法制作，瓦头圆钝，瓦尾粗涩，有断裂痕迹。保存基本完整。长 25、宽 20～21、厚 2 厘米。

2. 瓷器

白釉碗　标本 M41：1–2，圆唇，敞口，深弧腹，平底，圈足。足床表面粗糙，挖足略过肩，底部微凹，足床有六个间距不均的支钉痕，足床表面黏有砂粒。化妆土表面可见两道细凹弦纹。内底有六个支烧痕，腹上部无釉处。胎质较细，白釉泛黄。口径 20.0、足径 6.4、高 9.0 厘米（图三六，1；彩版四五，1）。

白釉盘　标本 M41：1-1，略残。圆唇，敞口，浅斜腹，平底，圈足。足床一次挖成，挖足过肩，足床有间距相等的六个支钉痕，底部中心有鸡心钉，表面墨书"吴大旦"字样。内底有六个支烧痕。胎质较粗，白釉闪青。口径18.4、足径5.8、高4.6厘米（图三六，2；彩版四五，2）。

白釉黑花腰圆形枕　标本 M41：2，枕面椭圆形，四周均出棱。先施白色化妆土，再绘制黑色缠枝萱草纹，周围填以三周壶口花纹。瓷枕腰带较宽，仅施化妆土至前侧气孔处，外面整体施透明釉，底面平整未施釉。枕面白色泛黄，两侧及底面有明显使用痕迹。一侧还留有少量窑黏。一侧略残，枕底面的窑黏基本被磨掉。长径23.4、顶宽19.0、高7.8～11.2厘米（图三六，3；彩版四五，3、4，四六，1、2）。

3. 铜钱

皇宋通宝　标本 M41：4-1，圆形方孔。直径2.5、孔径0.7厘米（图三六，4）。

景祐元宝　标本 M41：4-2，圆形方孔。直径2.5、孔径0.7厘米（图三六，5）。

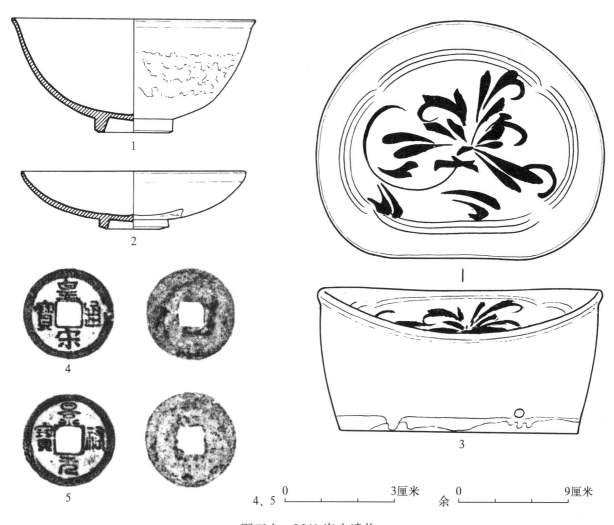

图三六　M41 出土遗物

1. 白釉碗 M41：1-2　2. 白釉盘 M41：1-1　3. 白釉黑花腰圆形枕 M41：2　4. 皇宋通宝 M41：4-1　5. 景祐元宝 M41：4-2

六　M42

　　M42（08FXM42）位于东龙观北区家族墓地中部，西邻 M41，开口于第②层下。2008 年 8
月 17 日布方发掘。该墓为土洞室墓，先找到墓口，为保护文物安全，先发掘墓室，后发掘墓道。
发掘墓室顶部至墓室底部，经清理发现洞顶前高后低，墓壁较整齐，墓底呈斜坡状，近墓底发现
葬具，清理出人骨 2 具，出土器物仅有瓷器 4 件。接着清理墓道，墓道为竖井式，近墓底有一级
土质台阶，宽 0.34、高 0.20 米。其余平缓至墓门，用土坯封门。在照相、绘图后采集随葬品、
人骨标本。8 月 19 日发掘结束。

（一）墓葬形制

　　M42 是一座土洞室墓，由墓道、墓门、墓室组成（图三七；彩版四七，1）。方向 167°。洞

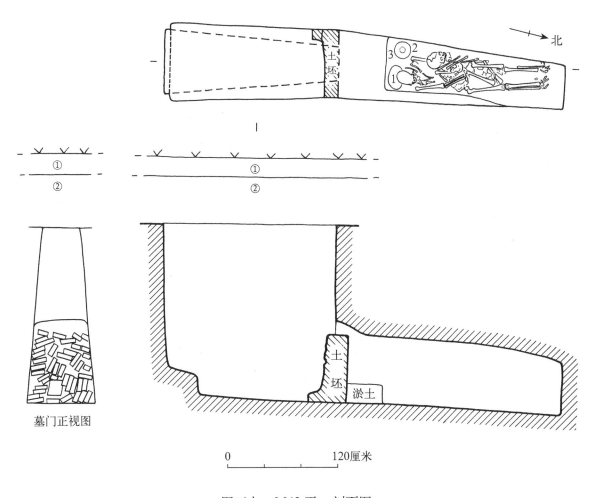

图三七　M42 平、剖面图
1. 白釉黑花腰圆形枕　2. 白釉盘、白釉碗　3. 白釉钵

顶前高后低，墓壁较整齐，近墓底发现葬具、人骨及随葬品。墓底呈斜坡状。

　　墓道　位于墓室南部，呈长方形。上口长 1.9、宽 0.36～0.68、口距地面深 0.70 米，底长 1.5、下端宽 0.72～0.84、自深 1.86 米。填土为黄沙土，土质松散，土色花杂。

　　墓门　距墓口 1.04、宽 0.72、高 0.70 米。用土坯封门。

　　墓室　呈长方形，底长 2.4、宽 0.46～0.70、墓深 1.92 米。墓室已被淤土塞满。

（二）葬式葬具

　　墓室中发现有棺痕，但腐朽严重，无法测量尺寸。棺内置人骨 2 具，头向南，东侧男性面向北，仰身直肢葬，年龄 45～50 岁，西侧女性面向西，二次葬，20～25 岁。人骨保存较好，属于夫妇同棺合葬（彩版四七，2）。

（三）出土遗物

　　出土遗物共 4 件瓷器。

　　1 号白釉黑花腰圆形枕位于东侧人骨颅骨下，2-1 号白釉盘、2-2 号白釉碗、3 号白釉钵位于墓室西南端（彩版四八，1）。

　　白釉碗　标本 M42：2-2，圆唇，敞口，深弧腹，平底，圈足略外撇，内侧有六个支烧痕，足床上有六个被打磨掉的支钉痕，挖足略过肩，圈足有鸡心钉。内壁满釉，外壁施釉至下腹部。外壁流釉明显，下腹部局部无釉，有墨书"吴仙仙书"。胎质较粗，白釉泛青。口径 19.4、足径 6.2、高 8.0 厘米（图三八，2；彩版四八，2、3）。

　　白釉盘　标本 M42：2-1，圆唇，弧腹略深，圈足略外撇。挖足过肩，内外壁先施化妆土，内壁施满透明釉，近唇部微凸，腹部有一周凹弦纹，内底残存六个支烧痕。外壁施透明釉至圈足，局部有流釉现象，圈足及内侧露胎。胎质较粗，白釉。口径 19.6、足径 6.6、高 4.8 厘米（图三八，1；彩版四八，4）。

　　白釉钵　标本 M42：3，圆唇，卷沿，敛口，深腹，下腹急收至小圈足，圈足较矮，挖足过肩，圈足内底有墨书"吴寒□"字样。内壁有较规则的细而密的弦纹，也有局部流釉。外壁施全釉，近底部有流釉现象。外壁有拉坯留下的较浅凸棱。白釉泛青。口径 8.8、足径 6.4、高 9.2 厘米（图三八，3；彩版四八，5、6）。

　　白釉黑花腰圆形枕　标本 M42：1，枕面椭圆形，略出棱。先施化妆土，用双线划成壶形花形界格，再绘制黑色缠枝萱草纹，之后再通体施一层透明釉。腰带较宽，器物显得高挑。枕底面未施釉，系套接而成。枕面两侧被磨损严重，且有明显的窑黏，局部破损，腰带前端留有一气孔。制作比较规范。长径 25.6、顶宽 19.4、高 8.4～12.4 厘米（图三八，4；彩版四九，1、2）。

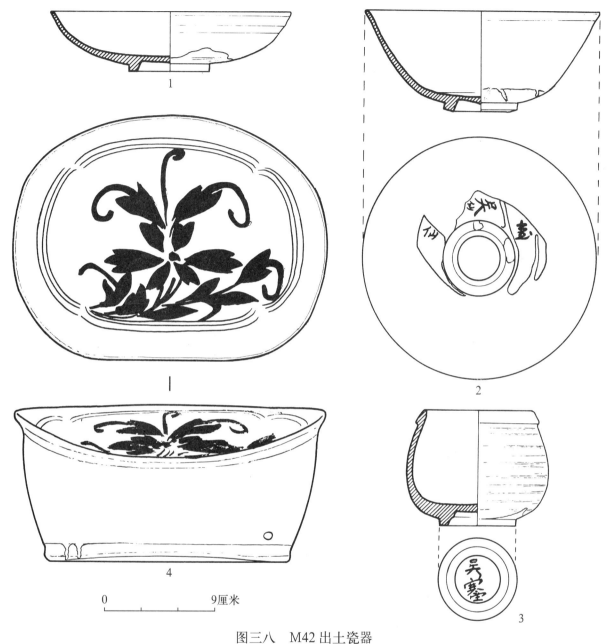

图三八　M42 出土瓷器
1. 白釉盘 M42：2-1　2. 白釉碗 M42：2-2　3. 白釉钵 M42：3　4. 白釉黑花腰圆形枕 M42：1

七　M43

　　M43（08FXM43）位于东龙观北区家族墓地中部，东邻 M44，南邻 M46，开口于第②层下。2008 年 8 月 15 日布方发掘。该墓为土洞室墓，先找到墓口，为保护文物安全，先发掘墓室，后发掘墓道。发掘墓室顶部至墓室底部，经清理发现洞顶前高后低，墓壁较整齐，近墓底未发现葬具、人骨及随葬品，仅发现横、竖摆放的条砖五块。墓底呈缓坡状。接着清理墓道，墓道为长条形阶梯式。余为缓坡直达墓门，用条砖半封门。在照相、绘图后，8 月 20 日发掘结束。

（一）墓葬形制

　　M43 是一座土洞室墓，由墓道、墓门、墓室组成（图三九；彩版五〇，1）。方向191°。洞顶前高后低，墓壁较整齐，近墓底未发现葬具、人骨及随葬品。墓底呈斜坡状。

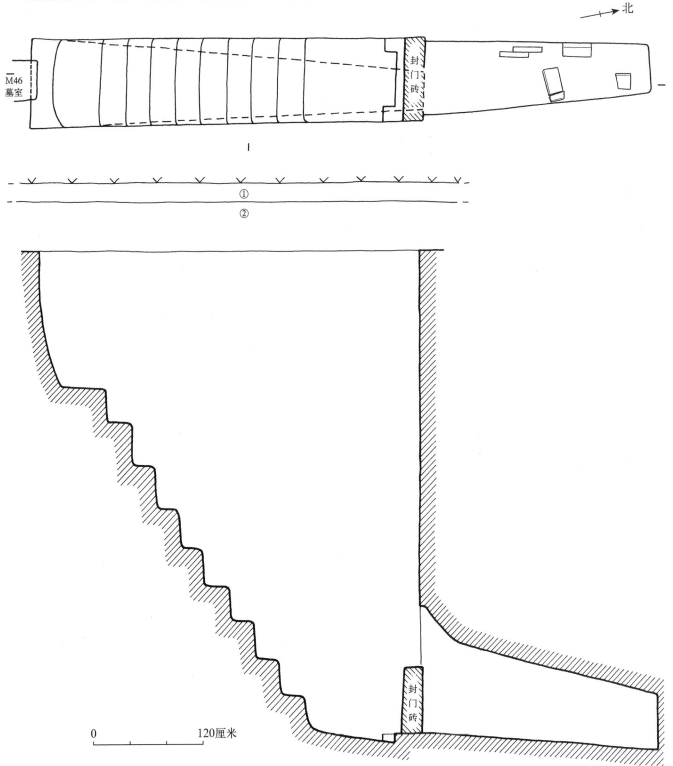

图三九　M43 平、剖面图

墓道 位于墓室南部，呈长条形阶梯式。上口长 4.3、宽 0.40 ~ 0.96、口距地面深 0.70 米，底长 1.0、下端宽 0.88 ~ 0.90、自深 5.20 米。墓道开口下 1.44 米处为第一级纯生土台阶，依次共九级，宽窄高低均不等。第一级宽 0.52、高 0.34 米，第二级宽 0.28、高 0.44 米，第三级宽 0.36、高 0.44 米，第四级宽 0.26、高 0.42 米，第五级宽 0.24、高 0.36 米，第六级宽 0.30、高 0.36 米，第七级宽 0.24、高 0.40 米，第八级宽 0.26、高 0.36 米，第九级宽 0.28、高 0.36 米。近墓门处有长约 1 米的缓坡。填土为黄沙土，土质松散，土色花杂。靠墓室一端填土内出土残瓷枕 1 件。

墓门 距墓口 3.80、宽 0.88、高 1.34 米。用条砖封门现只残留底部四层条砖，其上部封门应是迁葬时拆毁。墓门两侧各有一个长 0.14、宽 0.12、高 0.10 米的生土门墩。

墓室 呈长方形，底长 2.46、宽 0.50 ~ 0.78、墓深 5.20 米。墓室已被淤土塞满。

（二）葬式葬具

墓室内未发现葬具、人骨。应是迁葬墓。

（三）出土遗物

出土遗物有瓷器 1 件。

墓道内的遗物位置：01 号残白釉剔花腰圆形枕出土于墓道填土内。

白釉剔花腰圆形枕 标本 M43：01，因迁葬遗留，枕已残破。枕面椭圆形，枕面外出棱，腰带略内收，底板也出棱，枕腰后留有一个圆形气孔。先施化妆土，再使用剔花工艺在壶口花中剔白露胎，留出硕大的白色莲花纹，旁边留出茨菰纹，之后再施透明釉。底面未施釉。枕制作规范，纹饰流畅，釉面光亮略泛黄。长径 27.0、顶宽 21.4、高 12.2 厘米（图四〇；彩版五〇，2）。

0   9厘米

图四〇 M43 出土白釉剔花腰圆形枕 M43：01

八　M44

M44（08FXM44）位于东龙观北区家族墓地南部，西邻 M43，东邻 M45，开口于第②层下。2008 年 8 月 14 日布方发掘。该墓为土洞室墓，先找到墓口，为保护文物安全，先发掘墓室，后发掘墓道。发掘墓室顶部至墓室底部，经清理发现洞顶前高后低，已塌陷。墓壁较整齐，近墓底发现葬具痕迹，清理出人骨 1 具，出土器物有瓷器 3 件、铜钱 2 枚。墓底呈缓坡状。接着清理墓道，墓道为竖井式，余平缓至墓门，用土坯封门。照相、绘图后采集随葬品、人骨标本。8 月 14 日发掘结束。

（一）墓葬形制

M44 是一座土洞室墓，由墓道、墓门、墓室组成（图四一；彩版五一，1、2）。方向 196°。洞顶前高后低，墓壁较整齐，近墓底发现葬具痕迹、人骨及随葬品。墓底呈缓坡状。

墓道　位于墓室南部，呈长方形。上口长 1.72、宽 0.48～0.68、口距地面深 0.70 米，底长 1.72、下端宽 0.62～0.88、自深 1.50～1.58 米。填土为黄沙土，土质松散，土色花杂。

墓门　距墓口 0.67、宽 0.62、高 0.88 米。用土坯封门。

墓室　呈长方形，底长 2.28、宽 0.46～0.62、墓深 1.6 米。墓室已被淤土塞满。

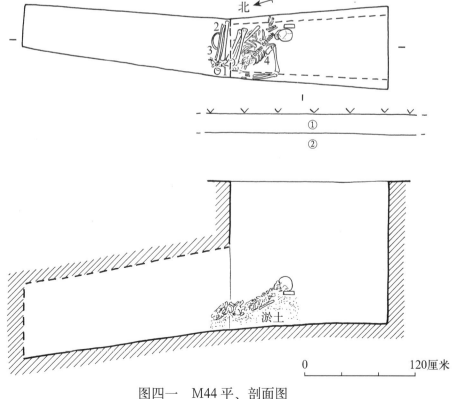

图四一　M44 平、剖面图
1. 白釉钵　2. 白釉盘　3. 白釉碗　4. 铜钱

（二）葬式葬具

在墓室中发现有棺渣，但腐朽严重，无法测量尺寸。棺内无人骨。在墓道北侧与墓门之间发现人骨 1 具，为年龄在 20～23 之间的女性，头向南，面向西，俯身屈肢葬。此具人骨葬式特殊，呈匍匐状，应是非正常死亡。由于棺内无人骨痕迹，因此，推测男性墓主人为衣冠葬（彩版五二，1、2）。

（三）出土遗物

出土遗物共 5 件，瓷器 3 件、铜钱 2 枚。

1 号白釉钵位于人骨踝骨旁，2 号白釉盘、3 号白釉碗位于人骨股骨下，4-1 号、4-2 号铜钱位于人骨肋骨下。

1. 瓷器

白釉碗　标本 M44：3，圆唇，敞口，弧腹，内平底，圈足，挖足略过肩，中心留有鸡心钉。内底有六个磨掉的支钉痕。外壁有明显的磨损痕迹和旋削刀痕。内外壁先施化妆土后再蘸透明釉，内壁施满釉，外壁到足床外侧且有流釉现象。口沿外有二次施化妆土的痕迹。白釉泛青，胎色青灰。口径 20.2、足径 7.0、高 7.6 厘米（图四二，1；彩版五三，1）。

白釉盘　标本 M44：2，圆唇，敞口，弧腹，平底，圈足较高。圈足中心有鸡心钉，足床上有六个较大的支钉。内壁底部有六个支烧痕，腹部有一周凹槽。表面先施化妆土，再蘸透明釉，内壁满釉，外壁到足床。胎质较细，白釉泛青黄。口径 19.2、足径 6.8、高 4.4 厘米（图四二，2；彩版五三，2～4）。

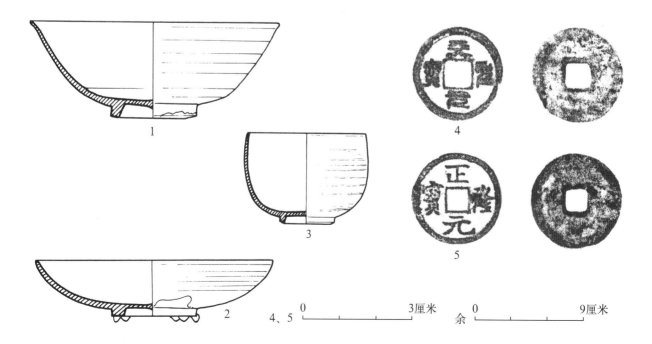

图四二　M44 出土瓷器与铜钱

1. 白釉碗 M44：3　2. 白釉盘 M44：2　3. 白釉钵 M44：1　4. 天圣元宝 M44：4-2　5. 正隆元宝 M44：4-1

白釉钵　标本 M44：1，圆唇，微敛口，深腹略垂，下腹急收，小圈足较矮。内壁有少量流釉现象，且有规则细密的弦纹。外壁施全釉，裹足刮釉，有芒口，圈足内侧施白釉。外壁有拉坯而形成的浅凸棱。内壁残存有少量的朱砂痕迹。器体较小，器壁薄，器形规整。白釉。口径 9.6、足径 4.4、高 7.2 厘米（图四二，3；彩版五三，5、6）。

2. 铜钱

天圣元宝　标本 M44：4-2，圆形方孔。直径 2.5、孔径 0.7 厘米（图四二，4）。

正隆元宝　标本 M44：4-1，圆形方孔。直径 2.5、孔径 0.5 厘米（图四二，5）。

九　M45

M45（08FXM45）位于东龙观北区家族墓地南部，西邻 M44，开口于第②层下。2008 年 8 月 16 日布方发掘。该墓为土洞室墓，先找到墓口，为保护文物安全，先发掘墓室，后发掘墓道。发掘墓室顶部至墓室底部，经清理发现洞顶前高后低，墓壁较整齐，近墓底发现葬具，清理出 3 具人骨，出土器物有：瓷器 3 件、铜器 1 件。墓底呈斜坡状。接着清理墓道，墓道为竖井式，墓道南端东西两壁分别有供人上下的脚窝两行，余平缓至墓门，用条砖封门。照相、绘图后采集随葬品、人骨标本。8 月 18 日发掘结束。

（一）墓葬形制

M45 是一座土洞室墓，由墓道、墓门、墓室组成（图四三；彩版五四，1、2）。方向 197°。洞顶前高后低，墓壁较整齐，近墓底发现葬具、人骨及随葬品。墓底呈缓坡状。

墓道　位于墓室南部，呈长方形。上口长 1.74、宽 0.52 ～ 0.80、口距地面深 0.74 米，底长 1.74、下端宽 0.98 ～ 1.00、自深 2.30 米。填土为黄沙土，土质松散，土色花杂。

墓门　距墓口 1.20、宽 0.52、高 1.2 米。用条砖封门。

墓室　呈长方形，底长 2.26、宽 0.60 ～ 0.98、墓深 2.76 米。墓室已被淤土塞满。

（二）葬式葬具

墓室中发现有棺渣，但腐朽严重，无法测量尺寸。棺内置人骨 3 具，头皆向南，东侧女性面向东，仰身直肢葬，年龄 24 ～ 26 岁。中间男性面向东，仰身直肢葬，年龄 40 ～ 44 岁。西侧女性面向北，二次葬，年龄 20 ～ 25 岁。人骨保存较好，属于夫妇三人同棺合葬（彩版五五，1）。

（三）出土遗物

出土遗物共 8 件，瓷器 7 件、铜器 1 件。

墓室内的遗物位置：1 号白釉钵、2 号白釉黑花腰圆形枕位于西侧颅骨下，3 号白釉碗位于东侧颅骨旁，4 号铜钗位于东侧颅骨下。

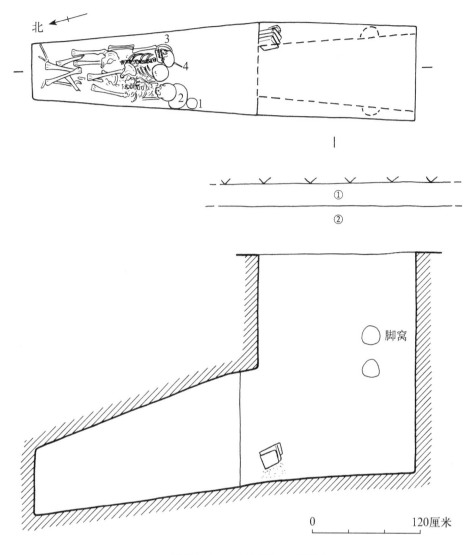

图四三　M45 平、剖面图
1. 白釉钵　2. 白釉黑花腰圆形枕　3. 白釉碗　4. 铜钗

墓道内的遗物位置：01～03 号白釉碗、04 号白釉黑花加彩腰圆形枕出于填土内，均残。

1. 瓷器

白釉碗　标本 M45：3，残。圆唇，敞口，斜腹，平底，圈足。挖足略过肩，圈足中心有不明显的鸡心钉，有墨书"松雪□□"四字，足床上残留五个间距不等的支钉。内壁底部有五个支烧痕，腹部底部均有模印菊花，仅下腹有一周凹槽，纹饰较浅。内外侧先施化妆土，再施釉，外侧施釉到足床外边。口径 19.0、足径 6.6、高 7.8 厘米（图四四，1；彩版五五，2、3）。

白釉碗　标本 M45：01，圆唇，敞口，浅弧腹，圈足略外撇。挖足过肩，足上残存六个小支钉。内壁先施化妆土，再施满釉，上腹部有一周凹弦纹，内底有六个支烧痕。外壁先施化妆土，再施透明釉至圈足，有流釉现象，近足床处釉色泛青。胎质较粗，白釉泛青。口径 18.6、足径 6.0、高 4.6 厘米（图四四，2；彩版五五，4）。

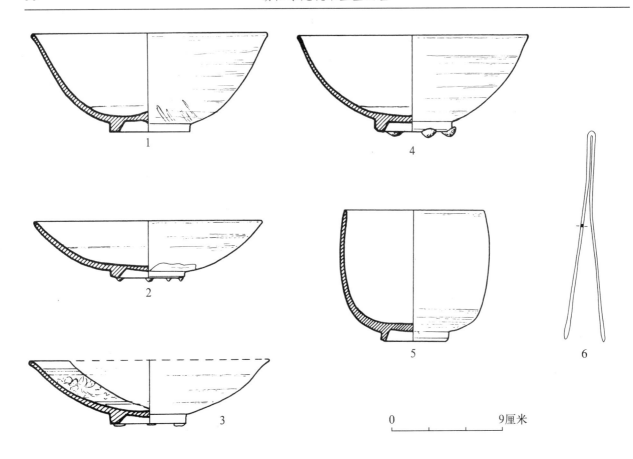

图四四　M45 出土瓷器与铜器

1～4. 白釉碗 M45：3、M45：01、M45：03、M45：02　5. 白釉钵 M45：1　6. 铜钗 M45：4

　　白釉碗　标本 M45：03，圆唇，敞口，浅弧腹，圈足。挖足过肩，足床上有五个小支钉。内壁先施化妆土，再施满釉，表面模印缠枝牡丹花，内底有数个支烧痕，底部中心似鸟纹图案。外壁先施化妆土，再施透明釉至圈足。胎质较粗，白釉。口径 19.8、足径 6.2、高 5.0 厘米（图四四，3；彩版五五，5）。

　　白釉碗　标本 M45：02，残。圆唇，敞口，深弧腹，平底，挖足过肩，足床上有六个间距不等的支钉。内壁先施化妆土再施全釉，内壁近底部有两圈明显的凹弦纹，碗底略凹有支烧痕。外壁先施化妆土，再施透明釉。胎质较粗，白釉。该碗出土于墓道填土内。口径 18.8、足径 6.2、高 7.6 厘米（图四四，4；彩版五六，1～3）。

　　白釉钵　标本 M45：1，圆唇，敛口，直腹，下腹有一组弦纹，圈足略高。挖足过肩。内壁施白釉近底部，平底留有涩圈。外壁施釉近圈足。制作精细，白釉均匀光亮。口径 11.2、足径 5.4、高 10.4 厘米（图四四，5；彩版五六，4）。

　　白釉黑花加彩腰圆形枕　标本 M45：04，略残。枕面椭圆形，周边略出棱。腰带前侧留一气孔，底板前略出棱，是三部分套接而成。底部平整，未施釉。先施白釉再绘制缠枝菊花两朵，叶和茎呈黑色，花瓣呈红色。周边用三条弧线开壶形花边。枕面两侧磨损明显，已露胎，枕面较宽。

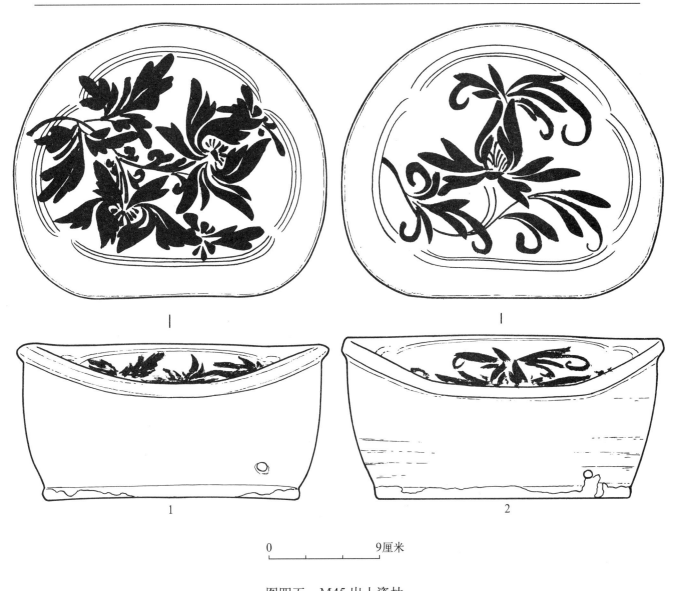

图四五　M45 出土瓷枕
1. 白釉黑花加彩腰圆形枕 M45：04　2. 白釉黑花腰圆形枕 M45：2

长径 25.4、顶宽 21.8、高 9.0 ～ 12.2 厘米（图四五，1；彩版五七，1、2）。

白釉黑花腰圆形枕　标本 M45：2，枕面椭圆形，四边出棱。腰带前侧留有一圆形气孔，底板未出棱，系套接而成。先施化妆土，再绘制黑色缠枝菊纹，呈黄土黄、黑、褐色。花卉被围在双线划出的壶形花格之间。两侧被磨损，已露胎，且留有窑黏。枕底面上未施釉及化妆土，可见磨损痕迹。花卉自然且颜色各异，呈现出一种特殊的艺术效果。长径 26.2、顶宽 21.8、高 9.0 ～ 13 厘米（图四五，2；彩版五八，1、2）。

2. 铜器

铜钗　标本 M45：4，整体呈 "U" 形，断面呈圆形，钗尖扁圆，外表轻微腐蚀。长 16.8、径 0.2 厘米（图四四，6；彩版五六，5）。

一〇　M46

M46（08FXM46）位于东龙观北区家族墓地南部，北邻 M43，且打破 M43 墓道南端，开口于第②层下。2008 年 8 月 23 日布方发掘。该墓为土洞室墓，先找到墓口，为保护文物安全，先发掘墓室，后发掘墓道。发掘墓室顶部至墓室底部，经清理发现洞顶前高后低，已塌陷。墓壁较整齐，近墓底发现葬具痕迹，清理出 1 具人骨，出土器物有：瓷器 2 件、铜钱 2 枚。墓底呈缓坡状。接着清理墓道，墓道为竖井式，余平缓至墓门，用土坯封门。照相、绘图后采集随葬品、人骨标本。8 月 24 日发掘结束。

（一）墓葬形制

M46 是一座土洞室墓，由墓道、墓门、墓室组成（图四六；彩版五九，1）。方向 185°。洞顶前高后低，墓壁较整齐，近墓底发现葬具痕迹、人骨及随葬品。墓底呈缓坡状。

墓道　位于墓室南部，呈长方形。上口长 1.60、宽 0.52～0.76、口距地面深 0.70 米，底长 1.60、下端宽 0.68～0.84、自深 1.24 米。填土为黄沙土，土质松散，土色花杂。

墓门　距墓口 0.64、宽 0.68、高 0.80 米。用土坯封门。

墓室　呈长方形，底长 1.90、宽 0.40～0.68、墓深 1.44 米。墓室已被淤土塞满。

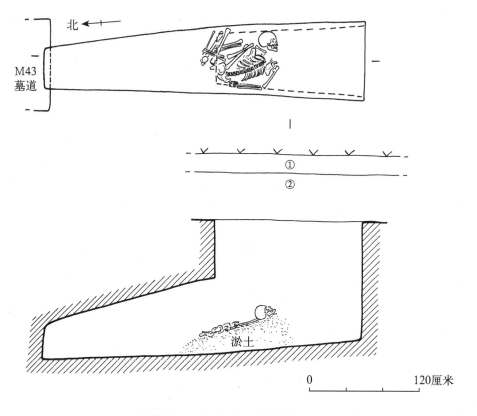

图四六　M46 平、剖面图

（二）葬式葬具

墓室中发现有棺渣，残存棺钉，未采集。因腐朽严重，无法测量尺寸。棺内无人骨。在墓道北侧与墓门之间发现人骨1具，头向南，面向西，俯身屈肢葬，男性，年龄为17～19岁。墓室中未发现人骨，推测可能为女性，火葬。

（三）出土遗物

出土遗物共4件，瓷器2件、铜钱2枚。

01号白釉碗、02号白釉盘出土于墓道填土中，03-1号、03-2号铜钱出土于墓主人口中。

1. 瓷器

白釉碗 标本M46：01，圆唇，敞口，深弧腹，平底，圈足。挖足略过肩，底部略凸，足床上有六个大小略同、间距不一的大支钉。内壁蘸釉较光滑，内底近腹部有两道凹弦纹，有六个支烧痕。外壁有局部流釉现象。胎质较细，白釉泛黄。口径19.0、足径6.8、高7.4厘米（图四七，1；彩版五九，2）。

白釉盘 标本M46：02，圆唇，敞口，弧腹，平底，圈足较矮。挖足过肩，足床上留有五个间距不均匀的支钉。内底有五个支烧痕，中腹部有一周凹槽，表面先施化妆土，后蘸白釉。内壁施满釉。外壁施釉到足床外，局部无釉。胎质较细，白釉略泛黄。口径18.8、足径6.6、高4.8厘米（图四七，2；彩版五九，3）。

2. 铜钱

明道元宝 标本M46：03-1，圆形方孔。直径2.4、孔径0.6厘米（图四七，3）。

景德元宝 标本M46：03-2，圆形方孔。直径2.5、孔径0.6厘米（图四七，4）。

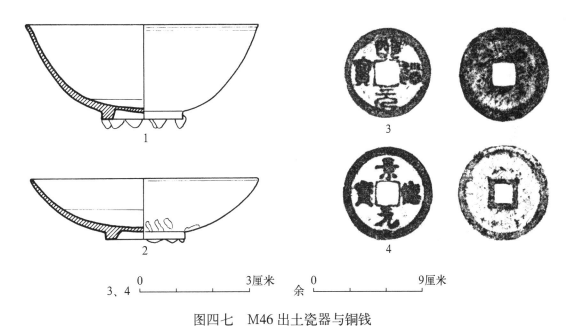

3、4 ├─ 0 ────── 3厘米 余 ├─ 0 ────── 9厘米

图四七 M46出土瓷器与铜钱

1. 白釉碗 M46：01 2. 白釉盘 M46：02 3. 明道元宝 M46：03-1 4. 景德元宝 M46：03-2

一一　G1

由于东龙观墓地发掘中墓葬部分地层关系简单，为了进一步摸清东龙观墓地的地层关系，在墓地中部偏北出做了试掘，编号为 G1。G1 位于东龙观北区的北部，钻探报告显示此处发现有数量较多的瓦片。为了了解该地段文化堆积情况，在此布 2 米 ×10 米东西向探沟一条。经试掘 G1 文化层可分为五层（见图三）。

第①层　耕土层。厚 0.14～0.16 米。土质松散，土色花杂。包含有大量植物根及杂物等。

第②层　明清文化层。厚 0.22～0.32 米。土质较硬，土色发黄。包含有木炭屑、碎瓦、碎瓷片。瓷片可辨器形有青釉碗、白釉黑花碗、白釉碗及一些褐釉、黑釉瓷片。还有少量泥质灰陶片、布纹瓦片。

第③层　宋金文化层。厚 0.28～0.37 米。土质较硬，土色发黄，较纯净。所出土陶片有抹断绳纹瓦片、细绳纹陶片。可辨器形有泥质灰陶豆、盘、罐，瓷片可辨器形有是白釉碗、黑釉碗。

第④层　东汉文化层。分为 a、b 两层。④a 层厚 0.14～0.30 米，④b 层厚 0.16～0.32 米。土质较软，土色淡黄。④a 层清理出两处遗迹，一处活土坑，另一处为硬面及大型动物头颅骨骼，可辨识为南北向车辙痕迹数条，通过观察及测量发现车的轴距为 1～1.1 米①。此处遗迹应为东汉时期"兹氏"古城东城外道路遗迹。出土陶片可辨器形有细绳纹泥质灰陶罐、盆、甑及一些器底、带文字的瓦当、粗绳纹板瓦等。④b 层未发现遗物。

第⑤层　为次生土层。厚 0.16～0.24 米。以下为纯生土。

下面介绍 G1 的主要出土及采集遗物：

陶罐　标本 G1④a:1，口部残片。泥质灰陶。平沿，直口，直领，溜肩，肩部施竖向细绳纹且轻抹。器壁较厚，器形较大。残高 9.4、厚 1.6～2.2 厘米（图四八，1）。

陶罐　标本 G1④a:2，口部残片。泥质灰陶。平沿，侈口，束颈，溜肩。素面。器壁偏厚。残高 6.0、厚 1.0～1.4 厘米（图四八，2）。

陶盆　标本 G1④a:3，口部残片。泥质灰陶。平折沿，直口，口外侧有凹弦纹一周。下施右斜向细绳纹。器壁偏厚，器形较大。残高 3.5、厚 0.70 厘米（图四八，3）。

陶盆　标本 G1④a:4，口部残片。泥质灰陶。平折沿，口微敛，口外侧附加一周泥条。器壁偏厚，器形较大。残高 6.2、厚 0.8～1.30 厘米（图四八，4）。

陶盆　标本 G1④a:5，口部残片。泥质灰陶。平折沿，口微敛，沿外侧凹弦纹一周，口与腹间附加泥条一周且施细绳纹，轻抹。器壁偏厚。残高 6.2、厚 0.7～0.9 厘米（图四八，5）。

陶盆　标本 G1④a:6，口部残片。泥质灰陶。折沿微卷，敞口。外壁近腹部有左斜向数道划痕。器壁偏厚，器形较大。残高 7.0、厚 0.7～1.1 厘米（图四八，6）。

陶片　标本 G1④a:7，器物残片。泥质灰陶。外壁施右斜向细绳纹，较浅，上腹近口部饰

①刘永华：《中国古代车舆马具》，上海辞书出版社，2002 年，公布"北京大葆台汉墓 1 号墓第一号和二号车的轴长为均为 2.64、径 0.1 米。轴距按舆的广推测在 1.65 米左右，长于本次发现的长度。"

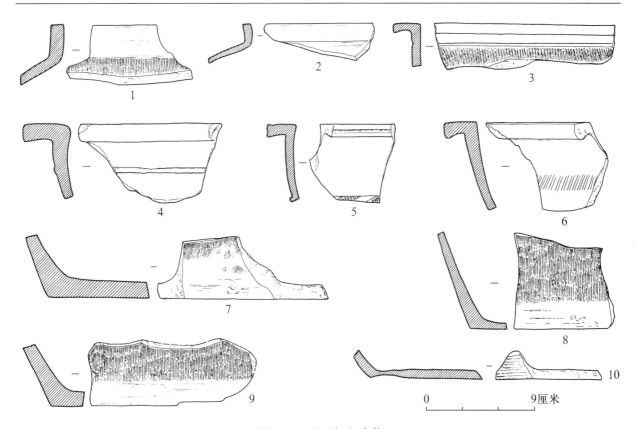

图四八 G1 出土遗物

1、2. 陶罐 G1④a:1、G1④a:2　3～6. 陶盆 G1④a:3、G1④a:4、G1④a:5、G1④a:6　7、8、10. 陶器底 G1④a:10、G1④a:11、G1④a:13　9. 陶罐底 G1④a:12

两周横向泥条，内壁有交错粗绳纹。手制轮修。长 14.9、宽 10.5 厘米。

　　陶片　标本 G1④a:8，器物残片。泥质灰陶。外壁为素面，有旋抹痕，饰两周横向泥条，内壁有不规则的粗绳纹。手制轮修。长、宽均为 11.9 厘米。

　　陶罐　标本 G1④a:9，上腹近口部残片。泥质灰陶。外壁施竖向中绳纹，肩部饰凹弦纹四周，内壁留有不均匀的垫痕。手制轮修。长 11.0、宽 10.6 厘米。

　　陶器底　标本 G1④a:10，泥质灰陶。下腹斜收至底，近底部施细绳纹且局部抹断，平底。器壁较厚。残高 4.9、厚 1.3 厘米（图四八，7）。

　　陶器底　标本 G1④a:11，泥质灰陶。下腹斜收至底，平底。下腹外壁施竖向细绳纹，近底部素面，有旋抹痕，平底。器壁较厚。残高 7.6、厚 0.6～1.0 厘米（图四八，8）。

　　陶罐底　标本 G1④a:12，罐底残片。泥质灰陶。下腹斜收至底，下腹部施竖向细绳纹，近底部素面，有旋抹痕，平底。器壁较厚。残高 4.9、厚 1.0～1.2 厘米（图四八，9）。

　　陶器底　标本 G1④a:13，泥质灰陶。下腹斜收至底，近底部有明显旋抹痕，平底。素面。残高 2.2、厚 0.70 厘米（图四八，10）。

　　陶甑　标本 G1④a:14，底部残片。泥质灰陶。下腹斜收至底，底面圆孔均匀排列，平底。素面。残高 3.0、厚 0.60 厘米（图四九，1）。

　　陶甑　标本 G1④a:15，底部残片。泥质灰陶。下腹斜收至底，底面圆孔均匀排列，平底。

素面。残高 1.4、厚 0.80 厘米（图四九，2）。

　　瓦当　标本 G1 ④ a：16，泥质灰陶。模制。筒状，现呈半圆形，瓦当当头中央为圆形乳突，外缘较宽厚，内缘残存有隶书"长乐宜□"四个大字。直径 15.0 厘米（图四九，3）。

　　陶片　标本 G1 ④ a：17，器物残片。外壁施竖向较深粗绳纹。泥质灰陶，手制轮修。长17.8、宽 15.7 厘米（图四九，4）。

　　板瓦　标本 G1 ④ a：18，残片。泥质灰陶。模制。外壁施左斜向粗绳纹，较深，内壁有网格状绳纹。长 13.7、宽 13.0 厘米。

　　板瓦　标本 G1 ④ a：19，残片。泥质灰陶。模制。外壁施斜向粗绳纹，瓦壁较厚，内壁施布纹。长 9.0、宽 8.0、厚 1.50 厘米（图四九，5）。

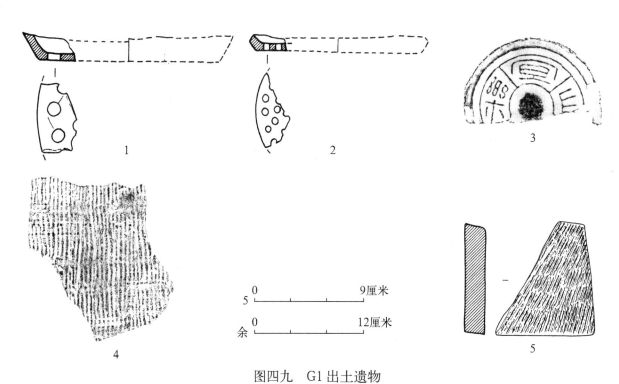

图四九　G1 出土遗物

1、2. 陶甑 G1 ④ a：14、G1 ④ a：15　3. 瓦当 G1 ④ a：16　4. 陶片 G1 ④ a：17　5. 板瓦 G1 ④ a：19

第三章　东龙观南区

东龙观南区共发掘了17座墓（图五〇）。分别是M2、M3、M4、M5、M6、M47、M12、M13、M14、M15、M16、M17、M18、M19、M20、M21、M22。

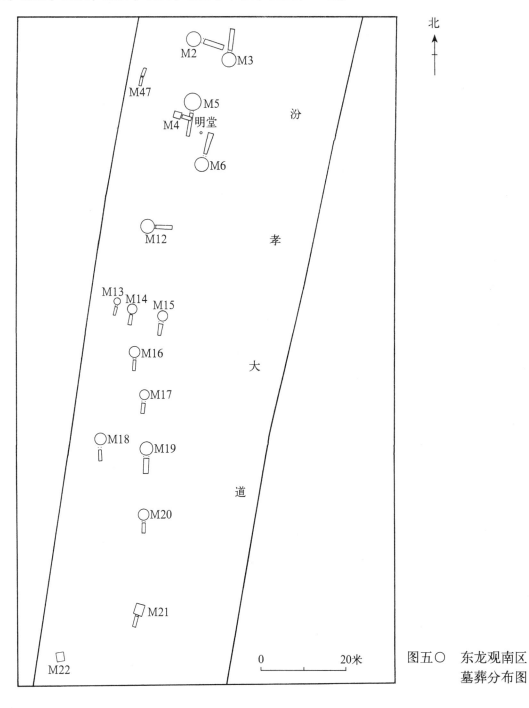

图五〇　东龙观南区
墓葬分布图

一　M2

M2（08FXM2）位于东龙观南区王氏家族墓地西北部，东邻M3，东南邻M5，开口于第②层下。2008年6月21日局部布方发掘，为保证文物安全，先发掘墓室，后发掘墓道。首先将墓室土圹部分的原始边找到，清理出墓顶，先照相、绘图，再将墓室顶部部分封顶砖清理到适当位置，最后清理墓室内淤土，分层清理。在淤土中发现并清理了瓷器、铁器、石器共8件。在清理墓壁的过程中发现墓壁上有砖雕彩绘装饰，近墓底发现有垫棺方砖呈对称分四处放置，共8块。墓底清理出陶器8件、铁器2件。墓室清理完毕后再发掘墓道，在墓道台阶上发现白釉碗、大陶罐各1件。墓道为土质台阶状，直至墓底。墓道尽头发现仿木砖雕门楼，已残，并用条砖封门。打开封门后，发现甬道内有砖雕彩绘板门，做开启状。7月5日开始清洗墓室及砖雕，最后照相、绘图、采集随葬品。7月9日结束，历时19天。墓室保存较好，墓道整体完好，仅仿木砖雕门楼局部有塌落。

（一）墓葬形制

M2是一座中型砖砌八角形单室墓，叠涩穹隆顶（图五一～五三；彩版六〇，1、2，六一，1）。由墓道、墓门、甬道、墓室组成。墓道位于墓室东部。方向108°。营建墓室用砖为三种，叠涩顶用子母砖，封顶用方砖和条砖。子母砖长33～37、宽16、厚6厘米。条砖长32、宽16、厚6厘米。方砖长36、宽36、厚6厘米。

墓道　为长条形阶梯状，口窄底宽，墓壁略斜，比较整齐（彩版六〇，2）。上口长4.49、宽1.10米。底部有一段长1.19米的小斜坡。下端宽1.10～1.23、自深0.25～6.20米。墓道东端墓口0.50米下为第一级台阶，依次向下共有较整齐的纯生土台阶12级。第一级宽0.50、高0.28米，第二级宽0.23、高0.34米，第三级宽0.30、高0.48米，第四级宽0.28、高0.50米，第五级宽0.28、高0.60米，第六级宽0.25、高0.65米，第七级宽0.28、高0.57米，第八级宽0.23、高0.40米，第九级宽0.25、高0.38米，第十级宽0.25、高0.35米，第十一级宽0.25、高0.44米，第十二级宽0.22、高0.35米。第十二级台阶下有长1.19米的平缓地带平铺条砖至墓门。墓道内填土花杂松散。

墓门　为仿木结构砖雕门楼，距墓口2.97、高1.85、宽0.86米。主体条砖垒砌，表面抹灰，墓门为壸门，壸门之上有普柏枋，普柏枋上置斗栱，中间为一组完整斗栱，两边为半组斗栱，栱之上为橑檐枋，橑檐枋之上两角应各有一块角砖，北侧的已脱落（彩版六二，1、2），见表13、14。

表13　墓门补间铺作详细尺寸

	上宽	下宽	耳高	平高	欹高	总高	附注
栌斗（厘米）	18	13	6	2	4	12	斗欹内顠

表14 墓门补间铺作详细尺寸

	泥道栱	昂
长（厘米）	38	11
附注	栱端卷杀	琴面

墓门用条砖封堵，由下至上第一层为左斜向排列15块，第二层为右斜向排列15块，二层之上为右斜向上下交错堆砌至门洞顶部。墓门起券距墓底1.54、券高0.30米。去掉封门砖之后，可见壶门形墓门，内置砖雕板门呈开启状。门额处有门簪一对。墓门两侧门楼立柱及券洞两侧绘有黑黄两色的缠枝花卉图案，因土沁严重无法临摹。

甬道 长0.92、宽0.86、高1.70～1.85米。甬道壁两侧各有板门一扇，均匀横向排列门钉4排，每排5个。门板施红彩，门钉施黑彩，门中边设门环各一。甬道底部用方砖、条砖铺成，底部呈缓斜坡，东低西高缓慢上升至墓室（彩版六三），见表15。

表15 砖雕彩绘墓门、普柏枋、橑檐枋详细尺寸

	门顶	上额	门簪	门额	板门	门钉	门环	普柏枋	橑檐枋
宽（厘米）	底宽85	88	10	88	50	4排，每排5个，径4	一对，径3	111	107
高（厘米）	25	2	5	10	113			5	5
附注	壶口		2个		厚2.5				

墓室 土圹平面呈圆形，东西径3.54、南北径3.42米，圹壁略呈袋状。砖室平面呈八角形，内部被淤土充填接近墓顶。墓底长2.90、宽2.87、墓深5.31米。墓底用方砖铺底，并有垫棺砖八块，均为方砖，西南、西北、东南、东北四角各置方砖两块。墓壁用条砖垒砌且装饰有砖雕，并施彩绘，用少量白灰抹面勾缝。墓壁分为八壁，东壁为墓门所居之面，其宽1.48米，西壁宽1.46米，南、北壁宽1.45米，东北壁宽0.78米，西北壁宽0.83米，西南、东南壁宽0.79米，每壁高1.79米。墓顶先用15层条砖叠涩内收，再用16层子母砖叠涩至墓顶，方砖盖顶（彩版六一，2）。

（二）墓葬装饰

八角形墓室中的东壁、南壁、西壁、北壁为宽壁，东南壁、西南壁、西北壁、东北壁四壁为窄壁，每壁间设倚柱一根，倚柱施黑彩（图五四、五五）。

东壁为墓门（彩版六四），墓门右侧偏上置简易灯台一个，见表16。

表16 墓室内直棂窗详细尺寸

	窗额	槫柱	立颊	上串	下串		板棂
宽（厘米）	53	2	4	49	49	3.5	竖向7根
高（厘米）	2	48	46	5	6	35	

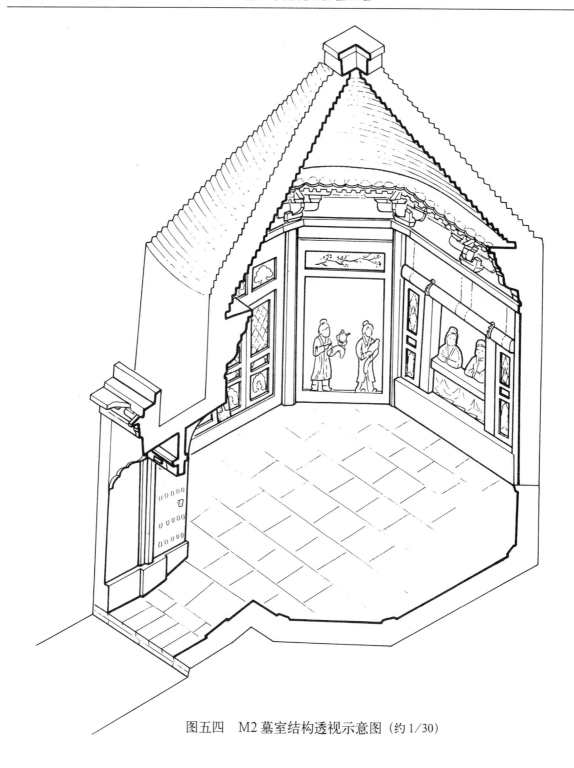

图五四　M2墓室结构透视示意图（约1/30）

　　东南壁（进入墓门顺时针看墓室的东南壁）壁中间砖雕直棂窗，表面施红彩，壁下先雕再用黑彩绘制黑猫一只（彩版六五）。

　　南壁雕有"格扇门"共四扇，均为四抹头，门上镶有"金钱"图案和"毬纹格眼"，门的上、中、下为不同形式的"壶门"图案，两扇门中有一侍女开门外出，侍女接近圆雕，为妇人启门。侍女梳高髻，露后半身，上身着红色长褙子，侧面有开衩，下身着白裙及地，未露足（彩版六六、六七）。

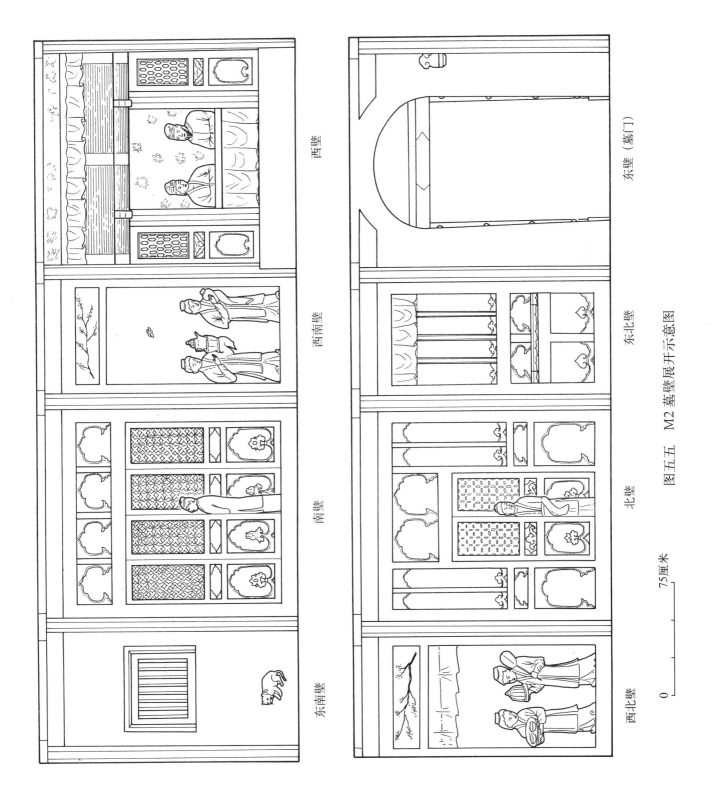

图五五　M2 墓室壁展开示意图

西南壁下半部分雕有二位侍女,其中一位手持酒壶和温碗,另一位手持梅瓶,采用高浮雕手法。左侧侍女梳高髻,上身着浅灰绿色长褙子及地,上有黑色圆点形印花,侧面开衩,褙子衣领为红色,窄袖,左手衣袖下垂,右手衣袖挽起,双手合抱带盖梅瓶,下身内似着有裙或裤,前面有开衩。右侧侍女梳同心髻,上身着红色过膝褙子,黑色衣领,褙子上有黑色圆点状印花,侧面开衩,窄袖,左手衣袖下垂,承托温碗、注子,未挽起的衣袖起到了隔热作用。右手衣袖挽起,露手扶碗。下身着灰色带有黑色圆点的印花裙,前有开衩,内衬为白色,裙长及地,未露足(彩版六八、六九,1),其上绘有"折枝梅花"图(彩版六九,2)。

西壁正中墓主人两人并坐在条桌后,男左女右(彩版七〇、七一)。左边男性墓主人是一位留有长须的老年男子形象,头戴黑色巾子,身穿白色圆领袍服,袍服内有浅色的衬领,拢手坐于桌后,下身情况不明。右边为女性墓主人,是一位中老年妇女形象,头戴巾帕,反向前裹,在头前打一个蝴蝶结,额上露出黑色头发,上身外着黑色褙子,内着红色的低矮抹胸,拢手放在桌上,下身情况不明。该壁上方绘有"花草"图案,图案下为幔帐,幔帐之下为卷帘。西壁左右两侧各雕有门扇各一,门扇上半部雕"菱形"图案,下半部为"壶门"图案,中间为花朵。

西北壁为两位侍女,采用高浮雕手法。左侧侍女梳同心髻,上身着白色长褙子,有绛色印花纹样,红色衣领,窄袖,左右衣袖均挽起,左手执红色纨扇,右手托食罩。下身着白色长裙及地,前有开衩。右侧侍女梳高髻,上身着白色长褙子,上有靛青色印花,青色衣领,褙子侧面有开衩。窄袖,左右衣袖均挽起,双手托盘,盘中有两个小盏。下身着白色长裙及地,前有开衩。两位侍女均未露足(彩版七二,1、七三),其上绘有"折枝梅花"图案(彩版七二,2)。

北壁雕有"偏房"、"格扇窗",上下均有"壶门"不同类型的图案,中间为"格扇门",门上部绘有"梅花"图案,中间"卷云纹"图案,下部"壶门"图案,两扇门中有一侍女开门进入室内(彩版七四、七五)。侍女接近圆雕,为妇人启门。侍女梳高髻,露前半身,上身着白色长褙子,红色衣领,窄袖下垂,侧面有开衩,下身着红裙及地,裙似有开衩,未露足(彩版七四,2)。

东北壁上为"直棂窗",中下雕有两类"壶门"图案,窗上小幔帐(彩版七六)。

墓室各壁之上置转角铺作八组,补间铺作四组,均为"一斗三升",共计12组斗栱,见表17、18。

表17　墓室补间铺作详细尺寸

	上宽	下宽	耳高	平高	欹高	总高	附注
栌斗(厘米)	22	17.5	4	6	8	18	斗欹内頔
散斗(厘米)	13	10	4	2	4	10	齐心斗、交互斗略同

表18　墓室补间铺作详细尺寸

	泥道栱	昂	耍头	替木
长(厘米)	50	21	10	42
附注	栱端卷杀	琴面	琴面	替木两端卷杀

斗栱表面施红彩，白彩镶边。栱眼间均为白灰抹面，栱眼中绘有牡丹、菊花等图案。斗栱下为普柏枋，普柏枋下有阑额，斗栱上为橑檐枋，表19、20。

表19 墓室内倚柱、阑额、普柏枋详细尺寸

	倚柱	阑额	普柏枋
宽（厘米）	5～10 7～10	58～145	62～136
高（厘米）	179	12	5

表20 橑檐枋、檐椽、滴水详细尺寸

	橑檐枋	檐椽	滴水
宽（厘米）	55～60	12	12
厚（厘米）	6	4	2

其上为均匀排列的一周檐椽，檐椽之上为滴水一周。滴水排列较规则，滴水之上用条砖叠砌15层后，再用子母砖叠涩16层至封顶口，封顶口是条砖对头垒砌，最后立放条砖封口，方砖盖顶。

（三）葬式葬具

墓室中发现的棺木腐朽严重，仅出土有残棺环。人骨架已完全朽蚀，头向、面向、葬式、性别、人骨数量等不明，推测人骨2具，头向西。均为火葬，夫妇合葬墓。

（四）出土遗物

出土遗物共20件，陶器9件、瓷器7件、铁器2件、石器1件。

墓室内遗物位置：02、05、06号白釉碗，03、04号白釉盘，07号绿釉黑地腰圆形枕、08号磨刀石均出土于墓室淤土内。1号陶罐位于墓室东南部，2、3号陶钵位于墓室西南部，4号小口陶罐、5号陶魂瓶位于墓室中部偏西，6号陶钵位于墓室西北部，7号陶钵位于墓室北中部，8号陶罐位于墓室东北部，9号铁牛位于墓室东部，头部正对墓门，10号铁棺环位于墓室西北、西南及西北部，垫棺砖的旁边。

墓道内的遗物位置：01号白釉碗出土于墓道内，09号大陶罐位于墓道中部，出土时已破碎，后经修复完整。

1. 陶器

陶钵 标本M2：2，泥质灰陶。方唇，侈口，束颈，平底。底面有偏心涡纹。口外侧加饰红彩一周，腹部红白相间彩绘。器体较小，明器。口径8.8、底径4.0、高5.2厘米（图五六，1；彩版七七，1）。

陶钵 标本M2：3，泥质灰陶。方唇，侈口，束颈，平底。底面有偏心涡纹。口外侧加饰红

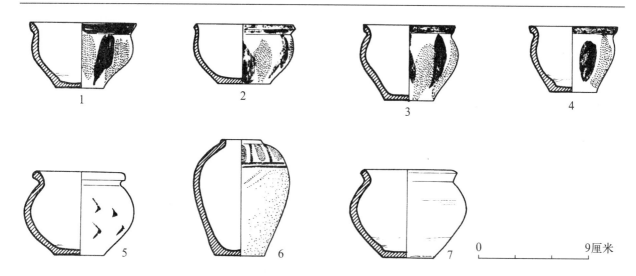

图五六　M2 出土陶器

1～4. 陶钵 M2：2、M2：3、M2：6、M2：7　5～7. 陶罐 M2：1、M2：4、M2：8

彩一周，腹部饰红白相间彩绘。器体较小，明器。口径 8.0、底径 4.4、高 4.8 厘米（图五六，2；彩版七七，1）。

　　陶钵　标本 M2：6，泥质灰陶。方唇，侈口，束颈，鼓腹，平底。口径大于腹径，底面有偏心涡纹。口外侧加饰红色彩绘一周，腹部相间红白彩绘。器体较小，明器。口径 7.4、底径 4.0、高 6.0 厘米（图五六，3；彩版七七，1）。

　　陶钵　标本 M2：7，泥质灰陶。方唇，侈口，束颈，鼓腹，平底。底面有偏心涡纹。口外侧加饰红色彩绘一周，腹部饰红白相间彩绘。器体较小，明器。口径 7.2、底径 3.8、高 5.2 厘米（图五六，4；彩版七七，1）。

　　陶罐　标本 M2：1，泥质深灰陶。圆唇，侈口，束颈，鼓腹，小平底。饰红色彩绘，彩有剥落。器体较小，明器。口径 7.0、底径 4.2、高 6.6 厘米（图五六，5；彩版七七，1）。

　　陶罐　标本 M2：4，泥质灰陶。圆方唇，敛口，鼓腹，下腹斜收至底。底较小，腹部有凹槽数周，最大径在肩腹处，外底面有偏心涡纹。肩部加饰红色彩绘一周，并且用红色彩绘做界格，添加白色彩绘，腹部加饰白色彩绘。器体较小，明器。口径 3.3、底径 4.2、高 9.2 厘米（图五六，6；彩版七七，1）。

　　陶罐　标本 M2：8，泥质深灰陶。圆唇，侈口，束颈，鼓腹，小平底。底外有偏心涡纹。饰红色彩绘，彩绘有剥落。器体较小，明器。口径 7.2、底径 4.2、高 7.2 厘米（图五六，7；彩版七七，1）。

　　大陶罐　标本 M2：09，泥质灰陶。圆方唇，大口，沿面有磨损，溜肩，鼓腹，下腹弧收至底，大平底，最大径在中腹部。肩腹部施暗纹。器体较大。口径 28.8、底径 30.0、高 42.0 厘米（图五七，1；彩版七七，2）。

　　陶魂瓶　标本 M2：5，泥质浅灰陶。塔形盖，子口。器身口部切割成花瓣状，上腹斜直，下腹微鼓，底部周边内折。器身附加三周泥条，捏成花边状，盖至器身底部加饰条带形红、白相间

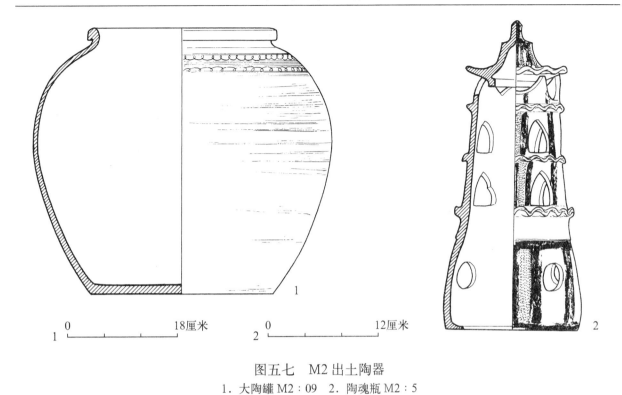

图五七 M2出土陶器
1. 大陶罐 M2：09　2. 陶魂瓶 M2：5

的彩绘，下腹及底部有两周红色彩绘。三层镂孔，上面两层为桃形，下面为圆形。手制轮修，口径8.4、底径14.6、高32.6厘米（图五七，2；彩版七七，3）。

2. 瓷器

白釉碗　标本M2：01，圆唇，敞口，弧腹较深，圈足略外撇。挖足过肩，足内微凸，足床有五个支钉痕。内壁先施化妆土，再施满釉。腹底之间印有较浅的缠枝菊纹，有五组，每组之间有细微的凸棱，内底中心印有一朵莲花，可见五个支钉痕迹。外壁先施化妆土，再施釉至足床，近口沿处有脱釉现象。器壁有黏砂痕迹，局部有流釉现象。胎质较粗，白釉泛黄。口径18.7、底径6.1、高5.0厘米（图五八，1；彩版七八，1、2）。

白釉碗　标本M2：02，圆唇，敞口，弧腹，圈足。挖足较浅，足床上有刮削痕迹，内高外低，留有墨书题字"寺"。内壁先施化妆土，再施满釉，腹与底印有一周极浅的缠枝莲纹，有浅凸棱作界格。内底可见六个支烧痕。外壁施釉至圈足，局部有流釉现象。口沿处黏有铁锈。胎质较粗，白釉泛黄。口径20.8、足径6.8、高8厘米（图五八，2；彩版七八，3、4）。

白釉碗　标本M2：05，圆唇，敞口，浅弧腹，圈足略外撇。挖足过肩，足床上残留五个较大的支钉。内壁先施化妆土，再施全釉，腹部至底印有较浅的缠枝牡丹纹，内底可见五个支烧痕。外壁施釉至圈足，近圈足处部分露胎，只施透明釉，釉色不均匀，局部有流釉现象。胎质较粗，胎色青黑。口径20.8、足径7.8、高7.6厘米（图五八，3；彩版七八，5）。

白釉碗　标本M2：06，敞口，弧腹，下腹急收，小圈足略外撇。挖足过肩，足床略平，上有五个支钉。内壁施满釉，近底部有一周凹弦纹，残存五个支烧痕。外壁施釉至圈足，足底不施釉。制作不规范，胎质灰黄，釉色灰黄，有明显的裸烧痕迹。口径13.8、足径4.4、高4.8厘米

图五八　M2 出土瓷器

1～4. 白釉碗 M2：01、M2：02、M2：05、M2：06　5、6. 白釉盘 M2：03、M2：04

（图五八，4；彩版七九，1）。

白釉盘　标本 M2：03，圆唇，敞口，折腹，矮圈足。圈足内较平，留有墨笔题记，字迹不可辨，有黏砂痕迹。内壁施满白釉，有极浅印花分区凸棱，内底微凸，后期黏有铁锈，可见六个支烧痕。外壁施白釉至圈足，釉色不匀，黏有铁锈斑。胎质较粗，白釉泛黄。口径 18.0、足径6.4、高 3.6 厘米（图五八，5；彩版七九，2）。

白釉盘　标本 M2：04，圆唇，敞口，浅腹，矮圈足。挖足过肩，足床上有五个支钉痕，并黏有化妆土，圈足内题有墨书"□□"，墨书第二字似"花押"。内外壁均施化妆土。内壁施全釉，内底略平内凹，可见六个支烧痕。外壁施釉至圈足。白釉釉色不均。口径 18.4、底径 6.2、高4.2 厘米（图五八，6；彩版七九，3、4）。

绿釉黑地腰圆形枕　标本 M2：07，枕面椭圆形，较厚，出棱较短。腰带包裹底片，衔接紧密。先在枕面上一层黑化妆土，再在上面施一层白化妆土，之后划出一朵折枝牡丹花，并剔去花纹之外区域上的白化妆土，露出黑化妆土地子，最后施绿釉。造型优美，构图丰满。胎土略粗。长 28.0、宽 21.8、高 8.8～12.2 厘米（图五九；彩版七九，5，八〇，1、2）。

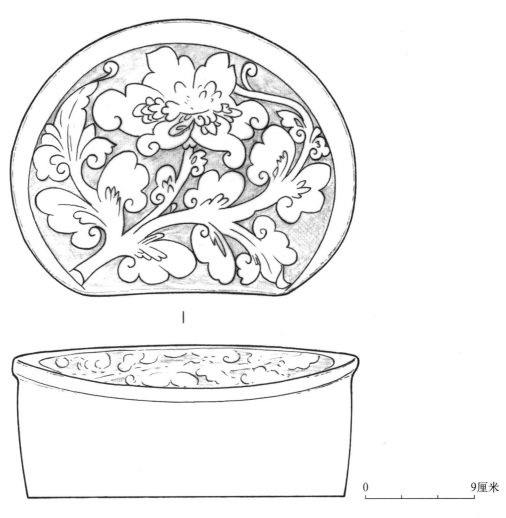

0　　　　　　　　9厘米

图五九　M2 出土绿釉黑地腰圆形枕 M2：07

3. 铁器

铁牛　标本 M2：9，头微垂，目视前方，牛角呈倒八字竖于牛头之上，颈部高耸，背部下拱，尾部高挑，尾下垂。四蹄着地呈直立状，牛肚微下垂。牛体表面锈蚀严重。高 10.0 厘米（图六〇，1；彩版七七，4）。

铁棺环　3 件，形制相同。标本 M2：10，圆形，表面锈蚀严重，局部粗细不匀，剖面为圆形。外径 11.4、内径 9.4 厘米（图六〇，2）。

4. 石器

磨刀石　标本 M2：08，石质，青灰色，素面。器体较小，平面呈长方形，圆角。正面较光，有明显磨痕，底面平整。长径 4.3、宽 3.2、厚 2 厘米（图六〇，3；彩版七七，4）。

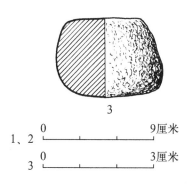

图六〇　M2 出土遗物

1. 铁牛 M2：9　2. 铁棺环 M2：10　3. 磨刀石 M2：08

二　M3

M3（08FXM3）位于东龙观南区王氏家族墓地东北部，西邻 M2，南邻 M6，西南邻 M5，开口于第②层下。2008 年 6 月 21 日按墓葬所在位置布方发掘。为保证文物安全，先发掘墓室，后发掘墓道。首先将墓室土圹部分的原始边找到，清理完墓顶，照相、绘图后，再将墓顶的部分封顶砖揭掉，逐层清理墓室内淤土。因该墓发掘前期已被盗掘，盗洞位于墓室顶部南端，深至墓底。清理墓室淤土过程中，在盗洞边发现砖质买地券 1 块、陶器 1 件，且发现墓壁四周有砖雕，在墓底未发现砖棺床，墓底用方砖铺地。清理出土器物有陶器 3 件、瓷器 2 件、铁器 2 件。接着发掘墓道，发现有土质台阶直达墓底。用条砖封门，在清理甬道后便开始清洗墓壁砖雕，之后分别照相、绘图、采集随葬品。6 月 29 日发掘结束，历时 9 天。墓室顶部因盗扰，部分毁坏，其余部分保存完好。墓道整体完整，墓道形状不规整，墓道内台阶高低不一。推测此墓应存在二次葬现象。

（一）墓葬形制

M3 是一座中型砖砌六角形单室墓，叠涩穹隆顶。由墓道、墓门、甬道、墓室组成（图六一～六三；彩版八一，1）。墓道位于墓室北部。方向 355°。营建墓室用砖为三种，叠涩顶用子母砖，

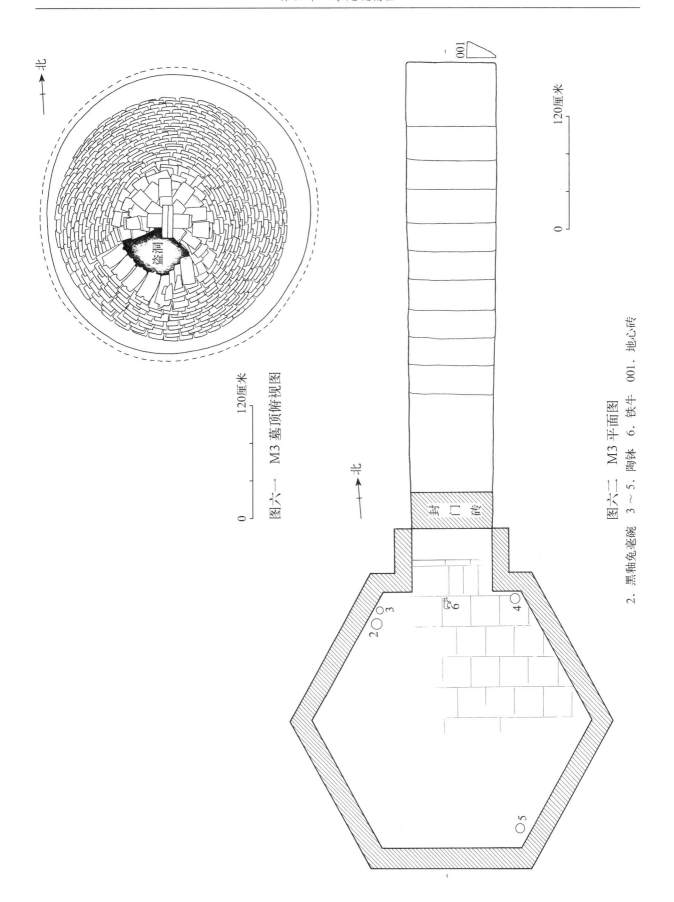

图六一 M3墓顶俯视图

图六二 M3平面图

2. 黑釉兔毫碗 3~5. 陶钵 6. 铁牛 001. 地心砖

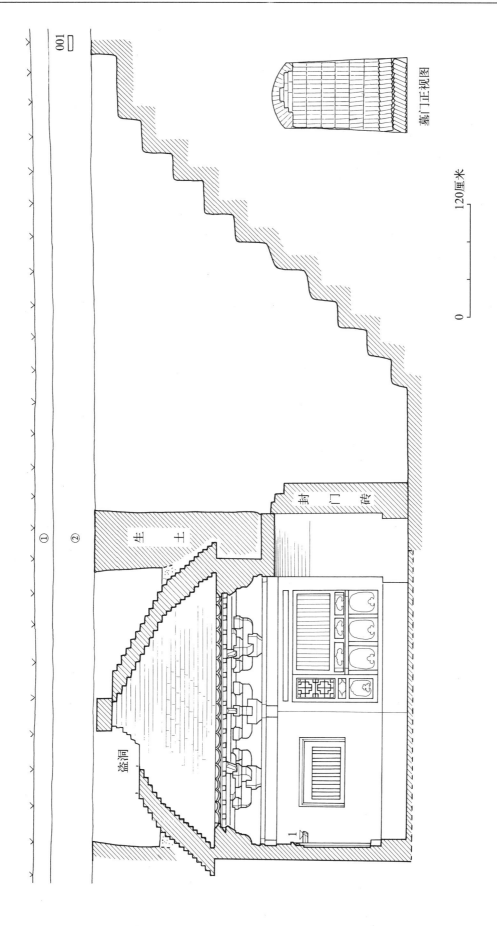

图六三　M3 剖面图
1. 白釉碗　001. 地心砖

封顶用方砖和条砖。子母砖长 34 ~ 37、宽 17、厚 5 厘米。条砖长 32、宽 16、厚 5 厘米。铺底方砖长 32、宽 32、厚 6 厘米。

墓道　为长条形阶梯状，口底同宽，墓口局部变形，直壁。上口长 4.93、宽 0.89 ~ 1.0、口距地面深 0.65 米，底长 1.38、下端宽 0.89 ~ 1.0、自深 3.45 米。墓口 0.29 米处为第一台阶，至墓底共有较整齐的纯生土台阶十级，台阶不够规整。第一级宽 0.68、高 0.26 米，第二级宽 0.35、高 0.34 米，第三级宽 0.30、高 0.33 米，第四级宽 0.35、高 0.34 米，第五级宽 0.29、高 0.37 米，第六级宽 0.29、高 0.35 米，第七级宽 0.31、高 0.31 米，第八级宽 0.28、高 0.31 米，第九级宽 0.27、高 0.26 米，第十级宽 0.26、高 0.18 米，第十级台阶下有长 1.38 米的平缓地带至墓门。填土花杂，较松软。

墓门　主体条砖垒砌，呈拱形。条砖封门，由下自上第一层 16 块左斜向排列，第二层 16 块右斜向排列，第三层至第八层分别整齐排列 15 块条砖封实墓门，八层之上平铺三层。墓门宽 0.98、高 1.46 米，在距墓底 1.08 米起券，券高 0.38 米（彩版八一，2）。

甬道　长 0.67、宽 0.89、高 1.46 米。甬道用条砖错缝平砌，拱形顶。条砖铺地。

墓室　土圹平面呈圆形，东西径 2.85、南北径 2.94 米，圹壁呈袋状（彩版八二，1、2）。砖室仿木结构，基座呈六角形。方砖错缝铺底。长 3.08、宽 2.70、墓深 3.44 米。墓壁条砖垒砌，嵌有砖雕。墓壁分为六壁，北壁为墓门所居之面，其宽 1.59 米，东北、西北壁宽 1.64 米，西南、南壁宽 1.63 米，东南壁宽 1.62 米，每壁高 1.55 米。地儿高 0.28 米。墓顶先用 12 层条砖叠涩，后用 11 层子母砖叠涩至顶，两块条砖并排盖顶，两砖中间有铁锈痕，推测墓顶中央当初应有悬挂物。墓室内已被淤土塞满。

（二）墓葬装饰

墓室的六个壁面及砖雕斗栱之上全部用白石灰水刷拭涂抹（图六四、六五），由于水淤时间长久，不能完全清理出白灰面（彩版八三~八八）。

东北壁砖雕四抹头隔扇门（彩版八九，1），门上半部"方格纹""金钱纹"窗（彩版九〇，1 ~ 4）。下半部雕有"壶门"图案。

东南壁"板棂窗"。

南壁有砖雕板门，上有门簪，下有门砧，右上角置灯台，灯台上发现有白釉小碗一个（彩版九一，1、2）。

西南壁"板棂窗"（彩版九一，3）。

西北壁雕有"板棂窗"、"单扇门"（彩版九二，1 ~ 3）。

北壁为墓门，见表 21、22。

表21　墓室砖雕板棂窗详细尺寸

	窗额	槫柱	立颊	上串	下串	板棂
宽（厘米）	69	2	6	65	65	4~5（西南），4~6（东南）
高（厘米）	2	47	45	9	5	31（西南），44（东南）

表22　墓室砖雕板门详细尺寸

	上额	门簪	榑柱	门额	立颊	板门	地栿	门砧
宽（厘米）	72	8	2	68	5	29	52	13
高（厘米）	2	5	84	9	73	73	9	9

　　墓壁上端置转角铺作6组，补间铺作6组。均为一斗三升，共计12组斗栱（彩版八九，2），见表23～27。

表23　墓室转角铺作详细尺寸

	上宽	下宽	耳高	平高	欹高	总高	附注
栌斗（厘米）	21	19	7	4	6	17	斗欹内颤
散斗（厘米）	13	9	3	4	3	10	斗欹内颤，交互斗、齐心斗略同

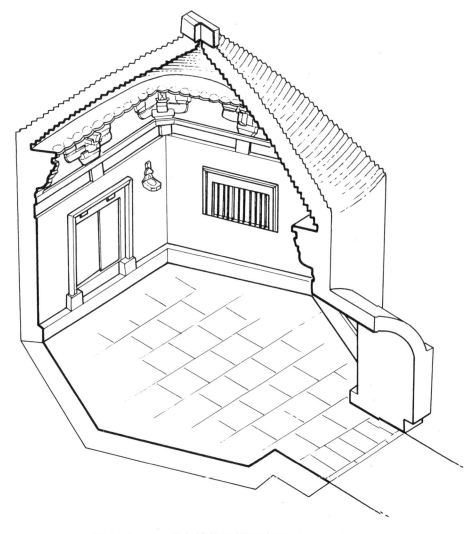

图六四　M3墓室结构透视示意图（约1/30）

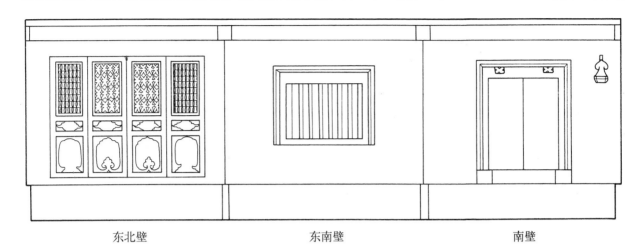

东北壁　　　　　　　　　　东南壁　　　　　　　　　　南壁

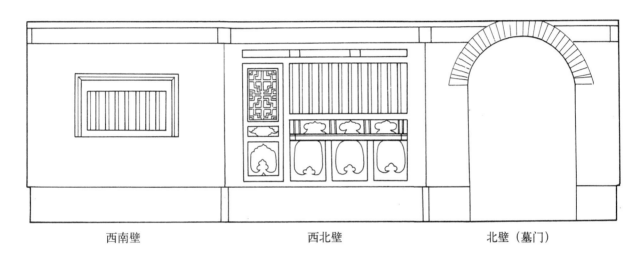

西南壁　　　　　　　　　　西北壁　　　　　　　　北壁（墓门）

0 ──────── 90厘米

图六五　M3墓壁展开示意图

表24　墓室转角铺作详细尺寸

	泥道栱	昂	耍头	替木
长（厘米）	53	15	11	38
附注	栱端卷杀	琴面	琴面	替木两端卷杀

表25　墓室补间铺作详细尺寸

	上宽	下宽	耳高	平高	欹高	总高	附注
栌斗（厘米）	27	17	6	4	6	16	斗欹内顱
散斗（厘米）	13	9	4	3	3	10	斗欹内顱，交互斗、齐心斗略同

表26　墓室补间铺作详细尺寸

	泥道栱	昂	耍头	替木
长（厘米）	58	15	11	38
附注	栱端卷杀	琴面	蚂蚱头	替木两端卷杀

表27　墓室阑额、普柏枋、橑檐枋、檐椽、滴水详细尺寸

	阑额	普柏枋	橑檐枋	檐椽	滴水
宽（厘米）	130~136	128~135	50~53	/	/
高（厘米）	12	5	5	6	6

斗栱表面及栱眼间均为白灰素面，没有彩绘纹样。斗栱之下为普柏枋，普柏枋之下有阑额，斗栱之上为橑檐枋，其上整齐排列一周檐椽，檐椽之上为滴水一周，滴水排列较规整，墓顶先用12层条砖叠砌，后用11层子母砖叠涩至顶，两块条砖并排盖顶。

（三）葬式葬具

墓室中因棺木及人骨腐朽严重，加之长期被水淤和晚期盗扰，未发现棺痕，仅有残棺环。墓主人的头向、面向、葬式及性别只能推测。推测应为夫妇合葬墓，其头向南，其面向、葬式均不详。

（四）出土遗物

出土遗物共9件，陶器4件、瓷器2件、铁器2件、买地券1块。

01号买地券、02陶魂瓶出土于盗洞边，03号铁（棺）环位于盗洞内，1号白釉碗位于砖雕灯台之上，2号黑釉兔毫碗、3号陶钵位于墓室西北部，4号陶钵位于墓室东北角，5号陶钵位于墓室东南角，6号铁牛位于墓室北部，头部正对墓门。

1. 陶器

陶钵　标本M3：3，泥质深灰陶。方唇，侈口，束颈，鼓腹，小平底。底面有偏心涡纹。器表均加饰红白相间的条形彩。器体较小。口径9.8、底径4.0、高5.2厘米（图六六，1；彩版九三，1）。

陶钵　标本M3：4，泥质深灰陶。方唇，侈口，束颈，鼓腹，小平底。底面有偏心涡纹。器表均加饰红白相间的条形彩。器体较小。口径9.6、底径6.0、高4.4厘米（图六六，2；彩版九三，1）。

陶钵　标本M3：5，泥质深灰陶。方唇，侈口，束颈，鼓腹，小平底。底面有偏心涡纹。器表均加饰红白相间的条形彩。器体较小。口径9.8、底径5.0、高4.4厘米（图六六，3；彩版九三，1）。

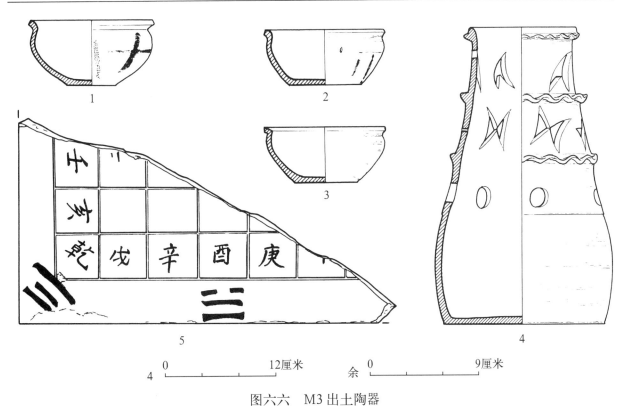

图六六　M3 出土陶器

1～3. 陶钵 M3：3、M3：4、M3：5　4. 陶魂瓶 M3：02　5. 地心砖 M3：001

　　陶魂瓶　标本 M3：02，泥质灰陶。侈口，斜直腹微鼓，底面周边内折，平底。中腹部至口部等距离附加三周波浪式花边泥条，三周泥条间夹有两层正三角与对角三角形镂孔，腹中部有一周圆形镂孔。手制轮修。口径 11.6、底径 17.6、高 31.6 厘米（图六六，4）。

　　买地券　标本 M3：01，泥质灰陶。正方形，表面平滑，背面有绳纹，是当时建筑使用的方砖。长 34、宽 34、厚 5 厘米（图六七；彩版九三，2）。正面用朱砂竖向分行，由右向左书写，15行，每行约 17 字，共 251 字。其内容为：

　　正隆六年二月二十三日汾阳军崇德坊居 / 住王万于今年二月十八日殁故龟筮协从 / 相地袭吉宜于本州西河县文信乡东景云 / 村祖园东南安厝宅兆谨用钱九百九十九 / 贯文兼五彩信币买地一段封茔壹座东西 / 阔壹拾叁步南（北）长壹拾叁步东至甲乙西 / 至庚辛南至丙丁北至壬癸内方戊己分擘 / 掌四域丘墓神祇封步界畔道路之神斋整 / 阡陌（千）秋百岁永无殃咎今以辅（脯）修酒饭百 / 味香新共为信契财地交相分付工匠修茔 / 安厝已后永保休吉知见人辛巳辛卯保人 / 丙寅故气邪精不得忓悔先有居者永憩他 / 处若违此约此地府掌事者自当其祸王万 / 内外存亡悉皆安吉急急如 / 五方使者女青律令

　　地心砖　标本 M3：001，深灰色。该地心砖残留约 1/4，完整地心砖平面呈正方形，砖正面用朱砂或墨画小方格 7×7=49 个。方格周边分别写天干、地支等内容，格外画八卦符号。残长30.6、残宽 16.4、厚 5.0 厘米（出土于第②层内，因 M3 存在二次葬，应是二次葬时将该砖抛置于第②层内）（图六六，5；彩版九三，3）。

0 ⊢———————⊣ 6厘米　　　图六七　M3 出土买地券 M3：01 临摹本

2. 瓷器

白釉碗　标本 M3：1，口部略残。圆唇，敞口，侈沿，弧腹，矮圈足。挖足略深，有不明显的鸡心钉，足床平整，上存五个支烧痕。内壁施满釉，内底微凹且外底有不明显的小凸钉。外壁先施化妆土，再施釉至圈足处。器形规整，白釉泛黄，有烟炱痕迹，应是作为灯盏使用。口径 12、足径 4.8、高 3.6 厘米（图六八，1；彩版九三，4）。

黑釉兔毫碗　标本 M3：2，口部略残。圆唇，敞口，斜腹，下腹急收，小圈足。挖足较深。内壁施满釉。外壁施釉至圈足。器壁较厚，黑釉，口沿呈兔毫盏特征，系仿建窑产品。口径

11.8、足径4.0、高5.2厘米（图六八，2；彩版九三，5）。

3. 铁器

铁牛　标本M3：6，整体肥硕，头微垂，腰短粗，四腿直立。前腿已残，牛尾下垂。表面锈损严重。长12、高11厘米（图六八，3）。

铁棺环　标本M3：03，由铁环、环耳组成。铁环呈圆形，系于耳内，铁耳穿过耳盖进入棺内，耳盖仅残留约1/5，表面锈蚀粗糙。环内径9.4、外径12.2、环身直径1.4、耳长6.0厘米（图六八，4）。

M3的下葬年代为金正隆六年（1161年）。

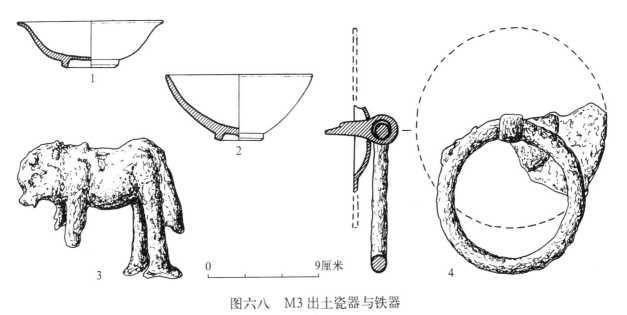

图六八　M3出土瓷器与铁器

1. 白釉碗 M3：1　2. 黑釉兔毫碗 M3：2　3. 铁牛 M3：6　4. 铁棺环 M3：03

三　M4

M4（08FXM4）位于东龙观南区王氏家族墓地北部偏西，东北邻M5，西邻M47。开口于第②层下。2008年6月21日上午按墓葬所处位置发掘，为保证文物安全先发掘墓室，后发掘墓道。首先将墓室土圹部分原始边找到适当位置。清理墓顶，照相绘图后，再将墓顶部分封顶砖揭取，清理墓室内淤土。该墓发掘前期已被盗扰，盗洞位于墓室顶部。清理墓室淤土过程中，在盗洞内发现陶器2件，铁器1件，且发现墓壁有壁画，近墓底发现有砖棺床，用条砖铺设。清理出土遗物陶器5件、河卵石2块。接着发掘墓道，墓道形制为长方形竖井式，打破M5的墓道。用条砖封门，清理甬道后，清洗墓壁壁画，最后分别照相、绘图，采集随葬品。24日发掘结束，用时4天。墓室顶部破坏严重，其余部位保存较好，室内壁画由于无地障层，保存较差。墓道整体完整，局部有塌陷。

（一）墓葬形制

M4 是一座小型砖室墓，叠涩顶。由墓道、墓门、甬道和墓室组成（图六九）。方向 105°。所用条砖规格长 32、宽 16、厚 5 厘米（彩版九四，1）。

墓道　位于墓室东部，长条形竖穴土坑状，口底同宽，墓壁不太整齐，底部平坦。上口长 2.50、宽 0.92、口距地面深 0.50 米。底长 2.50、宽 0.92、自深 3.20 米。填土花杂松散，含有碎砖块等。

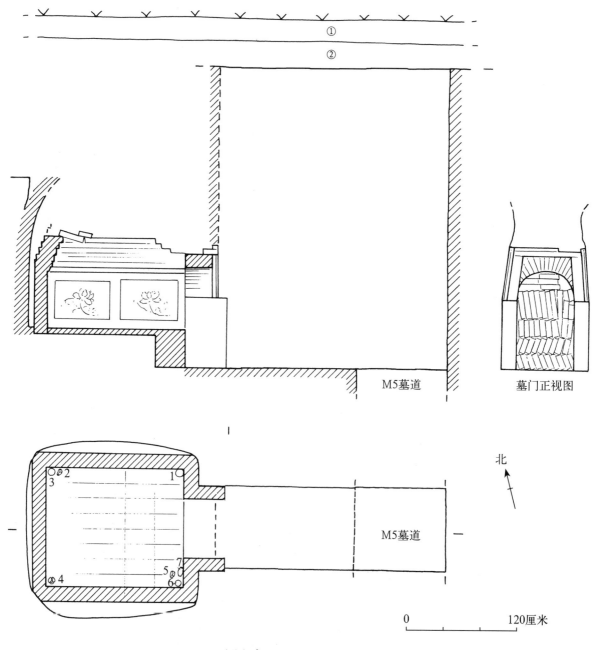

图六九　M4 平、剖面图

1、3、4、6. 陶钵　2、5. 河卵石　7. 陶罐

墓门　呈拱形，距墓底 0.70 米起券，条砖券顶。墓门边框抹白灰，用条砖封门。第一层 10 块条砖右斜向，第二层 9 块条砖左斜向堆砌，第三层 9 块条砖直立垒砌，第四层 10 块条砖直立垒砌，第五、六层均为 2 块平砌，第七层为 1 块平砌。墓门高 1.06、宽 0.62、距墓口 1.92 米（彩版九四，2）。

甬道　长 0.36、宽 0.62、高 1.06 米。甬道内壁用白灰抹面。

墓室　土圹呈长方形，东西径 1.88、南北径 1.88 米，墓底条砖铺地，设砖棺床，棺床高 0.4 米。砖室底长 1.5、宽 1.26、深 2.84 米（彩版九五，1）。墓室用条砖垒砌，墓壁分为四壁。东壁为墓门所居之面，宽 1.26 米，西壁宽 1.26 米，南、北壁宽均为 1.50 米，四壁高均为 0.60 米。顶部应是用条砖叠涩收顶。因被盗墓者破坏，墓顶及封顶情况不明。墓室内的淤土被扰动。

（二）墓葬装饰

墓室内南、北、西三壁均彩绘花草图案，因水淤严重，壁画保存较差，内容不够清晰。仅能初步辨识为牡丹、萱草、缠枝花卉等。类似今天晋中农村的炕围图案（彩版九六～九八）。

（三）葬式葬具

墓室中未发现葬具，人骨也腐朽严重。在盗洞附近发现少量肢骨，个体较小。推测是儿童或少年的单人葬，头向西，面向不详，葬式不明。

（四）出土遗物

出土遗物共 10 件，陶器 7 件、铁器 1 件、河卵石 2 块。

01 号铁牛、02 号器盖、03 号陶罐出土于盗洞内。1 号陶钵位于墓室东北角，2 号石块、3 号陶钵位于墓室西北角，4 号陶钵位于墓室西南角，5 号石块、6 号陶钵、7 号陶罐位于墓室东南角。

1. 陶器

陶钵　标本 M4：1，泥质灰陶。圆方唇，敞口，束颈，曲腹斜收至平底，底面平整。素面。器体较小。口径 8.6、底径 5.8、高 4.0 厘米（图七〇，1；彩版九五，2）。

陶钵　标本 M4：3，泥质灰陶。圆唇，敞口，束颈，鼓腹，平底。素面。器壁薄厚不匀，器形较小。口径 8.4、底径 4.8、高 3.8 厘米（图七〇，2；彩版九五，2）。

陶钵　标本 M4：4，泥质灰陶。方唇，敞口，束颈，鼓腹斜收至小平底。素面。器壁偏薄，器体较小。口径 8.2、底径 4.6、高 4.6 厘米（图七〇，3；彩版九五，2）。

陶钵　标本 M4：6，泥质灰陶。方唇，敞口，曲腹至小平底。素面。口径 8.8、底径 4.2、高 4.4 厘米（图七〇，4；彩版九五，2）。

陶罐　标本 M4：7，泥质灰陶。圆唇，敛口，鼓腹，下腹斜收略外撇至底，平底。素面。器体较小。口径 2.8、底径 3.8、高 7.6 厘米（图七〇，5；彩版九五，2）。

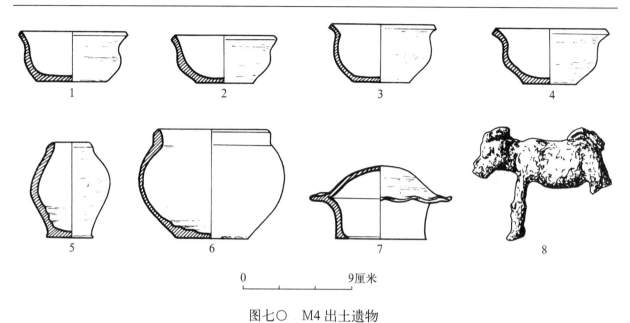

0 ————————— 9厘米

图七〇　M4 出土遗物

1～4. 陶钵 M4：1、M4：3、M4：4、M4：6　5、6. 陶罐 M4：7、M4：03　7. 陶器盖 M4：02　8. 铁牛 M4：01

　　陶罐　标本 M4：03，泥质灰陶。圆唇，敞口，短颈，弧腹，下腹斜收至小平底。素面。口径 9.8、底径 5.8、高 8.8 厘米（图七〇，6；彩版九五，3）。

　　陶器盖　标本 M4：02，泥质灰陶。圆顶，盖周边捏成波浪式花边，盖身有子扣。素面。盖外径 11.4、高 5.80 厘米（图七〇，7；彩版九五，3）。

　　2. 铁器

　　铁牛　标本 M4：01，器体较小，身躯矮短，头微昂，腿细而短，后腿已残，尾巴反至后背。表面锈损严重。长 11.4、高 9.0 厘米（图七〇，8）。

　　3. 石器

　　河卵石　标本 M4：2，椭圆形，青色，表面光滑。应为镇墓用。

　　河卵石　标本 M4：5，椭圆形，青色，表面光滑。应为镇墓用。

四　M5

　　M5（08FXM5）西南邻 M4，西北邻 M2，东北邻 M3，东南邻 M6，墓道中端并被 M4 墓道东端打破。开口于第②层下。2008 年 6 月 25 日局部布方发掘。为保证文物安全，先发掘墓室，后发掘墓道。首先把墓室土圹部分的原始边找到，发掘至适当位置，开始清理墓顶。墓顶清理完毕后先绘图、照相，再揭开部分墓顶砖。紧接着发掘墓室内淤土，分层清理。在淤土中发现并清理了瓷器、铁器共 7 件。清理墓壁过程中发现有壁画保存较好。近墓底处发现砖砌棺床，棺床上有陶器、铁器、瓷器 7 件，买地券 1 块。墓室清理完毕后，发掘墓道，墓道为土质台阶状，直至墓底。发现仿木砖雕门楼，并用条砖封门。打开封门后，发现甬道内有残存壁画，部分已脱落。7 月 1 日开始清洗墓室及甬道内的壁画，最后照相、绘图、采集随葬品。7 月 7 日结束，历时 13 天。

墓室保存较好，墓道整体完好，仅局部有塌陷。

（一）墓葬形制

M5 是一座中型砖砌八角形单室墓，叠涩穹隆顶。由墓道、墓门、甬道、墓室组成（图七一～七三；彩版九九，1、2）。方向190°。墓砖规格为：条砖长34、宽17、厚5厘米，铺地方砖长宽皆33、厚5厘米。

墓道 位于墓室南部，长条形阶梯状，口底同宽，直壁。上口长5.97、宽0.77～1.0、墓口距地面深0.58米。底坡长3.47米，坡度为15°，下端宽0.77～1.0、自深4.94米。共有生土台阶共十级。第一级宽0.30、高0.30米，第二级宽0.24、高0.30米，第三级宽0.29、高0.30米，第四级宽0.25、高0.46米，第五级宽0.23、高0.36米，第六级宽0.24、高0.35米，第七级宽0.24、高0.33米，第八级宽0.21、高0.50米，第九级宽0.20、高0.40米，第十级宽0.17、高0.33米。接着有长2.7米的斜坡，斜坡下0.30米长为生土直达墓门。墓道内填土花杂，较松软。墓道北端被西邻M4墓道东端打破。

墓门 距墓口3.45、高1.60、宽0.85米。仿木结构砖雕门楼，顶部滴水整齐排列七块，下有橼头六根与滴水交错，檐橼下有橑檐枋，橑檐枋下左右各置半组斗栱，一斗三升，表面饰红彩。居中有匾额一块，长0.28、宽0.26厘米，内刻楷书"王立之墓"四字（彩版一〇〇，1～3），字口内涂成红色。匾额两侧各绘红色折枝牡丹和折枝莲花，之下有普柏枋，普柏枋之下为阑额，上绘黄色缠枝花，局部模糊不清。

墓门 两侧白灰抹面，用条砖封门，共堆砌九层，封门砖上宽下窄。墓门为拱形顶，距墓道底1.22米处起券，券高0.38米，墓门左右各置门砧一个。高0.24、宽0.20～0.24米，见表28～31。

表28 墓门橑檐枋、檐橼、滴水详细尺寸

	橑檐枋	檐橼	滴水
宽（厘米）	/	11	7
高（厘米）	5	4	2

表29 墓门半铺作详细尺寸

	上宽	下宽	耳高	平高	欹高	总高	附注
栌斗（厘米）	12	10	4	3	5	12	斗欹内䫜
散斗（厘米）	10	7	4	2	3	9	斗欹内䫜，交互斗、齐心斗略同

表30 墓门半铺作详细尺寸

	泥道栱	昂	耍头	替木
长（厘米）	20	9	4	17
附注	栱端卷杀	琴面	琴面	替木两端卷杀

表31　墓门阑额、普柏枋详细尺寸

	阑额	普柏枋
宽（厘米）	88	/
高（厘米）	10	6

甬道　呈拱形，长0.83、宽0.84、高1.53米。壁面抹白灰，东西两侧各绘有门神一位，门神为半跏坐于矮凳或床榻之上，右手握剑，左手摁膝，怒目而视。

墓室　土圹平面呈圆形，东西径3.68、南北径3.72米。圹壁为袋状，砖室平面呈八角形，内部被淤土塞满（彩版一〇一，1）。方砖铺底，墓底长2.80、宽2.80、墓深4.65米。墓壁用条砖错缝垒砌，表面抹灰。墓壁分为八壁，南壁为墓门所居之面，宽1.54米，西壁宽1.52米，北壁宽1.58米，东壁宽1.53米，西南、东南壁宽0.73米，西北、东北壁宽0.70米，每壁高1.49米。墓顶用条砖叠涩成圆形，条砖盖顶（彩版一〇一，2）。内设砖床，砖床高0.30米，方砖铺地，棺床正面嵌有砖雕壸门，内为牡丹图案。棺床靠墓室北壁放“买地券”一块。地面除随葬品外，还有五块彩色椭圆形河卵石，应是镇墓的“五方精石”。

明堂　距M5墓道东部发现“明堂”一处（彩版一〇二，1～4），以墓道东南角为坐标原点，其坐标为2.28×1.55米，深0.75米。出土于小活土坑中，出土器物有买地券、“地心”砖、陶罐、澄泥砚（彩版一〇三，1、2）、泥钱、墨块等。买地券面向下盖压地心砖，地心砖面向上。“地心”砖背面盖压陶罐，罐内有澄泥砚、大小泥钱、墨块。买地券长33、宽33、厚5厘米。正面用朱砂书写买地券文，其内容与M5墓室中买地券内容基本一致，且很可能是一人书写。

（二）墓葬装饰

墓室底面为八角形，每个角各有倚柱一根，共八根，表面施黑彩。墓室壁除砖雕斗栱部分之外，全部白灰抹面，上面绘有日常生活内容的壁画（图七四、七五）。进入墓室从南壁按顺时针方向加以介绍（彩版一〇四，1、2），见表32。

表32　墓室内彩绘板门详细尺寸

<table>
<tr><th></th><th>门簪</th><th>上额</th><th>门额</th><th>立颊</th><th>槫柱</th><th>板门</th><th>地栿</th><th>门砧</th><th>门钉</th><th>门环</th></tr>
<tr><td>宽（厘米）</td><td>9</td><td>73</td><td>63</td><td>5</td><td>5</td><td>26</td><td>63</td><td>12（左），11（右）</td><td rowspan="2">4排，每排4个，径3</td><td rowspan="2">1对，径4</td></tr>
<tr><td>高（厘米）</td><td>6</td><td>4</td><td>10</td><td>84</td><td>100.1</td><td>84</td><td>17（左）11（右）</td><td>13（左），7（右）</td></tr>
</table>

南壁墓门居正中（彩版一〇四、一〇五），左、右绘男侍各一个（彩版一〇六，1、2）。左侧男侍头戴黑色巾子，有短须，呈八字形，外着黑色圆领袍服，内有白色衬领，窄袖，左手袖口挽起执扇，右手袖口挽起持带，腰带为黑色，袍服过膝及踝，脚穿黑色长鞠靴，男侍神采奕奕。右侧男侍头戴黑色巾子，留短须，外着黑色圆领袍服，内衬有金黄色衬领，窄袖，右手持黄色腰带，

衣袖下垂，左手袖口挽起，肩扛钱袋，袍服过膝及踝，穿黑黄两色长靴，人物形象略显疲惫。两位人物采用全写实手法，比例适当，技法纯熟，是这一时期墓葬壁画的代表作。

西南壁画有"妇人启门"图（彩版一○七～一○九），绘有一位年轻女性，梳"懒梳髻"，髻上插钗，左侧半身从板门中探出。外着白色长褙子，窄袖，内衬金黄色短襦，褙子及地，一侧有开衩。其上方绘有"喜鹊和竹叶"。

西壁两侧画有"换钞"图，有两男一女三个人物（彩版一一○～一一二）。左侧男性坐于桌后，单手执笔作书写状。头戴黑色巾子，身着黑色袍服，窄袖，下身不明。中间男性头戴黑色巾子，留有短须，身着黑色圆领袍服，窄袖，右手拿一纸条状东西，从栅栏中伸出，下身被木质栅栏及隔墙遮挡，情况不明。右侧女性，梳有高髻，外裹黄色巾帕，身着黄绿色的长褙子，窄袖，右手执一贯铜钱，内着金黄色短襦衣，下身着裙，有开衩，因壁画残损，足部情况不明。其上方绘有"飞鸟图"。

西北壁自名"香积厨"图，有两位侍女（彩版一一三～一一五）。左侧侍女梳高髻，髻上裹金黄色巾帕，外着青绿色的长褙子，内衬金黄色的短襦，双手端大盘，盘中放有三摞刚刚出笼的包子，下身着黑白两色斜方格的长裙及地。右侧侍女发式不明，上身着青白色衣服，推测为襦衣，双手持盘，盘内有三个小碗，一侧开衩，内着黑白两色斜方格长裙及地。两个侍女回首相望，作相互私语状。

北壁墓主人夫妇端坐正中，男性墓主人头戴黑色巾子，身着白色圆领袍服，右手持红色念珠，左手扶膝，有短须，面部保存不清，还是可以看出一副安然自得的样子（彩版一一六～一一八）。由于壁画保存状况较差，下身装扮被长条形的桌子挡住看不太清楚。女性墓主人有两位，分别位于桌后男性墓主人的两侧，头上戴钗，左侧的发式为博鬓，梳高髻，右侧的发式为梳盘髻，将头发挽成一绺或几绺，层层盘旋，用钗固定于顶上。两位女性墓主人上身着长褙子，内着抹胸，窄袖，拢袖而坐。其中右侧略显年轻。在墓主人两侧的桌前为童男、童女各一，男左女右。男童为髡发，身着白色袍服，有腰带，下身着裤子，脚穿长靴，双手施扠手礼。女童梳高花冠，发外裹有巾帕，上身为橙黄色左衽褙子，内有襦衣，窄袖，一侧开衩，手中似持巾。两侧为四抹头的"格扇门"。

东北壁自名"茶酒位"图，有两位男侍（彩版一一九～一二一）。左侧男侍头戴黑色巾子，留有短须，身着青绿色的袍服，窄袖，有腰带，袍服过膝未及踝，可见下身内着白色长裤，脚穿白色鞋，质地不明。右侧男侍头戴黑色巾子，留有短须，身着白色袍服，有腰带，袍服过膝及踝，可见下身内着白色长裤，脚穿金黄色鞋，质地不明。两人之间有一方桌，上有执壶、茶盏等茶具，左侧男侍正在刷茶具，右侧男侍正捧盏回望。

东壁为四组四抹头的"格扇门"，顶部绘有"飞鸟"图（彩版一二二、一二三）。

东南壁为"板棂窗"，下绘有一猫一狗，顶部绘有"竹叶"图（彩版一二四、一二五），见表33。

表33　墓室内彩绘板棂窗详细尺寸

	上串	板棂	
宽（厘米）	67	4	竖向10根
高（厘米）	6	48	

　　甬道内壁画为两个门神。西侧门神头戴青色巾子，留有短髭，外着青绿色圆领袍服，窄袖，内有黄色衬领，有腰带，左手握拳挂膝，右手执剑，左腿半跽于矮凳或床榻上，右腿下垂，蹬足，脚穿黄色长靴。下身应着长裤，只是表现不明朗（彩版一二六，1、2）。东侧门神头戴浅黄色巾子，留有短须，外着浅绛色圆领袍服，上有朱红色印花，窄袖左手已残损，情况不明，右手执剑，腰带似为革带，上有圆环形的装饰。左腿半跽，右腿下垂，脚蹬地，坐于矮凳或床榻之上，脚穿浅黄色靴子，下身应穿有长裤（彩版一二七，1、2）。

　　从墓门进入墓室右侧置灯台，上部绘有"飞鹤"，左、右各一只，之上为"幔帐"。墓壁之上置斗栱，一斗三升，四铺作，分为转角铺作8组和补间铺作4组，共有12组，见表34～38。

表34　墓室内转角铺作详细尺寸

	上宽	下宽	耳高	平高	欹高	总高	附注
栌斗（厘米）	20	15	5	5	7	17	斗欹内顚
散斗（厘米）	10	7	5	2	3	10	斗欹内顚，交互斗、齐心斗略同

表35　墓室内转角铺作详细尺寸

	泥道栱	昂	耍头	替木
长（厘米）	39	10	10	34
附注	栱端卷杀	琴面	琴面	替木两端卷杀

表36　墓室内补间铺作详细尺寸

	上宽	下宽	耳高	平高	欹高	总高	附注
栌斗（厘米）	22	15	5	5	7	17	斗欹内顚
散斗（厘米）	12	9	5	2	3	10	斗欹内顚，交互斗、齐心斗略同

表37　墓室内补间铺作详细尺寸

	泥道栱	昂	耍头	替木
长（厘米）	44	10	10	36
附注	栱端卷杀	琴面	琴面	替木两端卷杀

表38　墓室内倚柱、阑额、普柏枋详细尺寸

	倚柱	阑额	普柏枋
宽（厘米）	7～10	49～153	47～62
高（厘米）	149	14	5

铺作均施红彩，栱眼间绘有"花卉"图案，可辨有莲花、菊花、牡丹等。斗栱之下为普柏枋，普柏枋之下为阑额（彩版一二八，1、2）。

斗栱上为橑檐枋，再往上为方平头檐椽一周，檐椽之上是滴水一周，见表39。

表39　墓室内橑檐枋、檐椽、滴水详细尺寸

	橑檐枋	檐椽	滴水
宽（厘米）	45～70	11	16
厚（厘米）	5	3	2

滴水之上有30层横向条砖叠涩至顶，顶部两层条砖盖顶，盖顶砖第一层下有铁钉，悬吊物品不详。

（三）葬式葬具

葬具及人骨保存极差，皆已朽。除头向可判断为北向，其余如面向、葬式、性别、数量等皆不能确定。推测为夫妇三人合葬墓，存在火葬现象。

（四）出土遗物

出土遗物共21件（组）。M5近似于M2，出土有陶、瓷、铁、澄泥质等类器。陶器6件、瓷器4件、铁器5件、澄泥砚1块、墨块1件、买地券2块、地心砖1块、泥钱若干。

墓室内遗物位置：01、03、05号铁棺环，02号绿釉八角形枕，04号铁钱，06号黑釉盏，07号白釉盘出土于墓室淤土内。1号陶罐位于墓室东南部，2号白釉碗位于墓室东中部，3号陶魂瓶、4号买地券位于墓室北中部，5号陶钵位于墓室西北部，6号陶罐位于墓室西偏北，7号陶钵位于墓室西南部，8号铁牛位于墓室南部正对墓门。

明堂内的遗物位置：001号买地券、002号明堂地心砖位于明堂陶罐之上，且001号叠压在002号之上，均为两块尺寸一致的方砖制成。003号陶罐位于明堂内，004号澄泥砚、005号泥钱、007号墨块放置在003号陶罐内。

1. 陶器

陶钵　标本M5：5，泥质灰陶。方唇，侈口，束颈，平底。底面有偏心涡纹。素面。器体较小。口径9.2、底径4.8、高4.4厘米（图七六，1；彩版一二九，1）。

陶钵　标本M5：7，泥质灰陶。方唇，侈口，束颈，平底。底面有偏心涡纹。素面。器体较小。口径8.8、底径4.9、高4.0厘米（图七六，2；彩版一二九，1）。

陶罐　标本M5：1，泥质灰陶。小口，鼓腹，平底。素面。器体较小，明器。口径4.2、底径4.2、高7.8厘米（图七六，3；彩版一二九，1）。

陶罐　标本M5：6，泥质灰陶。小口，鼓腹，平底。有盖，子母口。素面。器体较小，明器。口径8.0、底径5.7、高10.4厘米（图七六，4；彩版一二九，1）。

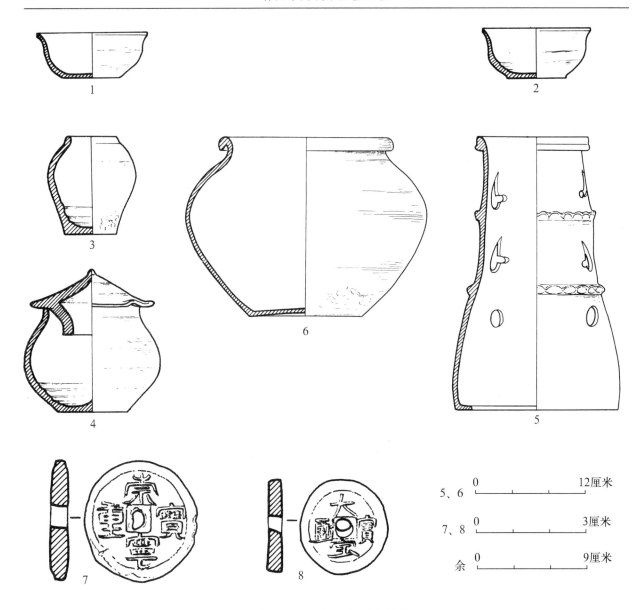

图七六　M5 出土陶器与铁器

1、2. 陶钵 M5：5、M5：7　3、4. 陶罐 M5：1、M5：6　5. 陶魂瓶 M5：3　6. 明堂陶罐 M5：003　7、8. 泥钱 M5：005

　　明堂陶罐　标本 M5：003，泥质深灰陶。圆唇，大口，卷沿，有颈，鼓腹，下腹弧收至底，底部平整。素面，肩部略有磨光。口径 18.0、底径 13.6、高 19.0 厘米（图七六，6；彩版一二九，2、一三一，1）。

　　陶魂瓶　标本 M5：3，泥质灰陶。上腹斜直，下腹微鼓，底部周边内折，最大径近底部。器身附加两周泥条，捏成花边状，器身上有三层镂孔，上面两层为不规则心形，下面为不规则圆形。手制轮修。口径 12.2、底径 17.6、高 29.0 厘米（图七六，5；彩版一二九，3）。

　　澄泥砚　标本 M5：004，微残。宋式抄手砚，唯砚海与砚堂之间相连，砚正面四周有一条较细的凹线。砚背面抄手处留有一个长方形戳记，内容上为"泽州路家"（图七七，1），下为"澄泥

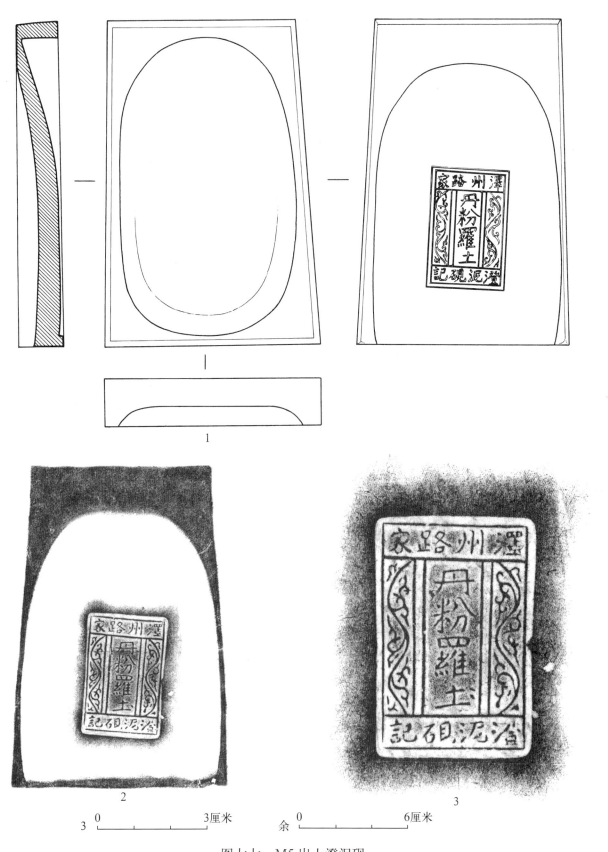

图七七　M5 出土澄泥砚
1. 澄泥砚 M5：004　2、3. 澄泥砚 M5：004 纹饰拓片

砚记"，中间竖排"丹粉罗土"。从背面可见砚中夹杂有大片红色斑块。黑色，素面。表面光滑温润，保存较好，且有使用痕迹。是砚中精品。长17.3、宽10.2～11.7、厚2.3～2.5厘米（图七七，1～3；彩版一三〇，1～5）。

买地券　标本M5：4，已残。砖制，正方形，表面磨制，深灰色。侧立于墓室北壁脚下，用朱砂先打上界格，再由右向左，至上而下用楷书书写券文，字体略显潦草。长34、宽34、厚5厘米（图七八；彩版一三二，1）。

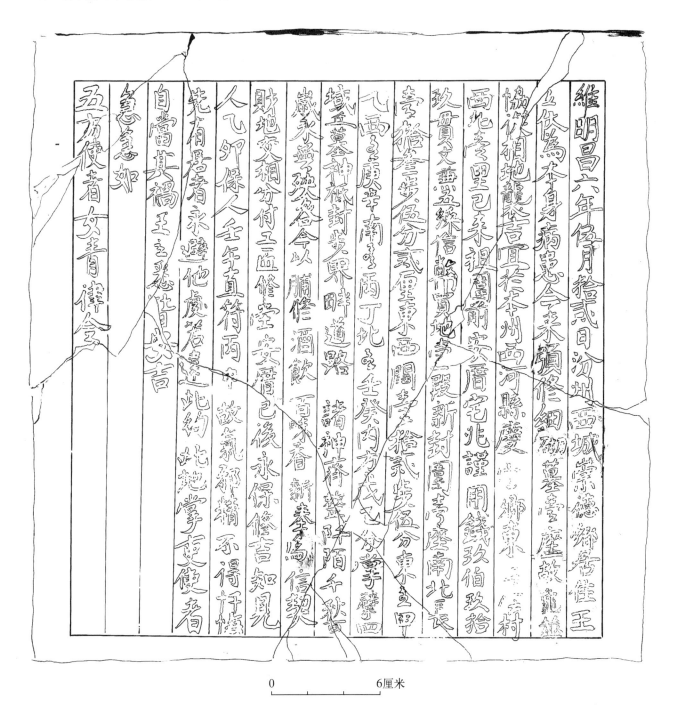

0　　　　　　　6厘米

图七八　M5出土买地券M5：4临摹本

维明昌六年伍月拾贰日汾州西城崇德乡居住王 / 立伏为本身病患今来预修细砌墓壹座故龟筮 / 协从相地袭吉宜于本州西河县庆云乡东景云村 / 西北壹里己未祖园前安厝宅兆谨用钱玖佰玖拾 / 玖贯文兼五彩信币买地壹段新封园壹座南北长 / 壹拾叁步伍分贰厘东西阔壹拾贰步伍分东至甲 / 乙西至庚辛南至丙丁北至壬癸内方戊己分掌擘四 / 域丘墓神祇封步界畔道路　诸神斋整阡陌千秋百 / 岁永无殃咎今以脯修酒饮百味香新奉为信契 / 财地交相分付工匠修茔安厝已后永保修吉知见 / 人乙卯保人壬午直符丙申故气邪精不得扞（干）扰 / 先有居者永避他处若违此约此地掌吏使者 / 自当其祸王立悉皆安吉 / 急急如 / 五方使者女青律令

买地券　标本 M5：001，砖制，正方形，表面磨制，深灰色。出土于明堂中。用朱砂先打上界格，再由右向左，至上而下用楷书书写券文，字体略显潦草。长 34、宽 34、厚 5 厘米（图七九；彩版一三二，2）。

维明昌陆年伍月拾贰日汾州府城崇德坊居住 / 王立伏为今身病患今来预修砌墓壹座故 / 龟筮协从相地袭吉宜于本州西河县庆云乡 / 东景宁村西北壹里己未祖园前安厝宅兆 / 谨用钱玖佰玖拾玖贯文兼五彩信币买地壹段 / 新封园壹座南北长壹拾贰步伍分贰厘东西阔 / 壹拾贰步伍分东至甲乙西至庚辛南至丙丁 / 北至壬癸内方戊己分掌擘四域丘墓神祇封步 / 界畔道路　诸神斋整阡陌千秋百岁永无殃 / 咎今以脯酒饮百味香新奉为信契财地交相 / 分付工匠修茔安厝已后永保修吉知见 / 人乙卯保人壬午直符丙申故气邪精不得扞（干）扰先有 / 居者永避他若违此约此地掌吏使者自当其 / 祸王立悉皆安吉急急如 / 五方使者女青律令

地心砖　标本 M5：002，砖制，正方形，表面磨制，深灰色。出土于明堂中。用朱砂先绘制每边各 7 格，共 49 个方形格，格距 4 厘米。中心写"地心"，四周围绕为天干、地支。最外书写八卦符号。在壬位写"壬穴为尊"，在丙位写"丙穴为次"，在庚位写"庚穴为卑"（图七九）。长 34、宽 34、厚 5 厘米（图八〇；彩版一三一，2）。

泥钱　标本 M5：005，泥质，模制，土黄色，未烧制。出土于明堂陶罐中。分为大、小两种，圆形方孔。大的钱文为反书的"崇宁重宝"，小的钱文为反书的"大定通宝"。完整的大泥钱 6 枚，残 2 枚。完整小泥钱 84 枚，残约 20 枚。大钱直径 3.2、内径 0.6、厚 0.5 厘米。小钱直径 2.5、内径 0.4、厚 0.4 厘米（图七六，7、8；彩版一二九，4）。

2. 瓷器

白釉碗　标本 M5：2，圆唇，敞口，弧腹，圈足略外撇。挖足过肩，足床打磨过，足内墨书"王□"。内壁满施白釉，腹部以下印有六组缠枝花，每组之间有细微凸棱，内底有六个支烧痕。外壁施白釉至圈足。口径 21.6、足径 7.0、高 7.2 厘米（图八一，1；彩版一三三，1、2）。

白釉盘　标本 M5：07，略残。敞口，弧腹较深，圈足。挖足略过肩，足内形成鸡心钉，足床有六个分布均匀的大支钉痕。内壁施满釉，中腹有一圈较浅的凹弦纹，底微凹，底心有不明显的小乳凸和分布均匀的六个小支烧痕。外壁施釉至腹中部，有部分流釉。胎质较粗，白釉，胎色青灰。口径 18.0、足径 5.8、高 4.2 厘米（图八一，2）。

黑釉盏　标本 M5：06，圆唇，敞口，斜腹，饼底内凹。内壁施黑釉，口沿处刮釉。外壁施半釉，有流釉现象。胎质较粗，胎质泛黄。口径 8.6、底径 4.4、高 3.0 厘米（图八一，3；彩版

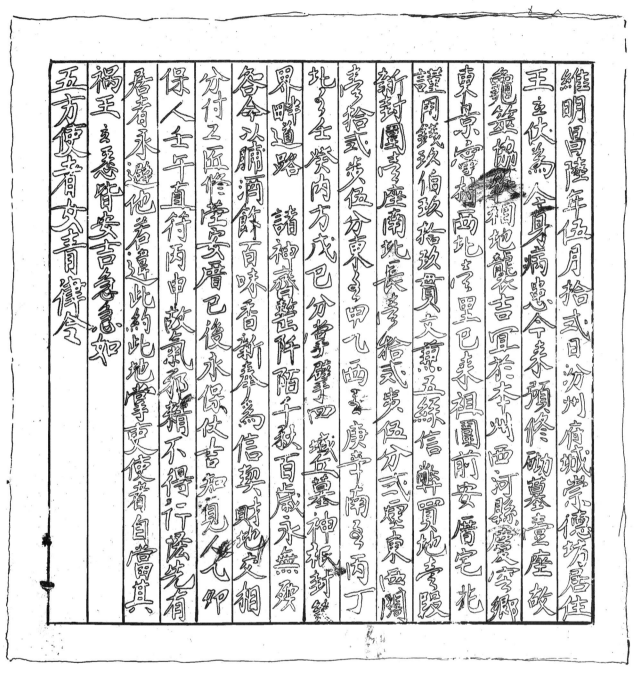

維明昌陸年伍月拾貳日汾州府城崇德坊居住
王立伏為令身病患今未預修勵墓臺座故
龜筮協從相地龍裒吉宜於本州西河縣慶成帝鄉
東京寧村西北去里巳未祖塋前安厝宅兆
謹用錢玖佰玖拾玖貫文就五綵信弊買地壹段
新封壹座南北長壹拾貳步伍分貳里東西
青拾貳步伍分東至甲乙兩至庚辛南至丙丁
北至壬癸內方戊巳分掌壁千四域丘墓神祇封疆
界畔道路諸神齊整阡陌千秋百歲永地交相
各令水脯酒飯百味香新奉為信契財地交相
分付工匠修營安厝已後永保伏吉知見人卯
保人壬午直符丙申故氣邪精不得忏訶先有
居者永逸他若違約此地掌吏使者自當其
禍主亥悉皆安吉急急如
五方使者女青律令

图七九　M5 出土买地券 M5：001 临摹本

0 ———————— 6厘米

一三三，3）。

绿釉划花牡丹纹八角形枕　标本 M5：02，略残。枕面呈八角形，侧面六边较短，前后两边较长。枕面较宽，四周出棱。枕腰带将底片包裹，再抹光。枕面先绘双线做框，内外两层中间先绘折枝牡丹一枝，一朵盛开的牡丹，两侧衬托肥大叶子。花叶之外划紧密竖线为地纹。两

图八〇　M5 出土明堂地心砖 M5：002 临摹本

个框线之间填写半圆形弧线为地纹。底面不施釉，余施全釉。枕腰带后侧有留有一个圆形气孔。
底面上侧有墨书"三佰"。枕的左侧有三个支烧痕和流釉现象。器体较大，制作规范，绿釉釉色
明亮。长径 34.0、顶宽 22.4、高 10.4 ～ 14.0 厘米（图八一，4；彩版一三三，4、5，一三四，
1、2）。

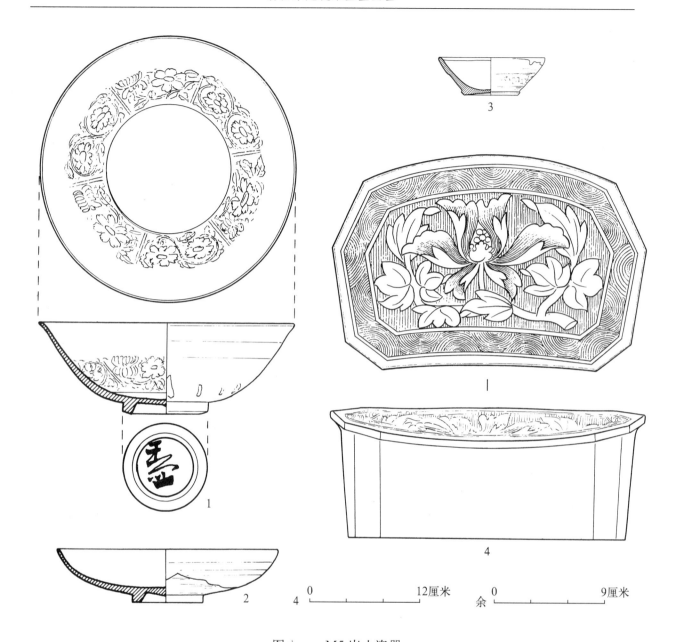

图八一　M5 出土瓷器

1. 白釉碗 M5：2　2. 白釉盘 M5：07　3. 黑釉盏 M5：06　4. 绿釉划花牡丹纹八角形枕 M5：02

3. 铁器

铁牛　标本 M5：8，左后足残，头微垂，目视前方，牛角呈倒八字竖于牛头之上，颈部高耸，背部下拱，尾部高，尾下垂。表面锈蚀严重。长10.0、高8.4厘米（图八二，1；彩版一二九，5）。

铁棺环　标本 M5：01、03、05，环身为圆形，环耳插穿于铁环孔中。表面均腐朽。铁环外径9.6、内径7.2、环径1.0厘米，环耳长6.6、厚0.5～0.8厘米（图八二，2）。

铁钱　标本 M5：04，圆形方孔，较小。表面锈蚀，钱文不识。

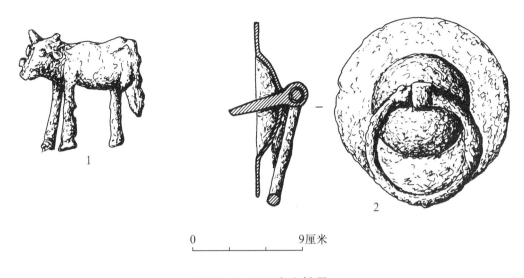

图八二 M5 出土铁器
1. 铁牛 M5 : 8 2. 铁棺环 M5 : 01、03、05

4. 其他

墨块 标本 M5 : 007，残，长条形，黑色，已炭化。表面残存两道平行的凸线，中间有简单纹饰，内容不明。长度不明，宽 2.8、厚 0.8 厘米（彩版一二九，6）。

M5 下葬年代为金代明昌六年（1195 年）。

五 M6

M6（08FXM6）位于东龙观南区王氏家族墓地东北部，北邻 M3，西北邻 M5，西南邻 M12，开口于第②层下。2008 年 6 月 21 日上午按墓葬所处位置布方发掘，为保证文物安全，先发掘墓室，后发掘墓道。首先将墓室土圹部分原始边找到适当位置，清理完墓顶，照相、绘图后，再将墓顶的部分封顶砖揭去，清理墓室内淤土。因该墓发掘前期已被盗扰，盗洞位于墓室顶部中心，盗洞深至墓底。清理墓室淤土过程中，在盗洞内发现残瓷器 2 件，且发现墓壁四周有砖雕彩绘。近墓底发现有砖棺床，用方砖错缝铺设。清理出土遗物有陶器 8 件、瓷器 1 件、铁器 1 件。接着发掘墓道，墓道整体完好，有十二级土质台阶直达墓底。用条砖封门，清理完甬道后，清洗墓壁。最后照相、绘图，采集随葬品及部分人骨标本。7 月 1 日发掘结束，用时 11 天。

（一）墓葬形制

M6 是一座中型砖砌八角形单室墓，叠涩穹隆顶。由墓道、墓门、甬道、墓室组成（图八三～八五；彩版一三五，1）。方向 20°。所用砖规格为：条砖长 32、宽 16、厚 5 厘米。子母砖长 34、宽 17、厚 5 厘米。铺地方砖长、宽皆 30、厚 5 厘米。

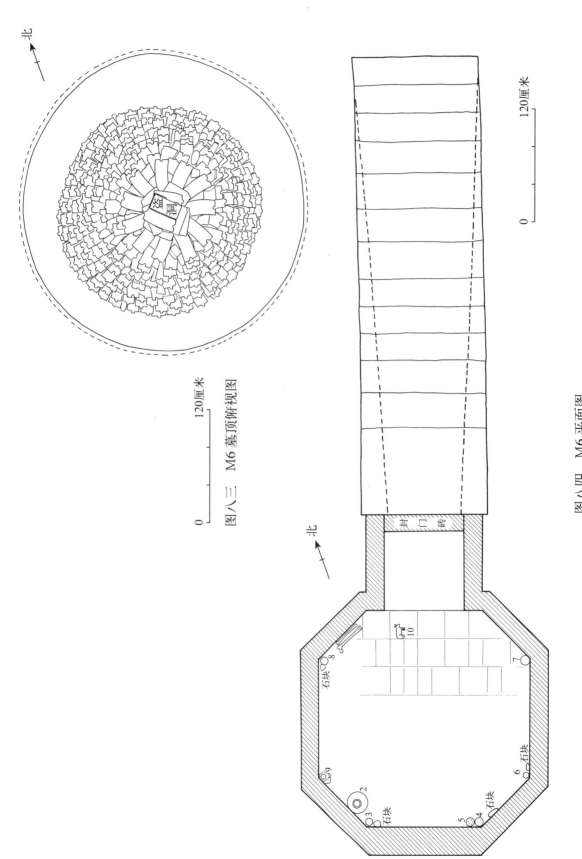

北

120厘米

0

图八三　M6墓顶俯视图

北

封门砖

120厘米

0

图八四　M6平面图

1. 白釉碗　2. 陶魂瓶　3、4、7、8. 陶钵　5. 陶器盖　6、9. 陶罐　10. 铁牛

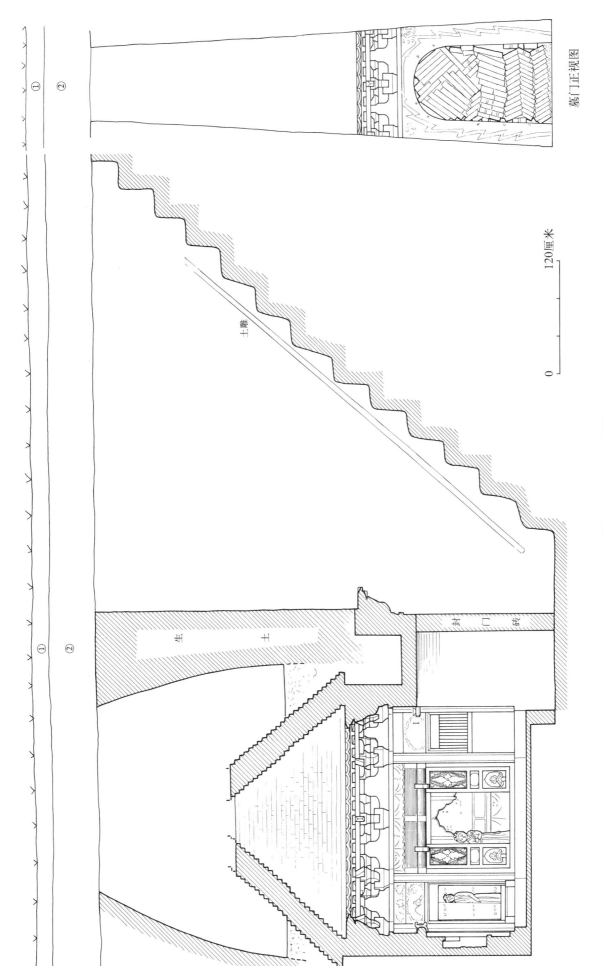

墓门正视图

土雕

封门砖

生　　　土

①
②

①
②

0　　　120厘米

图八五　M6 剖面图
1. 白釉碗

墓道　为长条形阶梯状，斜壁，位于墓室北部。上口长4.88、宽0.80～1.37、墓口距地面深0.72米。底略呈坡状，长0.88、下端宽1.36、自深5.0米。共有生土台阶共十二级。第一级宽0.30、高0.40米，第二级宽0.30、高0.35米，第三级宽0.30、高0.35米，第四级宽0.32、高0.35米，第五级宽0.30、高0.45米，第六级宽0.30、高0.45米，第七级宽0.28、高0.39米，第八级宽0.27、高0.39米，第九级宽0.30、高0.40米，第十级宽0.28、高0.38米，第十一级宽0.30、高0.40米，第十二级宽0.28、高0.30米。接着有长0.88米的平缓地带至墓门。从墓道口至墓门保存有并不太连续的土雕，宽0.10米（彩版一三五，3）。墓道内填土花杂，较松软。

墓门　距墓口3.52、高1.53、宽0.86米。仿木结构砖雕门楼，顶部七块滴水整齐排列，下有檐椽七根与滴水交错，檐椽下有橑檐枋（彩版一三五，2），见表40～42。

表40　墓门橑檐枋、檐椽、滴水详细尺寸

	橑檐枋	檐椽	滴水
宽（厘米）	107	10	15
高（厘米）	5	3	2

表41　墓门补间铺作详细尺寸

	上宽	下宽	耳高	平高	欹高	总高	附注
栌斗（厘米）	22	18	7	4	5	16	斗欹内颛
散斗（厘米）	11	7	4	2	3	9	斗欹内颛，交互斗、齐心斗略同

表42　墓门补间铺作详细尺寸

	泥道栱	昂	耍头	替木
长（厘米）	14.4	12	9	36
附注	栱端卷杀	琴面	中间为蚂蚱，两侧为琴面	替木两端卷杀

橑檐枋下中间1组，左右各置半组斗栱，一斗三升，表面饰红彩，之下有普柏枋，高5、宽11.1厘米。墓门两侧白灰抹面，彩绘内容不清晰，仅能辨识左右角有红底白花图案，两侧有黄色曲线。条砖封门，第一层右斜向规整摆列16块，第二层左斜向规整排列15块，第三层右斜向规整排列13块，第四层竖向略左倾斜砌12块，第四层之上左右交错砌封墓门。墓门为拱形顶，距墓道底1.25米处起券，券高0.28米（彩版一三六，2）

甬道　呈拱形，长1.02、宽0.86、高1.53米。壁面抹白灰。

墓室　土圹平面呈圆形，东西径3.12、南北径3.16米。圹壁为袋状，砖室平面呈八角形，内部被淤土塞满（彩版一三六，1）。方砖铺底，墓底长2.30、宽2.30、墓深4.68米。墓壁用条砖错缝垒砌，表面抹灰。墓壁分为八壁，北壁为墓门所居之面，其宽1.17米，西、东壁宽1.17

米，南壁宽 1.21 米，东南壁宽 0.66 米，西南、东北壁宽 0.64 米，西北壁宽 0.65 米，每壁高
1.47 米。墓顶先用 6 层条砖叠砌，再用子母砖叠涩成圆形，顶部已被盗墓者破坏，推测为子母砖
盖顶。内设砖床，砖床高 0.32 米，用条砖与方砖错缝铺地，棺床正面为素面（彩版一三七）。地
面除随葬品外，还有四块彩色椭圆形河卵石，应是镇墓的"精石"。

（二）墓葬装饰

墓室为八角形，每个角各有倚柱一根，共八根，表面施黑彩。墓室壁分为八面，四大四小
（图八六、八七）。各壁均有砖雕斗栱，进入墓室以顺时针方向加以介绍。

北壁墓门居正中，周边彩绘有卷云纹，上端绘有花草之类。北壁右上角置有灯台，用砖磨
制，表面施红彩（彩版一三八）。

东北壁为砖雕板棂窗，板棂表面施红彩，窗上下彩绘内容模糊（彩版一三九），见表 43。

表43　墓室内砖雕彩绘板棂窗详细尺寸

	窗额	榑柱	立颊	上串	下串	板棂	
宽（厘米）	60	3	6	55	65	4	竖向5根
高（厘米）	3	44	41	10	5	31	

东壁为砖雕男侍一名，立在门边，露多半身。头戴黑色巾子，上身着圆领红色袍服，窄袖，
左袖挽起，持鸡毛掸，右手衣袖下垂至膝，长袍及地，未露足。所在房间为四抹头隔扇门，中间
填有球纹格子图案，外有卷帘帘钩和幔帐（彩版一四〇、一四一）。

东南壁雕有侍女，露多半身，为妇人启门。侍女梳高髻，用巾帕包裹头发，在巾帕外簪金黄
色花朵，上身着白色长褙子，黑色衣领，内着金黄色襦衣，窄袖未挽起，下身着白色裙子及地，
未露足。板门为橙色，板门上各绘有三排黑色圆门钉，门簪两个，板门上端彩绘有二十四孝图案，
较潦草。初步辨识为"曹娥哭江"（彩版一四二、一四三），见表 44。

表44　墓室内砖雕彩绘板门详细尺寸（东南壁）

	上额	门簪	榑柱	门额	立颊	板门	地栿	门砧	门钉
宽（厘米）	61	7	3	55	5	24	46	10	3排，每排3个，径3
高（厘米）	3	5	85	10	75	70	10	10	

南壁雕龛内为墓主人，男右女左。男性墓主人头戴黑色巾子，留须，上身着白色右衽袍服，
窄袖，拢手坐于桌后。女性墓主人梳高髻，上身着红色右衽褙子，黄色衣领，窄袖，拢手坐于桌
后，表情庄重。两侧为四抹头隔扇门，门扇雕有球纹格子图案、壸门。上端有黑白彩相间的卷帘、
帘钩和幔帐，外挂红黄彩相间的竹卷帘（彩版一四四、一四五）。

西南壁雕有一位妇人启门，露多半身。妇人梳高髻，用巾帕包裹头发，在巾帕外簪金黄色花
朵，上身着白色长褙子，黑色衣领，内着金黄色襦衣，窄袖未挽起，褙子及地未露足，下身情况

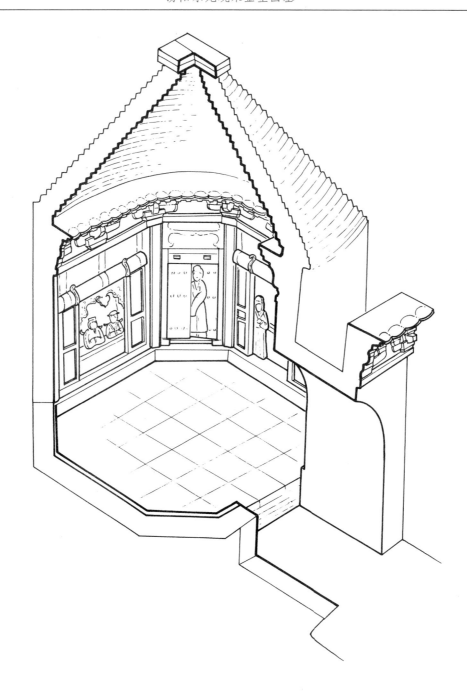

图八六　M6 墓室结构透视示意图（约 1/30）

不明。红色板门，板门上绘有三排白色圆门钉，门簪两个，板门上端彩绘有二十四孝图案，较潦草。初步辨识为"王裒闻雷泣母"（彩版一四六、一四七,1），见表45。

表45　墓室内砖雕彩绘板门详细尺寸（西南壁）

	上额	门簪	榑柱	门额	立频	板门	地栿	门砧	门钉
宽（厘米）	59	8	3	55	5	23	43	10	3排，每排4个，径2.5
高（厘米）	3	5	88	10	75	70	10	10	

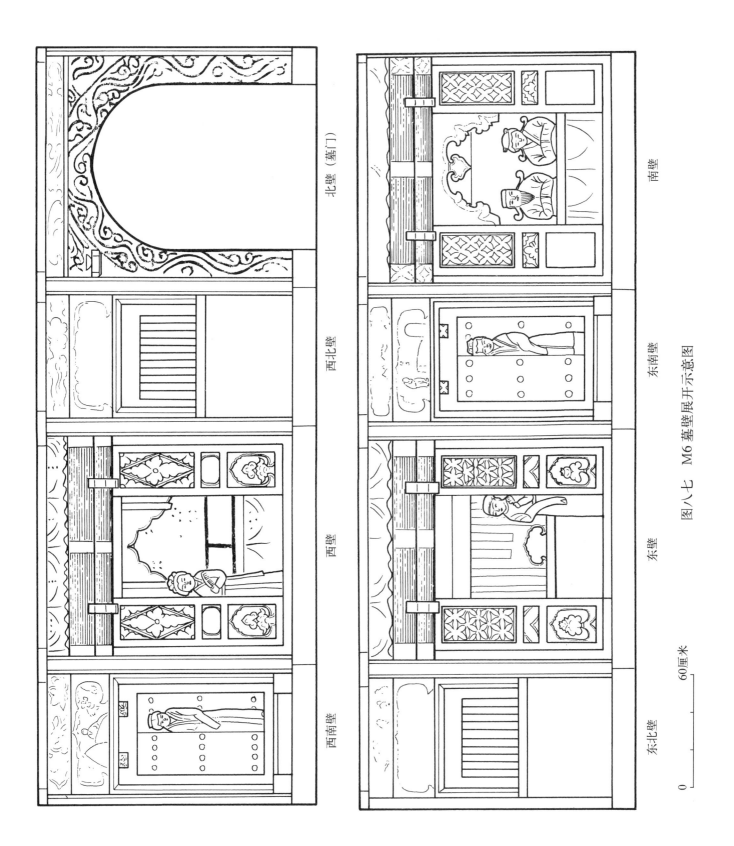

北壁（墓门）

西北壁

西壁

西南壁

南壁

东南壁

东壁

东北壁

图八七 M6 墓壁展开示意图

60厘米

0

西壁雕有一位侍女，站立在门口，露多半身。侍女梳高髻，戴钗，上身着白色黑领长褙子，内着襦衣，外系丝带置于身侧，窄袖挽起，左手持小条帚，褙子及地未露足，下身情况不明。两侧为四抹头隔扇门，中间填有菱形格状花卉、壶门，外有卷帘、帘钩及幔帐（彩版一四七，2、一四八）。

西北壁为板棂窗，表面施红彩，窗上下彩绘内容模糊不清（彩版一四九）。

墓壁上方置斗栱12组，转角铺作8组，补间铺作4组。均为一斗三升、四铺作，表面施红彩，白彩镶边（见彩版一三八），见表46～49。

表46　墓室内转角铺作详细尺寸

	上宽	下宽	耳高	平高	欹高	总高	附注
栌斗（厘米）	20	15	6	4	6	16	斗欹内顠
散斗（厘米）	9	5	5	2	5	12	斗欹内顠，交互斗、齐心斗略同

表47　墓室内转角铺作详细尺寸

	泥道栱	昂	耍头	替木
长（厘米）	40	10	10	35
附注	栱端卷杀	琴面	琴面	替木两端卷杀

表48　墓室内补间铺作详细尺寸

	上宽	下宽	耳高	平高	欹高	总高	附注
栌斗（厘米）	22	17	6	4	6	16	斗欹内顠
散斗（厘米）	11	7	5	2	5	12	斗欹内顠，交互斗、齐心斗略同

表49　墓室内补间铺作详细尺寸

	泥道栱	昂	耍头	替木
长（厘米）	48	10	10	36
附注	栱端卷杀	琴面	蚂蚱头	替木两端卷杀

栱眼间绘有花草图案。斗栱之下为普柏枋，普柏枋之下为阑额，见表50。

表50　墓室内倚柱、阑额、普柏枋详细尺寸

	倚柱	阑额	普柏枋
宽（厘米）	5～10	/	/
高（厘米）	135	12	5

斗栱之上为橑檐枋，橑檐枋之上为方平头檐椽一周，表面施红彩。檐椽之上排列滴水一周。滴水之上为为六层条砖叠砌，条砖之上为子母砖叠涩内收至墓顶。墓室顶部因盗扰残损不能复原，推测为子母砖盖顶，见表51。

表51　墓室内橑檐枋、檐椽、滴水详细尺寸

	橑檐枋	檐椽	滴水
宽（厘米）	/	10	15
厚（厘米）	5	3	2

（三）葬式葬具

墓室中未发现葬具。由于盗扰且早期水淤严重原因，在墓底只残存少量骨骼，墓主人头向、面向、葬式均不详，残存人骨鉴定结果表明可能为成年男性。推测应为夫妇合葬墓。

（四）出土遗物

出土遗物共12件，有陶器8件、瓷器3件、铁器1件。

01号白釉碗、02号白釉盘位于盗洞内，1号白釉碗位于墓室内灯台上，2号陶魂瓶位于墓室西南部，3号陶钵位于墓室西南角，4号陶钵、5号器盖位于墓室南部，6号陶罐位于墓室东南部，7号陶钵位于墓室东北部，8号陶钵位于墓室西北部，9号陶罐位于墓室西南角，10号铁牛位于墓室北部，牛头正对墓门。墓底河卵石4块，未采集。

1. 陶器

陶钵　标本M6：3，泥质灰陶。圆方唇，侈口，束颈，鼓腹，下腹急收至平底，底面有涡纹。素面。器体较小。口径9.4、底径4.6、高4.6厘米（图八八，1；彩版一五〇，1）。

陶钵　标本M6：4，泥质灰陶。圆方唇，侈口，束颈，鼓腹，下腹急收至平底，底面有涡纹。素面。器体较小。口径10、底径4.6、高4.2厘米（图八八，2；彩版一五〇，1）。

陶钵　标本M6：7，泥质灰陶。圆方唇，侈口，束颈，鼓腹，下腹急收至平底，底面有涡

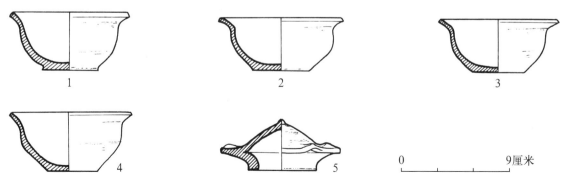

图八八　M6出土陶器
1～4. 陶钵 M6：3、M6：4、M6：7、M6：8　5. 陶器盖 M6：5

纹。素面。器体较小。口径 9.4、底径 4.2、高 4.2 厘米（图八八，3；彩版一五〇，1）。

　　陶钵　标本 M6：8，泥质灰陶。圆方唇，侈口，束颈，鼓腹，下腹急收至平底，底面有涡纹。素面。器体较小。口径 9.8、底径 4.0、高 4.7 厘米（图八八，4；彩版一五〇，1）。

　　陶器盖　标本 M6：5，泥质灰陶。塔式盖，盖顶圆纽，周边呈波浪起伏状花边，花边以下弧收至盖底。手制，素面。外径 9.8、盖底径 5.6、盖高 4.0 厘米（图八八，5；彩版一五〇，1）。

　　陶罐　标本 M6：6，泥质灰陶。圆唇，口微敛，圆肩，鼓腹，下腹斜收至底稍外撇，平底。素面。器体较小。口径 3.2、底径 4.0、高 8.0 厘米（图八九，1；彩版一五〇，1）。

　　陶罐　标本 M6：9，泥质灰陶。扁圆唇，敛口，短颈，溜肩，鼓腹，下腹斜收至底略外撇，平底。颈部附加一周花边泥条。素面。口径 7.0、底径 6.2、高 9.6 厘米（图八九，2；彩版一五〇，1）。

　　陶魂瓶　标本 M6：2，泥质深灰陶。侈口，斜直腹，近底部微鼓后内折，无底。口外侧附加一周花边泥条，腹部附加间距相同三道泥条，且每道泥条下留有间隔不等的镂孔，其中第一、第四层为桃形，第二、三层为对角三角形。手制轮修。口径 11.0、底径 19.6、高 34.2 厘米（图八九，3；彩版一五〇，2）。

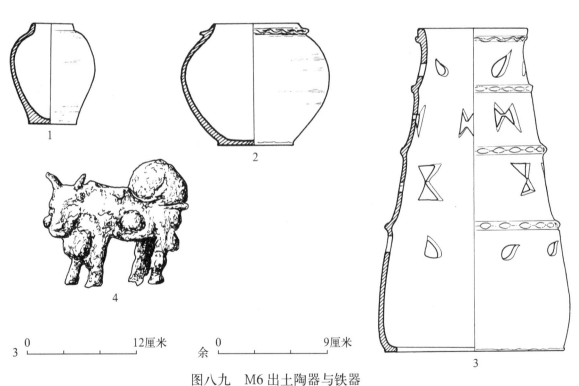

图八九　M6 出土陶器与铁器
1、2. 陶罐 M6：6、M6：9　3. 陶魂瓶 M6：2　4. 铁牛 M6：10

2. 瓷器

　　白釉碗　标本 M6：01，残。圆唇，敞口，弧腹，平底，圈足。挖足略过肩，底中心有鸡心钉，足床有六个等间距支钉，已打磨掉。内底有六个支烧痕，内壁腹部表面局部有爆釉现象。外壁有数道流釉痕。表面有露胎，胎质较细。口径 18.6、足径 6.4、高 7.6 厘米（图九〇，1；彩版

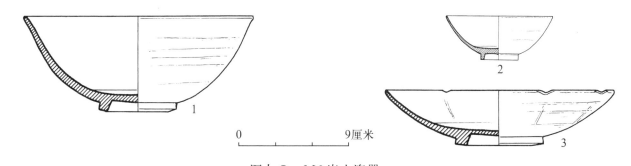

图九〇　M6 出土瓷器
1. 白釉碗 M6：01　2. 白釉碗 M6：1　3. 白釉盘 M6：02

一五〇，3）。

白釉碗　标本 M6：1，圆唇，敞口，弧腹，小底，圈足略高。足床平整，内无釉，有极小鸡心钉。内壁施满釉，刮釉后底部留有不规则涩圈。外壁施釉近圈足。器形较小，细白釉泛黄，似霍州窑早期产品。口径 8.8、足径 3.1、高 3.5 厘米（图九〇，2；彩版一五〇，4）。

白釉盘　标本 M6：02，残。圆唇，敞口，斜腹，平底，圈足较矮，挖足略过肩，足床有六个间距不等的支钉，已打磨掉。内底有六个支烧痕。胎质较粗，白釉。口径 18.6、足径 7.4、高 4.4 厘米（图九〇，3；彩版一五〇，5）。

3. 铁器

铁牛　标本 M6：10，牛角朝上，呈倒八字，头微垂，有鼻有眼，身体肥硕，四腿直立，后腰部凸起，前领下垂。外表锈蚀。长 11.6、高 9.8 厘米（图八九，4）。

六　M47

M47（08FXM47）位于东龙观南区王氏家族墓地北部西侧，东邻 M4、M5。开口于第②层下。2008 年 8 月 19 日布方发掘，该墓为土洞室墓，墓室与墓道同时发掘，找到墓口时发现墓道与墓室之间平置子母砖和条砖各一块，推测为当时祭台。挖到墓室内发现墓顶前高后低，近底部清出人骨 1 具及铁器 1 件，条砖、子母砖各一块。竖井式墓道至底。墓门用石块垫底、条砖封门。清理完毕，照相、绘图，采集随葬品、采集主要骨骼。8 月 21 日结束。

（一）墓葬形制

M47 是一座土洞室墓，由墓道、墓门、墓室组成（图九一；彩版一五一，1）。方向 190°。土洞室洞顶前高后低，墓壁较整齐，墓底略呈斜坡。

墓道　位于墓室南部，长方形，口底同宽。上口长 2.04、宽 0.64～0.84、口距地面深 0.60 米。底长 2.04、下端宽 0.64～0.80、自深 2.48 米。填土花杂较松散。

墓门　呈弧形，距墓口 1.72、高 0.74、宽 0.64 米。封门为一块大圆石垫底，之上条砖不规则堆砌。

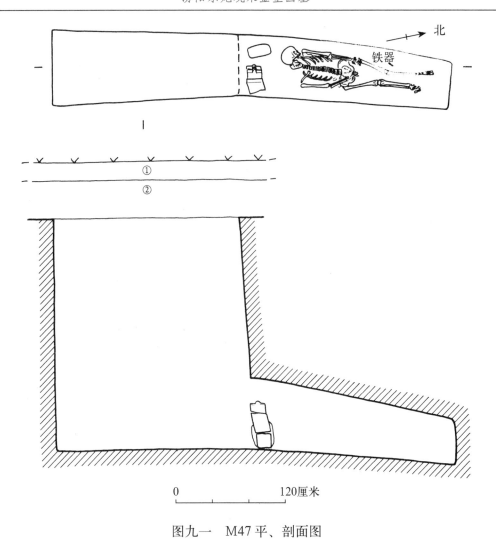

图九一　M47平、剖面图

墓室　呈长方形，长2.30、宽0.48～0.78米（彩版一五一，2）。墓深2.44米。填土为淤土。

（二）葬式葬具

墓室中发现有棺痕，但因腐朽严重，只发现墓底有少许棺木朽痕，无法量得尺寸。棺内清理出人骨1具，头向南，面向西，男性，51～60岁，为单人仰身直肢葬，骨骼保存较好。

（三）出土遗物

出土遗物有铁器1件。1号铁器位于人骨股骨、胫骨间西侧。

铁器　标本M47：1，残铁块，外表锈蚀，凹凸不平，剖面呈圆形。推测为镇墓之物。残长11.7、直径3.0厘米（图九二）。

祭台　位于墓道开口处北端与墓室南侧之间，东西向平放子母砖1块和绳纹砖1块，推测为当时祭祀所用。子母砖长34、宽17、厚5厘米。条砖长32、宽16、厚5厘米。

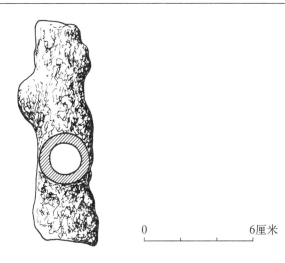

0 ⊢——┼——┼——┼——┤ 6厘米

图九二　M47 出土铁器 M47：1

七　M12

M12（08FXM12）位于东龙观南区王氏家族墓地中部，东北邻 M6，西南邻 M13。开口于第②层下。2008 年 7 月 6 日上午按墓葬所处位置布方发掘，为保证文物安全，先发掘墓室，后发掘墓道。首先将墓室土圹部分原始边找到适当位置，清理墓顶时发现该墓顶发掘前已被盗扰，整个砖顶被大面积破坏，清理墓室淤土。在盗洞内发现残瓷器 1 件。接着发掘墓道，发现土质台阶直达墓底，条砖封门。清理甬道，清洗墓壁之后，分别照相、绘图、采集随葬品、采集部分骨骼。7 月 8 日结束，历时 3 天。墓室顶部破坏严重，墓壁保存较好，墓室内被盗扰。墓道整体较好，墓门顶部土圹部分塌陷。

（一）墓葬形制

M12 是一座仿木结构建筑简易砖雕单室墓，叠涩穹隆顶。由墓道、墓门和墓室组成（图九三；彩版一五二，1）。方向 99°。所用条砖长 32、宽 16、厚 6 厘米。铺底方砖长 34、宽 34、厚 6 厘米。

墓道　位于墓室东部，长条形阶梯式，口底同宽，局部塌毁。上口长 3.90、宽 0.80、距地面深 0.56 米。底长 1.30、下端宽 0.80、自深 3.76 米。共有土质台阶十级，均为纯生土。墓道东侧开口下 0.30 米处为第一级台阶，依次向下至第十级到墓道底部。其中第一级宽 0.14、高 0.40 米，第二级宽 0.22、高 0.28 米，第三级宽 0.23、高 0.22 米，第四级宽 0.22、高 0.20 米，第五级宽 0.20、高 0.30 米，第六级宽 0.14、高 0.20 米，第七级宽 0.60、高 0.28 米，第八级宽 0.32、高 0.26 米，第九级宽 0.32、高 0.20 米，第十级宽 0.24、高 0.12 米。接着有一段 1.30 米长斜坡平缓向西至墓门。墓道填土花杂，较松软。

墓门　主体条砖垒砌呈拱形，距墓底 0.80 米起券，券高 0.30 米。墓门宽 0.59、高 1.1、距

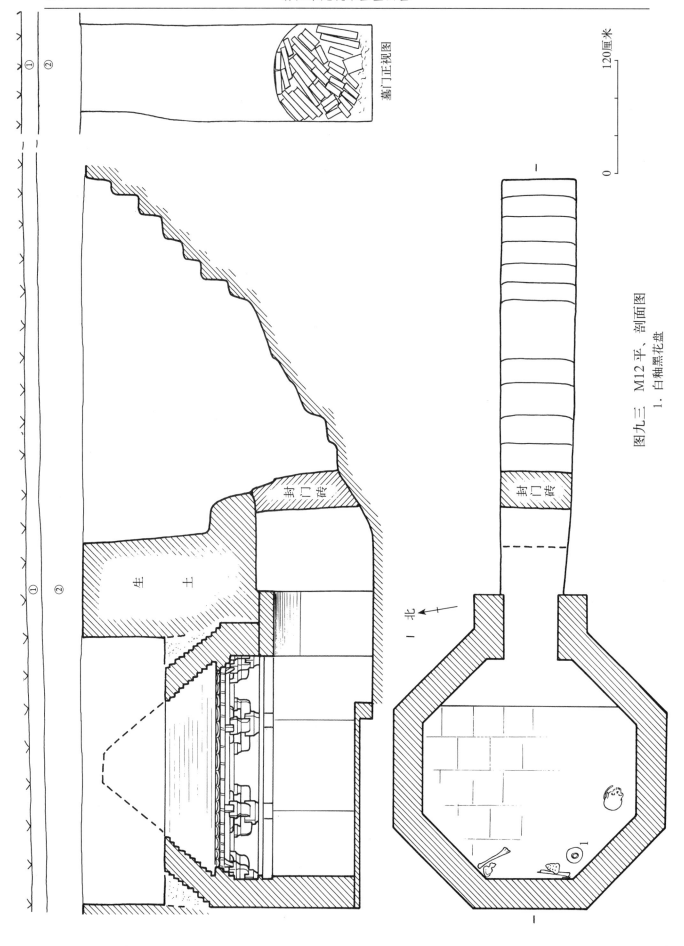

图九三　M12平、剖面图
1. 白釉黑花盘

墓口2.00米，用条砖随意封门（彩版一五二，2）。

甬道　呈拱形，长0.68、宽0.59米。甬道壁条砖错缝垒砌，底部平坦，为生土面。

墓室　土圹平面为椭圆形，南北径3.0、东西径2.80米。壁略呈袋状。砖室平面呈八角形，长2.30、宽2.30、墓深2.94米。设砖棺床，棺床南北长2.32、东西宽1.83、高0.20米，方砖铺底。墓壁白灰抹面，分为八壁，其中东壁为墓门所居之面，南壁宽0.92、北壁宽0.94、其余六壁各宽0.98、八壁通高0.90米。由于墓葬盗扰时封顶被破坏，封顶情况不明。

（二）墓葬装饰

墓室仿木结构建筑，室内八壁为素面，其中东壁为墓门。墓壁上方置斗栱8组，均为一斗三升，四铺作，均为转角铺作，见表52、53。

表52　墓室转角铺作详细尺寸

	上宽	下宽	耳高	平高	欹高	总高	附注
栌斗（厘米）	20	14	6	4	6	16	斗欹内頻
散斗（厘米）	12	8	4	4	4	12	斗欹内頻、交互斗、齐心斗略同

表53　墓室转角铺作详细尺寸

	泥道栱	昂	耍头	替木
长（厘米）	50	10	10	42
附注	栱端卷杀	琴面	琴面	替木两端卷杀

栱眼内无装饰。斗栱之上为橑檐枋，橑檐枋之上檐椽一周，整齐排列，檐椽之上滴水一周。斗栱之下为普柏枋，普柏枋之下有阑额。滴水之上现存十一层条砖叠涩于顶部，其余盗毁，见表54、55。

表54　墓室内橑檐枋、檐椽、滴水详细尺寸

	橑檐枋	檐椽	滴水
宽（厘米）	/	14	16
厚（厘米）	6	4	2

表55　墓室内普柏枋、阑额详细尺寸

	普柏枋	阑额
宽（厘米）	/	54～80
高（厘米）	5	12

（三）葬式葬具

因该墓早期水淤严重，加之盗扰，墓室中未发现葬具，仅于墓底砖棺床南边、西南角、西北角发现部分骨骼，较散乱。判断为人骨 2 具，头向、面向、葬式不详。经鉴定为一男一女，男性40 ～ 44 岁，女性 45 ～ 50 岁，应为夫妇合葬。

（四）出土遗物

出土遗物有瓷器 2 件。

01 号白釉碗位于盗洞内，1 号白釉黑花盘位于墓室内西南角。

白釉碗　标本 M12：01，略残。圆唇，敞口，弧腹略斜，圈足较矮。内壁先施化妆土，再施透明釉至内底近底处。底部留有涩圈，内侧下腹部有一圈明显的凹弦纹。外壁未施化妆土，施透明釉至足底，足床未施釉，圈足内侧施透明釉。胎质青灰，白釉泛青。口径 22.0、足径 7.8、高7.2 厘米（图九四，1；彩版一五三，1、2）。

白釉黑花盘　标本 M12：1，口部略残。敞口，斜腹略弧，圈足略低。挖足略过肩，形成不明显的鸡心钉，足床上有五个分布均匀的较大的支钉痕，圈足内写有墨书一字，内容不明。内壁施满釉，绘简单花草图案，底微凹，底部有分布均匀的五个支烧痕。外壁先施釉至上腹，有流釉现象。胎质青黄。口径 15.8、足径 7.0、高 4.0 厘米（图九四，2；彩版一五三，3 ～ 5）。

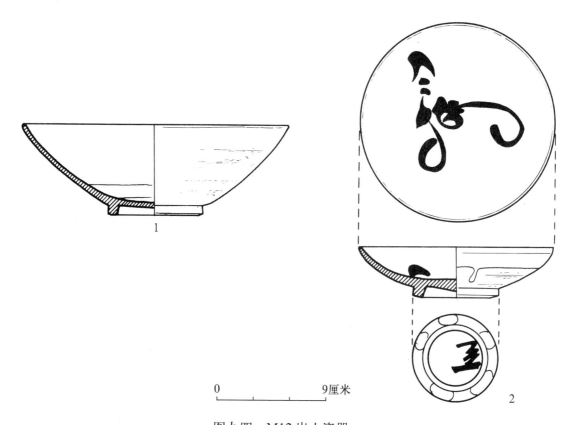

0　　　　　　9厘米

图九四　M12 出土瓷器

1. 白釉碗 M12：01　2. 白釉黑花盘 M12：1

八　M13

M13（08FXM13）位于东龙观南区王氏家族墓地中部，东北邻 M12，东邻 M14，开口于第②层下。2008 年 7 月 6 日上午按墓葬所处位置布方发掘。为保证文物安全，先发掘墓室，后发掘墓道。首先将墓室土圹部分原始边找到适当位置，清理墓顶后，照相、绘图。然后揭掉墓顶部分砖，清理墓室淤土，淤土内未发现器物，墓壁无装饰。近墓底发现条砖铺底，发现出土遗物有瓷器 9件。清理甬道后，清洗墓壁，之后分别照相、绘图、采集遗物、主要骨骼。接着发掘墓道，清理土质台阶直达墓底，条砖封门。7 月 12 日结束，历时 7 天。墓室顶部、墓壁保存较好，墓室面积偏小，墓道整体完整。

（一）墓葬形制

M13 是一座小型砖室墓，叠涩穹隆顶。由墓道、墓门、甬道和墓室组成（图九五、九六）。方向 195°。所用条砖长 32～34、宽 16～17、厚 6 厘米。盖顶方砖长 34、宽 34、厚 5 厘米。

墓道　位于墓室南部，长方形阶梯式，壁略斜。上口长 2.0、宽 0.53～0.66、口距地面深0.55 米。底略呈斜坡，长 1.02、下端宽 0.53、自深 2.30 米。共有土质台阶四级，均为纯生土。墓道开口下 1.1 米处为第一级台阶，宽 0.15、高 0.20 米，第二级宽 0.35、高 0.12 米，第三级宽0.20、高 0.35 米，第四级宽 0.28、高 0.19 米，第四级台阶下有 1.02 米长一段斜坡至墓门。墓道填土为黄沙土，土质松散，土色花杂。墓道填土内发现类似"扇形"砖一块，深灰色，素面，其直边长 0.32、弧边长 0.48 米，弧边刻有等距离四个凹面。

墓门　呈拱形，条砖垒砌，距墓底 0.55 米起券，宽 0.48、门高 0.80、距墓口 1.43 米，条砖封门，封门砖第一层靠墓门西壁侧立 3 块，中间立整砖 1 块，靠东壁立残砖 1 块，之上左斜向7 块叠压至墓门顶部。

甬道　呈拱形，长 0.32、宽 0.48 米。甬道壁条砖垒砌，底部平坦，条砖铺设。

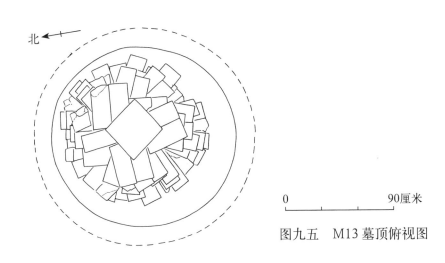

北 ←

0 　　　　　　　　　90厘米

图九五　M13 墓顶俯视图

墓室　土圹平面呈椭圆形，东西径1.74、南北径1.80米，圹壁略呈袋状（彩版一五四，1）。砖室平面呈六角形，长1.66、宽1.38、墓深2.28米，条砖铺底。墓室底面高于墓道底面0.10米。墓壁条砖垒砌，分为六壁，每壁宽0.83、高0.82米。墓顶用11层条砖叠涩至顶，最后用方砖盖顶。墓室内淤土高约1.20米（彩版一五四，2）。

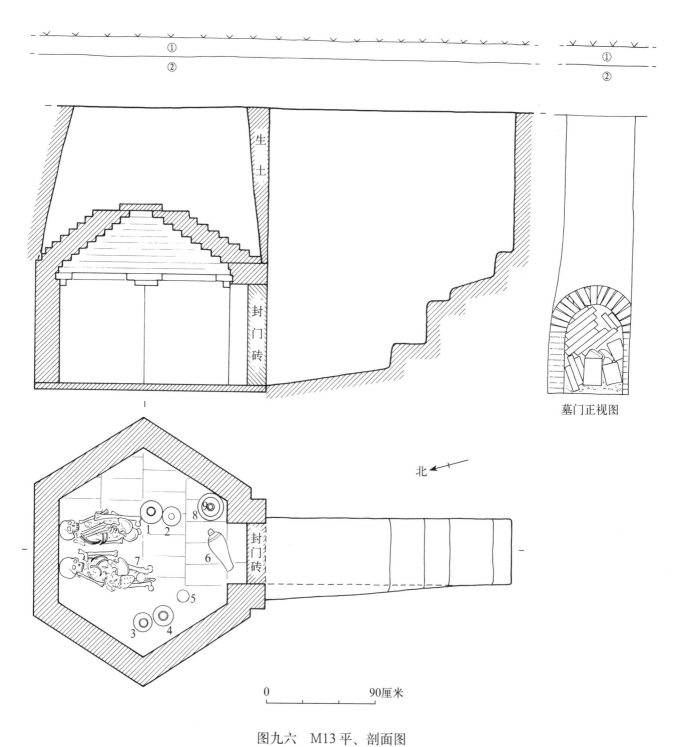

墓门正视图

北

0　　　　　　　90厘米

图九六　M13平、剖面图

1. 黑釉碗　2、8. 褐釉碗　3. 白釉碗　4、9. 褐釉盘　5. 黑釉盘　6. 黑釉梅瓶　7. 褐釉盏

（二）葬式葬具

墓室中未发现葬具。清理出人骨 2 具，头向北，面向上。属二次葬。骨骼保存较好。东侧为男性，年龄 29 ～ 30 岁。西侧为女性，年龄 24 ～ 26 岁，为夫妇合葬墓。

（三）出土遗物

出土遗物有瓷器 9 件。

1 号黑釉碗、2 号褐釉碗位于东侧人骨南端，3 号白釉碗、4 号褐釉盘、5 号黑釉盘位于墓室西南部，6 号黑釉梅瓶位于墓室南部，7 号褐釉盏位于西侧人骨左右股骨之间，8 号褐釉碗、9 号褐釉盘位于墓室东南角。

白釉碗　标本 M13：3，残。敞口，浅弧腹，内底书写酱色"花"字，圈足。内壁和口外侧施白釉，口外侧釉宽窄不均匀，釉色不匀，口外下侧施透明釉至腹部。器壁偏厚，胎质较粗。口径 11.2、足径 5.2、高 3.6 厘米（图九七，1；彩版一五五，1、2）。

黑釉碗　标本 M13：1，圆唇，敛口，深腹略鼓，圈足较矮略外撇。挖足后形成鸡心钉。内壁施全釉，内底下凹。外壁施釉至下腹部，釉色厚重且光亮。内壁有五块圆形彩斑，外壁有拉坯形成较浅的凸棱。器形完整，质较粗，黑釉釉色均匀。口径 15.2、足径 5.8、高 8.2 厘米（图九七，2；彩版一五五，3）。

褐釉碗　标本 M13：2，残。圆唇，敞口，斜腹，平底，圈足。挖足略过肩，中心留有鸡心钉。内底有涩圈。外壁施釉至下腹部。外壁有拉坯痕迹。胎质较粗。口径 20.4、足径 6.8、高 7.0 厘米（图九七，3；彩版一五五，4）。

褐釉碗　标本 M13：8，圆唇，敞口，微弧腹，圈足较矮，有不明显的鸡心钉。内底有涩圈。外壁施釉至下腹处。腹身有拉坯形成较浅的凸弦棱。胎质较粗，胎色白泛黄，釉色灰暗。口径

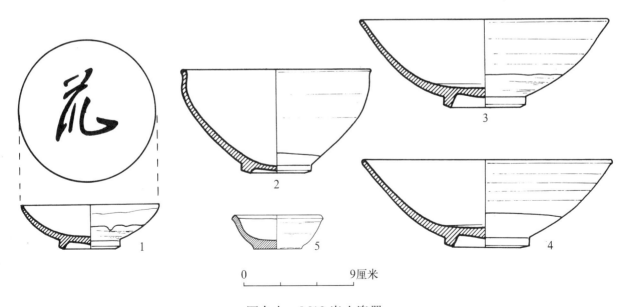

0　　　　　　9厘米

图九七　M13 出土瓷器

1. 白釉碗 M13：3　2. 黑釉碗 M13：1　3、4. 褐釉碗 M13：2、M13：8　5. 褐釉盏 M13：7

20.4、足径 7.0、高 7.0 厘米（图九七，4；彩版一五五，5）。

　　褐釉盏　标本 M13：7，圆唇，敞口，斜直腹，平底内凹。内壁唇以下施褐釉，外壁素面。胎质较粗，胎色内褐外土黄。口径 7.0、底径 4.0、高 2.6 厘米（图九七，5；彩版一五五，6）。

　　黑釉盘　标本 M13：5，圆唇，敞口，浅弧腹，圈足略外撇。挖足过肩，圈足内残存较小鸡心钉。内壁施黑釉，施五个色斑，内底刮有较宽涩圈。外壁施釉至腹部，局部流釉现象和黏砂痕迹。胎质较粗，胎色泛黄。口径 16.2、足径 6.2、高 4.0 厘米（图九八，1；彩版一五六，1）。

　　褐釉盘　标本 M13：4，圆唇，敞口，浅弧腹，圈足略外撇。挖足过肩，残存较小鸡心钉，有刮削痕迹。内壁施褐釉，内底有较宽涩圈。外壁施釉至腹部，局部有流釉现象，釉面黏有砂土。胎质较粗，胎色泛黄。口径 15.0、足径 6.0、高 4.2 厘米（图九八，2；彩版一五六，2）。

　　褐釉盘　标本 M13：9，圆唇，敞口，斜腹，圈足较矮。挖足略过肩，中心有鸡心钉。内壁施褐釉，内底有涩圈。外壁施釉至上腹部，且有流釉现象。胎质较粗。口径 15.2、足径 6.2、高 3.8 厘米（图九八，3；彩版一五六，3）。

　　黑釉梅瓶　标本 M13：6，小口，叠唇，短颈，圆肩，肩部有涩圈，斜腹，高圈足略外撇。圈足上先施釉，再刮去足床上的釉料。足底施釉后再刻写"务"字。内壁施全釉。外壁有明显拉坯痕迹，系对接而成。肩部有一小孔。器形高挑，造型优美，黑釉，素面。口径 3.0、圈足径 9.0、高 33.8 厘米（图九八，4；彩版一五六，4、5）。

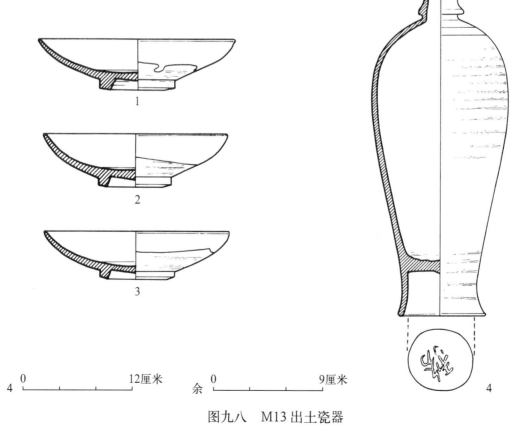

图九八　M13 出土瓷器
1. 黑釉盘 M13：5　2、3. 褐釉盘 M13：4、M13：9　4. 黑釉梅瓶 M13：6

九 M14

M14（08FXM14）位于东龙观南区王氏家族墓地中部，北邻 M12，西邻 M13。开口于第②层下。2008 年 7 月 7 日上午按墓葬所处位置布方发掘，因该墓面积较小，找到墓口后，同时发掘墓道填土及土圹填土，找到墓室土圹原始边适当位置，开始清理墓顶，发现墓顶有盗洞。清理完毕后照相、绘图。在墓道内发现土质台阶一级和脚窝一对。发现墓门用条砖封门。然后将墓室顶砖揭去部分，开始清理墓室内淤土，淤土内有长方形盗洞，在盗洞内采集一张壹元"人民币"，未发现出土器物。墓壁无装饰，近墓底条砖铺底。清理出土瓷器 4 件。清理甬道后，清洗墓壁。之后分别照相、绘图、采集随葬品、采集部分骨骼。7 月 9 日发掘结束，历时 3 天。墓室顶部北端破坏严重，墓壁保存较好，墓室内被盗扰。墓道整体保存较好。

（一）墓葬形制

M14 是一座小型砖室墓，叠涩穹隆顶。由墓道、墓门、甬道和墓室组成（图九九、一〇〇）。方向 189°。所用条砖长 33、宽 16.5、厚 5 厘米。盖顶方砖长 34、宽 34、厚 6 厘米。

墓道 位于墓室南部，长方形阶梯式，口长底短，口底同宽，上口长 2.34、宽 0.68 ~ 0.86、口距地面深 0.45 米。底略呈斜坡，长 2.04、下端宽 0.68 ~ 0.86、自深 2.56 米。墓口下 1.2 米处有土质台阶一级，为纯生土。其宽 0.18、高 1.22 米，之下有 2.04 米一段缓坡至墓门。墓道南端向北 0.40 米处东、西壁各有脚窝一个，其东壁脚窝宽 0.25、高 0.15、深 0.15 米，西壁脚窝宽 0.28、高 0.13、深 0.13 米。墓道填土为黄沙土，土质松散，土色花杂，包含有碎砖块等。

墓门 呈拱形，条砖垒砌，距墓底 0.64 米起券，券高 0.36 米。墓门宽 0.56、高 1.0、距墓口 1.56 米，条砖封门，封门砖第一层侧立砌放 11 块，第二层条砖左斜向侧立 11 块另加两块半砖，墓门顶部堆砌剩余条砖。

甬道 呈拱形，长 0.66、宽 0.56、高 1.0 米。甬道壁条砖垒砌，底部平坦，底面为纯生土。

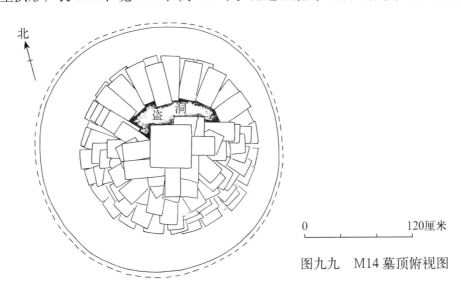

0   120厘米

图九九 M14 墓顶俯视图

墓室　土圹平面呈圆形，东西径 2.66、南北径 2.68 米，圹壁略呈袋状。砖室平面呈六角形，东西长 2.46、南北宽 2.0、墓深 2.52 米，条砖铺底（彩版一五七，1）。墓室底面高于墓道底面 0.10 米。墓壁条砖垒砌，分为六壁，南壁为墓门所居之面，每壁宽 1.16～1.20、高 0.59米。墓室转角处上端各置牙角砖一周。墓顶用 23 层条砖叠涩至顶，最后用方砖盖顶。墓顶北侧有盗洞一处。

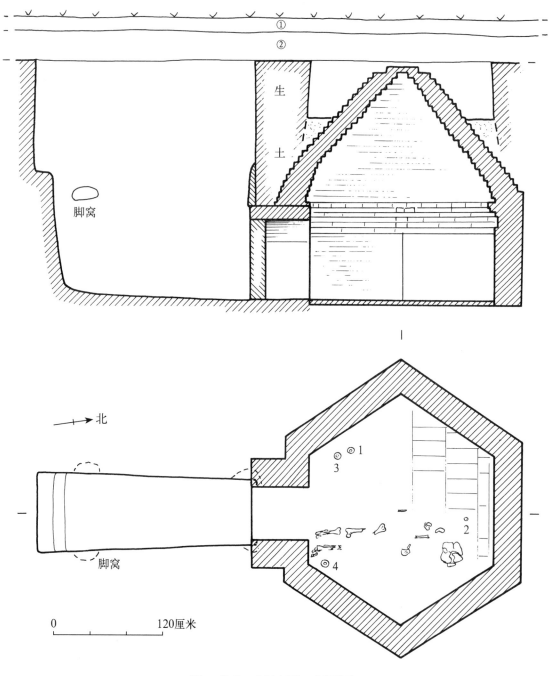

图一〇〇　M14 平、剖面图
1. 黑釉碗　2. 白釉碗　3、4. 黑釉盘

（二）葬式葬具

墓室中未发现葬具。清理出的人骨2具，其中1具基本完整，另1具严重扰乱且腐朽严重，头向北，面向不详。推测为仰身直肢。经鉴定一男一女，均已成年。应为夫妇合葬墓。

（三）出土遗物

出土遗物有瓷器4件。

1号黑釉碗位于墓室北部，2号白釉碗、3号黑釉盘位于墓室西南角，4号黑釉盘位于墓室东南角。

白釉碗　标本M14：2，圆唇，敞口，斜腹，圈足。足床圆钝，鸡心钉发达，有同心圆纹。内底有四个砂圈痕迹，内壁先施化妆土，再施白釉。外壁施白釉，宽窄不匀。口外下侧施透明釉至腹部，釉色光亮。器体较小，器壁较厚。白釉，灰胎。口径12.4、足径5.2、高4.0厘米（图一〇一，1；彩版一五七，2）。

黑釉碗　标本M14：1，圆唇，敞口，微弧腹，圈足较矮。挖足过肩，中心有不明显的鸡心钉。内壁施黑釉，刮成涩圈。外壁施釉至下腹部，腹部有拉坯形成较浅的凸弦棱。胎质较粗，胎质泛黄。口径19.8、足径6.8、高6.8厘米（图一〇一，2；彩版一五七，3）。

黑釉盘　标本M14：3，圆唇，敞口，斜腹，圈足较大。挖足过肩，圈足内有明显的鸡心钉，足床留有五个支烧痕。内壁满施黑釉，内底刮出较宽涩圈。外壁蘸釉至上腹部，且有流釉现象。胎质较粗。口径15.8、足径6.2、高4.0厘米（图一〇一，3；彩版一五七，4）。

黑釉盘　标本M14：4，圆唇，敞口，斜腹，圈足略外撇。挖足过肩，圈足内有明显的鸡心钉。内壁满施黑釉，内底刮出较宽涩圈。外壁蘸釉至上腹部。胎质较粗糙。口径14.8、足径5.8、高3.8厘米（图一〇一，4；彩版一五七，5）。

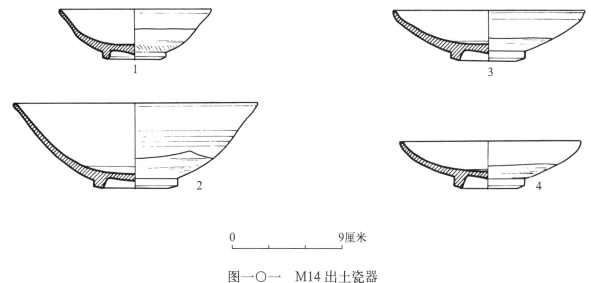

0　　　　　　　　　9厘米

图一〇一　M14出土瓷器

1. 白釉碗M14：2　2. 黑釉碗M14：1　3、4. 黑釉盘M14：3、M14：4

一〇 M15

M15（08FXM15）位于东龙观南区王氏家族墓地中部，西南邻 M16，西邻 M14。开口于第②层下。2008 年 7 月 8 日按墓葬所处位置布方发掘，因该墓面积较小，找到墓口后，同时发掘墓道填土及墓室土圹填土，找到墓室土圹原始边适当位置，开始清理墓顶，发现墓顶有盗洞。在墓道内有土质台阶六级。发现墓门用条砖封门。然后将墓室顶砖揭去部分，开始清理墓室内淤土，淤土内出土瓷器 1 件。墓壁无装饰，墓底条砖铺底。清理出土陶器 1 件、瓷器 1 件、铜器 1 件。清理甬道后，清洗墓壁。之后分别照相、绘图、采集随葬品、采集主要骨骼。7 月 18 日结束，历时 11 天。墓室顶部破坏，墓壁保存较好，墓道整体完整。

（一）墓葬形制

M15 是一座小型砖室墓，顶部被盗毁，根据周围相邻墓葬形制推测应为叠涩穹隆顶。由墓道、墓门、甬道和墓室组成（图一〇二）。方向 197°。所用条砖规格有两种，其中墓室用条砖长 32、宽 16、厚 6 厘米。墓室铺底条砖长 36、宽 18、厚 5 厘米。

墓道　位于墓室南部，长条形阶梯式，斜壁。上口长 2.90、宽 0.68～1.0、口距地面深 0.80 米。底长 1.56、下端宽 0.68～0.88、自深 2.62 米。共有土质台阶六级，均为纯生土。在墓口下 0.70 米处为第一级台阶，该台阶平面呈三角形，最宽 0.12、高 0.20 米，第二级台阶平面呈三角形，最宽 0.22、高 0.44 米，第三级台阶宽 0.14、高 0.28 米，第四级台阶宽 0.20、高 0.20 米，第五级台阶宽 0.16、高 0.44 米，第六级台阶宽 0.44、高 0.20 米。第六级台阶下有一段长 1.52 米的平缓地段向北至墓门。墓道填土为黄沙土，土质松散，土色花杂。包含有碎砖块等。

墓门　呈拱形，条砖垒砌，距墓底 0.66 米起券，券高 0.24 米。墓门宽 0.60、高 0.90、距墓口 1.70 米。条砖封门，封门砖第一、二层侧立封堵砖各 10 块，第三层左斜向侧立封堵砖 9 块，第三层之上右斜向交错封堵墓门。

甬道　呈拱形，长 0.50、宽 0.60、高 0.90 米。甬道壁条砖垒砌，底部平坦，底面为纯生土。

墓室　土圹平面呈圆形，东西径 2.60、南北径 2.58 米，圹壁略呈袋状。砖室平面呈六角形，东西长 2.16、南北宽 1.9、墓深 2.60 米，条砖铺底（彩版一五八，1）。墓壁条砖垒砌，分为六壁，南壁为墓门所居之面，每壁宽 1.08～1.12、高 1.02 米。墓顶现仅残存 8 层条砖叠涩，墓顶其余部分被盗毁。墓室填满淤土。

（二）葬式葬具

墓室内未发现葬具。清理出人骨 1 具，头向北，面向上，仰身直肢葬，骨骼保存较好，为女性，年龄为 50 岁左右。

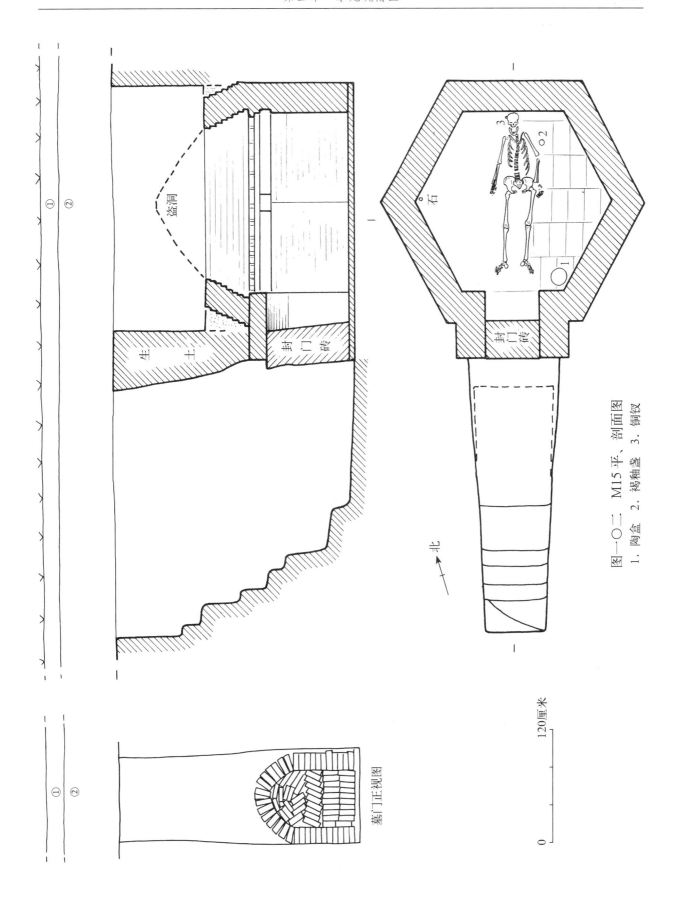

图一〇二 M15 平、剖面图
1. 陶盒 2. 褐釉盏 3. 铜钗

墓门正视图

北

120厘米

0

（三）出土遗物

出土遗物共 4 件，陶器 1 件、瓷器 2 件、铜器 1 件。

01 号黑釉罐出土于淤土内，1 号陶盒位于墓室东南角，2 号褐釉盏位于人骨左肱骨东侧，3 号铜钗位于人骨颅骨下。

1. 陶器

陶盒　标本 M15：1，泥质灰陶。盖呈覆浅盘状，大平顶，边缘外弧。器身，尖唇，子口内敛，舌较短，弧腹较浅，大平底。口外侧有凹槽一周。素面，磨光。陶盒盖口径 20.6、底径 15.4、通高 10.6 厘米（图一〇三，1；彩版一五八，2）。

2. 瓷器

褐釉盏　标本 M15：2，平圆唇，敞口，斜腹，平底。内壁刷褐釉，局部有脱釉。外壁及底部无釉。胎质粗糙，胎色土黄。口径 7.1、底径 4.3、高 2.1 厘米（图一〇三，2；彩版一五八，3）。

黑釉罐　标本 M15：01，残。圆唇，卷沿，束颈，圆肩，弧腹，圈足。挖足过肩，形成鸡心钉，足床上有五个分布不均的支钉痕。内外壁施黑釉，有流釉现象。器形规整，胎质较细，黑釉均匀光亮。口径 6.8、足径 5.4、高 10.0 厘米（图一〇三，3；彩版一五八，4）。

3. 铜器

铜钗　标本 M15：3，整体呈"U"形，器身为圆柱形，尖端细尖，中部磨损偏细，尾端粗圆。为实用器。长 25.0、直径 0.4 厘米（图一〇三，4；彩版一五八，5）。

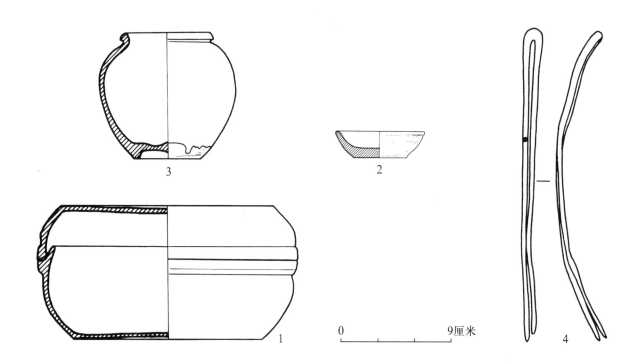

图一〇三　M15 出土遗物

1. 陶盒 M15：1　2. 褐釉盏 M15：2　3. 黑釉罐 M15：01　4. 铜钗 M15：3

一一　M16

M16（08FXM16）位于东龙观南区王氏家族墓地中南部，东南邻 M17，西北邻 M14，开口于第②层下。2008 年 7 月 8 日按墓葬所处位置布方发掘，因该墓面积较小，找到墓口后，同时发掘墓道填土及墓室土圹填土，找到墓室土圹原始边适当位置，开始清理墓顶，发现墓顶西南角有盗洞。清理墓顶后照相、绘图。在墓道内发现土质台阶三级。发现墓门系用条砖封门。将墓室顶砖部分揭去之后开始清理墓室内淤土，淤土盗洞内有瓷器 1 件，墓壁上端有装饰，墓底方砖铺底。近墓底清理出土瓷器 2 件、铜器 2 件、瓷片 1 片。清理甬道后，清洗墓壁。之后分别照相、绘图、采集随葬品、采集主要骨骼。7 月 12 日结束，历时 5 天。墓室顶部局部破坏，墓壁保存较好，墓道整体完整。

（一）墓葬形制

M16 是一座小型砖室墓，叠涩穹隆顶。由墓道、墓门、甬道和墓室组成（图一〇四、一〇五）。方向 180°。所用条砖长 34、宽 17、厚 6 厘米。铺底方砖长 33、宽 33、厚 5 厘米。盖顶方砖长 42、宽 42、厚 6 厘米。

墓道　位于墓室南部，长方形台阶式，口底同宽，墓道壁修饰整齐。上口长 2.30、宽 0.76、口距地面深 0.56 米。底略呈斜坡，长 1.60、下端宽 0.76、自深 2.74 米。共有土质台阶三级，均为纯生土。在墓口下 0.76 米处为第一级台阶，该台阶平面呈弧形，中间宽 0.12、高 0.32 米，第二级台阶平面呈弧形，中间宽 0.20、高 0.34 米，第三级台阶宽 0.23、高 0.76 米，第三级台阶下有一段长 1.52 米斜坡向北至墓门。墓道填土为黄沙土，土质松散，土色花杂。

墓门　呈拱形，条砖垒砌，距墓底 0.82 米起券，券高 0.30 米。墓门宽 0.60、高 1.12、距

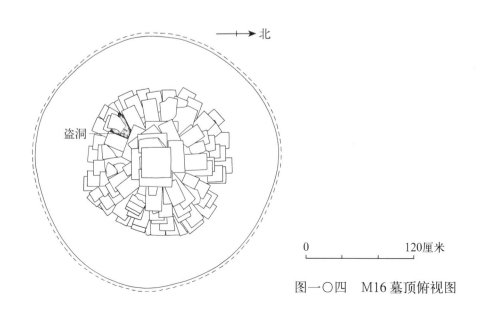

图一〇四　M16 墓顶俯视图

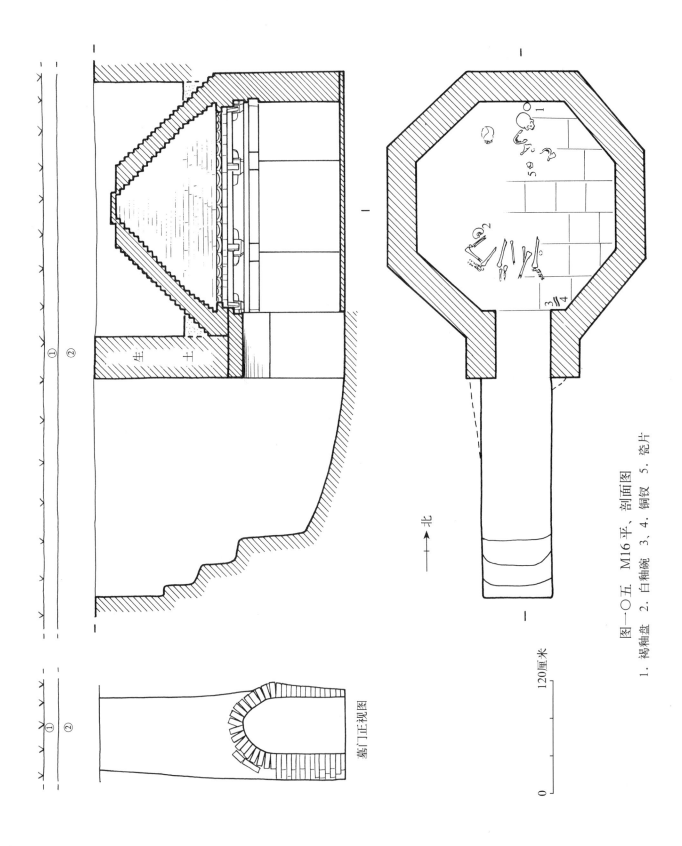

图一〇五　M16 平、剖面图

1. 褐釉盘　2. 白釉碗　3、4. 铜钗　5. 瓷片

墓口 1.68 米，应是条砖封门。

甬道　呈拱形，长 0.7、宽 0.6、高 1.12 米。甬道壁用条砖垒砌，底部平坦，底面为纯生土。

墓室　土圹平面呈圆形，东西径 2.70、南北径 2.68 米，圹壁略呈袋状。砖室平面呈八角形，东西宽 2.16、南北长 2.2、墓深 2.70 米，方砖铺底（彩版一五九，1）。墓壁条砖垒砌，表面抹白灰。分为八壁，南壁为墓门所居之面，每壁宽 0.88 ～ 0.92、高 0.90 米。墓壁上有简易斗栱、檐椽、滴水等装饰。墓顶用 20 层条砖叠涩至顶，最后用方砖盖顶。墓室填满淤土（彩版一五九，2）。

（二）墓葬装饰

墓室内仿木结构建筑。室内各壁均为白灰抹面，墓壁转角上端各置斗栱 1 组，一斗三升，均为转角铺作（彩版一六〇，1、2），见表 56、57。

表56　墓室转角铺作详细尺寸

	上宽	下宽	耳高	平高	欹高	总高	附注
栌斗（厘米）	16	12	6	2	4	12	斗欹内颤

表57　墓室转角铺作详细尺寸

	泥道栱	耍头
长（厘米）	38	12
附注	栱端卷杀	琴面

斗栱表面施红彩。斗栱之上有一层橑檐枋，橑檐枋之上为一周檐椽，表面施红彩。檐椽之上为一周滴水，素面。斗栱之下有一层普柏枋，普柏枋之下有阑额，见表 58。

表58　墓室内橑檐枋、檐椽、滴水、阑额、普柏枋详细尺寸

	橑檐枋	檐椽	滴水	阑额	普柏枋
宽（厘米）	50～78	18	18	50～78	/
厚（厘米）	6	6	2	12	5

（三）葬式葬具

墓室中未发现葬具。该墓因早期水淤严重，加之后期盗扰，墓室内人骨腐朽、散乱。判断人骨应为 2 具，头向北，东侧为中老年男性，面向东。西侧为成年女性，面向不详，推测为仰身直肢，骨骼保存较差。

（四）出土遗物

出土遗物共 5 件，瓷器 4 件，铜器 1 件。

01 号黑釉罐位于墓室盗洞内，1 号褐釉盘位于东侧人骨颅骨北，2 号白釉碗位于西侧人骨股骨北端，3 号、4 号铜钗位于墓室东南角，5 号钧釉片位于东侧人骨胸部。

1. 瓷器

白釉碗　标本 M16：2，敞口，弧腹，圈足较矮。挖足过肩，中心有鸡心钉。内壁先施化妆土再施透明釉，内底中心平凸。外壁至圈足未施化妆土，外底有四个支烧痕。胎质较细，胎色青灰。口径 10.5、足径 5.1、高 3.4 厘米（图一〇六，1；彩版一六〇，3）。

褐釉盘　标本 M16：1，圆唇，敞口，斜腹，圈足。挖足过肩，形成鸡心钉，足床较宽，上墨书"王"字，足内绘有黑色简易缠枝牡丹。内底有涩圈，表面先施褐釉，再施色斑，当地人俗称"狗舔碗"。 胎质较粗。口径 14.6、足径 5.8、高 3.6 厘米（图一〇六，2；彩版一六〇，4）。

黑釉罐　标本 M16：01，残。圆唇，卷沿，微侈口，圆肩，鼓腹，下腹斜收，矮圈足。足床上有五个支烧痕。内壁施全釉，内底较平有鸡心钉。外壁施釉至圈足，足部有流釉痕，且有分布不均的砂眼。器形规整，胎质较细，釉色光亮。口径 7.4、足径 6.0、高 10.4 厘米（图一〇六，3；彩版一六〇，5）。

钧釉片　标本 M16：5，器物上腹至口部残片。圆唇，口微敛，斜腹。内外壁蘸釉较厚，均匀光滑且有冰裂纹。口部有明显的使用磨痕。胎质较粗。残高 5.1、口部厚 0.3 厘米。

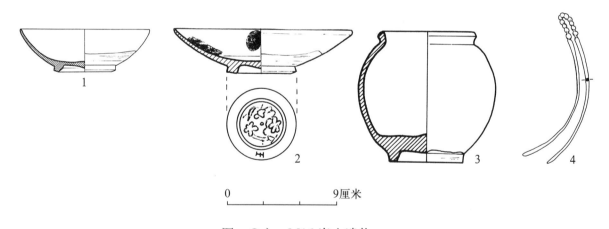

0　　　　　　　9厘米

图一〇六　M16 出土遗物

1. 白釉碗 M16：2　2. 褐釉盘 M16：1　3. 黑釉罐 M16：01　4. 铜钗 M16：3、4

2. 铜器

铜钗　标本 M16：3、4，残。整体呈"U"形，器身圆柱形，尖端细尖，中部磨损偏细，尾端做成十一颗圆珠形，为实用器（出土时残，编为两个号，整理时黏对成一件）。长 12.0、直径 0.3 厘米（图一〇六，4；彩版一六〇，6）。

一二 M17

M17（08FXM17）位于东龙观南区王氏家族墓地中南部，东南邻 M19，西北邻 M16。开口于第②层下。2008 年 7 月 10 日按墓葬所处位置布方发掘，因该墓面积偏小，找到墓口后，同时发掘墓道填土及墓室土圹填土，找到墓室土圹原始边适当位置，开始清理墓顶，发现墓顶盗扰严重，顶砖横七竖八杂乱堆砌，为盗扰之后回填状。把墓室所有顶砖清理到未破坏位置，开始清理墓室内淤土，发现盗洞深至墓底，盗洞内残留瓷器 1 件。墓壁上端有简易砖雕装饰，近墓底未发现任何遗物，墓底条砖铺底。清理甬道后，清洗墓壁。之后分别照相、绘图、采集残留的部分骨骼。墓道内清出土质台阶一级，脚窝 5 个（西壁 2 个、东壁 3 个）。条砖封门。7 月 12 日发掘结束，历时 3 天。墓室顶部破坏严重，墓壁保存较好，墓道整体完整。

（一）墓葬形制

M17 是一座小型砖室墓，墓顶因为被盗，毁坏严重，根据周围墓葬形制推测为叠涩穹隆顶。M17 由墓道、墓门、甬道和墓室组成（图一〇七）。方向 190°。所用条砖长 32、宽 16、厚 6 厘米。

墓道 位于墓室南部，长方形阶梯式，口底同宽，道壁较整齐。上口长 2.28、宽 0.72、口距地面深 0.60 米。底长 1.64、下端宽 0.72、自深 2.44 米。墓道南端墓口下 1.96 米处有一级纯生土质台阶，该台阶宽 0.12、高 0.50 米，台阶下有一段长 1.64 米的平缓地段向北至墓门。墓道南端开口下 0.90 米处，东壁发现第一脚窝，其宽 0.26、高 0.16、深 0.12 米，向下间隔 0.16 米为第二脚窝，其宽 0.30、高 0.16、深 0.12 米，再向下间隔 0.40 米为第三脚窝，其宽 0.18、高 0.14、深 0.10 米。西壁在墓口下 0.90 米处为第一脚窝，其宽 0.24、高 0.22、深 0.09 米，向下间隔 0.35 米为第二脚窝，其宽 0.19、高 0.11、深 0.08 米。墓道填土为黄沙土，土质松散，土色花杂。

墓门 呈拱形，条砖垒砌，距墓底 0.62 米起券，券高 0.30 米。墓门宽 0.68、高 0.92、距墓口 1.44 米。条砖封门，封门砖第一层至第三层整齐侧立砌封 12 块，第三层之上平铺 7 层，局部条砖有塌落。

甬道 呈拱形，长 1.02、宽 0.68、高 0.92 米。甬道壁条砖垒砌，底部平坦，底面为纯生土。

墓室 土圹平面呈圆形，东西径 2.40、南北径 2.45 米，圹壁略呈袋状。砖室平面呈六角形，东西长 2.16、南北宽 1.90、墓深 2.48 米，条砖铺底，采用一横一竖铺设。墓壁条砖错缝垒砌。分为六壁，南壁为墓门所居之面，每壁宽 1.06～1.1、高 0.80 米。墓壁上有装饰。墓顶因盗毁现仅残留用 8 层条砖叠涩，其余被完全破坏。墓室填满淤土。

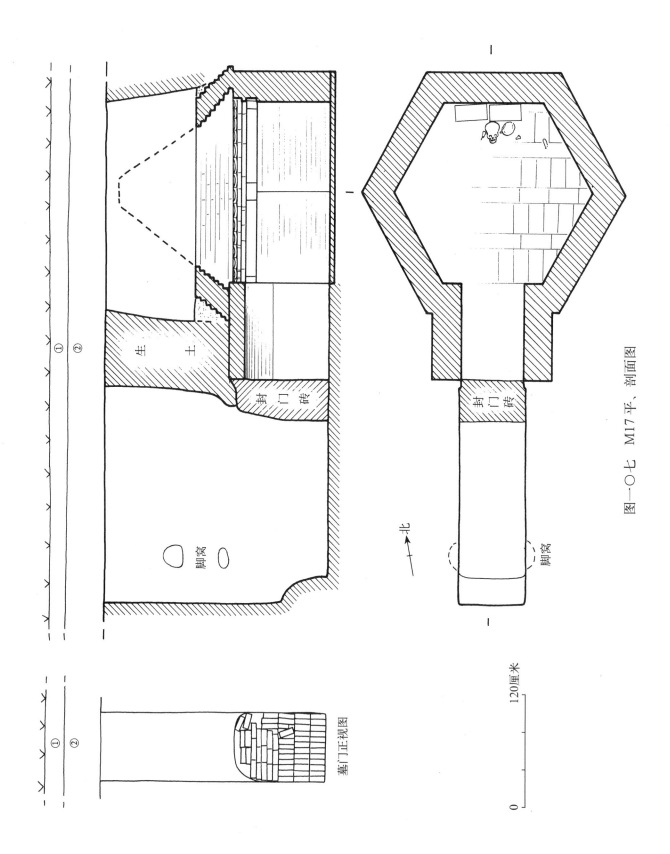

图一〇七　M17 平、剖面图

（二）墓葬装饰

每个壁面均为简易仿木结构装饰。室内六壁条砖错缝垒砌，其南壁正对墓门。墓壁上端有阑额一层，阑额之上有橑檐枋，橑檐枋之上有檐椽一周，檐椽之上为滴水，见表59。

表59　墓室内阑额、橑檐枋、檐椽、滴水详细尺寸

	阑额	橑檐枋	檐椽	滴水
宽（厘米）	79	16	16	14
厚（厘米）	11	2	5	2

（三）葬式葬具

墓室中未发现葬具。因早期水淤，加之后期盗扰，墓室内仅残留颅骨2个及碎骨3块，颅骨北侧有条砖2块，应为当时所枕之砖。判断人骨应为2具，头向均向北，西侧女性颅骨面向南，31～40岁。东侧为成年男性，颅骨面向下，葬式不详。2具骨骼保存极差。应为夫妇合葬。

（四）出土遗物

出土遗物有瓷器1件褐釉盏，出土于墓室盗洞内。

褐釉盏　标本M17：01，圆唇，敞口，斜腹，平底。内壁、腹部至底部施釉，釉质比较光滑，内底略凹。外底留有涡纹。胎质较细。口径5.7、足径3.5、高1.9厘米。

一三　M18

M18（08FXM18）位于东龙观南区王氏家族墓地中南部，东北邻M17，东邻M19。开口于第②层下。2008年7月16日上午按墓葬所处位置布方发掘，为保证文物安全，找到墓口后，先发掘墓室，后发掘墓道。首先将墓室土圹部分原始边清到适当位置，清理墓顶，照相、绘图。然后揭掉墓顶部分封顶砖后，接着清理墓室淤土，淤土内清理出瓷器1件。墓壁上部有简易砖雕装饰。近墓底发现条砖铺底，清理出土遗物有陶器1件、瓷器4件。清理完甬道后，清洗墓壁，之后分别照相、绘图、采集遗物及墓主人骨骼。接着发掘墓道，发现五级土质台阶直达墓底，条砖封门。7月21日发掘结束，历时6天。墓室顶部、墓壁保存较好，墓室面积偏小，墓道整体完整。

（一）墓葬形制

M18是一座小型砖室墓，叠涩穹隆顶。由墓道、墓门、甬道和墓室组成（图一〇八、一〇九）。方向178°。所用条砖规格有两种，其中墓室条砖长32、宽16、厚6厘米（彩版一六一，1）。盖顶条砖长34、宽17、厚6厘米。

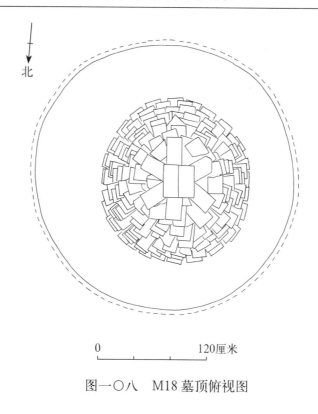

0 ————— 120厘米

图一〇八　M18墓顶俯视图

墓道　位于墓室南部，长方形阶梯式，壁略斜。上口长2.60、宽0.70、口距地面深0.68米。底长0.96、下端宽0.70～0.76、自深2.54米。共有五级土质台阶，均为纯生土。墓道开口下0.42米处为第一级台阶，宽0.40、高0.30米，第二级宽0.30、高0.24米，第三级宽0.40、高0.34米，第四级宽0.24、高0.60米，第五级宽0.38、高0.48米，第五级台阶下有0.96米长一段平缓地段至墓门。墓道填土为黄沙土，土质松散，土色花杂。

墓门　呈拱形，条砖垒砌，距墓底0.70米起券，券高0.30、宽0.56、门高1.0、距墓口1.64米。条砖封门，封门砖第一至第三层条砖平面向外错缝横砌，三层之上已塌落（彩版一六一，2）。

甬道　呈拱形，长0.32、宽0.56米。甬道壁条砖垒砌，底部平坦，条砖铺设。

墓室　土圹平面呈圆形，东西径2.88、南北径2.82米，圹壁略呈袋状。砖室平面呈八角形，南北长2.02、东西宽2.0、墓深2.52米，条砖铺底，采用横向错缝平铺（彩版一六二，1）。墓壁条砖垒砌，表面抹白灰。分为八个壁面，东、西壁宽0.84米，南、北壁宽0.88米，东北壁、西北壁宽0.78米，东南壁、西南壁宽0.90米，每壁高0.76米。墓顶用16层条砖叠涩至顶，最后用条砖盖顶。墓室内填满淤土（彩版一六二，2）。

（二）墓葬装饰

简易装饰。室内八壁条砖错缝垒砌，表面抹白灰。其南壁正对墓门，墓壁上端有阑额一层，阑额之上为普柏枋，见表60。

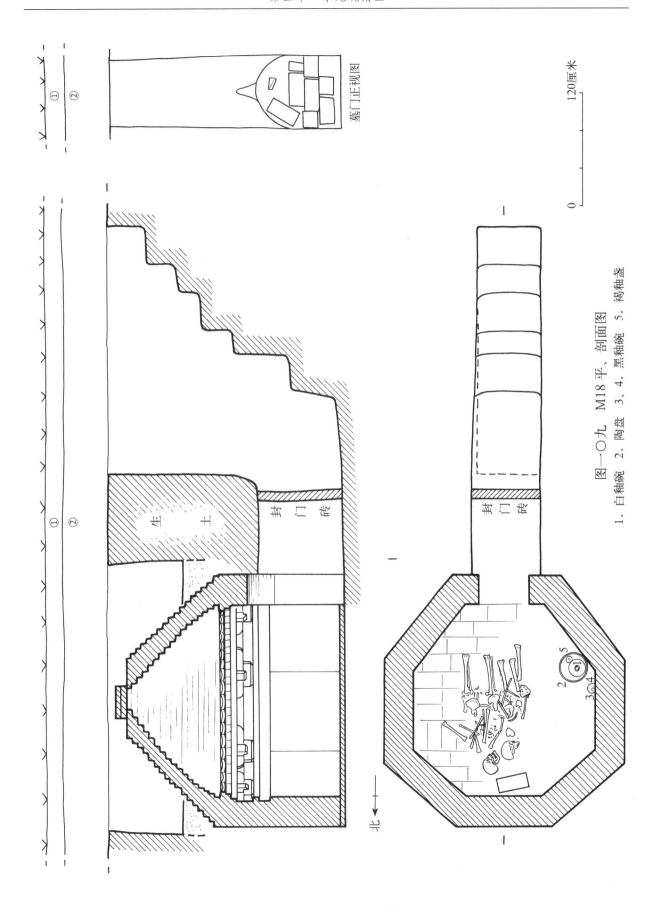

墓门正视图

图一〇九　M18 平、剖面图

1. 白釉碗　2. 陶盘　3、4. 黑釉碗　5. 褐釉盏

表60　墓室内阑额、普柏枋详细尺寸

	阑额	普柏枋
高（厘米）	12	6

普柏枋之上转角处各置斗栱1组，共8组。一斗三升，均为转角铺作，见表61、62。

表61　墓室转角铺作详细尺寸

	上宽	下宽	耳高	平高	欹高	总高	附注
栌斗（厘米）	24	20	3	6	2	11	斗欹略内颇

表62　墓室转角铺作详细尺寸

	泥道栱	昂
长（厘米）	50	10
附注	栱端卷杀	琴面

斗栱之上有橑檐枋，橑檐枋上有牙角，牙角之上为滴水，见表63。

表63　墓室内橑檐枋、牙角、滴水详细尺寸

	橑檐枋	牙角	滴水
宽（厘米）	/	8	16
高（厘米）	6	6	4

（三）葬式葬具

墓室中未发现葬具。清理出人骨2具，头向北，东侧男性面向东，年龄30～34岁。西侧女性面向南，年龄20～25岁。属二次葬，骨骼保存状况一般，为夫妇合葬。

（四）出土遗物

出土遗物共6件，陶器1件、瓷器5件。

01号黑釉玉壶春瓶位于墓室淤土，1号白釉碗、2号陶盘、3、4号黑釉碗、5号褐釉盏均位于墓室西南部。

1. 陶器

陶盘　标本M18：2，泥质深灰陶。圆唇，敞口，弧腹微曲，底面略外凸。外壁有明显旋抹痕。素面。口径33.0、底径28.0、高5.6厘米（图一一〇，1；彩版一六三，1）。

2. 瓷器

白釉碗 标本 M18：1，残。敞口，窄沿外撇，弧腹急收，高圈足略外撇。挖足过肩。内壁施满釉，底心微凹，且有分布均匀的五个支烧痕，呈细芝麻粒状。内外均施化妆土和透明釉，胎薄且细。器形规整，制作精细，白釉泛青。口径9.8、足径3.2、高4.6厘米（图一一〇，2）。

黑釉碗 标本 M18：3，圆唇，直口微侈，斜腹，凹底，圈足较矮，挖足较浅，足中心有鸡心钉，圈足外侧近腹处有较深的一次刀刮痕迹。下腹部外侧近圈足部有墨书"柔"字。内底略凹，表面有磨损。胎质较细，属钧窑系瓷器。口径17.0、足径5.8、高7.0厘米（图一一〇，3；彩版一六三，2、3）。

黑釉碗 标本 M18：4，圆唇，直口，斜腹，圈足略高。挖足较浅，足中心有鸡心钉。内壁施全釉，凹底，并有黏砂，内壁中部有分布不均匀的五个圆形酱色斑块。外壁施釉至下腹处，有流釉痕。在露胎处墨写"柔"字。器形规整，釉色均匀。口径17.0、足径5.8、高7.0厘米（图一一〇，4；彩版一六三，4、5）。

褐釉盏 标本 M18：5，敞口，斜腹，平底。内壁施釉，口部无釉，留有刮削痕，底部留有

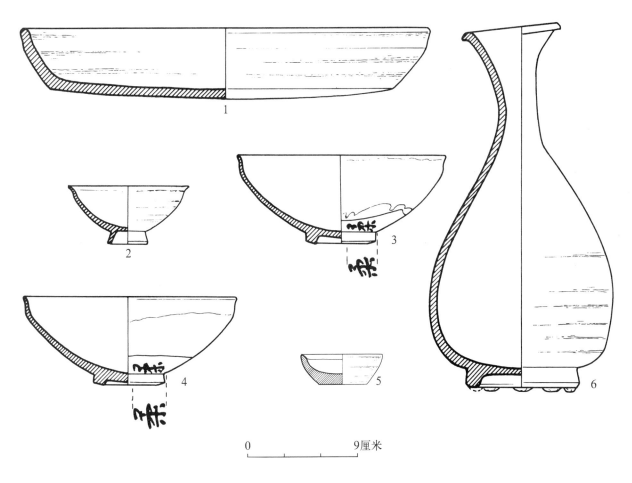

0   9厘米

图一一〇 M18 出土陶瓷器

1. 陶盘 M18：2   2. 白釉碗 M18：1   3、4. 黑釉碗 M18：3、M18：4   5. 褐釉盏 M18：5   6. 黑釉玉壶春瓶 M18：01

涡纹。外壁未施釉，胎质较粗，胎色灰黑，油烟熏烤所致。口径 6.5、底径 3.9、高 2.4 厘米（图
一一〇，5）。

黑釉玉壶春瓶　标本 M18：01，圆唇，喇叭形口，长颈，斜肩，垂腹明显，圈足宽大，足床
上有五个较大的支钉。足床釉料被刮去，圈足内施釉。瓶内壁施满釉。制作不规范，套接而成，
黑釉釉色明亮均匀，素面。口径 7.6、足径 9.4、高 28.8 厘米（图一一〇，6；彩版一六三，6）。

一四　M19

M19（08FXM19）位于东龙观南区王氏家族墓地中南部，南邻 M20，西邻 M18，开口于第②
层下。2008 年 7 月 16 日上午按墓葬所处位置布方发掘，为保证文物安全，找到墓口后，先发掘
墓室，后发掘墓道。首先将墓室土圹部分原始边找到适当位置，清理墓顶，照相、绘图。然后揭
掉墓顶部分砖，分层清理墓室淤土，淤土内清出瓷器 1 件。墓壁上部有砖雕装饰。近墓底发现方
砖铺底，清理出土瓷器 11 件。清理完甬道后，清洗墓壁，之后分别照相、绘图、采集遗物、采集
人骨标本。接着发掘墓道，发现七级土质台阶直达墓底，用条砖封门。7 月 23 日发掘结束，历时
8 天。墓室顶部、墓壁保存较好，墓道整体完整。

（一）墓葬形制

M19 是一座中型仿木结构砖室墓，叠涩穹隆顶。由墓道、墓门、甬道和墓室组成（图
一一一、一一二）。方向 187°。所用条砖长 34、宽 17、厚 6 厘米。盖顶石长 56、宽 47、厚 10
厘米。

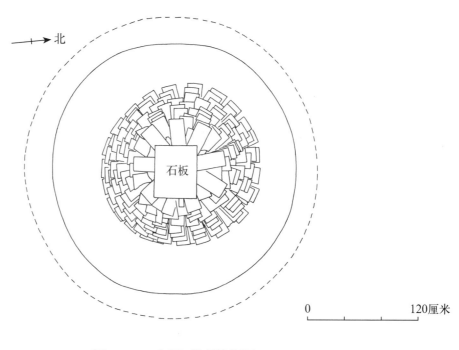

图一一一　M19 墓顶俯视图

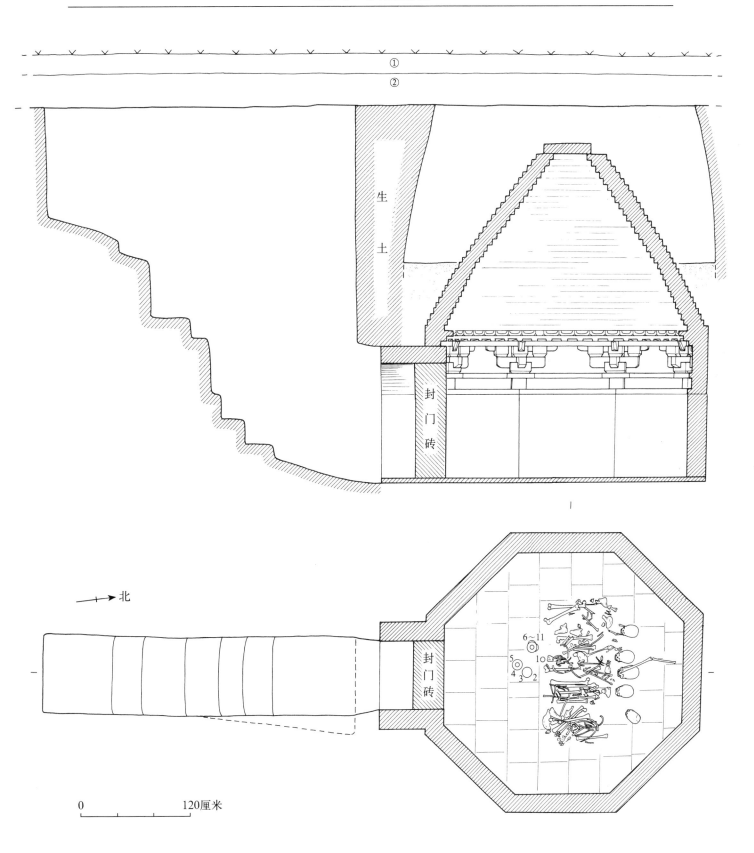

①

②

生土

封门砖

封门砖

北

0　　　　　120厘米

图一一二　M19平、剖面图
1. 黑釉盏　2、3、5、6、11. 黑釉碗　4、9. 黑釉盘　7、8、10. 褐釉盘

墓道 位于墓室南部，长条形阶梯式，口宽底窄，壁面略斜。上口长 3.68、宽 0.80～1.00、口距地面深 0.50 米。底略呈斜坡，长 1.10、下端宽 0.80、自深 3.98 米。共有土质台阶七级，均为纯生土。墓道南端开口下 1.05 米处为第一级台阶，宽 0.70、高 0.13 米，第二级宽 0.30、高 0.60 米，第三级宽 0.40、高 0.20 米，第四级宽 0.35、高 0.53 米，第五级宽 0.35、高 0.35 米，第六级宽 0.25、高 0.25 米，第七级宽 0.30、高 0.15 米，第七级台阶下有 1.10 米长一段斜坡至墓门。该墓存在数次二次葬现象。墓道壁局部不规整，填土为黄沙土，土质松散，土色花杂。

墓门 呈拱形，条砖垒砌，距墓底 0.85 米起券，券高 0.30、宽 0.70、门高 1.15、距墓口 2.60 米。条砖封门，封门砖第一层条砖整齐排列 12 块，第一层之上横向平铺二层条砖，再向上又有三层整齐排列的条砖 13 块，此三层之上不规则封砌，且砖间填满活土。

甬道 呈拱形，长 0.93、宽 0.70 米。甬道壁条砖垒砌，底部平坦，条砖铺设。

墓室 土圹平面呈圆形，东西径 2.6、南北径 2.78 米，圹壁略呈袋状（彩版一六四，1）。砖室平面呈八角形，南北长 2.54、东西宽 2.48、墓深 3.08 米，方砖间夹条砖错缝铺底。墓壁条砖垒砌，表面抹白灰（彩版一六四，2）。分为八壁，其中东、南、西、北四壁宽 1.06 米，东南、东北、西南、西北四壁宽 1.12、每壁高 0.89 米，墓顶用 30 层条砖叠涩至顶，最后用石块盖顶（彩版一六五，1）。墓室内填满淤土。

（二）墓葬装饰

简易砖雕装饰。室内八壁条砖垒砌，表面抹白灰。墓壁上端置斗栱，一斗三升，四铺作，均为转角铺作，见表 64、65。

表64 墓室转角铺作详细尺寸

	上宽	下宽	耳高	平高	欹高	总高	附注
栌斗（厘米）	21.5	18	5	4	2	11	斗欹内頗
散斗（厘米）	16	13	/	8	3	11	斗欹内頗，交互斗、齐心斗略同

表65 墓室转角铺作详细尺寸

	泥道栱	昂	耍头	替木
长（厘米）	51	10	10	74
附注	栱端卷杀	琴面	琴面	替木两端卷杀

斗栱之上有橑檐枋一层，橑檐枋之上檐椽一周，檐椽之上为滴水，斗栱下有普柏枋，普柏枋之下为阑额，见表 66、67。

表66 墓室内橑檐枋、檐椽、滴水详细尺寸

	橑檐枋	檐椽	滴水
宽（厘米）	/	9	15
厚（厘米）	5	2	2

表67 墓室内阑额、普柏枋详细尺寸

	阑额	普柏枋
宽（厘米）	60～88	/
高（厘米）	11	5

（三）葬式葬具

未发现葬具。有人骨5具，头均向北，面均向南，均属二次葬。从东往西第一具为50岁左右的女性，第二具为成年女性，第三具为45～50岁女性，第四具为45～50岁男性，第五具为27～28岁女性。骨骼保存一般。

（四）出土遗物

出土遗物有瓷器12件。

01号黑釉盘出土于墓室淤土内，1号黑釉盏，2、3、5、6、11号黑釉碗、4、9号黑釉盘、7、8、10号褐釉盘均位于墓室中南部。

黑釉碗 标本M19：2，残。圆唇，敞口微敛，弧腹，矮圈足。挖足甚浅，残存鸡心钉，圈足外有刮削痕。内壁施满釉，有支烧痕。外壁施釉至中腹部。胎质较粗，釉色明亮。口径14.6、足径5.4、高4.8厘米（图一一三，1；彩版一六五，2）。

黑釉碗 标本M19：5，圆唇，敞口，弧腹，圈足较矮。挖足过肩。内壁底部内凹，施满釉，外壁施釉至中腹部。制作精美，胎质较粗，釉色明亮。口径14.4、足径5.4、高5.0厘米（图一一三，2；彩版一六五，3）。

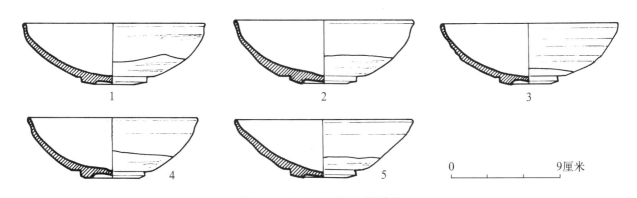

图一一三 M19出土黑釉碗
1～5.黑釉碗 M19：2、M19：5、M19：11、M19：3、M19：6

黑釉碗　标本 M19：11，圆唇，斜腹略弧，矮圈足。挖足较浅，有较小的鸡心钉。内壁施满釉，凹底。外壁施釉至中腹。外壁有明显的瓦棱纹。器形规整，胎质较粗，胎色灰黄，釉色均匀且光亮。内壁底部有较明显的磨损痕迹。口径 14.4、足径 4.8、高 4.8 厘米（图一一三，3；彩版一六五，4）。

黑釉碗　标本 M19：3，圆唇，敞口，弧腹，矮圈足略外撇，中心有鸡心钉。内壁凹底施满釉，外壁施釉至腹部。胎质红褐略深，因长期使用唇口及外壁局部釉色脱落。口径 13.8、足径 5.2、高 4.8 厘米（图一一三，4；彩版一六五，5）。

黑釉碗　标本 M19：6，圆唇，敞口，弧腹，圈足略深。挖足较浅。内壁施满釉，内底釉上黏有砂粒，底部有凹窝。外壁施釉至下腹部。胎质较粗。口径 14.4、足径 5.4、高 4.6 厘米（图一一三，5；彩版一六六，3）。

黑釉盏　标本 M19：1，斜方唇，敞口，弧腹，小平底。内壁腹下施黑釉，外壁黏釉，有规则的同心圆纹。胎质较粗，胎色泛黄。口径 5.4、底径 3.8、高 2.2 厘米（图一一四，1）。

黑釉盘　标本 M19：01，圆唇，敞口，弧腹，矮圈足。挖足略过肩，有较高鸡心钉。内壁满施酱黑釉，有五个色斑，内底有涩圈。外壁施釉至中腹部，釉色不均匀，局部有露胎，外足内底有墨书"王学"二字。胎质较粗，黑釉。口径 14.8、足径 6.0、高 3.6 厘米（图一一四，2；彩版一六五，6）。

黑釉盘　标本 M19：9，圆唇，敞口，斜腹较深，矮圈足。圈足一次挖成，内留有鸡心钉。内壁施全釉，内底留有涩圈。外壁施釉至腹部。胎质较粗，胎色红褐，黑釉。口径 13.8、足径 4.8、高 3.4 厘米（图一一四，3；彩版一六六，1）。

黑釉盘　标本 M19：4，圆唇，敞口，弧腹，矮圈足。圈足较浅，有较小鸡心钉。内壁施全釉，内底留有宽涩圈。外壁施釉至腹部。胎质较粗，胎色红褐。口径 12.8、足径 5.4、高 3.4 厘米（图一一四，4；彩版一六六，6）。

褐釉盘　标本 M19：7，圆唇，敞口，斜腹，圈足略深。挖足过肩，有较小鸡心钉。内壁施满釉，留有较宽涩圈，涩圈上有黏釉现象。外壁施釉至腹部，有流釉现象。胎质较粗，胎色红褐。

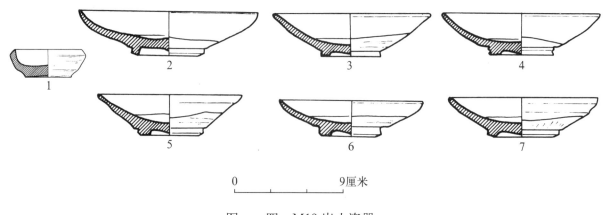

0　　　　　　　9厘米

图一一四　M19 出土瓷器

1. 黑釉盏 M19：1　2～4. 黑釉盘 M19：01、M19：9、M19：4　5～7. 褐釉盘 M19：7、M19：8、M19：10

口径 11.8、足径 5.4、高 3.2 厘米（图一一四，5；彩版一六六，2）。

褐釉盘 标本 M19：8，圆唇，敞口，浅弧腹，圈足较浅，一次挖成，留有鸡心钉。内壁施全釉，内底留有涩圈。外壁施釉至腹部。胎质较粗，胎色红褐。口径 11.6、足径 5.2、高 2.8 厘米（图一一四，6；彩版一六六，4）。

褐釉盘 标本 M19：10，圆唇，敞口，弧腹较浅，圈足较矮。挖足较浅，残存鸡心钉。内壁施褐釉，内底有宽大涩圈。外壁施釉至中腹部，有流釉现象。胎质较粗。口径 12.2、足径 5.8、高 3.2 厘米（图一一四，7；彩版一六六，5）。

一五 M20

M20（08FXM20）位于东龙观南区王氏家族墓地中南部，南邻 M21，北邻 M19。开口于第②层下。2008 年 7 月 16 日上午按墓葬所处位置布方发掘，为保证文物安全，找到墓口后，先发掘墓室，后发掘墓道。发掘墓室内填土至墓底，在墓室北中部清理方砖垒砌的小台一处，照相、绘图后。发掘墓道，发现土质台阶二级直达墓底，无封门砖。清理甬道后，照相、绘图、采集砖台上所置 2 块瓷片。7 月 22 日发掘结束，历时 7 天。墓室整体土圹呈椭圆，圹壁略呈袋状，比较整齐，底部平坦，为生土面。

（一）墓葬形制

M20 是一座小型四边形砖室墓。由墓道、墓门、甬道和墓室组成（图一一五；彩版一六七，1）。方向 183°。所用条砖长 32、宽 16、厚 5 厘米。盖顶方砖长 33、宽 33、厚 5 厘米。

墓道 位于墓室南部，长方形阶梯式，口底同宽，北宽南窄，壁面整齐。上口长 2.32、宽 0.70～0.78、口距地面深 0.70 米。底长 1.60、下端宽 0.78、自深 2.60 米。共有土质台阶二级，均为纯生土。墓道南端开口下 0.30 米处为第一级台阶，宽 0.14、高 0.60 米，第二级宽 0.16、高 1.50 米，第二级台阶下有 1.60 米长一段缓坡至墓门。填土为黄沙土，土质松散，土色花杂，包含有大量碎砖块。

墓门 呈拱形，宽 0.64、门高 1.00、距墓口 1.62 米，无封门。

甬道 呈拱形，土洞式，长 0.72、宽 0.64、高 1.00 米。底部平坦，纯生土面。

墓室 土圹平面呈椭圆形，东西径 2.18、南北径 2.38 米，圹壁略呈袋状。小砖室平面呈四边形，东西长 0.70、南北宽 0.62、高 0.39 米。墓深 2.72 米。东、西、北三边平砌六层条砖，南边立砌二层条砖，方砖盖顶。内有淤土（彩版一六七，2）。

（二）葬式葬具

土圹墓室中用小型四边形砖台为葬具。未发现人骨，推测为火葬。

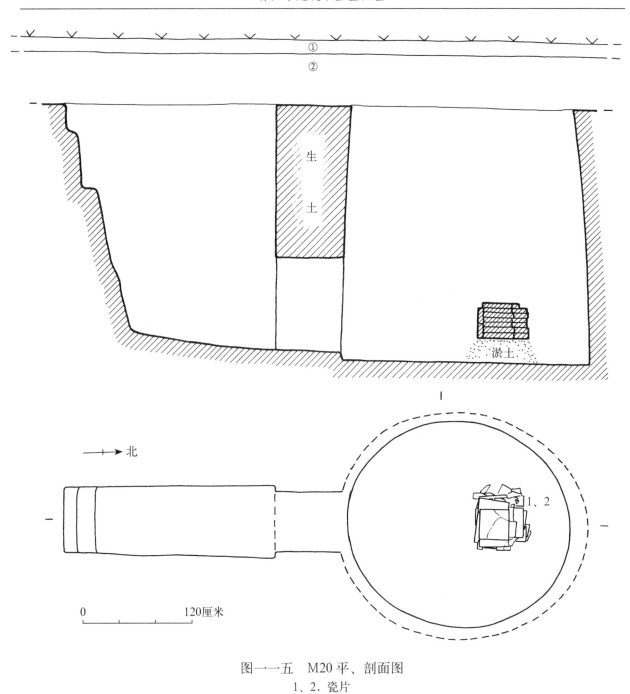

图一一五　M20平、剖面图
1、2. 瓷片

（三）出土遗物

遗物只有瓷片2片，出土于小砖台西北角。

白釉瓷片　标本M20∶1，弧腹，下腹近底。外壁施白釉，光滑，有明显使用磨损。内壁施釉近底，近底部有涩圈。壁偏厚，胎质较细，胎色灰白。厚0.6厘米。

白釉瓷片　标本M20∶2，器物腹片。直腹，外壁施白釉泛黄，较粗糙，有使用磨损痕。内壁施褐釉，较淡，有明显刮痕。器壁较厚，胎色灰红，胎质较粗。厚0.8厘米。

一六 M21

M21（08FXM21）位于东龙观南区王氏家族墓地南部，北邻 M20，开口于第②层下。2008年 7 月 15 日局部布方发掘。该墓为土洞室墓。为了保护文物安全，找到墓口后，先发掘墓室，发掘到墓室顶部内侧发现为平顶，接着分层清理，墓室中部塌陷严重，淤土较厚。近墓底清出瓷器 2 件。封门砖向内斜倒。清理完毕，照相、绘图、采集随葬品、采集主要骨骼。在采集骨骼时发现瓷器 1 件。7 月 18 日发掘结束。历时 4 天。墓道未发掘。

（一）墓葬形制

M21 是一座土洞室墓，由墓道、墓门、甬道和墓室组成（图一一六）。方向 198°。土洞室洞顶前后高低一致，弧顶。墓壁较整齐，墓底平坦。

墓道 位于墓室南部，长方形，未发掘，只画出开口线。开口线长 2.18、宽 0.60～0.74、口距地面深 0.90 米。填土花杂。

墓门 呈弧形，距墓口 1.44、高 0.90、宽 0.92 米，条砖封门，已塌陷。

甬道 呈弧形，长 0.46、宽 0.92、高 0.90 米。底面平坦。

墓室 平面呈长方形，长 2.60、宽 2.14、墓深 2.30 米。室内填满淤土（彩版一六八，1）。

（二）葬式葬具

墓室中葬具为双棺，棺已朽，留有朽痕。棺痕厚 0.04～0.05 米，西侧棺长 2.02、宽 0.50 米，高度不详。东侧棺长 1.86、宽 0.44 米，高度不详。人骨 2 具。头向北，面向上，东侧男性仰身屈下肢，年龄为 55～60 岁。西侧女性因早期水淤，骨骼多处移位，推测为仰身直肢，年龄为 45～50 岁。骨骼保存状况一般，为夫妇合葬墓。

（三）出土遗物

出土遗物有瓷器 3 件。

1 号黑釉碗位于西侧人骨上部，2 号褐釉罐位于西侧人骨胸部，3 号褐釉盏位于东侧人骨胸部。

黑釉碗 标本 M21：1，残。圆唇，敞口，斜腹，矮圈足。挖足过肩，有不明显的鸡心钉。内壁施满釉，底部有涩圈。外壁施褐釉至中腹部，釉薄且色暗。器形规整，胎色较黄。器腹部有拉坯形成的凸棱。口径 19.0、足径 6.6、高 6.2 厘米（图一一七，1；彩版一六八，2）。

褐釉盏 标本 M21：3，尖圆唇，直口微敛，曲腹，平底较厚。内壁施褐釉。外壁及底部有刮抹痕。胎质较粗，胎色灰黄。口径 5.0、足径 2.5、高 2.1 厘米（图一一七，3）。

褐釉罐 标本 M21：2，圆唇，直口，鼓腹，下腹斜收至圈足，圈足略高外撇。挖足过肩，

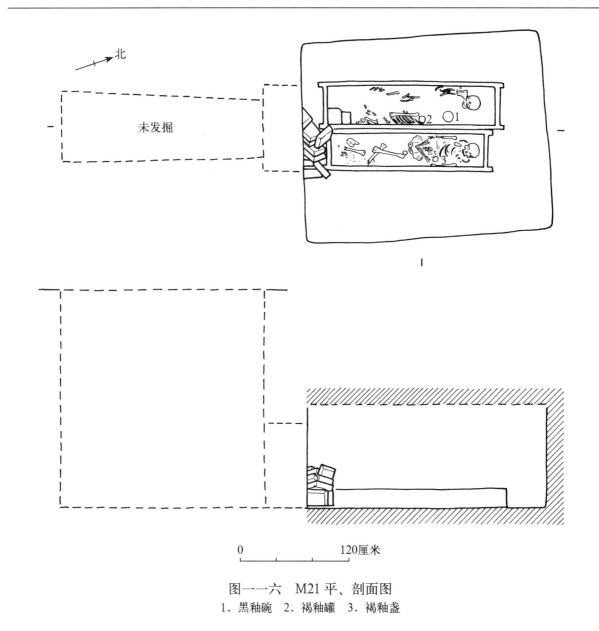

图一一六　M21平、剖面图

1. 黑釉碗　2. 褐釉罐　3. 褐釉盏

足床上有等距的四个支钉。内壁施釉不均匀。外壁施釉至圈足外，有流釉痕迹。腹部有拉坯时留下的凸棱。口径8.2、足径6.8、高10.4厘米（图一一七，2；彩版一六八，3）。

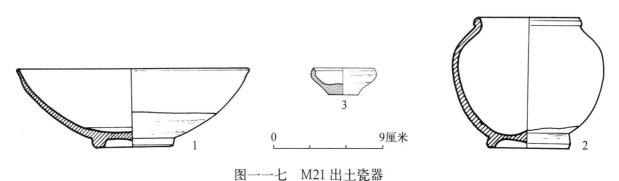

图一一七　M21出土瓷器

1. 黑釉碗 M21：1　2. 褐釉罐 M21：2　3. 褐釉盏 M21：3

一七　M22

M22（08FXM22）位于东龙观南区王氏家族墓地南部，东邻 M21，开口于第②层下。2008 年 7 月 15 日局部布方发掘。该墓为土洞室墓。布方前钻探怀疑该墓为迁葬墓，所以决定先揭露墓室。发掘到墓顶近墓室时发现墓顶塌落，未发现任何遗物。只清理出洞室原始边，无封门。绘图之后，7 月 18 日发掘结束，历时 4 天。墓道未发掘。

（一）墓葬形制

M22 是一座土洞室墓，由墓道、墓门、甬道和墓室组成（图一一八）。方向 198°。土洞室洞顶前后高低一致，平顶。墓壁较整齐，墓底平坦。

墓道　位于墓室南部，长方形，未发掘，只画出开口线。开口线长 2.18、宽 0.60～0.76、口距地面深 0.90 米。填土花杂。

墓门　呈弧形，距墓口 1.44、高 0.86、宽 0.92 米，无封门。已塌陷。

甬道　呈弧形，长 0.46、宽 0.92、高 0.86 米。底面平坦。

墓室　平面呈长方形，长 2.70、宽 2.0～2.14、墓深 2.32 米。室内填土有淤土、塌陷土。

（二）葬式葬具

墓室中未发现葬具和人骨。该墓已迁葬。

（三）出土遗物

无随葬品。

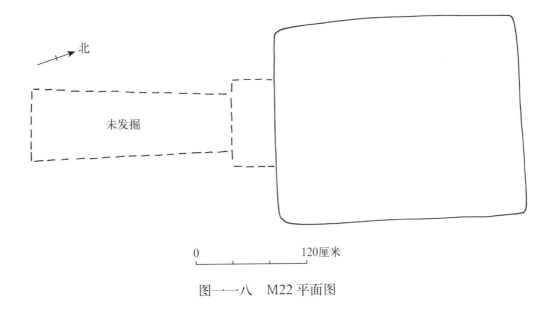

北

未发掘

0　　　　　　　　120厘米

图一一八　M22 平面图

第四章　西龙观区

西龙观发掘区沿线共清理墓葬6座，分别为M7、M8、M9、M10、M11、M23。其中M9、M10墓道仅发掘了一部分（图一一九）。

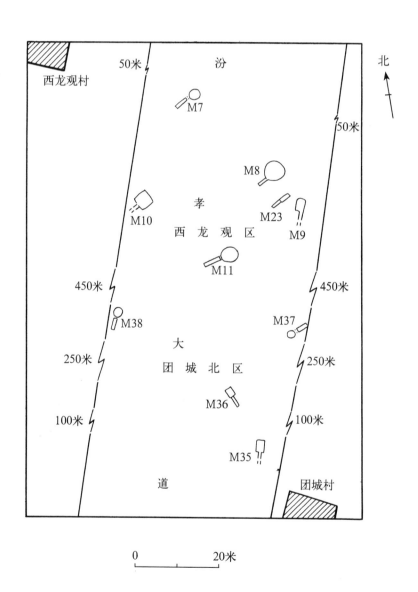

图一一九　西龙观区与团城北区墓葬分布图

一　M7

M7（08FXM7）位于西龙观区西北部，东南邻 M8，开口于第②层下。2008 年 7 月 2 日按墓葬所处位置布方发掘，该墓为砖室墓。为了保护文物安全，先发掘墓室，后发掘墓道。首先清理墓室土圹内填土，找出土圹原始边，清理墓顶后照相、绘图。再将墓顶部分砖揭去，清理砖室内花土及淤土，在淤土内清理出陶器 2 件。墓壁四周无装饰。近底部清理出人骨 2 具，墓志 1 块、铁器 1 件、铜钱 1 枚。墓底局部条砖铺底。接着清理墓道，墓道为长条形斜坡，直达墓门。条砖封门。清理甬道前端为土洞，与墓室连接处用条砖砌成。清理完毕，照相、绘图、采集随葬品。7 月 10 日发掘结束，历时 9 天。

（一）墓葬形制

M7 是一座圆角方形砖室墓，攒尖顶。由墓道、墓门、甬道和墓室组成（图一二〇；彩版一六九，1）。方向 234°。所用条砖长 34、宽 17、厚 5 厘米。

墓道　位于墓室西南部，长条形斜坡状。上口长 3.44、宽 1.00、口距地面深 0.36、底坡长 3.76 米，坡度为 20°。下端宽 1.0、自深 2.20 米。填土花杂，土质较硬。包含有大量碎砖块等。

墓门　呈拱形，高 1.38、宽 0.65、距墓口 1.16 米。用条砖左、右斜向侧立交错封门。底部西侧竖立一块平面向外且有粗绳纹条砖（彩版一六九，2）。墓门两侧各有一个生土台，其中墓门西侧生土台高 0.25、宽 0.25 米，东侧生土台高 0.25、宽 0.13 米。

甬道　呈拱形，长 0.80、宽 0.52～0.64 米，近墓室端条砖砌券 0.34 米，靠墓道部分有 0.46 米的土洞。底面纯生土，较平坦。

墓室　土圹平面呈圆角方形，东西径 2.50、南北径 2.70 米，直壁，较整齐（彩版一七〇，1）。砖室平面呈圆角方形，东西长 2.50、南北宽 2.12、墓深 2.12 米，局部用条砖铺底。墓壁用条砖"三卧一丁"（即三层平砖一层立砖）。共两组半叠砌而成。墓顶用条砖平叠内收而成圆锥形。最后用五块条砖侧立于圆内口封顶。墓室内底层为淤土，顶层为花土（彩版一七〇，2）。

（二）葬式葬具

墓室中未发现葬具。清理出人骨 2 具，头向西，面向上。判断南侧人骨为男性，北侧为女性。仰身直肢。骨骼保存较差。为夫妇合葬墓。

（三）出土遗物

出土遗物共 5 件，陶器 2 件、墓志 1 块、铁器 1 件、铜钱 1 枚。

01、02 号陶罐出土于墓室淤土内，1 号墓志位于墓室内墓门口东侧（彩版一七一，1）。2 号

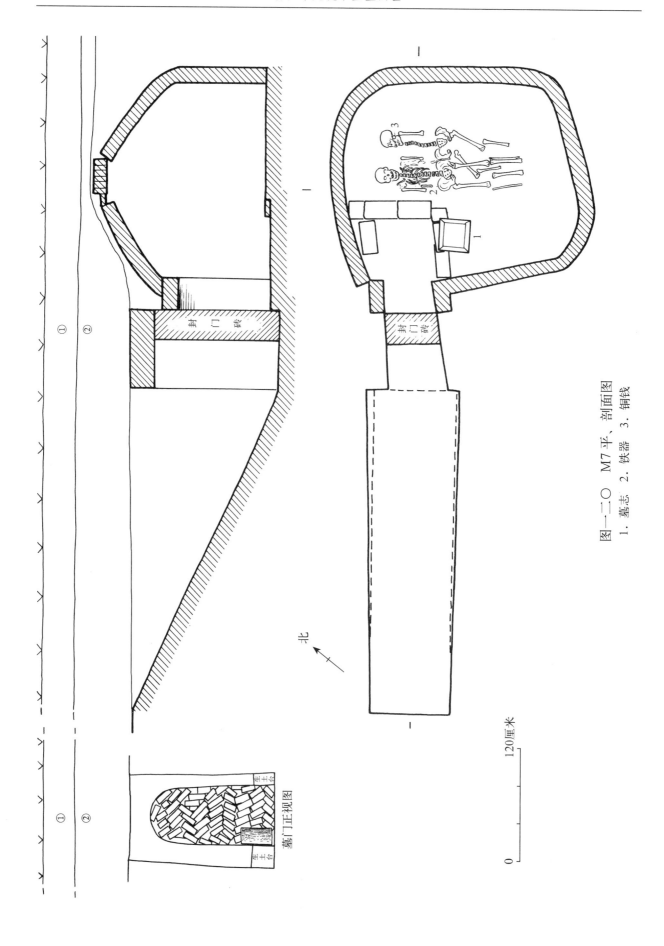

图一二〇　M7 平、剖面图
1. 墓志　2. 铁器　3. 铜钱

铁器位于南侧人骨肋骨，3 号铜钱位于北侧人骨口部。

1. 陶器

陶罐 标本 M7：01，泥质灰陶，陶色不均匀。尖圆唇，敛口，口内侧有沟槽一周，鼓腹，下腹弧收，小平底。最大径在上腹部。素面。口径 13.0、底径 15.2、高 17.4 厘米（图一二一，1；彩版一七一，2）。

陶罐 标本 M7：02，泥质灰陶。尖唇，敛口，外斜沿，口内下侧有沟槽一周，鼓腹，下腹弧收至底，平底。最大径在上腹部。器身饰凹弦纹数周，底面垫印中绳纹，较模糊。口径 13.8、底径 12.2、高 19.4 厘米（图一二一，2；彩版一七一，3）。

墓志 标本 M7：1，砖质，深灰色。平面呈方形，侧面呈梯形。志盖为四边等距的盝形顶，顶面平整。志文用墨书写，字迹已模糊不清。素面。长 33.0、宽 33.0、厚 10.0 厘米（图一二一，3）。

2. 铜钱

开元通宝 标本 M7：3，圆形方孔，局部外边缘残。直径 2.5、孔径 0.7 厘米（图一二一，4）。

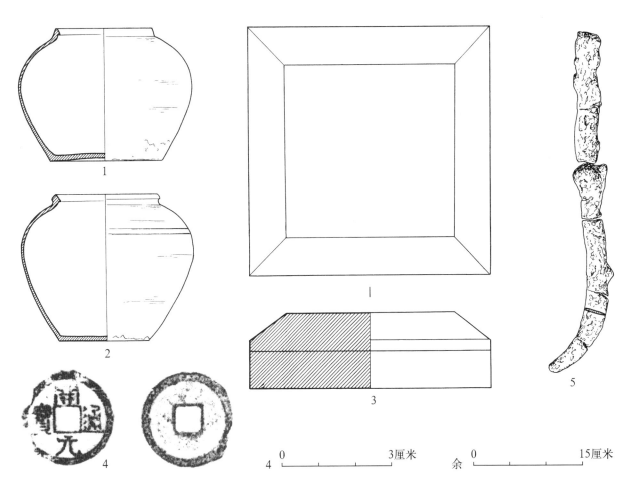

图一二一 M7 出土遗物

1、2. 陶罐 M7：01、M7：02 3. 墓志 M7：1 4. 开元通宝 M7：3 5. 铁器 M7：2

3. 铁器

铁器　标本 M7：2，残，锈蚀严重，外形似刀。残长 44.8、宽 3.0、厚 0.40 厘米（图一二一，5）。

二　M8

M8（08FXM8）位于西龙观区中部，东邻 M9，开口于第①层下。2008 年 7 月 2 日按墓葬所处位置布方发掘。该墓为砖室墓。墓室破坏严重，经调查是早期平田整地时所为。开始清理墓室，墓室顶部已不存在，室内碎砖、动物骨头及杂物回填已满。经清理发现有陶罐残片及铜钱 1 枚。墓壁残损严重，仅存南壁局部砖及部分封门砖。近墓底未发现任何遗物。墓道未发掘。之后照相、绘图。7 月 9 日发掘结束，历时 8 天。

（一）墓葬形制

M8 是一座圆角方形砖室墓。由墓道、墓门、甬道和墓室组成（图一二二；彩版一七二，1）。方向 225°。所用条砖长 34 ～ 35、宽 17、厚 5 厘米。

墓道　位于墓室西南部，因在征地范围之外，未发掘。

墓门　已塌陷，高度不详，宽 0.80 米，距地面深不详，仅残存底部封门条砖一层。

甬道　已塌陷，高度不详，宽 0.72 ～ 0.80、长 0.34 米。底面平坦。

墓室　土圹平面呈圆角方形，东西径 4.58、南北径 3.64 米，直壁。砖室长 4.56、宽 3.60、墓残深 1.12 米。因该墓破坏较严重，仅存墓室南壁局部，未发现铺底砖。墓顶破损。墓室填土为五花土，其中夹杂较多的砖块及动物骨骼，应为后期墓室遭破坏后所回填。

（二）葬式葬具

墓室中未发现葬具与人骨。

（三）出土遗物

出土遗物共 2 件，陶器 1 件、铜钱 1 枚。

01 号铜钱、02 号陶罐出土于填土中。

1. 陶器

陶罐　标本 M8：02，残。泥质灰陶。扁圆唇，敞口，折沿，沿面有凹槽一周，曲颈，溜肩，鼓腹，下腹斜收，小平底。肩部有两周凹弦纹。最大径在上腹部。口径 8.6、底径 7.2、高 15.8 厘米（图一二三，1）。

2. 铜钱

开元通宝　标本 M8：01，圆孔方形。直径 2.5、孔径 0.6 厘米（图一二三，2）。

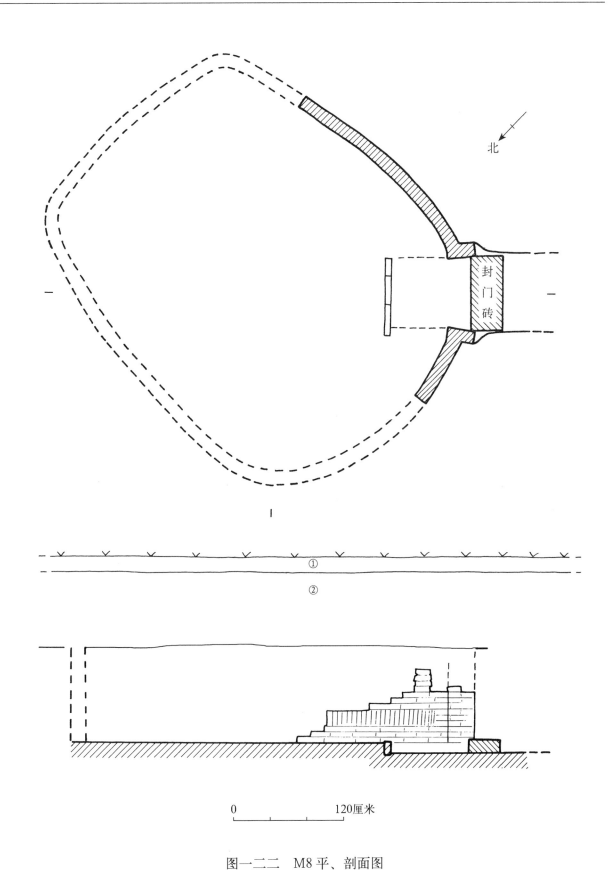

图一二二　M8 平、剖面图

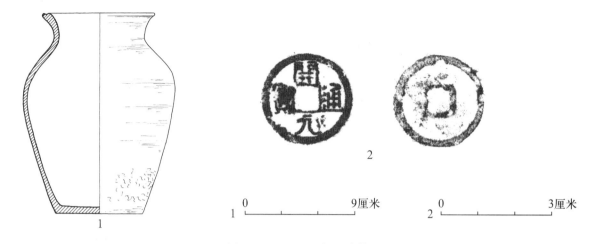

图一二三　M8 出土遗物
1. 陶罐 M8：02　2. 开元通宝 M8：01

三　M9

M9（08FXM9）位于西龙观区东南部，西邻 M8，开口于第①层下。2008 年 7 月 2 日按墓葬所处位置布方发掘。该墓为砖室墓。墓室破坏严重，经调查是早期平田整地时所为。开始清理墓室，墓室顶部已不存在，室内碎砖、杂物回填已满。经清理发现有陶罐残片。墓壁完全破坏，墓底使用条砖铺底，发现方形花砖一块（彩版一七二，2）。墓道未发掘。之后照相、绘图。7 月 9 日发掘结束，历时 8 天。

（一）墓葬形制

M9 是一座圆角方形弧边砖室墓。由墓道、墓门、甬道和墓室组成（图一二四）。方向 195°。所用铺底条砖长 34、宽 17、厚 5 厘米（彩版一七二，3）。

墓道　位于墓室东南部，未发掘。

墓门　已塌陷，高度不详，宽 0.70 米，距地面深不详。未发现封门砖。

甬道　已塌陷，高度不详，宽 0.70、长 0.34 米。底面平坦。

墓室　土圹平面呈圆角方形弧边，东西径 2.90、南北径 3.42 米，直壁。砖室南北长 3.06、东西宽 2.50、墓残深 0.88 米（彩版一七三，1）。因该墓破坏严重，仅存墓室底部一周用条砖平砌，残高 0.80 米。条砖错缝铺底。墓顶完全被破损。墓室填土为五花土夹杂大量砖块。

（二）葬式葬具

墓室中未发现葬具与人骨。

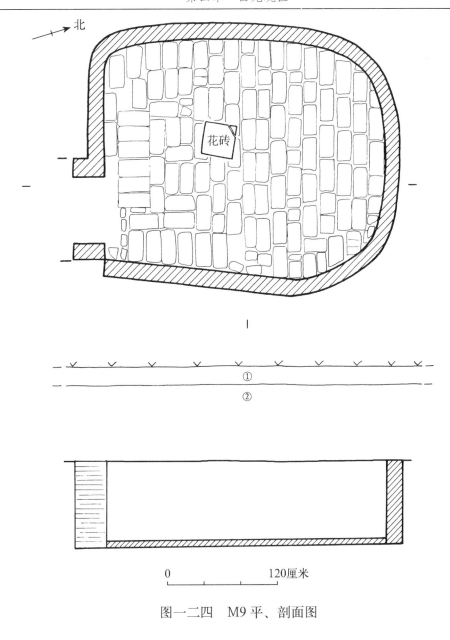

图一二四　M9 平、剖面图

（三）出土遗物

出土遗物共 2 件，陶器 1 件、方形花砖 1 块。

01 号陶罐出土于填土中。1 号花砖位于墓室中部。

陶罐　标本 M9：01，残。泥质灰陶。圆方唇，敛口，有颈，圆肩，鼓腹，下腹斜收，底部已残。口内侧有凹弦纹一周。口径 10.8、残高 20.8 厘米。

方形花砖　标本 M9：1，残。泥质灰陶。平面呈正方形，表面有图案花纹，其组合为中部为八个连续的重莲瓣的花纹组成，莲瓣中心为莲蓬，莲纹四角用类似如意纹的纹饰钩填。方砖外围有三周突棱，最外两周相距较近，最内一周与第二周之间用饰有直径 1.3 厘米的乳钉纹，间距 0.5～0.6 厘米。模制，砖制作不太规范，局部纹饰不清晰，其中一角残断，已修复。方砖长 34.5、宽 34.5、厚 6 厘米（图一二五；彩版一七二，2）。

0　　　　　　　　15厘米

图一二五　M9 出土方形花砖 M9：1 拓片

四　M10

M10（08FXM10）位于西龙观区西南部，东邻 M11，开口于第①层下。2008 年 7 月 3 日按墓葬所处位置布方发掘。该墓为砖室墓。找到墓口后，发现该墓平田整地时破坏严重，墓室顶部已不存在。清理墓室，墓壁距墓底残留高度 0.54 米。墓底中部条砖铺设。清理出土遗物有：墓志盖 1 块、陶罐碎片 4 处。墓道未发掘。之后照相、绘图、采集遗物。7 月 9 日发掘结束，历时 8 天。

（一）墓葬形制

M10 是一座圆角方形弧边砖室墓。由墓道、墓门、甬道和墓室组成（图一二六）。方向 230°。所用条砖长 34、宽 17、厚 6 厘米。

墓道　位于墓室西南部，未发掘。

墓门　已塌陷，高度不详，宽 0.70 米，距地面深不详。未发现封门砖。

甬道　已塌陷，高度不详，宽 0.70、长 0.34 米。墓葬地面用条砖横向铺设，比较平坦。

墓室　土圹平面呈圆角方形弧边，东西径 4.32、南北径 4.28 米，直壁。砖室长 3.90、宽 3.90 米（彩版一七三，2）。墓底大部分为生土地面，仅在发现朽骨的地方用条砖和残砖块铺设成长方形的砖棺床，长 2.48、宽 1.42 米。墓壁采用条砖"三卧一丁"（即三层平砖上砌一层立砖），现仅残存一组半，残存高度 0.54 米。墓顶完全被破坏。室内填花土，夹杂大量砖块。

（二）葬式葬具

墓室中未发现葬具。人骨腐朽严重。从残存的朽骨分析，有人骨 2 具，头向西，面向、葬式不详。推测应为一男一女的夫妇合葬墓。

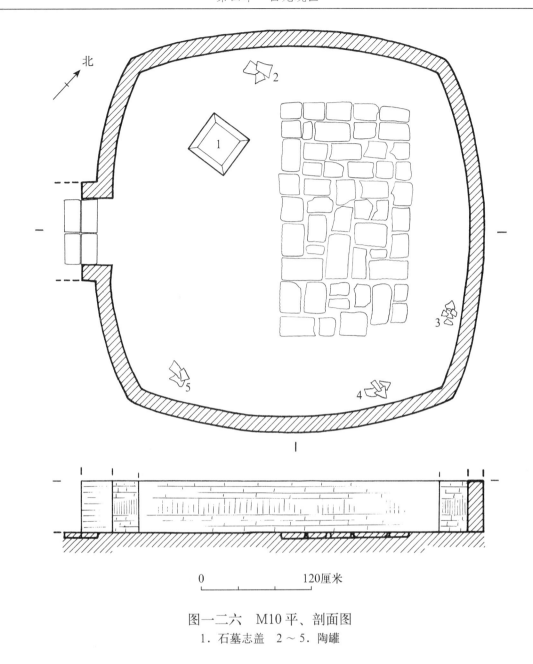

图一二六　M10平、剖面图
1. 石墓志盖　2～5. 陶罐

（三）出土遗物

出土遗物共5件，陶罐4件、石墓志盖1块。

1号墓志盖位于墓室西北部。2号陶罐位于墓室北中部。3、4、5号陶罐位于墓室东部及东南部。

1. 陶器

陶罐　标本M10：3，泥质灰陶。圆唇，敞口，口内侧有凹槽一周，小折沿，高领内曲，圆肩，鼓腹，下腹弧收至底，小平底。最大径在上腹部。口径7.0、底径11.2、高25.0厘米（图一二七，1；彩版一七四，2）。

陶罐　标本M10：2，泥质灰陶。圆唇，敞口，口内侧有凹槽一周，小折沿，高领内曲，圆

肩，鼓腹，下腹弧收至底，小平底。最大径在上腹部。口径 8.8、底径 11.8、高 25.0 厘米（图
一二七，4；彩版一七四，1）。

　　陶罐　标本 M10：4，泥质灰陶。圆唇，敞口，口内侧有凹槽一周，小折沿，高领内曲，圆
肩，鼓腹，下腹弧收至底，小平底。最大径在上腹部。口径 7.8、底径 11.0、高 23.2 厘米（图
一二七，2；彩版一七四，3）。

　　陶罐　泥质灰陶。标本 M10：5，圆唇，敞口，口内侧有凹槽一周，小折沿，高领内曲，圆
肩，鼓腹，下腹弧收至底，小平底。最大径在上腹部。口径 7.6、底径 10.4、通高 23.2 厘米（图
一二七，3；彩版一七四，4）。

2. 石器

　　石墓志盖　标本 M10：1，盝形顶，平面呈正方形，侧面呈梯形，四边等距离向中间打磨出正
方顶面，顶面双线十字分格，阴刻篆书"任君墓志"四个大字，制作较草率，底面略平整。石灰岩
质，青色，手制打磨。长 47.1、宽 46.8、厚 8.1 厘米（图一二七，5、一二八；彩版一七四，5）。

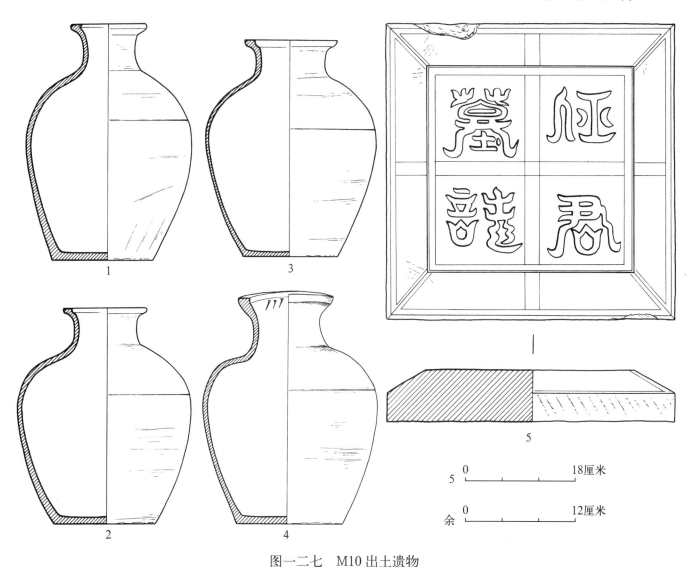

图一二七　M10 出土遗物

1～4. 陶罐 M10：3、M10：4、M10：5、M10：2　5. 石墓志盖 M10：1

0　　　　　　15厘米

图一二八　M10 出土石墓志盖 M10∶1 拓片

五　M11

M11（08FXM11）位于西龙观区南部，西邻 M10，开口于第②层下。2008 年 7 月 2 日按墓葬所处位置布方发掘。该墓为砖室墓。该墓平田整地时破坏严重，墓室顶部已不存在。清理墓室，墓壁大部分破坏，仅南壁残存高 1.20 米。墓底为生土面。清理出土遗物有陶器 6 件、泥俑 2 件、铜器 1 件、铜钱 3 枚，墓志、墓志盖各 1 块。长方形墓道。清理甬道之后照相、绘图、采集随葬品。7 月 8 日发掘结束，历时 7 天。

（一）墓葬形制

M11 是一座椭圆形砖室墓。由墓道、墓门、甬道和墓室组成（图一二九）。方向 240°。所用条砖长 34、宽 17、厚 5.5 厘米。

墓道　位于墓室西南部，未发掘。

墓门　已塌陷，高度不详，宽 0.80 米，距地面高度不详。未发现封门砖。

甬道　已塌陷，长 1.50、宽 0.80～0.92、高度残存 1.18 米。墓室内用条砖平砌出甬道边框，甬道与墓壁连接处用条砖叠砌 0.34 米，与墓道相连处为土洞，底面纯生土，较平坦。

墓室　土圹平面呈圆角弧边椭圆形，东西径 4.30、南北径 3.76 米，直壁。砖室东西长 4.0、宽 3.50 米（彩版一七五，1）。墓底为纯生土地面，仅在发现朽骨的地方用条砖和残砖块铺设成长方形砖棺床，长 2.48、宽 1.42 米。墓壁仅现存南壁，残高 1.10 米，用条砖平砌而成，采用 "三卧一丁"（即三层平砖上砌一层立砖）砌筑。墓顶完全被破坏。室内底层填有淤土，顶层有花土、碎砖块。

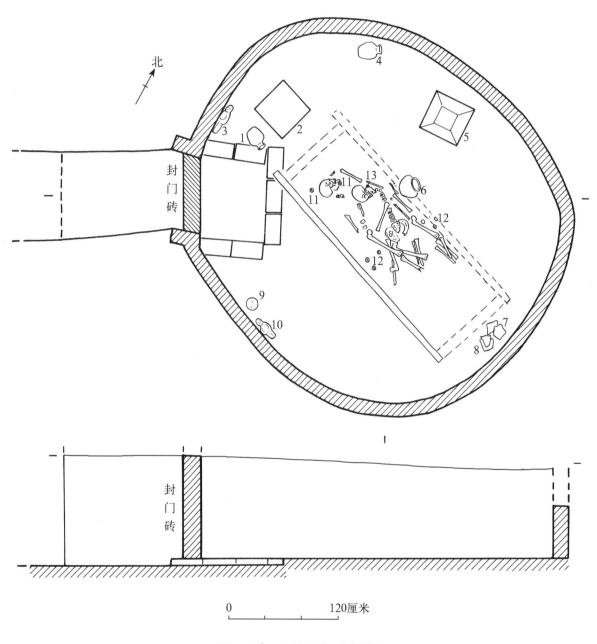

图一二九　M11 平、剖面图

1、4、6～8. 陶罐　2. 墓志　3、10. 泥俑　5. 墓志盖　7. 陶片　9. 陶磨盘　11、13. 铜钱　12. 铜带饰

（二）葬式葬具

墓室中仅发现一棺，已朽，朽痕长 2.70、宽 0.90、厚 0.05 米。清理出人骨 2 具，头向西，因人骨较散乱，一具面向西，另一具向东，葬式不详。应是夫妇同棺合葬墓。

（三）出土遗物

出土遗物共 14 件，陶器 6 件、墓志、墓志盖各 1 块、泥俑 2 件、铜器 1 组、铜钱 3 枚。

1 号陶罐、2 号墓志、3 号泥俑位于墓门口西侧，4 号陶罐位于墓室西北角，5 号墓志盖位于墓室北部，6 号陶罐位于墓室中部、棺北侧，7、8 号陶罐位于墓室东部，9 号陶磨盘、10 号泥俑位于墓室南部（彩版一七五，2），11 号铜钱位于棺内人头部，12 号铜带饰位于人骨腰部，13 号铜钱位于人骨颅骨内。另外，在棺的两侧还发现数量较多的泥俑残块，无法清理，推测应为仪仗俑。

1. 陶器

陶罐　标本 M11：1，泥质灰陶。圆唇，敞口，口内有凹槽一周，折沿，高领内曲，圆肩，鼓腹，小平底。最大径在上腹部。素面。口径 9.6、底径 13.4、高 27.8 厘米（图一三〇，1；彩版一七六，1）。

陶罐　标本 M11：4，泥质灰陶。圆唇，敞口，口内有凹槽一周，折沿，高领内曲，圆肩，鼓腹，小平底。最大径在上腹部。素面。口径 9.0、底径 12.8、高 27.2 厘米（图一三〇，2；彩版一七六，2）。

陶罐　标本 M11：7，泥质灰陶。圆唇，敞口，口内有凹槽一周，折沿，高领内曲，圆肩，鼓腹，小平底。最大径在上腹部。素面。口径 9.8、底径 12.4、高 26.6 厘米（图一三〇，3；彩版一七六，3）。

陶罐　标本 M11：6，泥质灰陶。圆唇，敛口，有颈，溜肩，肩部有一周凹弦纹，鼓腹，平底。最大径在上腹部。器体较大。完整。口径 12.6、底径 15.6、高 22.4 厘米（图一三〇，4；彩版一七六，4）。

陶罐　标本 M11：8，残。泥质灰陶。圆唇，敛口，有颈，鼓腹，平底。最大径在上腹部。器体略小。口径 12.2、底径 14.2、高 17.4 厘米（图一三〇，5；彩版一七六，5）。

泥俑头　标本 M11：3，男俑，头戴幞头，出土时呈黑色，项下系带。高鼻，深目，阔口，面部丰满。面部敷粉白色粉，唇上施红彩。颈部中央留有一孔，是与身躯连接的插孔，脑后残损。模制，灰黄色。人物形态生动、丰腴。宽 7.5、高 11.0 厘米（图一三一，1；彩版一七七，1）。

泥俑头　标本 M11：10，男俑，戴圆幞头。眉、目、口、鼻不太清晰，未做细致加工。模制，红褐色。推测是男侍卫俑的头部，口唇残存红彩，面部残半。宽 5.5、高 8.0 厘米（图一三一，2；彩版一七七，2）。

陶磨盘　标本 M11：9，泥质灰陶。平面呈圆形，由上盘、下盘组成。上盘表面平整施细绳纹、划十字，偏离中心有一个圆孔直通下盘，下盘中心有一个圆轴与上盘同心相吻合，上下盘厚度相同。外表施细绳纹，底面平整。直径 14.0、厚 7.5 厘米（图一三一，3；彩版一七六，6）。

图一三〇　M11 出土陶罐

1～5. 陶罐 M11：1、M11：4、M11：7、M11：6、M11：8

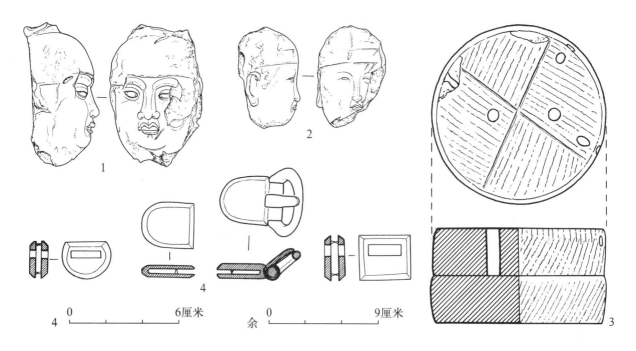

图一三一　M11 出土遗物

1、2. 泥俑头 M11：3、M11：10　3. 陶磨盘 M11：9　4. 铜带饰 M11：12

2. 铜器

铜带饰　标本 M11：12，模制。由带饰、带尾、带扣等 9 件组成。形状分长方、方圆、正方和半圆形四种。标本 M11：12-1，长 2.1～2.7、宽 1.4～2.0、厚 0.30 厘米。标本 M11：12-2，长 2.4～2.8、宽 1.9～2.4、厚 0.30 厘米。标本 M11：12-3，带尾长 2.3～2.85、宽 2.0～2.4、厚 0.20 厘米。标本 M11：12-4，带扣长 4.6、宽 2.3～3.6、厚 0.20～0.03 厘米（图一三一，4；彩版一七七，3）。

铜钱　标本 M11：11-1，圆形方孔，表面锈损，钱文、尺寸不明。

铜钱　标本 M11：11-2，圆形方孔，表面锈损，钱文、尺寸不明。

铜钱　标本 M11：13，圆形方孔，表面锈损，钱文不识。直径 2.5、孔径 0.6 厘米。

3. 石器

石墓志盖　标本 M11：5，盝形顶，平面呈正方形，侧面呈梯形，四边等距离向中间打磨出小正方顶面，顶面十字分格，阴刻篆书“任君墓志”四字。周边残存有比较规律的打制痕迹，底面平整。石灰岩质，青色，手制打磨。长 45、宽 45.6、厚 11.1 厘米（图一三二、一三三；彩版一七七，4）。

石墓志　标本 M11：2，平面呈正方形。石质，青色，手制打磨。长 47、宽 47、厚 12 厘米（图一三四；彩版一七七，5、6）。表面较光滑，刻划有竖向细线分成竖行，行内阴刻楷书字文，

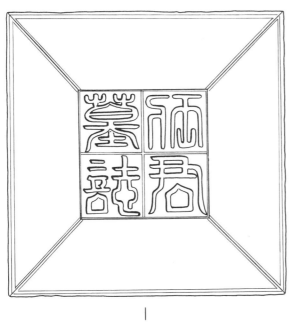

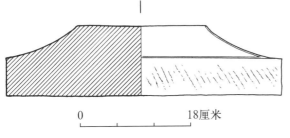

0　　　　　　18厘米　　　　　　　　　　　0　　　　　　18厘米

图一三二　M11 出土石墓志盖 M11：5　　　图一三三　M11 出土石墓志盖 M11：5 拓片

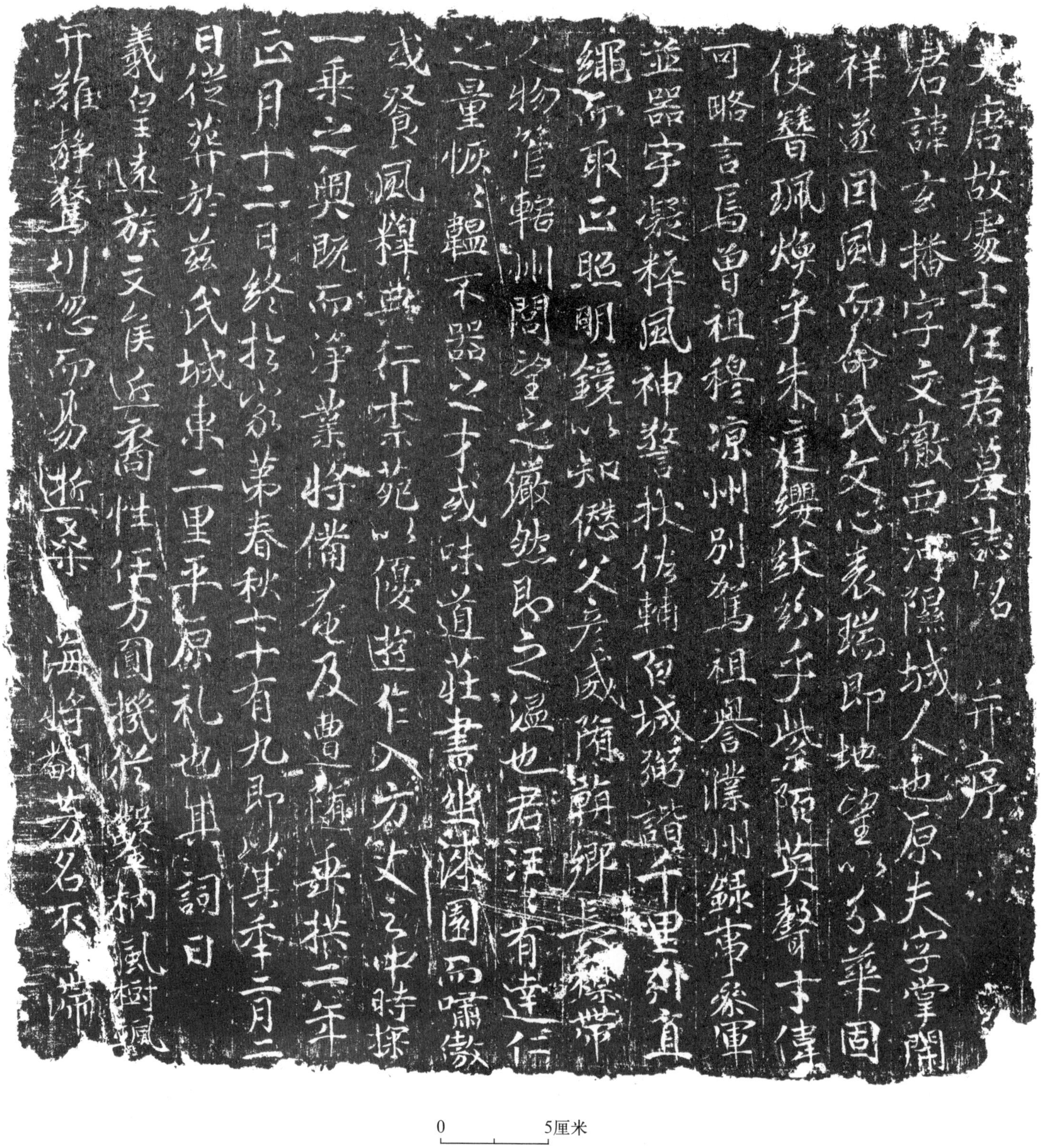

大唐故處士任君墓誌銘并序

君諱玄播字文徽西河隰城人也亦序

祥遂固風而命氏文忘表瑞即地望以弘華固

可略言焉曾祖穆涼州別駕祖譽濮州錄事參軍

使簪珮煥乎朱庭纓紱紛乎紫陌英聲千偉

並器宇爽粹風神警秋佐輔百城猶讚千里剋直

繩亦取正照朗鏡以知憑父之威陪荊卿長纓帶

人物管輅州問望之巖然昌之溫君恭汪有達信

之量愷愷輜不器之才咸味道莊書些遂園而嘯傲

戎貲颻輝與行桑苑以隱遊作入方丈之中時堪

一乘之與睍而淨業將備奄及曹隨要撰二年

正月十二日終於弟春秋七十有九即以其季二月二

日從葬於茲氏城東二里平原礼也井詞日

義皇遠族文侯近喬性伐方圓撲於槃桐風樹風

开雖静鼙刈愁所易逝桑海將毎芳名不端

0 _____ 5厘米

图一三四　M11 出土石墓志 M11：2 拓片

由右向左刻写，15列，共275字。铭文是：

　　大唐故处士任君墓志铭 并序 / 君讳玄播字文彻西河隰城人也原夫字掌开 / 祥遂因风而命氏文心表瑞即地望以分华固 / 使簪珮焕乎朱庭缨绂纷乎紫陌英声寸伟 / 可略言焉曾祖穆凉州别驾祖誉濮州录事参军 / 并器宇凝粹风神警拔佐辅百城弼谐千里引直 / 绳而取正照明镜以知愆父彦威隋朝乡长襟带 / 人物管辖州间望之俨然即之温也君汪汪有达仁 / 之量恢恢韫不器之才或味道庄书坐涞园而啸傲 / 或餐风释典行禁苑以优游乍入方丈之中时掬 / 一垂之奥既而净业将备奄及遭随垂拱二年 / 正月十二日终于家第春秋七十有九即以其年二月二 / 日从葬于兹氏城东二里平原礼也其词曰 / 义皇远族文侯近裔性任方圆机从凿枘风树飒 / 开难静骛川忽而易逝桑□海将翻芳名不滞

　　M1的下葬年代为唐垂拱二年（686年）。

六　M23

　　M23（08FXM23）位于西龙观区中南部，东邻M9，开口于第①层下。2008年7月2日按墓葬所处位置布方发掘。该墓为土洞室墓，找到墓口后，挖墓室顶部至墓室底部，经清理发现墓顶前高后低。近墓底清理出人骨3具，随葬陶器1件、铜钱2枚。墓底平坦。接着清理墓道，墓道南端平田整地时破坏，底部呈斜坡至墓门，条砖封门。清理完毕，照相、绘图、采集随葬品。7月9日发掘结束。

（一）墓葬形制

　　M23是一座土洞室墓。由墓道、墓门、墓室组成（图一三五）。方向230°。土洞室前高后低，墓壁较整齐，墓底略呈斜坡。

　　墓道　位于墓室西南部，长方形，口底同宽。墓道南端被平田整地时破坏，上口残长1.40、宽0.86、口距地面深0.80米。底坡残长1.90、宽0.86、自深0.80～1.60米。填土为黄沙土，土质松散，土色花杂。

　　墓门　距残墓口0.56、高1.10、宽0.80米。用17层条砖平砌封门。条砖尺寸为长35、宽17、厚5～6厘米。

　　墓室　呈不规则长方形，底长2.0、宽1.20、墓深1.84米。填土为淤土。

（二）葬式葬具

　　墓室中发现一棺，已朽。朽痕长1.60、宽0.64、厚0.10米。棺内清理出散乱人骨3具。头向南，面向上，全部为二次葬。骨骼残缺，推测为一男二女。

（三）出土遗物

　　出土遗物共3件，陶器1件、铜钱2枚。

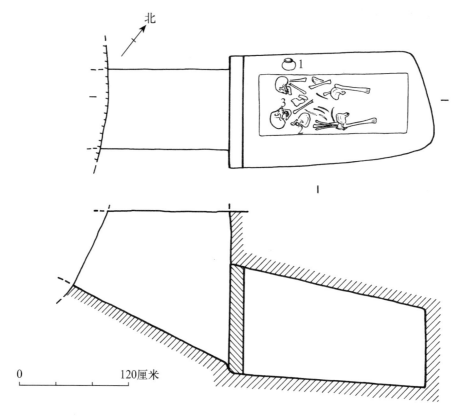

图一三五　M23 平、剖面图
1. 陶罐　2、3. 铜钱

1 号陶罐位于墓室西南部，2 号铜钱位于东侧偏北人骨颅骨口内，3 号铜钱位于东侧偏南颅骨口内。

1. 陶器

陶罐　标本 M23：1，泥质灰陶。扁圆唇，敛口，口内侧有凹槽一周，窄折沿，束颈，溜肩，鼓腹，下腹斜收，小平底。底面边缘有磨损，最大径在上腹部。肩部有凹弦纹一周。属明器。口径 12.2、底径 10.6、高 18.6 厘米。

2. 铜钱

五铢　标本 M23：2，圆形方孔。直径 2.3、孔径 0.8 厘米。

铜钱　标本 M23：3，严重锈蚀，钱文不识。

第五章　团城北区

团城北发掘区位于西龙观发掘区以南约450米处公路沿线。经钻探，发现墓葬4座，分别是M35、M36、M37、M38（见图一一九）。

一　M35

M35（08FXM35）位于团城北区南部，北邻M36，开口于第②层下。2008年8月1日按墓葬所处位置布方发掘。该墓为土洞室墓。找到墓口后，为了安全首先挖墓室顶部至墓室内。经清理墓室为平顶，到墓底未发现任何遗物。墓主人已迁葬，墓底平坦。墓道只发掘局部（墓室向南0.60米），无封门。清理完毕之后，照相、绘图。8月6日发掘结束。

（一）墓葬形制

M35是一座土洞室墓。由墓道、墓门、墓室组成（图一三六）。方向172°。洞室为弧顶，墓壁较整齐，墓底平坦。

墓道　位于墓室南部，长方形竖井式，仅发掘0.60米。填土花杂，土质松软。

墓门　呈弧形，高1.30、宽1.0、距墓口1.92米。未发现封门。

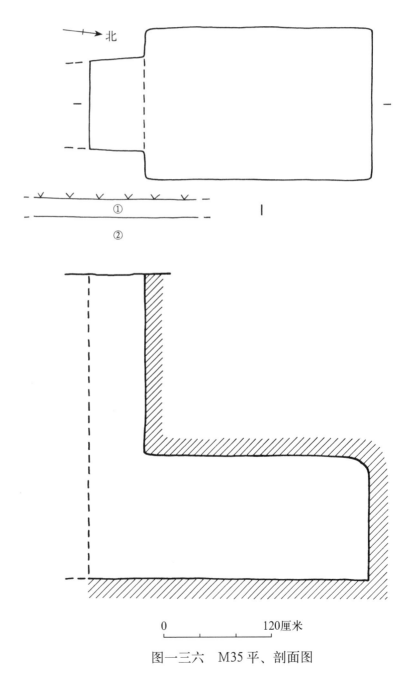

图一三六　M35平、剖面图

墓室　平面呈长方形，长 2.50、宽 1.60、墓深 3.24 米。

（二）葬式葬具

墓室中未发现葬具和人骨，推断该墓已迁葬。

（三）出土遗物

未发现任何随葬品。

二　M36

M36（08FXM36）位于团城北区中南部，南邻 M35，开口于第②层下。2008 年 8 月 1 日按墓葬所处位置布方发掘。该墓为土洞室墓。找到墓口后，为了安全首先挖墓室顶部至墓室内。经清理墓室为平顶，近墓底清理人骨 2 具，随葬瓷器 2 件、瓦 2 块、砖 1 块、玉耳环 1 对、铜扣 3 枚。条砖封门。墓道未发掘。清理完毕之后，照相、绘图、采集随葬品。8 月 6 日发掘结束。

（一）墓葬形制

M36 是一座土洞室墓。由墓道、墓门、墓室组成（图一三七）。方向 144°。洞室为平顶，墓壁较整齐，墓底平坦。

墓道　位于墓室南部，长方形，未发掘。

墓门　呈弧形，高 1.10、宽 1.60、距墓口 1.28 米。条砖封门。

墓室　平面呈长方形，长 2.50、宽 1.60～2.00、墓深 2.32 米（彩版一七八，1）。

（二）葬式葬具

墓室中未发现葬具。清理出人骨 2 具，部分残缺、比较散乱。头向西北，面向不详。仰身直肢。判断东侧为男性，西侧为女性。骨骼保存较差。

（三）出土遗物

出土遗物共 7 件，陶瓦 2 块、陶砖 1 块、黑釉罐 2 件、玉耳环 1 对、铜扣 3 枚。

1 号玉耳环位于西侧人骨头部，2 号铜扣位于人骨颈椎上，3 号黑釉罐位于西侧人骨股骨中部，4 号黑釉罐位于东侧人骨股骨中间，5 号陶瓦位于西侧人骨盆骨左侧，6 号陶瓦位于东侧人骨左盆骨上，7 号陶砖位于两具人骨下肢之间。

1. 陶器

陶瓦　标本 M36：5，小板瓦，泥质深灰陶。断面呈弧形。瓦面竖向墨写："咸丰四年正月初一日亥时终 / 逝先考田公讳玉福府君安葬 / 二月初二日安葬"。背面写有"奉罡"、"青龙白虎，镇

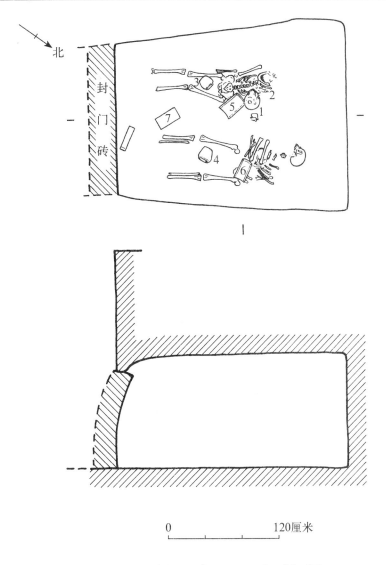

图一三七　M36 平、剖面图
1. 铜耳环　2. 铜扣　3、4. 黑釉罐　5、6. 陶瓦　7. 陶砖

者平安"。模制。长 24.0、宽 14.0 ～ 16.0、厚 1.50 厘米（彩版一七九，1、2）。

陶瓦　标本 M36 : 6，小板瓦，泥质深灰陶。断面呈弧形。瓦面竖向墨写："同治八年正月初五日巳时终 / 先妣王太君入葬本月二十九日安葬"。背面写有："青龙白虎，永保平安"。 模制。长 22.0、宽 10.0 ～ 12.0、厚 1.50 厘米（彩版一七九，3、4）。

陶砖　标本 M36 : 7，泥质深灰陶。长方体。砖面墨书："身披北斗，头带三台，寿山永远，石朽人来"。 模制。长 24.0、宽 12.0、厚 5.0 厘米（彩版一七九，5）。

2. 瓷器

黑釉罐　标本 M36 : 3，圆唇，直口，小折肩，斜直腹，矮圈足。足床内高外低，底心平整，内有一条半圆形的裂缝。内壁有分布不均匀的凸弦棱，平底有黏砂。外壁施釉至下腹处。器形规整，制作精细，黑釉釉色均匀光亮。口径 9.4、足径 7.6、高 11.8 厘米（图一三八，1；彩版一七八，2）。

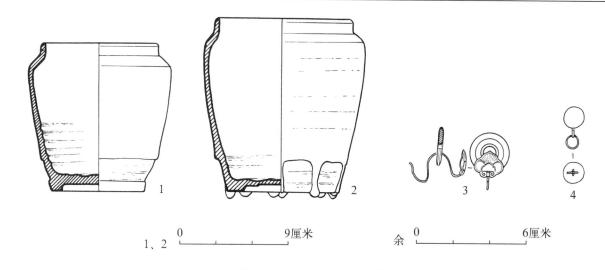

图一三八　M36 出土遗物

1、2. 黑釉罐 M36：3、M36：4　3. 玉耳环 M36：1　4. 铜扣 M36：2

黑釉罐　标本 M36：4，圆唇，直口，小折肩，斜直腹，矮圈足，底面黏砂。足床黏有十个黑色支钉。内壁施釉，有流釉现象。表面透亮，胎质较细。口径 11.0、足径 9.2、高 13.8 厘米（图一三八，2；彩版一七八，3）。

3. 玉器

玉耳环　2 件（1 对）。标本 M36：1，由耳钩、耳环组成，耳钩为铜质，耳环为白玉。耳钩呈倒"w"形，耳环平面呈圆环状，剖面呈扁圆形，表面光滑。环外径 2.1、内径 0.70、厚 0.30 厘米（图一三八，3；彩版一七八，4）。

4. 铜器

铜扣　3 件（1 套）。标本 M36：2，模制，红黄色。扣身圆滑，带纽，纽上套圆环。直径 1.10 厘米（图一三八，4；彩版一七八，5）。

三　M37

M37（08FXM37）位于团城北区北部，西邻 M38，开口于第②层下。2008 年 8 月 6 日按墓葬所处位置布方发掘。该墓为砖室墓。找到墓口后，为了保护文物安全，先发掘墓室土圹内填土，找到土圹原始边适当位置，清理墓顶。照相、绘图后，揭去墓顶部分砖，清理墓室内淤土。清理出土瓷器 2 件，墓壁四周有砖雕装饰，近墓底清理人骨架 2 具，有棺痕。随葬品 4 件，条砖封门。清理完毕，照相、绘图、采集随葬品。8 月 10 日发掘结束，历时 5 天。

（一）墓葬形制

M37 是一座小型砖室墓。由墓道、墓门、甬道和墓室组成（图一三九）。方向 62°。所用条

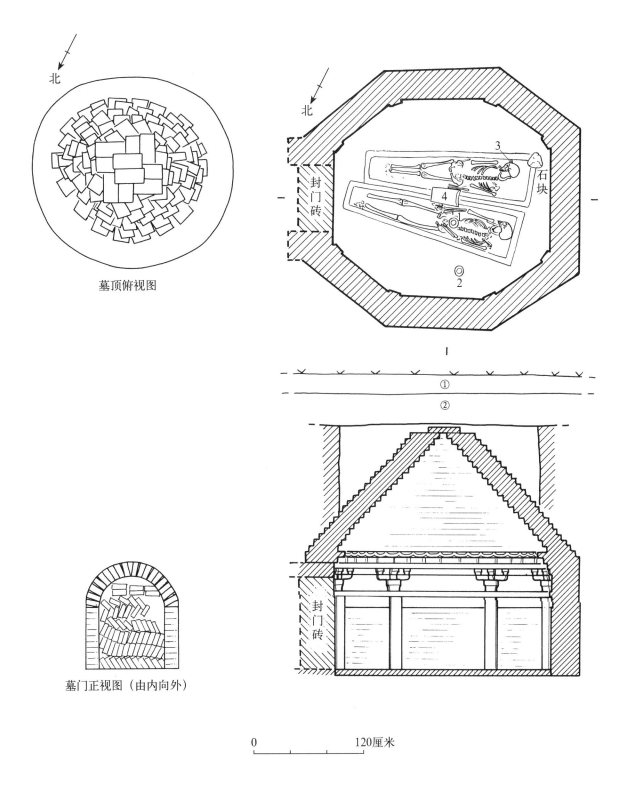

北

墓顶俯视图

北

封门砖

3

石块

4

2

①

②

封门砖

墓门正视图（由内向外）

0　　　　　　120厘米

图一三九　M37平、剖面图

1、2．黑釉罐　3．铜钱　4．板瓦（未采集）

砖长 32、宽 15.5、厚 6 厘米。

墓道　位于墓室东北部，因为墓道在征地范围以外，未发掘。

墓门　呈拱形，高 0.98、宽 0.70、距墓口 1.60、距墓底 0.66 米起券，券高 0.32 米，用条砖封门。其封门第一层 11 块条砖右斜向整齐排列，第二、三层左斜向 13 块倾斜排列，第四层右斜向 8 块，之上第五层左斜向排列 7 块条砖，第六层右斜向 5 块条砖交错排列，第六层上平叠二层封住墓门。

甬道　呈拱形，长 0.54、宽 0.70、高 0.98 米。底面为生土，较平坦。

墓室　土圹平面呈椭圆形，东西径 2.18、南北径 2.02 米（彩版一八〇，1）。砖室平面呈八角形，长 2.20、宽 2.0、墓残深 2.72 米，墓底为纯生土面（彩版一八〇，2）。砖室分八壁，其东壁居墓门端（彩版一八一，1），宽 1.0、西壁宽 1.10 米，南壁、北壁宽 0.94 米，西南、西北壁宽 0.62 米，东南、东北壁宽 0.65 米，八壁高均为 0.78 米。每壁面均为条砖错缝平砌。墓壁上端置斗栱、檐椽、滴水。墓顶用二十一层条砖叠涩，最后用条砖盖顶。

（二）墓葬装饰

墓室内分为八壁。每壁间有倚柱一根，倚柱上端有一层普柏枋，普柏枋之上转角处各置斗栱 1 组，一斗三升，均为转角铺作，共 8 组，见表 68 ～ 70。

表68　墓室内倚柱、普柏枋详细尺寸

	倚柱	普柏枋
宽（厘米）	12	/
高（厘米）	78	6

表69　墓室转角铺作详细尺寸

	上宽	下宽	平高	敧高	总高	附注
栌斗（厘米）	14	10	6	6	12	斗敧内颥
散斗（厘米）	6	4	3	3	6	斗敧内颥，齐心斗略同

表70　墓室转角铺作详细尺寸

	泥道栱	昂
长（厘米）	32	6
附注	栱端卷杀	琴面

斗栱之上为橑檐枋，橑檐枋上为檐椽，檐椽之上为滴水一周。滴水之上条砖叠涩至顶，见表 71。

表71　墓室内檩檐枋、檐椽、滴水详细尺寸

	檩檐枋	檐椽	滴水
宽（厘米）	/	14	14
厚（厘米）	6	6	4

（三）葬式葬具

墓室中有棺2具，已朽，留有朽痕。南侧棺痕长1.88、宽0.30～0.60、厚0.06米。北侧棺痕长1.94、宽0.28～0.60、厚0.06米。两棺厚度不详。清理出人骨2具，头向西南，面向南，仰身直肢。判断南侧为女性，北侧为男性。骨骼保存较好。

（四）出土遗物

出土遗物共6件，瓷器4件、铜钱1枚、瓦1块（未采集）。

01号白釉碗、02号褐釉盏出土于墓室淤土内，1号黑釉罐位于北侧人骨盆骨上，2号黑釉罐位于墓室北部，3号铜钱位于南侧人骨颅骨下，4号瓦块位于两具人骨尺骨、桡骨之间。另外需要说明的是，位于墓室内南侧、棺西南角的石块及两具人骨之间的瓦块未采集。

1. 瓷器

白釉碗　标本M37：01，圆唇，敛口，弧腹，平底，圈足。圈足中心有鸡心钉，足床有五个被打磨过的支钉痕。内壁施满釉，中心有黑釉花，花外边有一周凹槽，内底略外凸，有五个支烧痕。外壁先施化妆土，再施透明釉，下腹至圈足蘸黑釉，中腹上部有一周只有化妆土，未施釉。胎质较粗，白釉泛青。口径15.4、足径7.0、高6.0厘米（图一四〇，1；彩版一八一，2）。

褐釉盏　标本M37：02，圆唇，口微敛，曲腹，平底内凹。内底刷褐釉，较光滑，局部有黏釉现象。外壁及口部青灰色露胎，有刮抹痕。胎质略粗，胎色青灰。口径5.0、底径3.5、高2.3厘米（图一四〇，2；彩版一八一，3）。

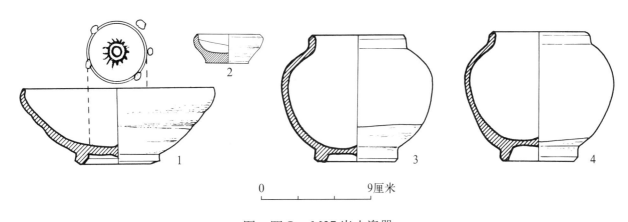

0　　　　　　　9厘米

图一四〇　M37出土瓷器

1. 白釉碗 M37：01　2. 褐釉盏 M37：02　3、4. 黑釉罐 M37：1、M37：2

黑釉罐　标本 M37：1，圆唇，直口，口部施釉后刮掉，鼓腹，圈足略高。挖足形成鸡心钉。内壁施全釉，凹底有凸钉。外壁施釉至下腹部。器形规整，胎色较黄，胎质较粗。口径 7.4、足径 6.8、高 10.0 厘米（图一四〇，3；彩版一八一，4）。

黑釉罐　标本 M37：2，圆唇，直口，鼓腹，圈足略高。挖足过肩。内壁施满釉，底心微凹，并有黏砂。外壁施釉至圈足处。器形较规整，胎色浅褐，釉色均匀。口径 7.4、足径 6.4、高 10.2 厘米（图一四〇，4；彩版一八一，5）。

2. 铜钱

铜钱　标本 M37：3，圆形方孔，钱文不识。直径 2.3、孔径 0.6 厘米。

四　M38

M38（08FXM38）位于团城北区北部，东邻 M37，开口于第②层下。2008 年 8 月 6 日按墓葬所处位置布方发掘。该墓为砖室墓。找到墓口后，为了保护文物安全，先发掘墓室土圹内填土，找到土圹原始边适当位置，清理墓顶。照相、绘图后，揭去墓顶部分砖，清理墓室内淤土。清理过程中发现墓壁四周有简易砖雕装饰。近墓底清理人骨 2 具，随葬品 7 件，未发现棺痕。用条砖半封门。接着清理墓道，墓道底部呈斜坡状直达墓门。清理完毕，照相、绘图、采集随葬品。8 月 9 日发掘结束，历时 4 天。

（一）墓葬形制

M38 是一座小型砖室墓，叠涩穹隆顶（彩版一八二，1）。由墓道、墓门、甬道和墓室组成（图一四一）。方向 193°。所用条砖长 28.5、宽 14、厚 5.5 厘米。

墓道　位于墓室南部，长条形，直壁，底部呈斜坡。上口长 2.70、宽 0.76～1.04、口距地面深 0.48 米。底坡长 2.62 米，坡度为 5°～7°。下端宽 0.76、自深 1.66～2.16 米。填土花杂，土质松散。

墓门　呈拱形，高 0.92、宽 0.64、距墓口 1.24 米（彩版一八三，1）。距墓底 0.66 米起券，券高 0.26 米，条砖封门。其封门现存二层，其第一层左斜向 11 块整齐排列，之上第二层右斜向排列 9 块。

甬道　呈拱形，长 0.94、宽 0.64、高 0.92 米。近墓室一端用砖券甬道仅长 0.28 米，靠墓道端的 0.66 米为土质甬道。底面为生土，比较平坦。

墓室　土圹平面呈椭圆形，东西径 2.30、南北径 2.54 米。砖室底面呈八角形，长 2.16、宽 1.72、墓深 2.24 米。墓底为纯生土面。砖室分八壁，其墓门位于南壁中间（彩版一八三，2），宽 1.16 米，北壁宽 0.88 米，东、西壁宽 0.72 米，西南、东南壁宽 0.54 米，西北、东北壁宽 0.62 米，八壁高均为 0.50 米（彩版一八二，2）。每壁面均为条砖错缝平砌。墓壁上端置斗栱，斗栱之上有柱头枋、牙角、椽檐枋、瓦垄滴水。墓顶用条砖叠涩二十层至顶，最后用条砖盖顶。

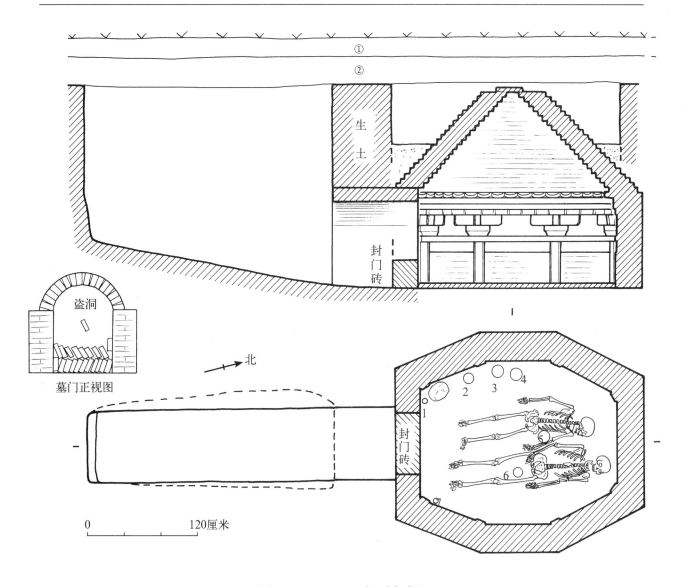

生土

封门砖

盗洞

墓门正视图

北

封门砖

0　　　　　　　　120厘米

图一四一　M38平、剖面图
1、7. 褐釉盏　2～4. 黑釉碗　5、6. 黑釉罐

（二）墓葬装饰

墓室内分为八壁。每壁间有倚柱一根，倚柱上端为阑额，阑额之上有一层普柏枋，普柏枋之上转角处各置斗栱一组，为一斗三升，均为转角铺作，共8组（彩版一八三，2），见表72～74。

表72　墓室倚柱、阑额、普柏枋详细尺寸

	倚柱	阑额	普柏枋
宽（厘米）	9	73	/
高（厘米）	44	12	6

表73　墓室转角铺作详细尺寸

	上宽	下宽	平高	敧高	总高	附注
栌斗（厘米）	26	22	5	5	10	斗敧内顠

表74　墓室转角铺作详细尺寸

	泥道栱	昂
长（厘米）	52	11
附注	栱端卷杀	琴面

斗栱之上为柱头枋，柱头枋上有牙角，牙角之上为橑檐枋，橑檐枋上有瓦垄滴水，滴水之上条砖叠涩至顶，见表75。

表75　墓室内柱头枋、牙角、橑檐枋、滴水详细尺寸

	柱头枋	牙角	橑檐枋	瓦垄
宽（厘米）	14	/	/	14
高（厘米）	6	6	6	4

（三）葬式葬具

墓室中有棺，仅在人骨底部发现少量棺底板残朽的粉沫。清理出人骨2具，头向北。判断东侧为男性，面向上，仰身直肢。西侧为女性，面向东，仰身直肢。骨骼保存较好。

（四）出土遗物

出土遗物共7件，瓷器7件。

1号褐釉盏位于墓室西南角，2、3、4号黑釉碗位于墓室西部，5号黑釉罐位于西侧人骨左股骨旁，6号黑釉罐位于东侧人骨左右股骨间，7号褐釉盏位于墓室东南角。

1. 瓷器

黑釉碗　标本M38：2，圆唇，敞口，弧腹，圈足。挖足过肩，内壁施釉近底部，中间点釉，外壁施釉至下腹部，近底部露胎。胎色青灰，胎质较粗，黑釉。口径17.4、足径6.4、高6.8厘米（图一四二，1；彩版一八四，1）。

黑釉碗　标本M38：3，圆唇，敞口，弧腹，圈足外撇。挖足过肩，内有鸡心钉。内壁施釉近下腹部，中间施点釉。外壁蘸釉至腹部，局部有流釉。胎质较粗，胎色泛土黄。口径18.0、足径7.6、高6.8厘米（图一四二，2；彩版一八四，2）。

黑釉碗　标本M38：4，圆唇，敞口，弧腹，圈足较大。挖足过肩。内壁施釉至下腹部，中

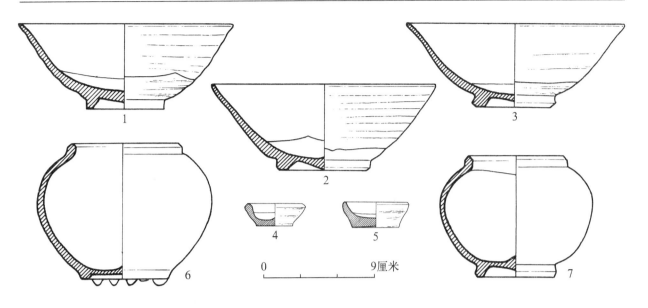

图一四二 M38 出土瓷器

1~3. 黑釉碗 M38：2、M38：3、M38：4 4、5. 褐釉盏 M38：1、M38：7 6、7. 黑釉罐 M38：6、M38：5

间点釉，唇部脱釉，局部有露胎现象。外壁施釉至腹部有流釉现象。胎质较粗，褐釉。口径 17.8、足径 7.0、高 6.6 厘米（图一四二，3）。

褐釉盏 标本 M38：1，圆唇，敛口，曲腹，平底。内壁唇部以下施褐釉，内底微凹。胎质较粗，胎色土黄。口径 4.4、底径 3.0、高 1.8 厘米（图一四二，4；彩版一八四，3）。

褐釉盏 标本 M38：7，圆方唇，敞口，曲腹，平底。内底施酱褐色釉，内壁有刮削痕迹。胎质较粗，胎色灰黄。口径 5.1、底径 3.8、高 2.0 厘米（图一四二，5；彩版一八四，4）。

黑釉罐 标本 M38：6，圆唇，直口，鼓腹，圈足。罐体内外壁均施釉，口沿处釉料被刮去，内底有黏砂痕迹。足床上釉料被刮去，黏有砂石。胎质较粗，口径 8.6、足径 7.2、高 10.8 厘米（图一四二，6；彩版一八四，6）。

黑釉罐 标本 M38：5，方圆唇，直口，鼓肩，弧腹，圈足略外撇，足内黏有砂石粒，被釉覆盖，足床局部露胎。内壁施满釉，近口沿处釉被刮去。外壁蘸釉至口沿处，口沿局部有流釉现象。胎色土黄。口径 7.8、足径 6.8、高 9.6 厘米（图一四二，7；彩版一八四，5）。

第六章　团城南区

团城南发掘区位于团城村虢义河南约100米处，共发现墓葬11座，分别是M24、M25、M26、M27、M28、M29、M30、M31、M32、M33、M34（图一四三）。

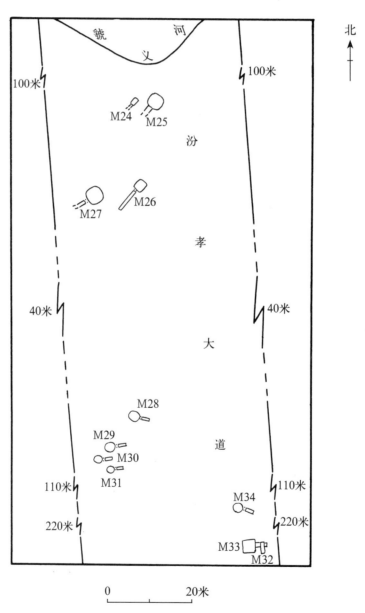

图一四三　团城南区墓葬分布图

一　M24

M24（08FXM24）位于团城南区北部，东南邻 M25，开口于第②层下。2008 年 7 月 11 日按墓葬所处位置布方发掘。该墓为土洞室墓。找到墓口后，首先挖墓室顶部至室内，经清理发现墓顶前高后低，近墓底清理人骨 2 具，随葬品 1 件。墓底平坦。未发现封门。墓道为长方形，未发掘。清理完毕，照相、绘图、采集随葬品。7 月 12 日发掘结束。

（一）墓葬形制

M24 是一座土洞室墓。由墓道、墓门、墓室组成（图一四四）。方向 225°。洞室顶部前高后低，墓壁整齐，墓底平坦。

墓道　位于墓室西南部，未发掘。

墓门　呈拱形，高 0.82、宽 0.61 米。

墓室　呈长方形，长 1.95 ～ 2.05、宽 1.20、墓残深 0.95 米。回填土为淤土。

（二）葬式葬具

墓室中未发现葬具。清理出人骨 2 具，已散乱。头向南。判断东侧为男性，面向上。西侧

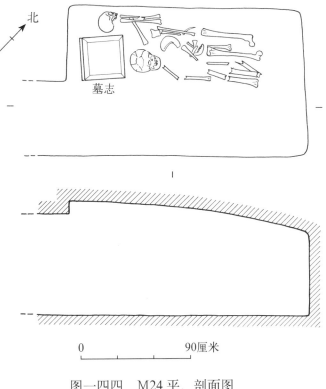

图一四四　M24 平、剖面图

为女性，面向西。均属二次葬，为夫妇合葬墓。

（三）出土遗物

遗物仅墓志 1 块，出土于墓室西南部。

墓志　标本 M24 : 1，模制，制作规整。砖质。平面呈正方形，志盖为盝顶。墓志内容书写于方砖之上，但经水浸，漫漶不清，无法辨认。长 34.0、宽 34.0、厚 12.0 厘米（图一四五）。

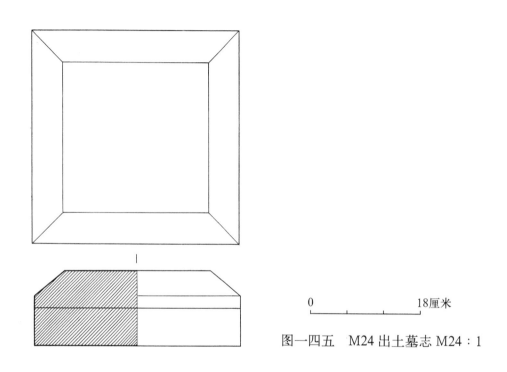

0　　　　　　　　18厘米

图一四五　M24 出土墓志 M24 : 1

二　M25

M25（08FXM25）位于团城南区北部，西邻 M24，开口于第②层下。2008 年 7 月 11 日按墓葬所处位置布方发掘。该墓为砖室墓。为保护文物安全，找到墓口后，首先发掘墓室土圹内填土，该砖室墓顶部已塌毁，墓室内填满淤土、砖块。清理出土瓷器 2 件。墓室平面为圆角方形，墓壁条砖垒砌，无装饰。近墓底清理人骨 1 具，陶器 4 件。墓底条砖铺底。之后照相、绘图、采集随葬品。7 月 15 日发掘结束。

（一）墓葬形制

M25 是一座圆角方形弧边券顶砖室墓。由墓道、墓门、甬道和墓室组成（图一四六；彩版一八五，1）。方向 220°。所用条砖长 37、宽 19、厚 6 厘米。

墓道　位于墓室南部，墓道根据开口线划出形状，为长方形，未发掘。

墓门　呈拱形，高 1.05、宽 0.60、距墓口 1.28 米。距墓底 0.91 米起券，券高 0.14 米。未发现封门砖。

甬道　呈拱形，长 0.37、宽 0.60、高 1.05 米。甬道壁条砖垒砌。底面纯生土，较平整。

墓室　土圹平面呈圆角方形，东西径 3.17、南北径 3.10 米，直壁。砖室底面东西长 2.35、南北宽 2.23 米。墓深 2.32 米。条砖错缝铺底。墓壁用条砖采用"三卧一丁"砌成，共三组。墓顶已塌毁。根据残留垒砌方式，推测应为攒尖顶。墓室内被淤土、砖块填满。

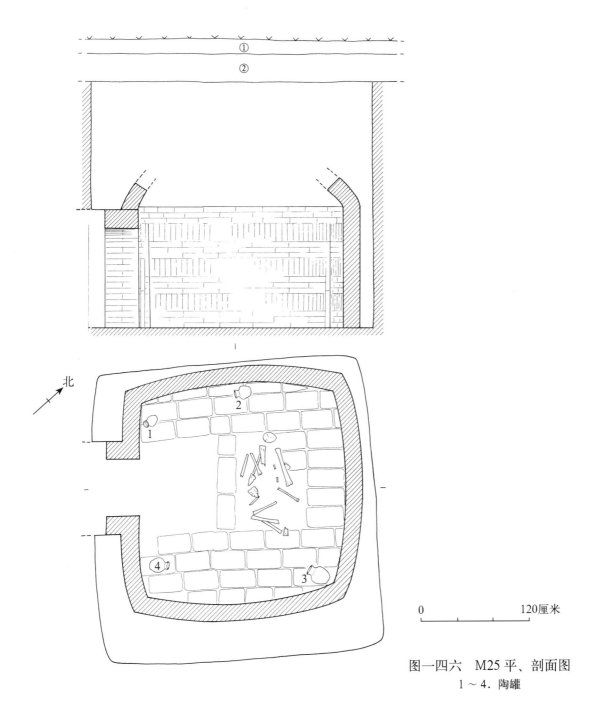

图一四六　M25 平、剖面图

1～4. 陶罐

（二）葬式葬具

墓室中未发现葬具。清理出人骨1具，已散乱。头向西，面向不详。判断为男性，属二次葬。骨骼保存较差。

（三）出土遗物

出土遗物共6件，陶器4件、瓷器2件。

01号白釉碗、02号青釉轴顶钵出土于墓室填土内，1号陶罐位于墓室西南角，2号陶罐位于墓室中西部，3号陶罐位于墓室东北角，4号陶罐位于墓室东南角。

1. 陶器

陶罐　标本M25：1，泥质灰陶。扁圆唇，敞口，窄折沿，高领内曲，圆肩，鼓腹，下腹弧收至小平底。最大径在上腹部。腹施凹弦纹一周。口径10.6、底径13.2、高28.0厘米（图一四七，1；彩版一八五，2）。

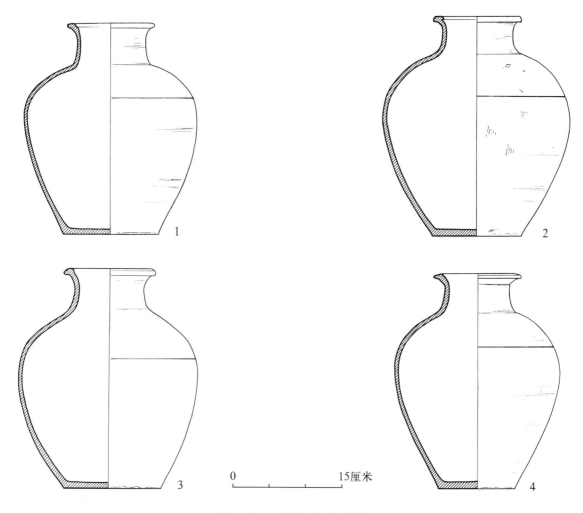

0　　　　　　　　　15厘米

图一四七　M25出土陶罐

1～4. 陶罐 M25：1、M25：2、M25：3、M25：4

　　陶罐　标本 M25：2，泥质灰陶。扁圆唇，敞口，窄折沿，高领内曲，圆肩，鼓腹，下腹弧收至小平底。最大径在上腹部。腹施凹弦纹一周。口径 10.6、底径 12.0、高 29.0 厘米（图一四七，2；彩版一八五，3）。

　　陶罐　标本 M25：3，泥质灰陶。扁圆唇，敞口，窄折沿，高领内曲，圆肩，鼓腹，下腹弧收至小平底。最大径在上腹部。腹施凹弦纹一周。口径 10.8、底径 13.2 高 29.2 厘米（图一四七，3）。

　　陶罐　标本 M25：4，泥质灰陶。扁圆唇，敞口，窄折沿，高领内曲，圆肩，鼓腹，下腹弧收至小平底。最大径在上腹部。腹施凹弦纹一周。口径 9.6、底径 10.4、高 28.6 厘米（图一四七，4）。

2. 瓷器

　　青釉轴顶钵　标本 M25：02，平面为六角形，斜方唇，内壁圆滑，近平底。外壁斜收，上施四周瓦棱纹。外底平坦。口沿及外底内不施釉。器壁较厚，内部光滑，使用痕迹明显。最大口径 18.4、底径 11.6、高 5.8 厘米（图一四八，2；彩版一八五，5）。

　　白釉碗　标本 M25：01，残。圆唇，侈沿略折，斜腹急收，小圈足略外撇。足床外高内低，外部棱角被刮掉。内壁先施化妆土，再施透明釉，内底略平，留有三个支烧痕。外壁先施化妆土至下腹部，再施透明釉。白釉泛黄，素面。口径 19.6、足径 7.6、高 6.2 厘米（图一四八，1；彩版一八五，4）。

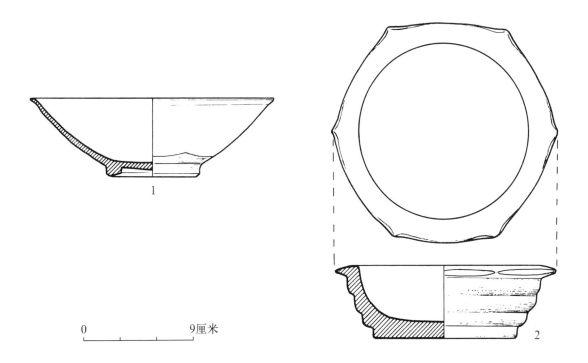

0 _____ 9厘米

图一四八　M25 出土瓷器

1. 白釉碗 M25：01　2. 青釉轴顶钵 M25：02

三　M26

M26（08FXM26）位于团城南区北部，西邻 M27，开口于第②层下。2008 年 7 月 11 日按墓葬所处位置布方发掘。该墓为砖室墓。找到墓口后，为保护文物安全，首先发掘墓室，后发掘墓道。挖墓顶土圹内填土找到土圹适当位置，清理墓顶后，照相、绘图。再将该砖室墓顶部分砖揭去，清理墓室内淤土，清理过程中发现墓壁条砖垒砌，清理墓室下部时发现有棺床。清理人骨 4 具，清理出土随葬品 9 件。墓底局部铺条砖。接着发掘墓道，清理土质斜坡墓道直至墓门。清理甬道之后，照相、绘图、采集随葬品。7 月 24 日发掘结束。

（一）墓葬形制

M26 是一座圆角方形弧攒尖顶砖室墓。由墓道、墓门、甬道和墓室组成（图一四九、一五〇；彩版一八六，1）。方向 220°。所用条砖长 34、宽 17、厚 6 厘米。

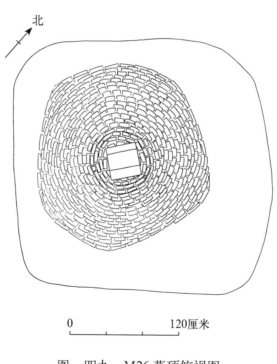

北

0　　　　　120厘米

图一四九　M26 墓顶俯视图

墓道　位于墓室南部，长条形斜坡状。上口长 5.06、宽 0.78 ～ 0.90 米，口距地面深 0.60 米，底坡长 5.68 米，坡度 25° ～ 30°。下端宽 0.90、自深 2.50 米。填土为五花土，未经夯打，比较松软。

墓门　呈拱形，高 1.14、宽 0.48、距墓口 1.36 米，距墓底 1.02 米起券，券高 0.28 米。用土坯封门。存在二次封门现象（彩版一八六，2）。

甬道　呈拱形，连接墓道与墓室，并伸入墓室内 0.73、总长 1.70、宽 0.64 米，甬道底面比

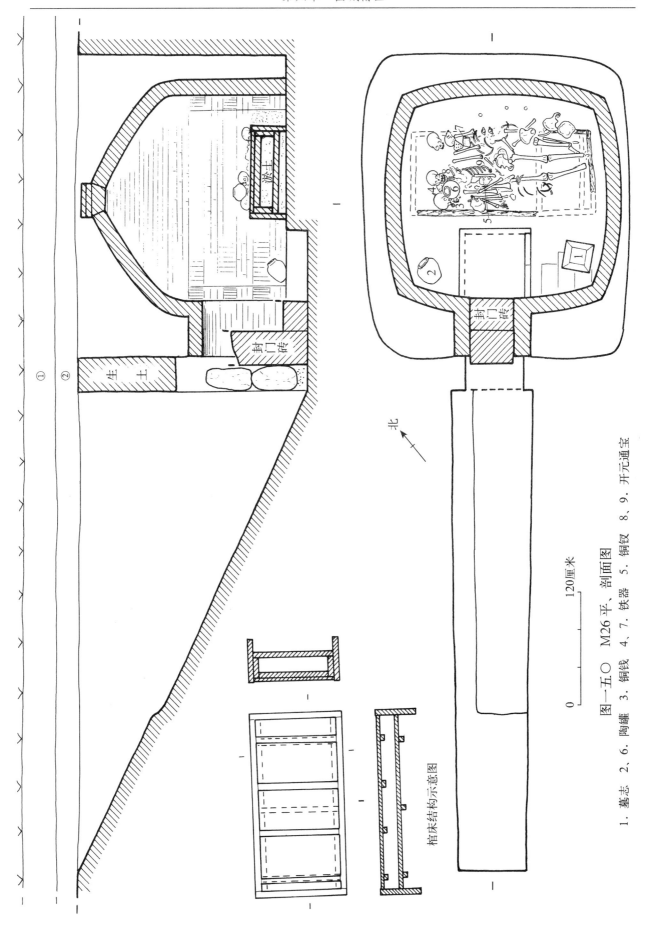

图一五〇　M26 平、剖面图

1. 墓志　2、6. 陶罐　3. 铜钱　4、7. 铁器　5. 铜钗　8、9. 开元通宝

墓室底面低 0.24 米，甬道壁用条砖垒砌。底面平坦，中间铺条砖。

墓室　土圹平面呈圆角方形弧边，东西径 3.36、南北径 3.20 米，直壁。砖室平面呈圆角方形弧边，东西长 2.24、南北宽 2.16 米，墓残深 2.32 米。墓室北部设棺床，呈长方形，箱状，已严重腐朽（彩版一八七，1、2）。仅在床的东边发现有间距不等的直径为 0.03 米左右的竖棍痕迹，疑为床边的围栏痕迹。墓主人平放于床面上。床高 0.46、长 1.96、宽 0.99 米（彩版一八八，1），各连接部分用铁钉组合。仅在东南角和棺床下局部用条砖铺底。大部分地面为生土地面。墓壁东、西、北三壁均采用"三卧一丁"砌筑（即三层平砖一层立砖叠砌而成），共三组。从第四组第二层平砖起，四角向内叠涩三层后内收成圆形。墓顶从四角叠涩成圆形后内收成圆锥形，墓顶先用梯形砖插入内收的圆形封顶中间，后用两层平砖压在立插梯形砖之上。墓室内被淤土填满。

（二）葬式葬具

墓室中发现用木棺床为葬具。清理出人骨 4 具，较散乱。3 具成年人头向西，面向上。另一具小孩颅骨破碎，面向不详。中间人骨推测为男性，仰身直肢。南、北侧人骨推测为女性，为二次葬。小孩骨骼散乱，性别、葬式不详。保存较差。

（三）出土遗物

出土遗物共 9 件，陶器 2 件、墓志 1 方、铜器 1 件、铜钱 3 枚、铁器 2 件。

1 号墓志位于墓室东南角，2 号陶罐位于墓室西南角，3 号铜钱位于南侧人骨口内，4 号铁器位于南侧人骨颅骨下，5 号铜钗位于南侧人骨尺骨处，6 号陶罐位于南侧人骨与中间人骨下颌部，7 号铁器位于北侧人骨肋骨上，8 号铜钱位于中间人骨口内，9 号铜钱位于中间人骨左侧肋骨下。

1. 陶器

陶罐　标本 M26：2，泥质灰陶，表面陶色不均匀。圆唇，敛口，口内侧有凹槽一周，卷沿，沿面圆凸，有颈，圆肩，鼓腹，下腹弧曲，收至平底。最大径在上腹部。有凹弦纹一周。口径 13.2、底径 15.6、高 24.2 厘米（图一五一，1；彩版一八八，2）。

陶罐　标本 M26：6，泥质灰陶，陶色不均匀。圆唇，敛口，卷沿，圆肩，弧腹，下腹弧收至平底。最大径在上腹部。腹有凹弦纹一周，近底部有划痕。口径 11.0、底径 10.6、高 19.0 厘米（图一五一，2；彩版一八八，3）。

墓志　标本 M26：1，泥质深灰陶。平面呈正方形，志盖为盝顶，用双勾线作边框，边框左上角画梅花式圆点，右上角画四个圆点，右下角也相对有圆点四个。四角间勾勒简易云纹。边框内用十字分格，篆书"阎君墓志"四个大字。模制。墓志制作规整。长 31.0、宽 31.0、厚 12.0 厘米（图一五一，3；彩版一八八，4、5）。

2. 铜器

铜钗　标本 M26：5，略残，模制，捶打。整体呈"U"形，器身呈圆柱形，尖部细长，尾端粗钝，表面轻微腐朽。长 11.5、直径 0.20 厘米（图一五二，1）。

开元通宝　标本 M26：8，圆形方孔。直径 2.5、孔径 0.7 厘米（图一五二，2）。

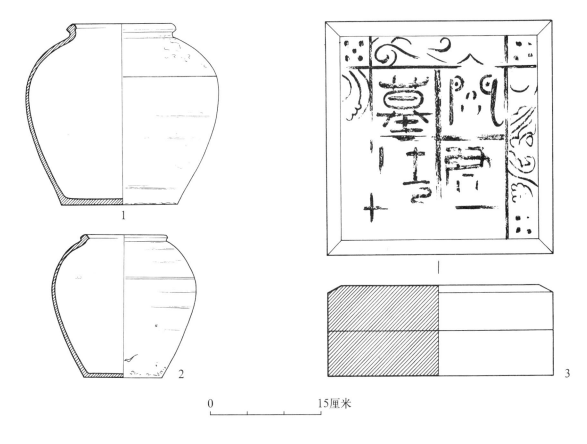

0　　　　　　　　15厘米

图一五一　　M26 出土陶器
1、2.陶罐 M26：2、M26：6　3.墓志 M26：1

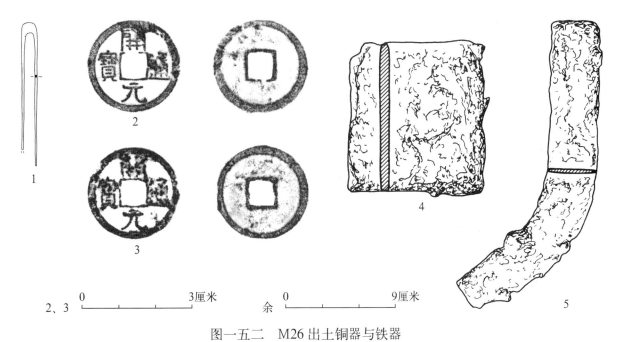

2、3　0　　　　　3厘米　　　　余　0　　　　　9厘米

图一五二　　M26 出土铜器与铁器
1.铜钗 M26：5　2、3.开元通宝 M26：8、M26：9　4、5.铁器 M26：7、M26：4

开元通宝　标本 M26：9，圆形方孔。直径 2.5、孔径 0.6 厘米（图一五二，3）。

铜钱　标本 M26：3，残，圆形方孔。表面锈蚀，钱文不识。直径 2.5、孔径 0.7 厘米。

3. 铁器

铁器　标本 M26：4，残，略呈弧形。表面锈蚀严重。残长 22.5、残宽 4.0、残厚 0.4 厘米（图一五二，5）。

铁器　标本 M26：7，外形呈正方形。表面锈蚀，三边较齐整，其另一边呈锯齿状。长 11.8、宽 11.0、厚 0.8 厘米（图一五二，4）。

四　M27

M27（08FXM27）位于团城南区北部，东邻 M26，开口于第②层下。2008 年 7 月 11 日按墓葬所处位置布方发掘。该墓为砖室墓。找到墓口后，发现墓顶早期被毁。找到土圹原始边适当位置，发现墓室东北部外侧有盗洞一处。墓室内填土土色花杂，碎砖较多，清理过程中发现墓壁条砖平砌部分已经破坏怠尽，近墓底仅剩腐朽严重的极少量人骨及一些较碎的陶片。墓底局部铺半砖。破坏较严重。墓道未发掘。之后照相、绘图、采集碎陶片。7 月 21 日发掘结束。

（一）墓葬形制

M27 是一座圆角方形弧边砖室墓。由墓道、墓门、甬道和墓室组成（图一五三）。方向 225°。所用条砖长 27、宽 19、厚 6 厘米。

墓道　位于墓室南部，未发掘。

墓门　用条砖垒砌而成，顶已毁。残高 1.52、宽 0.80、距墓口 1.92 米。未发现封门砖。

甬道　顶部已毁，伸入墓室内，比墓室底面低 0.19 米，平面呈梯形状，墓道壁用条砖立砌。墓室铺底砖压在立砖上，甬道底面为生土面。

墓室　土圹平面呈圆角方形弧边，东西径 4.28、南北径 3.98 米。砖室平面呈圆角方形弧边，东西长 3.62、南北宽 3.36 米，墓深 3.36 米（彩版一八九，1）。条砖局部铺底。墓壁东、西、北三壁均采用"三卧一丁"砌筑（即三层平砖一层立砖叠砌而成）。四角各立一块竖向砖块。现残存直壁高度 0.34～0.44 米，墓壁上端残损，东北角有盗洞一处，墓顶被完全损毁。填土内为花土及碎砖块。

（二）葬式葬具

因早期被盗，加之后期被破坏，墓室内未发现葬具。人骨腐朽严重，朽痕较乱。只能推测人骨为 2 具。头向、面向、性别、葬式均不详。

（三）出土遗物

仅剩陶器碎片，经拼对也无法复原。

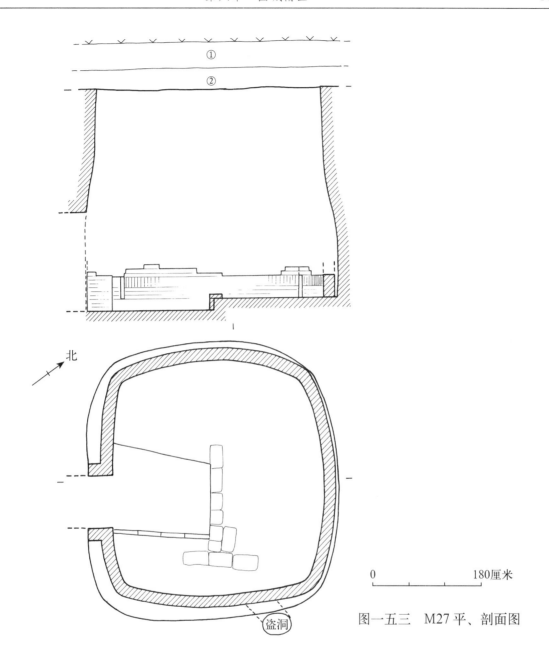

①

②

北

盗洞

0 ⊢━━━━━━━━━━ 180厘米

图一五三　M27 平、剖面图

五　M28

　　M28（08FXM28）位于团城南区中部。西南邻 M29，开口于第②层下。2008 年 7 月 15 日按墓葬所处位置布方发掘。该墓为砖室墓。找到墓口后，为保护文物安全，首先发掘墓室土圹内填土，该砖室墓顶部已塌毁，找到土圹原始边后，分层清理墓室内淤土。墓壁上端有简易装饰。近墓底清理人骨 3 具，随葬品 5 件。墓底为生土面。接着清理土质墓道，近底部先斜坡后平缓至墓门。封门砖仅有二层条砖。清理完毕之后，照相、绘图、采集随葬品。7 月 23 日发掘结束。

（一）墓葬形制

M28 是一座小型不规则八角形砖室墓。由墓道、墓门、甬道和墓室组成（图一五四）。方向100°。所用条砖规格有两种，其一种长29、宽14、厚5厘米。另一种长30、宽15、厚5厘米。

墓道　位于墓室东部，长方形竖井式，口底同宽。上口长1.80、宽0.70～0.86、口距地面深0.66～0.96米，底坡长1.50、下端宽0.70～0.86、自深1.70～2.20米。墓道为直壁，较整齐，底部有一段1.50米长的斜坡至墓门。填土土色花杂，土质较松软。

墓门　呈拱形，高0.86、宽0.64、距墓口0.96米。墓门用条砖垒砌，距墓底0.52米起券，券高0.34米。拱顶上端装滴水形瓦，左、右各三块，之上隔一层平砌条砖后砌三块滴水瓦。现仅残留二层条砖整齐排列于墓门口做封门，其第一层有11块，第二层有9块，其余封门砖未发现。

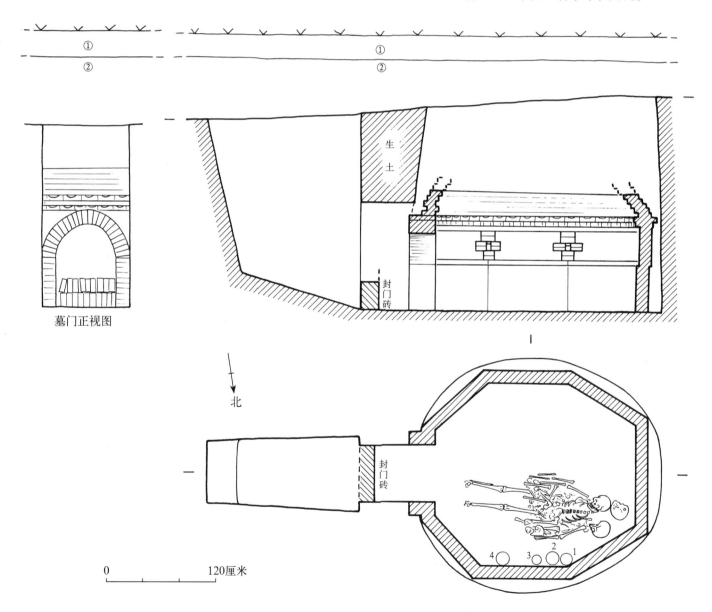

图一五四　M28 平、剖面图
1～4. 黑釉碗

甬道 呈拱形，长 0.86、宽 0.64、高 0.86 米。近墓室处用条砖券成拱顶，其余靠墓道端为土洞。底面纯生土，较平坦。

墓室 土圹平面呈椭圆形，东西径 2.62、南北径 2.68 米，整体不规则。砖室底面呈八角形，长 2.40、宽 2.06 米（彩版一八九，2）。墓深 2.32 米。纯生土底面。墓壁分为八壁，其中西壁宽 1.12 米，南壁宽 0.96 米，西北、西南壁宽 0.90 米，北壁宽 1.0 米，东北壁宽 0.76 米，东南壁宽 0.80 米，南壁宽 0.92 米，八壁高均为 0.90 米。壁面条砖垒砌，转角处上端各有砖块拼砌成简易斗栱，以加固各角连接。简易斗栱的垒砌方法：下面两块平置条砖，顶面两块平置条砖，两侧各有两块平置条砖中间夹有一块竖向条砖而组成，微向外突出。斗栱之上平砌一层条砖后，再砌出一层牙角砖，之上为滴水，滴水表面涂白色，滴水之上平砌五层条砖叠涩顶部。顶部早期已塌毁，墓室内填满淤土。简易斗栱无法做表统计，仅公布实测数据为：简易斗栱宽 0.28、高 0.32 米。牙角宽 0.04、厚 0.04 米。滴水宽 0.16、厚 0.06 米。

（二）葬式葬具

墓室中未发现葬具。清理出人骨 3 具，头向西，判断中间人骨为男性，仰身直肢，面向上。南侧、北侧为女性，均为二次葬，面向东。骨骼局部被水移位，但保存较好。

（三）出土遗物

出土遗物共瓷器 6 件。

1～4 号黑釉碗位于墓室北部，5 号（5-1、5-2）黑釉盏位于墓室西北角滴水之上。

黑釉碗 标本 M28：1，口部略残。圆唇，敞口，斜腹略弧，矮圈足，足床内高外低，挖足较浅，有较小的鸡心钉。内壁施釉近底部，底无釉，中心底部微凹施点釉。外壁施釉至腹中部，下腹无釉，有流釉现象。器身有拉坯留下的凸弦棱。器形较规整，胎质较粗。口径 17.6、足径 6.6、高 7.0 厘米（图一五五，1；彩版一九〇，1）。

黑釉碗 标本 M28：2，圆唇，敞口，弧腹，矮圈足。挖足略过肩，中心形成鸡心钉。内壁施半釉，底中心微凹。外壁施釉至下腹部，有流釉现象。器身有拉坯留下的凸弦棱。器形较规整，胎质较细。口径 17.8、足径 6.2、高 6.6 厘米（图一五五，2；彩版一九〇，2）。

黑釉碗 标本 M28：3，口部略残。圆唇，敞口，斜腹，矮圈足，足床内高外低，挖足较浅，有较小的鸡心钉。内壁施釉近底部，底无釉，中心底部微凹，施点釉。外壁施釉至腹中部，下腹无釉，有流釉现象。器身有拉坯留下的凸弦棱。制作粗糙，胎质较粗。口径 17.6、足径 6.6、高 7.0 厘米（图一五五，3；彩版一九〇，3）。

黑釉碗 标本 M28：4，圆唇，敞口，斜腹略弧，矮圈足。足床内高外低，挖足过肩，有较小的鸡心钉。内外壁蘸釉至下腹部，有流釉现象。器身有拉坯留下的凸弦棱。胎质粗糙。口径 17.4、足径 6.2、高 6.6 厘米（图一五五，4；彩版一九〇，4）。

黑釉盏 标本 M28：5-1，圆唇，敞口，曲腹，平底。外壁及底部有刮抹痕，内壁施黑釉。外壁及底部无釉。胎质较粗，胎色略青。口径 5.2、底径 3.6、高 1.8 厘米（图一五五，5；彩版一九〇，5）。

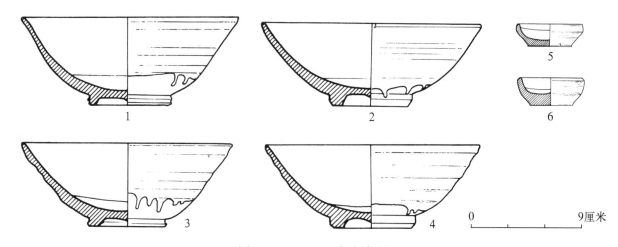

图一五五　M28 出土瓷器

1～4.黑釉碗 M28：1、M28：2、M28：3、M28：4　5、6.黑釉盏 M28：5-1、M28：5-2

黑釉盏　标本 M28：5-2，圆唇，直口，弧腹，平底。内底凸起，有刮抹痕。内壁施黑釉，较光滑。外壁及底部无釉。胎质粗糙。口径 5.0、底径 3.4、高 2.2 厘米（图一五五，6；彩版一九○，5）。

六　M29

M29（08FXM29）位于团城南区中部，东北邻 M28，开口于第②层下。2008 年 7 月 15 日按墓葬所处位置布方发掘。该墓为砖室墓。为保护文物安全，找到墓口后，清理墓室顶部填土，首先找到土圹原始边后，清理墓顶，照相、绘图之后将墓顶部分砖揭去，分层清理墓室内淤土。清理过程中发现墓壁上有简易仿木砖雕装饰。近墓底清理人骨 2 具，随葬品 2 件。墓底为生土面。接着清理土质墓道，近底部先斜坡后平缓至墓门。封门砖只有底部部分未被移动，大部分被毁掉，应为二次入葬时所致。清理完毕之后，照相、绘图、采集随葬品。7 月 23 日发掘结束。

（一）墓葬形制

M29 是一座小型叠涩穹隆顶砖室墓（彩版一九一，1、2）。由墓道、墓门、甬道和墓室组成（图一五六、一五七）。方向 78°。所用条砖长 29、宽 14、厚 5.5 厘米。

墓道　位于墓室东部，长方形竖井式。上口长 1.80、宽 0.70～0.85、口距地面深 0.55 米，底略呈斜坡，长 1.76、下端宽 0.85、自深 1.94～2.76 米。墓道壁较整齐，底部有一段 1.76 米长的斜坡至墓门。填土土色花杂，土质较松软。

墓门　呈拱形，高 0.94、宽 0.85、距墓口 1.48 米。条砖垒砌，距墓底 0.80 米起券，券高 0.14 米。封门砖仅残存底部，其余被毁掉。

甬道　呈拱形，长 1.10、宽 0.50～0.86、高 0.94 米。近墓室一端用条砖券砌 0.30 米长，靠墓道一端长 0.80 米为土洞。底面纯生土，较平坦。

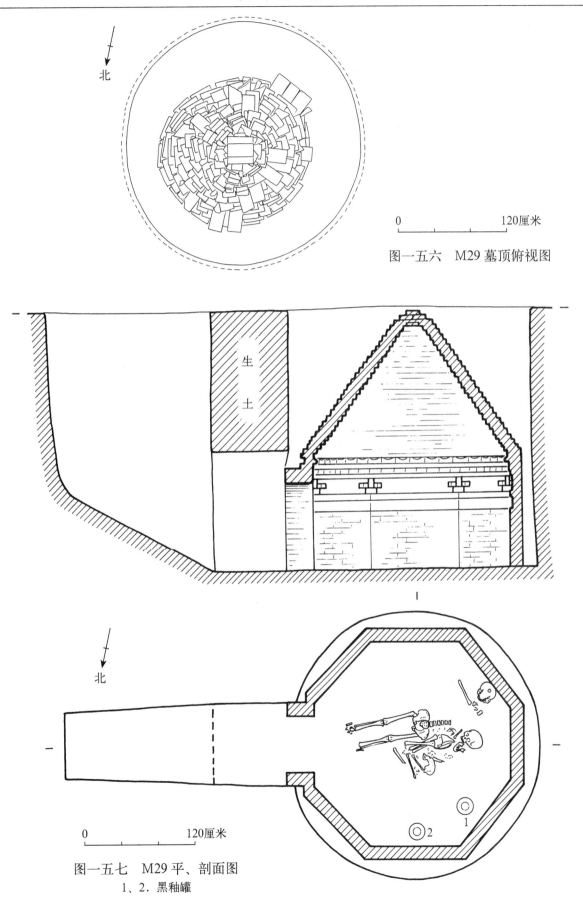

图一五六　M29 墓顶俯视图

0　　　　120厘米

图一五七　M29 平、剖面图
1、2. 黑釉罐

墓室　土圹平面呈椭圆形,东西径2.64、南北径2.68米,圹壁呈袋状。砖室底面呈八角形,长2.18、宽2.16米(彩版一九二,1)。墓深2.80米。纯生土底面。墓壁分为八壁,其中东壁居墓门端宽0.88米,西壁宽0.76米,西北、西南壁宽0.90米,南、北壁宽1.0米,东北、东南壁宽0.88米,八个壁面高均为0.82米。壁面条砖垒砌,距墓底0.64米处,外凸两层条砖形成阑额。后又内收一层为普柏枋,之上转角处上端各有砖块拼砌成简易斗栱(彩版一九二,2、一九三,1),以加固各角连接。简易斗栱的砌作方法为:两侧各有两块条砖中间夹有一块竖向条砖而组成,微向外突出。简易斗栱表面涂抹白色,共8组,均为转角铺作。斗栱之上为一层柱头枋,柱头枋上有牙角一层,牙角上有橑檐枋,橑檐枋之上有滴水一周。

滴水之上用条砖叠涩27层至墓顶,最后用条砖盖顶。墓室内充满淤土,见表76~78。

表76　墓室转角铺作详细尺寸

	宽	高	附注
栌斗(厘米)	12	6	简易丁砖
散斗(厘米)	4	4	简易丁砖

表77　墓室转角铺作详细尺寸

	耍头
长(厘米)	10
附注	琴面

表78　墓室内柱头枋、牙角、橑檐枋、滴水详细尺寸

	柱头枋	牙角	橑檐枋	滴水
宽(厘米)	14	8~14	/	16
高(厘米)	5	5	6	6

(二)葬式葬具

墓室中未发现葬具。清理出人骨2具,头向西,判断南侧为男性,仰身直肢葬,上肢骨骼移位。北侧为女性,为二次葬,面向上。两具骨骼下有较多木炭块。骨骼保存较差。

(三)出土遗物

遗物仅瓷器2件。

1号黑釉罐位于墓室西北部,2号黑釉罐位于墓室北部(彩版一九三,2)。

黑釉罐　标本M29:1,略残。圆唇,直口,圆肩,鼓腹,圈足较高。挖足较深,足床内高外低,底部中心形成鸡心钉。内壁施全釉。外壁从口以下至下腹部施黑釉,口沿处釉料被刮去,肩部至

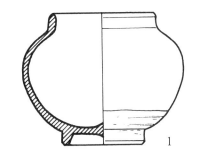

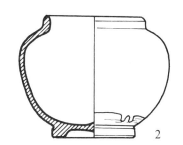

图一五八　M29 出土黑釉罐
1、2. 黑釉罐 M29：1、M29：2

底部施半釉，口上有黏砂现象。胎质较粗。口径 8.2、足径 6.8、高 10.6 厘米（图一五八，1；彩版一九三，3）。

黑釉罐　标本 M29：2，略残。圆唇，直口，鼓腹，圈足略高。足床内高外低，挖足较浅，有鸡心钉。内壁施全釉至底，但不均匀。外壁施釉至下腹部，有流釉现象，口部釉被刮掉。口径 7.8、足径 6.8、高 9.6 厘米（图一五八，2；彩版一九三，4）。

七　M30

M30（08FXM30）位于团城南区中部，东邻 M29，开口于第②层下。2008 年 7 月 15 日按墓葬所处位置布方发掘。该墓为砖室墓。为保护文物安全，找到墓口后，清理墓室顶部填土，首先找到土圹原始边后，清理墓顶、照相、绘图之后将墓顶部分砖揭去，分层清理墓室内淤土。清理过程中发现墓壁上端有简易斗栱作为装饰，近墓底清理人骨 2 具，随葬品 4 件。墓底用条砖铺设。接着清理土质墓道，近底部先斜坡后平缓至墓门。未发现封门。清理完毕之后，照相、绘图、采集随葬品。7 月 22 日发掘结束。

（一）墓葬形制

M30 是一座小型叠涩穹隆顶砖室墓。由墓道、墓门、甬道和墓室组成（图一五九、一六〇）。方向 85°。所用条砖长 33、宽 16、厚 5 厘米。

墓道　位于墓室东部，长方形竖井式。口底同宽，上口长 1.80、宽 0.70、口距地面深 0.54 米。底略呈斜坡，长 1.86、下端宽 0.70、自深 1.58～2.20 米。墓道壁较整齐，填土花杂，土质较松软。

墓门　呈拱形，高 0.70、宽 0.70、距墓口 1.20 米。条砖垒砌，距墓底 0.50 米起券，券高 0.20 米。未发现封门砖。

甬道　呈拱形，长 0.74、宽 0.49～0.70、高 0.70 米。近墓室一端用条砖券砌 0.33 米长，靠墓道一端 0.41 米长为土洞。底面纯生土，较平坦。

墓室　土圹平面呈圆形，东西径 2.50、南北径 2.66 米，圹壁略呈袋状（彩版一九四，1）。

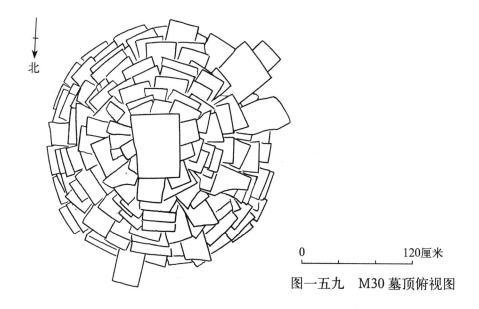

图一五九　M30 墓顶俯视图

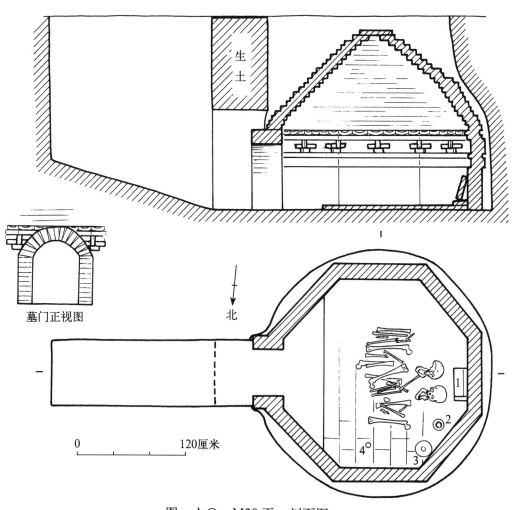

图一六〇　M30 平、剖面图

1. 买地券　2. 黑釉罐　3. 黑釉碗　4. 褐釉盏

砖室底面呈八角形，长 2.0、宽 2.0 米。墓深 2.08 米。铺底砖从进入墓室向西 0.44 米处开始采用条砖错缝平铺。墓壁分为八壁，东壁居墓门一端，其宽 0.74 米，西壁宽 0.76 米，南、北壁宽 0.86 米，西北、西南壁宽 0.80 米，东北、东南壁宽 0.86 米，每壁高均为 0.85 米。墓壁除墓门所居之面，其余七壁首先用条砖平砌九层，后外出二层为阑额，又内收一层后外出二层为普柏枋，在此三层内的各转角处用砖块拼对成简易斗栱，以连接加固墓壁，斗栱之上为橑檐枋，橑檐枋上有滴水一周，滴水之上用二十层条砖叠涩至顶，最后条砖盖顶。墓室内充满淤土。

（二）墓葬装饰

墓室内上端转角处各有简易斗栱 1 组，共 8 组。均为转角铺作。斗栱表面涂白色。斗栱之上为橑檐枋，厚 6.0 厘米，橑檐枋之上为滴水，滴水宽 14.0、厚 4.0 厘米。斗栱之上为橑檐枋，橑檐枋之上为滴水，滴水之上为墓室顶部，见表 79 ~ 81。

表79　墓室转角铺作详细尺寸

	宽	高	附注
栌斗（厘米）	10	4	简易丁砖
散斗（厘米）	6	4	简易丁砖

表80　墓室转角铺作详细尺寸

	耍头
长（厘米）	10
附注	琴面

表81　墓室内橑檐枋、滴水详细尺寸

	橑檐枋	滴水
宽（厘米）	/	14
厚（厘米）	6	4

（三）葬式葬具

墓室中未发现葬具。清理出人骨 2 具，头向西，判断南侧为男性，面向北，北侧为女性，面向东。均属二次葬。骨骼下有较多木炭块，骨骼保存较好（彩版一九四，2）。

（四）出土遗物

出土遗物共 4 件，瓷器 3 件、买地券 1 块。

1 号买地券位于墓室西壁底部，2 号黑釉罐、3 号黑釉碗位于墓室西北部，4 号褐釉盏位于墓室北部。

1. 陶器

买地券　标本 M30：1，砖制，侧立于墓室西壁，墓主人头上部。表面用方砖粗磨而成，再用朱砂等红色颜料书写，因长久在水中浸泡，文字已漫漶不清。长 33、宽 33、厚 5 厘米。

2. 瓷器

黑釉碗　标本 M30：3，略残。圆唇，沿外侈，敞口，弧腹斜收，圈足较高。足床内高外低，形成较深鸡心钉。内壁施满釉，底部刮有涩圈。外壁施釉至下腹，有流釉现象。器形规整，制作精细，釉色均匀且光亮，胎质较粗。口径 16.6、足径 5.8、高 6.8 厘米（图一六一，1；彩版一九五，1）。

褐釉盏　标本 M30：4，圆唇，敞口，斜腹，平底略凹。内壁至底部施褐釉，外壁及底部有刮抹痕。胎质较粗，胎色红褐。口径 5.0、足径 3.1、高 2.0 厘米（图一六一，2；彩版一九五，2）。

黑釉罐　标本 M30：2，圆唇，直口，口下用刀削过，束颈，圆肩，鼓腹，圈足较矮。挖足较深，足床内高外低，有四个支烧痕，底部中心形成鸡心钉，底心墨书一字，不能辨识。内壁施全釉，底心略凹有凸钉，并有黏砂。外壁施釉至下腹处，器形规整，黑釉均匀且光亮，胎质较粗。口径 7.6、足径 5.6、高 8.6 厘米（图一六一，3；彩版一九五，3、4）。

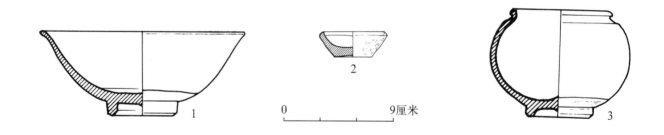

图一六一　M30 出土瓷器

1. 黑釉碗 M30：3　2. 褐釉盏 M30：4　3. 黑釉罐 M30：2

八　M31

M31（08FXM31）位于团城南区中部，北邻 M30，开口于第②层下。2008 年 7 月 15 日按墓葬所处位置布方发掘。该墓为砖室墓。为保护文物安全，找到墓口后，首先发掘墓室土圹内填土，发现该墓顶已不存在，早期已破坏。找到土圹原始边后，分层清理墓室内淤土。发现墓壁仅局部残存。近墓底清理人骨 1 具，随葬品 2 件。墓底为生土面。接着清理土圹墓道，近底部先斜坡后平缓至墓门。条砖封门，较散乱。清理甬道后，照相、绘图、采集随葬品。7 月 20 日清理墓底后，未发现其他遗物，发掘结束。

（一）墓葬形制

M31 是一座小型砖室墓。由墓道、墓门、甬道和墓室组成（图一六二；彩版一九六，1）。方向 80°。所用条砖长 29、宽 14.5、厚 5.5 厘米。

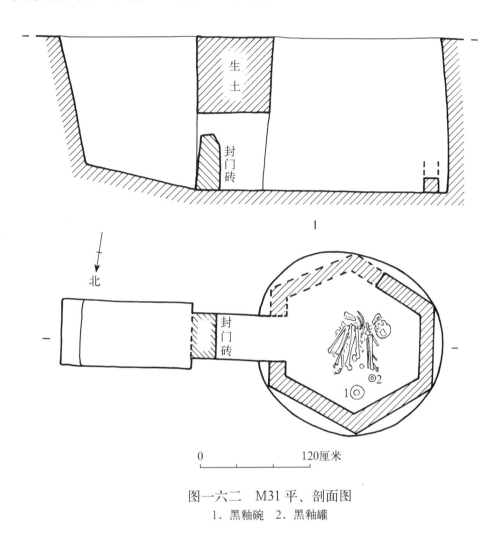

图一六二 M31 平、剖面图
1. 黑釉碗 2. 黑釉罐

墓道 位于墓室东部，长方形竖井式，口底同宽。上口长 1.42、宽 0.70、口距地面深 0.40～0.44 米，底略呈斜坡，长 1.24、下端宽 0.70、自深 1.36～1.64 米。填土土色花杂，土质较松软。

墓门 呈拱形，高 0.80、宽 0.50、距墓口 0.80 米。条砖封门。封门砖较散乱地堆砌于墓门口。

甬道 呈拱形，长 0.74、宽 0.50、高 0.80 米。底面纯生土，较为平坦。

墓室 土圹平面呈椭圆形，东西径 2.04、南北径 1.92 米，圹壁呈袋状（彩版一九六，2）。砖室底面呈六角形，长 1.44、宽 1.30 米。墓深 1.64 米。纯生土底面。该墓早期严重毁坏，墓壁仅底部局部残留二至三层条砖。墓顶已塌落。墓室内填土底层为淤土，顶层为花土夹杂大小不等的碎砖块。

（二）葬式葬具

墓室中未发现葬具。清理出人骨1具，判断男性，头向西南，面向上。为二次葬。骨骼保存较差。

（三）出土遗物

遗物仅瓷器2件。

1号黑釉碗、2号黑釉罐位于墓室西北部。

黑釉碗　标本M31：1，圆唇，敞口，弧腹，圈足较高。挖足过肩，有较小的鸡心钉。内壁施釉近底部，釉面较厚，颜色较深，底部有涩圈，中心微凹，有黏釉痕迹。外壁施釉至下腹部，釉较薄，未施化妆土。器物内壁有朱砂，表面有明显的使用痕。胎质较粗。口径16.2、足径6.2、高6.2厘米（图一六三，1；彩版一九五，5）。

黑釉罐　标本M31：2，残。圆唇，敞口，鼓腹，矮圈足。挖足略过肩，底心形成鸡心钉。内壁施满釉。外壁施釉至下腹部，口部有刮釉。腹部有拉坯形成的较浅凸棱。胎质较粗。口径5.8、足径6.4、高9.0厘米（图一六三，2；彩版一九五，6）。

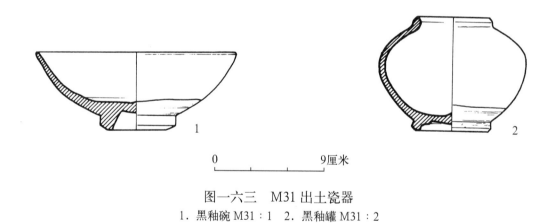

图一六三　M31 出土瓷器
1. 黑釉碗 M31：1　2. 黑釉罐 M31：2

九　M32

M32（08FXM32）位于团城南区南部，西邻M33，打破M33的墓道。开口于第①层下。2008年7月25日布方发掘，该墓为竖穴土坑墓。找到墓口后，清理填土，填土土质松散，土色灰黄。发现墓底铺有一层灰渣。未发现人骨、随葬品。墓主人已迁葬它处。照相、绘图之后于当天结束。

（一）墓葬形制

M32是一座竖穴土坑墓（彩版一九七，1）。方向184°。长方形竖穴式，直壁。该墓长2.40、宽0.40～0.96、口距地面深0.20米。墓深2.20米。墓壁较整齐，底部平坦。该墓打破M33墓道中部（图一六四）。

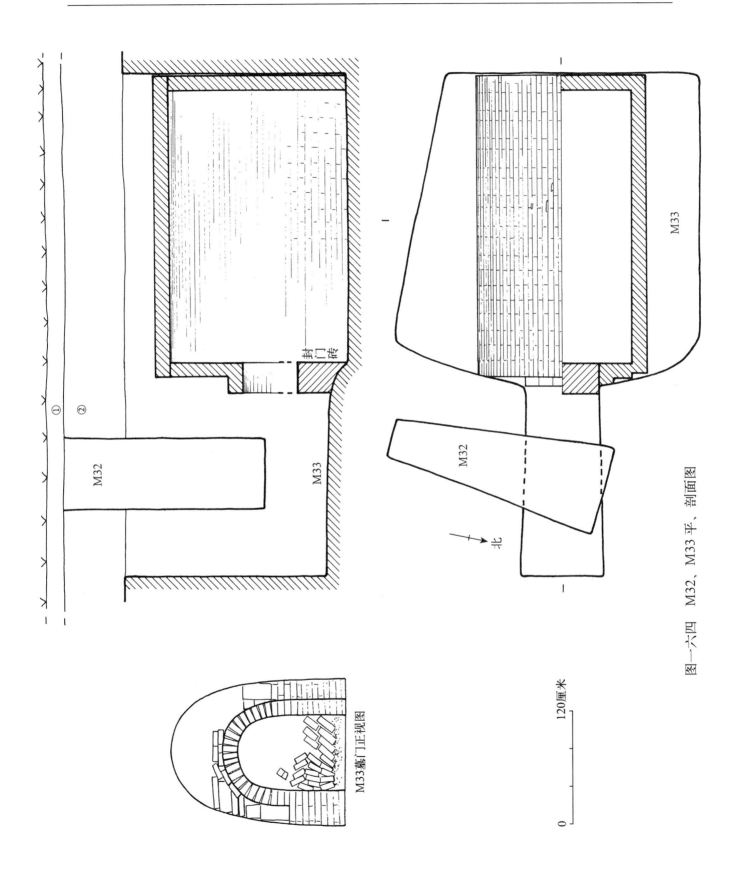

封门砖

M32

M33

①
②

M32

M33

北

M33墓门正视图

0 120厘米

图一六四 M32、M33 平、剖面图

（二）葬式葬具

墓室中未发现葬具。人骨已迁葬，仅发现墓底用灰渣铺垫。

（三）出土遗物

未发现遗物。

一〇 M33

M33（08FXM33）位于团城南区南部，东邻 M32，墓道中部被 M32 打破。开口于第②层下。2008 年 7 月 25 日布方发掘，该墓为砖室墓。找到墓口后，先发掘墓室，找到墓室土圹原始边，清理墓顶、照相、绘图后，揭去部分砖顶，清理墓室内淤土，发现墓壁条砖垒砌。近墓底未发现葬具、人骨、随葬品。仅发现墓底铺有一层碎煤块。接着清理墓道填土，墓道底平直伸入墓门，墓门处仅存两排封门条砖。清理完毕，照相、绘图，7 月 30 日发掘结束。

（一）墓葬形制

M33 是一座券顶砖室墓。由墓道、墓门、甬道和墓室组成（见图一六四；彩版一九七，2）。方向 79°。所用条砖长 32、宽 16、厚 6 厘米。

墓道 位于墓室东部，长方形竖井式。口底同宽，长 1.94、宽 0.80～0.88、口距地面深 0.86、自深 2.20 米。直壁，墓道壁整齐，墓底平坦。填土花杂，土质松软。墓道中部被 M32 打破。

墓门 呈拱形，条砖垒砌，距墓底 0.60 米起券，券高 0.36 米。墓门距墓口 1.28、高 0.96、宽 0.80 米。封门用砖垒砌，自底部向上共有两层左斜向条砖和 4 块右斜向条砖封砌。

甬道 呈拱形，长 0.32、宽 0.80、高 0.96 米。底面为纯生土，较平坦。

墓室 土圹平面呈长方形，东西长 3.30、南北宽 2.76～3.32 米。砖券墓室底部呈长方形，东西长 2.92、南北宽 1.54 米。墓深 2.44 米。墓底铺一层碎炭块。墓壁条砖错缝垒砌，墓门之上已塌毁。后壁被全部毁坏。墓顶用条砖券顶，有白灰灌缝现象。墓室土质上为花土、下为淤土。

（二）葬式葬具

墓室中未发现葬具和人骨。从封门情况看，应属迁葬。

（三）出土遗物

未发现遗物。

一一　M34

M34（08FXM34）位于团城南区中南部，北邻 M30、M31，开口于第③层下打破第④层。2008 年 7 月 25 日按墓葬所处位置布方发掘。该墓为砖室墓。为保护文物安全，找到墓口后，先发掘墓室，后发掘墓道。清理墓室土圹内填土，找到土圹原始边，清理墓顶后。照相、绘图之后，将墓室顶部部分砖揭去，清理墓室内淤土。清理过程中发现墓壁四周上端有简易仿木斗栱装饰。近墓底清理人骨 2 具，随葬品 7 件，墓室底部有 5 块排列不规则小石块。墓底为生土地面。接着清理墓道，墓道底部较平缓，接近甬道处呈斜坡状，无封门。清理完甬道后，照相、绘图、采集随葬品。7 月 30 日发掘结束。

（一）墓葬形制

M34 是一座小型砖室墓，叠涩穹隆顶。由墓道、墓门、甬道和墓室组成（图一六五、一六六）。方向 110°。所用条砖长 31、宽 16、厚 5 厘米。

墓道　封土为黄褐色花土，有较大颗粒的料礓石。分布于墓道的西部及整个墓室之上，厚约 0.30、宽约 4.6 米。墓道为长方形竖井式，底部有一级台阶直达墓门。长 2.4、宽 0.8、深 2.72 米。

墓门　呈拱形，高 0.80、宽 0.80、距墓口 1.85 米。条砖垒砌。距底面 0.70 米起券，券高 0.10 米。未发现封门。

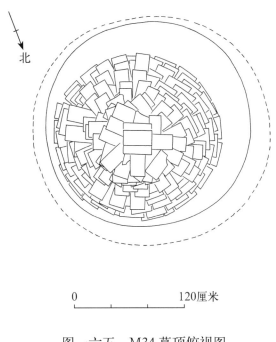

0　　　　　　　　120厘米

图一六五　M34 墓顶俯视图

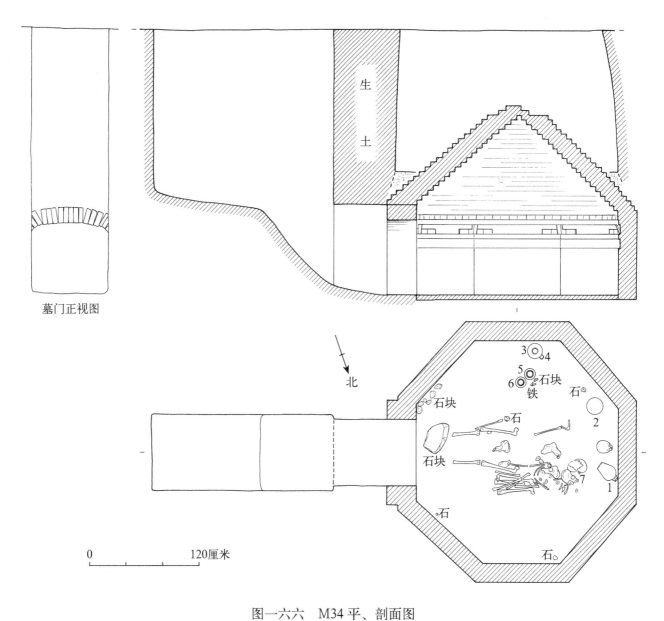

墓门正视图

图一六六　M34 平、剖面图
1. 黑釉梅瓶　2. 褐釉碗　3. 黑釉碗　4. 褐釉盏　5. 黑釉罐　6. 褐釉罐　7. 骨簪

甬道　呈拱形，位于墓道和墓室连接处，长 0.90、宽 0.80、高 0.80～0.90 米。与墓室相连接处用条砖券砌，长 0.31 米。与墓道相连部分为土洞，底面为生土面，较平坦。

墓室　土圹平面呈圆形，东西径 2.28、南北径 2.17 米，圹壁呈袋状（彩版一九八，1）。砖室底面呈八角形，长 2.20、宽 2.36、墓深 2.84 米。墓底为纯生土地面。人骨之下有较多的碎炭粒。墓壁分八个壁面，东壁为墓门所居之面，其宽 1.02 米，西壁宽 0.93 米，南壁宽 0.94 米，北壁宽 0.84 米，西南壁宽 0.96 米，东南壁宽 0.92 米，西北壁宽 0.96 米，东北壁宽 0.99 米。八个壁面高均为 0.50 米。壁面全用条砖错缝平砌，每壁转角处均有用砖块拼对而成的简易斗栱 1 组，共 8 组。墓室顶部用二十层条砖叠砌内收至顶，最后用条砖分三层盖顶。

（二）墓葬装饰

简易壁面装饰。墓壁转角处上端各置简易斗栱1组，斗栱之上为普柏枋，普柏枋之下为阑额。斗栱之上有橑檐枋，橑檐枋之上为牙角，牙角之上为墓顶，见表82～84。

表82　墓室内简易铺作详细尺寸

	宽	高	附注
散斗（厘米）	10	10	简易丁砖

表83　墓室内简易铺作详细尺寸

	耍头
长（厘米）	10
附注	琴面

表84　墓室内阑额、普柏枋、橑檐枋、牙角详细尺寸

	阑额	普柏枋	橑檐枋	牙角
宽（厘米）	/	/	/	7～10
高（厘米）	10	5	5	5

（三）葬式葬具

墓室中未发现葬具。清理出人骨2具，较散乱。头向西，面向不详。南侧人骨散乱、腐朽，推断为男性，仰身直肢，北侧女性，属二次葬。骨骼保存较差。墓底有5块小石块，未采集，应为镇墓之用。

（四）出土遗物

出土遗物共7件，瓷器6件、骨器1件。

1号黑釉梅瓶位于墓室西部，2号褐釉碗位于墓室西南部，3号黑釉碗、4号褐釉盏、5号黑釉罐、6号褐釉罐位于墓室南部，7号骨簪位于西侧人骨颅骨下。

1. 瓷器

黑釉碗　标本 M34：3，口部略残，胎质较粗，胎色淡黄。圆唇，敞口，斜腹，平底，圈足。内壁施全釉，底部有涩圈，表面有朱砂。外壁蘸釉，釉色润泽，外下腹及圈足未施釉。口径17.6、足径6.4、高7.2厘米（图一六七，1；彩版一九八，4）。

褐釉碗　标本 M34：2，敞口，沿外侈，弧腹，凹底，圈足，足床较平。内壁施半釉，内底中心点釉，表面有朱砂。外壁施半釉，下腹露胎，局部有流釉痕。胎质较粗，胎色褐黄。口径17.4、足径6.8、高6.8厘米（图一六七，2；彩版一九八，2、3）。

褐釉盏　标本 M34：4，方圆唇，敞口，斜腹，平底。内壁施褐釉釉至底部。外壁不施釉。

胎质较粗，胎呈土黄色。口径11.0、底径7.6、高4.2厘米（图一六七，3；彩版一九八，5）。

　　黑釉罐　标本M34：5，圆唇，直口，鼓腹，下腹斜收，圈足较高。足床平整，挖足较深，形成不明显的鸡心钉。内壁施满釉，内底中心微凹。外壁下腹至圈足无釉，口部釉料被刮掉。器形规整，制作细致，釉色黑亮，胎呈红褐色。口径7.4、足径6.4、高10.0厘米（图一六七，4；彩版一九九，1）。

　　褐釉罐　标本M34：6，圆唇，直口，鼓腹，下腹弧收，圈足略高。足床圆钝，挖足较浅，底心平整。内壁施满釉，底心微凹。外壁施釉至下腹部。器口施釉后又刮掉，腹部周身有较浅的凸弦棱。器形规整，釉色灰暗，胎质较粗。口径7.6、足径6.4、高10.4厘米（图一六七，5；彩版一九九，2）。

　　黑釉梅瓶　标本M34：1，口、圈足略残。小口，圆唇，双唇较发达，短颈，鼓肩，斜腹，器体较高，圈足外突明显。内壁满施黑釉，口部及足床上的釉料被刮去。外壁施釉均匀。外壁留有明显的窑黏痕迹。因长期使用，外壁有的地方被磨损。口径5.0、足径9.6、高24.8厘米（图一六七，6；彩版一九九，4、5）。

2. 骨器

　　骨簪　标本M34：7，整体呈圆柱形，尖部尖锐，器身光滑圆润，尾端磨光。属实用器。长7.0、直径0.4厘米（图一六七，7；彩版一九九，3）。

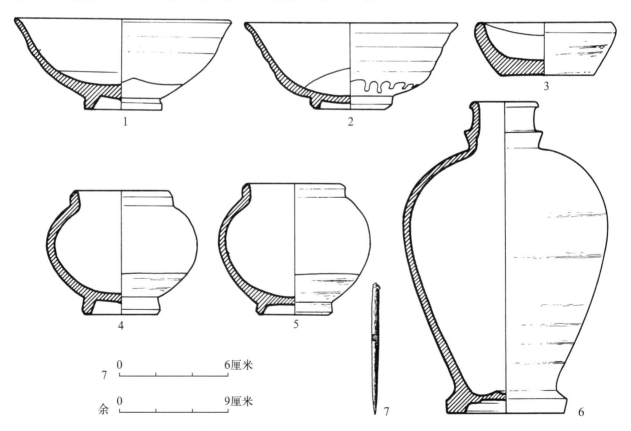

图一六七　M34出土瓷器与骨器

1. 黑釉碗 M34：3　2. 褐釉碗 M34：2　3. 褐釉盏 M34：4　4. 黑釉罐 M34：5　5. 褐釉罐 M34：6　6. 黑釉梅瓶 M34：1　7. 骨簪 M34：7

第七章　墓葬综论

一　汾阳、孝义两市发现的宋金元时期墓葬

汾阳孝义两市紧密相邻，文化面貌自古以来颇为相似，并且在宋金元时期还同为汾州管辖。由于两市出土墓葬数量较多，有必要在这里专门给予介绍。

汾阳北偏城宋墓，位于北偏城村南尖角塬地上。1989年5月，汾阳县博物馆对其进行了清理，墓为东西向，八角形穹隆顶式单室合葬墓，用长砖、方砖及子母砖砌成墓室。西壁有砖雕神龛，墓主人夫妇端坐其中，其他有妇人启门、隔扇门等图，墓主人身份不详；随葬品有：黑釉瓷灯盏、白釉褐花瓷枕、白釉瓷碗、黑釉瓷罐、山水纹铜镜等数件[①]。

孝义下吐京和梁家庄金元墓葬，分别位于孝义市西约5千米和孝义市西约10千米。1959年山西省考古研究对其进行了发掘，获得金代墓葬一座，元代墓葬两座。其中金代墓葬为砖雕八角叠涩顶，有砖雕人物、斗栱；出土器物有铜镜、铁牛、陶罐等；墓葬中有墨书题记为"承安三年"、"汾州北郭汾倪镇"等。元代墓葬也为八角叠涩顶，墓室各壁均施彩画，墓葬中出土买地券上记载墓主人于"大元大德元年……河东北路太原府汾州孝义县下坊村"等；出土随葬品有瓷碗、铁灯等[②]。

孝义经济开发区金墓，位于新义东街路北。1992年孝义市博物馆发掘，墓葬为八角叠涩穹隆顶单室合葬墓，出土有陶罐、魂陶瓶、铁牛、铜钱、白瓷碗及瓷枕等；其中买地券上书写有："维大安元年……河东北路汾州孝义县悦礼社祭主郭滋……"[③]

汾阳北榆苑村五岳庙，位于县城西南20千米之三泉镇北榆苑村。寺庙处于黄土丘陵缓坡地带，总占地面积7200平方米。始建无可考，依梁上题记及碑文记载，可知在元大德十年（1306年）予以重建。古建筑蔚为壮观，壁画尤其精彩。1986年～1990年，山西省考古研究所多次对其进行调查、测绘[④]。

1990年，由山西省考古研究所联合汾阳县博物馆科学发掘的山西医学院汾阳高级护理学校金代墓葬，位于城区北边的北关村西，汾阳高级护理学校正中。共发现并发掘砖室墓八座，是山西吕梁地区首次科学发掘的金代早期墓葬，其中尤以M5最为精彩：集砖雕、彩绘于一体，与2008年发掘的汾阳东龙观金代家族墓葬有很强的可比性[⑤]。

此外，汾阳、孝义两市近来发现金元墓葬主要有以下地点：汾阳峪道河金庄金墓、汾阳三泉

①张茂生：《山西汾阳县北偏城宋墓》，《考古》1994年第3期。
②山西省文物管理委员会、山西省考古研究所：《山西孝义下吐京和梁家庄金、元墓发掘简报》，《考古》1960年第7期。
③康孝红：《山西孝义市发现一座金墓》，《考古》2001年第4期。
④刘永生、商彤流：《汾阳北榆苑五岳庙调查简报》，《文物》1991年第12期。
⑤山西省考古研究所、汾阳县博物馆：《山西汾阳金墓发掘简报》，《文物》1991年第12期。

镇赵家堡村金墓、汾阳南偏城村金墓、汾阳石庄镇下庄村金墓、汾阳杏花镇上庙村元墓、汾阳杏花镇东堡村金墓、1989年汾阳市柴机厂宿舍区金墓、1992年汾阳县杏花镇酒厂厂区金元墓、2000年汾阳市冯家庄高速公路指挥部金墓、2001汾阳西河乡小向善村宋墓、2008年汾阳东龙观宋金元墓、2009年发掘孝义南郊八家庄村M58金墓、孝义经济开发区金墓、孝义县下吐京金墓、孝义县梁家庄元墓、山西孝义市兑镇中学M1、2001年山西孝义县土地局东部工地M2、2002年山西孝义市信用社工地M2等20个地点（图一六八；表85）。

表85　汾阳、孝义两市历年来发现宋、金、元墓葬统计一览表

序号	地　点	时代	数量	其他
1	1989年发掘汾阳县北关村西	金代	8	彩绘、砖雕、壁画
2	2008年发掘汾阳市西阳城乡东龙观村（含团城南、北区）	金代	25	彩绘、砖雕、壁画
3	2010年发现汾阳峪道河金庄	金代	1	壁画
4	2009年"三普"发现汾阳市三泉镇赵家堡村	金代	1	彩绘、砖雕、壁画
5	2009年"三普"发现汾阳市南偏城村金墓	金代	1	彩绘、砖雕、壁画
6	2009年"三普"发现汾阳石庄镇下庄村	金代	1	彩绘、砖雕
7	2008年发现汾阳杏花镇上庙村元墓	元代	1	墨线壁画、砖雕
8	汾阳杏花镇东堡村金墓	金代	1	彩绘、砖雕、壁画
9	1992年汾阳县杏花镇酒厂厂区金元墓	宋金	70余	彩绘、砖雕
10	2011年汾阳市杏花村汾酒厂厂区	金元	不明	壁画、砖雕
11	1989年北偏城宋墓	宋		壁画、砖雕
12	孝义县下吐京金墓	金代	1	彩绘、砖雕
13	孝义县梁家庄元墓	元代	2	彩绘
14	孝义经济开发区金墓	金代	1	彩绘
15	2009年发掘孝义南郊八家庄村M58金墓	金代	1	壁画
16	2002年山西孝义市信用社工地M2	元代	1	白釉高足杯
17	山西孝义市兑镇中学M1	金代	1	黑釉剔花梅瓶
18	1989年汾阳市柴机厂宿舍区出土	金代	1	白地黑花椭圆形枕
19	2000年汾阳市冯家庄高速公路指挥部出土	金代	1	白釉印花双鱼纹碗
20	2001年汾阳西河乡小向善村出土	北宋	1	白釉盘口瓶

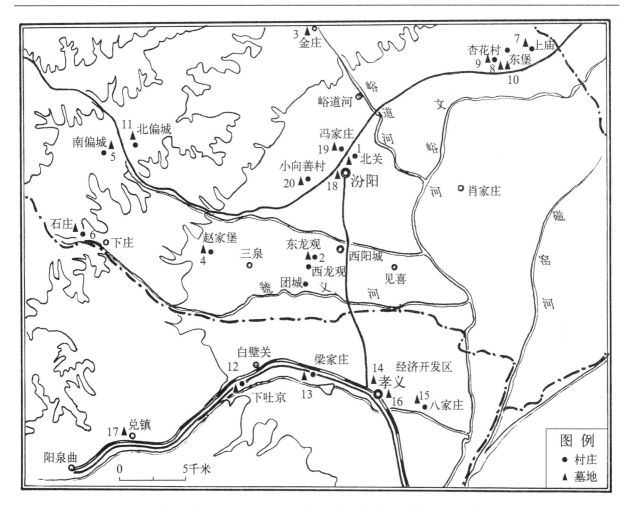

图一六八 汾阳孝义两市发现宋金元时期墓葬分布图

1.北关 2.东龙观 3.金庄 4.赵家堡 5.南偏城 6.下庄 7.上庙 8.东堡 9.1992年杏花镇酒厂厂区 10.2011年杏花村汾酒厂厂区 11.北偏城 12.下吐京 13.梁家庄 14.孝义经济开发区 15.八家庄 16.孝义市信用社工地M2 17.兑镇中学M1 18.汾阳柴机厂 19.冯家庄 20.小向善村

二 墓地文化面貌

（一）墓葬形制

本次发掘的48座墓葬涵盖唐、宋、元、明、清五朝，墓葬形制比较复杂，为了研究方便，将其分为五类。见表86。

1.仿木结构砖室墓

仿木结构中型砖室墓 主要由墓道、墓门、甬道、墓室四部分组成，有的墓葬还有附属的遗迹，如"明堂"。墓葬的规模与以往发现的同类砖室墓葬比较并不算大，所以归入中型砖室墓。分三型。

A型 仿木结构彩绘砖雕墓。2座，为M2、M6。

B型 仿木结构彩绘砖雕壁画墓。2座，为M5、M48。

C型 仿木结构砖雕墓。2座，为M1、M3。

表86　墓葬形制类型统计表

形制类型	砖室墓					土洞室墓	土坑竖穴墓	附注
	四边	六角	八角	长方	方形			
墓号	M1、M4、M20、	M3、M13、M14、M15、M17、M31	M2、M5、M6、M12、M16、M18、M19、M28、M29、M30、M34、M37、M38、M48	M33	M7、M8、M10、M25、M26、M27、M9、M11	M21、M22、M23、M24、M35、M36、M39、M40、M41、M42、M43、M44、M45、M46、M47	M32	
小计（座）	3	6	14	1	8	15	1	48
备注	M20椭圆形，墓圹内置四边形小方台			M11圆角弧边	M7、M8圆角，M10、M25、M26、M27圆角弧边			

　　仿木结构小砖室墓　发现数量最多，墓葬面积较小，结构简单。一般由竖井式墓道、甬道、墓门、墓室组成。根据墓室内有无壁画分两型。

　　A型　仿木结构砖室壁画墓。1座，为M4。结构简单，与相邻大墓有打破关系，墓主人一般为儿童或少年。

　　B型　仿木结构素面砖室墓。16座，分别为M12、M13、M14、M15、M16、M17、M18、M19、M20、M28、M29、M30、M31、M34、M37、M38。主要出现在金元时期，以二次葬为主，个别墓葬也存在一次葬形式，墓葬方向以南北向为主，金代墓葬只有M12为东向，元代墓葬中M28、M29、M30、M31、M34、M37为东向。墓室内放置人骨多至5具，可能是由墓地迁葬立祖有关。

　　2. 土洞室墓

　　土洞室墓是一种古老的墓葬形制。本次发掘中发现的数量比较多，墓葬形制基本为斜坡或竖井式墓道、墓门、墓室三部分组成。墓室一般前高后低，墓壁修整的比较光滑。唐代墓葬一般看不到封门遗迹，怀疑使用木板或木棍类材料为主。宋金时期主要使用土坯封门。明清时期开始使用条砖封门。墓葬规模一般比较小，尤其是唐、宋、金时期，并且夫妇合葬使用一棺，基本上是一次葬。明清时期流行同穴双棺，二次葬现象不太明显。

　　此类墓葬共发现15座，分别为M21、M22、M23、M24、M35、M36、M39、M40、M41、M42、M43、M44、M45、M46、M47。

　　3. 土圹砖室墓

　　洞内砌墓室本为中原一带汉唐旧制。这类墓葬全部为唐墓，无论墓葬形制、叠券方法、葬式都基本一致，只是个别墓葬方向不同。

　　此类墓葬共发现8座，分别为M7、M8、M9、M10、M11、M25、M26、M27。

4. 土圹砖券墓

土圹砖券墓和仿木结构的砖室墓是一种营建方式，只是叠券方法不同，并且，这类墓葬大量使用白灰作为叠券时的黏合剂，尤其在明清时期流行。

此类墓葬仅发现 1 座，为 M33。

5. 竖穴土坑墓

这类墓葬是中国古代最早出现的墓葬形制，在明清时期北方部分地区依然存在此种丧葬方式。

此类型墓葬仅发现 1 座，为 M32。

（二）随葬品

此次考古发掘获得了一批重要的实物资料。出土随葬品从种类看，主要有陶器、瓷器、铁器、铜器、玉器、骨器、石器以及铜钱等①。

1. 陶器

东龙观北区

陶器主要出于前期个别墓葬，数量较少。均为泥质灰陶，皆为轮制。素面为主，少数器腹部饰有彩绘。容器类外底多有轮制或轮修而形成的漩涡抹痕。主要器类有陶罐、陶钵、陶魂瓶等。

陶钵　8 件。明器。器体较小，侈口，束颈，腹略鼓，小平底。标本 M48：6、M48：12、M48：15、M48：17、M1：1、M1：2、M1：6、M1：16。

陶罐　3 件。根据器物带盖与否，分二型。

A 型　2 件。带盖陶罐。皆为素面，鼓腹。根据盖及罐身的形态差异，分二亚型。

Aa 型　1 件。器体较大。浅盘状子口带圆钮盖，方唇，敛口，平底略凹。标本 M48：5。

Ab 型　1 件。花边子口塔式盖，叠唇口微敛，平底。标本 M1：14。

B 型　1 件。无盖陶罐。尖圆唇，口微敛，溜肩，平底，最大径位于上腹部。标本 M1：5。

陶魂瓶　2 件。无盖魂瓶。上窄底宽呈塔式，腹底皆中空，腰身至顶部有三至四道花边扉棱，间施数组各样镂孔。根据口腹形态及装饰手法不同，分二式。

Ⅰ式　1 件。外壁通饰白彩。顶部平沿，上腹近竖直略曲，下腹鼓凸，底部外出沿。标本 M48：9。

Ⅱ式　1 件。素面。顶部平沿，上口略侈，而后内收斜下，近于斜直壁。底部内出沿。标本 M1：4。

此型器物同南区 B 型魂瓶，变氏明显可见外壁彩绘从有到无，下腹鼓凸渐消失，外壁曲线趋直，底部出沿由外翻到内折。

①汾孝大道北起汾阳市南关村，南至孝义市贾家庄村，经过发掘古代墓葬除东龙观南北两区比较集中之外，团城北区墓地、团城南区墓地距离颇远；且这两个发掘区墓葬分散，出土器物数量少，品种单一，给整个报告中随葬器物统一分型、分式带来不少困难。西龙观区墓葬为唐代，与东龙观南北两区墓葬时代相距较远，在类型上难以统一。而本次考古发掘中最重要发现在东龙观区，为此，有必要对东龙观南北两个家族墓地做更加系统地研究。
由于东龙观南北两区在墓葬丧葬形式明显不同，出土随葬品的时代、组合也存在差异，为了对每个独立家族墓地随葬品进行个案研究；经过慎重考虑，我们采取了以家族墓地为单位，在不同墓地之间采用统一标准，对以上四个发掘区墓葬分区进行分型、分式介绍。

东龙观南区

陶器在此片家族墓年代靠前者数量较多，后期少见。均为泥质灰陶，有轮制、手制及手制轮修。素面为主，少数器物外壁饰有彩绘。容器类外底多有轮制或轮修而形成的漩涡状划抹纹。主要器类有陶罐、陶钵、陶魂瓶等。

陶钵　17件。明器。此类器物前期外壁饰有红白相间彩绘，纹样简单，似为随意涂抹。后期全素面。根据器物整体及口颈部形态不同，分为四式。

Ⅰ式　4件。外壁皆饰彩绘。器形较高，敞口，束颈，深腹，形态略近似于罐。标本M2：2、M2：3、M2：6、M2：7。

Ⅱ式　3件。外壁彩绘减少，仅寥寥数笔。器形变矮，敞口，束颈，微鼓腹，形态略近似于盆。标本M3：3、M3：4、M3：5。

Ⅲ式　6件。素面。器体略小，底部增大。标本M4：1、M4：3、M4：4、M4：6、M5：5、M5：7。

Ⅳ式　4件。素面。敞口，侈沿，微鼓腹，平底。标本M6：3、M6：4、M6：7、M6：8。

陶钵总体变化趋势：整体形态由高变低，口部出沿渐加宽，颈部由前期紧束至后期渐消失，底部由小变大而后又略有缩小。

陶罐　11件。形制差异较大，根据器物形态差异，可分为深腹罐、小鼓腹罐、鼓腹罐、大鼓腹罐四类。

深腹罐　4件。明器。器形较高。圆唇，直口，鼓腹，平底。根据口腹部及装饰手法不同，分二式。

Ⅰ式　1件。肩腹部为红白两色相间施彩，最大径位于上腹部。器形规整。标本M2：4。

Ⅱ式　3件。素面。最大径位于中腹部。器形不太规整。标本M4：7、M5：1、M6：6。

小鼓腹罐　5件。明器。圆唇，鼓腹，平底。根据口颈部形态及装饰手法不同，分三式。

Ⅰ式　2件。外壁加饰红彩。侈口，束颈。标本M2：1、M2：8。

Ⅱ式　2件。素面。直口，溜肩。标本M4：03、M5：6。

Ⅲ式　1件。素面。敛口，沿外饰有一周花边泥条。标本M6：9。

鼓腹罐　1件。实用器。素面，略有磨光。圆唇，侈口，卷沿，束颈，鼓腹，平底微凹。体积比小鼓腹罐大数倍，在墓地中作明堂之用。标本M5：003。

大鼓腹罐　1件。实用器。素面，肩部饰有暗纹。厚圆方唇，侈口，卷沿，束颈，鼓腹，平底。器型很大。标本M2：09。

陶魂瓶　4件。明器。上窄底宽呈塔式，除个别基本皆中空。腰身至顶部有三至四道花边扉棱，间施数组各样镂孔。根据带盖及饰彩与否，分二型。

A型　1件。带盖魂瓶。器外壁饰红白相间彩绘。器顶切割呈花瓣状，上覆子口花边饰彩塔形盖，上腹斜直，下腹微鼓，近底内收，空心底。标本M2：5。

B型　3件。无盖魂瓶。皆素面无盖。根据口腹形态及装饰不同，分三式。

B型Ⅰ式　1件。顶部平沿，斜腹下部微鼓，近底内收，实心平底。标本M3：02。

B 型 II 式　1 件。顶部平沿，上腹较竖直，下腹略鼓，近底内收，空心底。标本 M5：3。

B 型 III 式　1 件。顶部平沿，近斜直腹，近底内收，空心底。标本 M6：2。

陶魂瓶总体变化趋势：扁棱花边样式略有变化，层数有增加趋势。器形主要表现为器身线条由曲渐趋于直，而后由斜向变竖向，下部鼓凸逐渐消失。

器盖　2 件。圆顶，花边，子口。标本 M4：02、M6：5。

陶盘　1 件。圆唇，敞口，弧腹，平底略凸。标本 M18：2。

陶盒　1 件。盖为大平顶，子母口，覆盘式。器身尖唇，敛口，弧腹，平底略内凹。标本 M15：1。

西龙观区

陶罐　14 件。大多数为敞口，鼓腹，平底。根据口腹部形态差异，分四型。

A 型　7 件。圆唇，敞口，略出折沿，高领，束颈，圆肩，鼓腹，平底。此型器物皆为素面。标本 M10：2、M10：3、M10：4、M10：5、M11：1、M11：4、M11：7。

B 型　5 件。鼓肩，弧腹，平底。根据口部形态差异，分二亚型。

Ba 型　4 件。圆唇，敛口，略出颈不明显。标本 M7：01、M7：02、M11：6、M11：8。

Bb 型　1 件。叠唇，敛口，略出颈。标本 M9：01。

C 型　1 件。器物相对较小。扁圆唇，敞口较大，溜肩，弧腹，平底。标本 M8：02。

D 型　1 件。扁圆唇，敞口，内折沿，束颈，溜肩，鼓腹，平底。标本 M23：1。

团城南区

陶罐　6 件。外壁皆施有凹弦纹一周。根据口部差异，分三型。

A 型　4 件。扁圆唇，敞口，束颈，圆肩，弧腹。标本 M25：1、M25：2、M25：3、M25：4。

B 型　1 件。圆唇，敛口，圆肩，鼓腹，平底。标本 M26：6。

C 型　1 件。与 B 型相似，但明显更为鼓胖，且略束颈。标本 M26：2。

2. 瓷器

瓷器的实用性与共时性决定了其为本次发掘的随葬品中最为重要的遗物之一。这一时期的瓷器具有鲜明的时代特点，加之有的墓葬有明确的纪年，如 M3、M5 等，是进行考古断代的重要参考根据。东龙观墓葬群的瓷器种类有碗、盘、钵、枕、茶盏、灯盏等。除东龙观北区墓葬出土少数瓷器之外，余皆比较粗糙，只有耀州窑的青釉小碗窑口明确，绝大多数应为受磁州窑、定窑、钧窑等影响的当地或邻近地区民窑产品。

东龙观北区

钵　4 件。皆为白釉器。根据口腹形态差异，分二型。

A 型　3 件。微敛口，弧腹，圈足。因下腹形态及器物纹饰的差异，分二亚型。

Aa 型　1 件。腹底间平收，器腹外壁有一圈分布均匀的瓜棱纹。标本 M40：3。

Ab 型　2 件。器壁较薄。腹底间弧收，素面，足床一周斜削。标本 M44：1、M45：1。

B 型　1 件。叠唇，敛口，垂腹急收，圈足，最大径位于下腹部。标本 M42：3。

枕　11 件。分为腰圆枕、方枕、银锭形枕三型。

A 型　9 件。腰圆枕。平面形态皆为近似椭圆形，面凹底平，上下略出棱，枕面甚至腰带皆饰花纹。根据装饰手法的差别，分三亚型。

Aa 型　7 件。白釉黑花腰圆枕。腰带前端皆有气孔。枕面饰缠枝花草纹，其余素面。标本 M1：17、M40：4、M40：5、M41：2、M42：1、M43：01、M45：04、M45：2。

Ab 型　1 件。白釉剔花腰圆枕。枕面饰莲花纹，其余素面。标本 M43：01。

Ac 型　1 件。黄绿釉彩腰圆枕。枕面装饰有童子持物骑瑞兽图，周边装饰缠枝花草纹。标本 M1：9。

B 型　1 件。方枕。黄绿釉彩。方形，亚腰，两侧各留一气孔。各面纹饰边部留白，中填毯纹，颇似珍珠地。标本 M48：10。

C 型　1 件。银锭形枕。明器。泥质（仅一件，特归于此处），枕面下凹，底面平整。标本 M48：7。

盘　11 件。根据器物腹部差异，分为弧腹盘与折腹盘两类。

弧腹盘　10 件。圆唇，敞口，弧腹，圈足。根据釉色及纹饰差异，分为印花盘、白釉素面盘、白釉黑花盘三型。

A 型　2 件。印花盘。根据口部形态差异，分二亚型。

Aa 型　1 件。葵口。标本 M1：13。

Ab 型　1 件。无葵口。标本 M1：15。

B 型　7 件。白釉素面盘。根据口部形态差异，分二亚型。

Ba 型　2 件。葵口。标本 M48：2、M48：3。

Bb 型　5 件。无葵口。标本 M41：1-1、M42：2-1、M44：2、M45：01、M46：02。

C 型　1 件。白地黑花盘。内底中部饰缠枝菊花纹。标本 M40：6。

折腹盘　1 件。圆唇，敞口，折腹，圈足。标本 M1：20。

碗　20 件。数量较多。根据装饰手法差异，分印花碗与素面碗两类。

印花碗　7 件。内壁饰缠枝花草纹。圆唇，敞口，弧腹，圈足。根据器形大小、釉色、烧制工艺及装饰差异，分二型。

A 型　2 件。青釉印花小碗。外壁饰有竖向凸弦纹一周。口略外撇，斜腹微弧，器小腹深，圈足矮小。应为茶盏，是比较成熟的耀州窑产品。标本 M48：11、M48：13。

B 型　白釉印花碗。器形相对较大，略显粗糙。根据纹饰差异，分二亚型。

Ba 型　2 件。界格式印花碗。内壁有六道竖向微凸棱，将纹饰分为六组，围绕内底印花。标本 M1：12、M1：22。

Bb 型　3 件。连贯式印花碗。内腹缠枝印花连贯，围绕内底印花。根据器形及装饰演变，分二式。

Bb 型 I 式　2 件。器形相对较高，纹饰上侧不见界格。标本 M1：21、M1：3。

Bb 型 II 式　1 件。器形宽矮，足外撇，纹饰上下两侧皆有数道线圈界格。标本 M45：03。

素面碗　13 件。圆唇，敞口，圈足。白釉。根据器物形态及口部特点，分三型。

A 型　1 件。器物较小，制作不规整。在其内底残存有灯油渍，与其他标本用途相异。标本 M1：10。

B 型　10 件。器物较大，近似于前者的两倍。为日常用器类型。标本 M48：01、M1：19、M1：11、M40：1、M41：1–2、M42：2–2、M44：3、M45：02、M45：3、M46：01。

C 型　2 件。器物形体最大，葵口，斜腹微弧。标本 M48：1、M48：4。

罐　仅 1 件。茶叶末釉。圆唇，卷沿，小口，矮领，圆肩，鼓腹，平底内凹。标本 M48：14。

东龙观南区

盘　17 件。数量较多，根据器物腹部差异，分弧腹盘与折腹盘两类。

弧腹盘　16 件。根据釉色及纹饰的差异，分三型。

A 型　3 件。白釉盘。圆唇，敞口，弧腹。根据口部差异，分二亚型。

Aa 型　1 件。葵口。标本 M6：02。

Ab 型　2 件。个别可见简单数笔描绘的黑花图案。标本 M2：04、M5：07。

B 型　12 件。黑釉或褐釉盘。外壁施釉不及底。根据器形不同，分二式。

B 型 I 式　6 件。圆唇，敞口，浅弧腹，足床略较高。标本有 M13：4、M13：5、M13：9、M14：3、M14：4、M16：1。

B 型 II 式　6 件。圆唇，敞口，近斜直腹，足床较矮，鸡心钉突出明显。标本有 M19：01、M19：4、M19：7、M19：8、M19：9、M19：10。

C 型　1 件。白釉黑花盘。圆唇，敞口，弧腹，圈足。标本 M12：1。

弧腹盘总体变化趋势：器形逐渐变小，腹壁由弧渐直，足床减低，鸡心钉愈突出。

折腹盘　1 件。圆唇，敞口，折腰，矮圈足。白釉。标本 M2：03。

碗　27 件。发现数量最多。根据釉色及纹饰的不同，可以分为白釉印花碗、白釉碗、黑釉（含褐釉）碗三类。

白釉印花碗　4 件。白釉，印花于内腹。根据器形及纹饰差异，分二型。

A 型　1 件。器形较矮，浅弧腹，圈足。内腹印花连续。标本 M2：01。

B 型　3 件。器形匀称，较前类腹略深，上腹部近斜直，近底急收，圈足。内壁花纹为独立五至六组，以轻微凸棱为界格分开。标本 M2：02、M2：05、M5：2。

白釉碗　9 件。根据器物形态差异，分二型。

A 型　1 件。器物较小，口沿下略折外撇，斜弧腹，小底，高圈足外撇。标本 M18：1。

B 型　8 件。器物较大，底部略大，足床相对较低。根据器物形态不同，分三式。

B 型 I 式　1 件。敞口微侈，弧腹较鼓，足床略高。标本 M2：06。

B 型 II 式　1 件。敞直口，略出侈沿，下腹急收。标本 M3：1。

B 型 III 式　6 件。施釉多不及底。敞口，器腹弧线均匀，足床较矮，鸡心钉较发达。标本有 M6：01、M6：1、M12：01、M13：3、M14：2、M16：2。

此型器物总体变化趋势：口部略侈到出沿而后直口，腹部由下腹急收渐变弧线均匀，有近于斜直壁趋势，足床渐降低，鸡心钉渐突出。

黑釉（含褐釉）碗 13件。根据器物釉色细部特征差异及烧制工艺的区别，分二型。

A型 12件。普通黑釉（含褐釉）碗。外壁施釉不及底。根据器物口部形态特征，分二亚型。

Aa型 3件。圆唇，敞口，微弧腹，圈足。大小基本一致。标本M13：2、M13：8、M14：1。

Ab型 9件。圆唇，弧腹，圈足。根据器形整体及口部形态演变，分四式。

Ab型Ⅰ式 1件。器形高，深腹略鼓，器壁近口部上折，口部微敛，矮圈足。标本M13：1。

Ab型Ⅱ式 2件。器形较高，微鼓腹，矮圈足。标本M18：3、M18：4。

Ab型Ⅲ式 5件。器形渐矮，斜弧腹，挖足甚浅。标本M19：2、M19：3、M19：5、M19：6、M19：11。

Ab型Ⅳ式 1件。器形匀称，斜弧腹，足部增高。标本M21：1。

黑釉（含褐釉）碗总体变化趋势：器形由高变低，器壁近口部上折由微内敛到渐外撇与腹壁一致，足床持续较矮，最后略有增高。

B型 1件。黑釉兔毫碗。器物较小。圆唇，敞口，斜弧腹较深，小圈足。应为茶盏。标本M3：2。

盏 7件。内施褐釉或黑釉，外素面。不分型。根据器形整体及腹部不同，分三式。

Ⅰ式 1件。器形较大。圆唇，敞口，近斜直腹，饼底出棱内凹。标本M5：06。

Ⅱ式 5件。器形减小，敞口，微鼓腹，平底。标本M13：7、M15：2、M17：01、M18：5、M19：1。

Ⅲ式 1件。器形较小，尖圆唇，敛口，曲腹，平底。标本M21：3。

此类器物总体变化趋势：器形渐减小，口部由敞变敛，腹部由近直到弧而后曲。

罐 3件。皆为黑釉。圆唇，卷沿，鼓腹，圈足。根据口底部形态不同，分三式。

Ⅰ式 1件。口沿外翻明显，底部圈足与腹部连为一体。标本M15：01。

Ⅱ式 1件。口沿略外翻，底部圈足与腹部区别明显。标本M16：01。

Ⅲ式 1件。口部低，卷沿近似成叠唇形式，足腹连接处棱角明显。标本M21：2。

此类器物总体变化趋势：口部减低，外翻减弱，腹底连接处逐渐分明。

枕 2件。分为腰圆枕与八角方枕两型。

A型 1件。绿釉黑地腰圆形枕。枕面剔刻有缠枝牡丹纹。平面形态近似椭圆形，面凹底平，上沿略出棱。标本M2：07。

B型 1件。绿釉八角方枕。枕面饰划花缠枝牡丹纹。形态结构与前者相似，仅枕面为八角形。标本M5：02。

梅瓶 1件。内外黑釉，素面。圆唇，小口，叠唇，短颈，鼓肩，斜弧腹略外撇，高圈足。标本M13：6。

玉壶春瓶 1件。内外黑釉，素面。圆唇，喇叭口，长颈，斜肩，垂腹，圈足。标本M18：01。

团城北区

元代墓葬

罐 4件。皆为酱黑釉粗瓷。方圆唇，直口，鼓腹，圈足。根据器物底腹部差异，分二型。

A 型 3件。底腹连接处折棱明显。标本 M37：1、M37：2、M38：5。

B 型 1件。底腹过度圆滑。标本 M38：6。

碗 4件。皆为粗瓷。圆唇，弧腹，圈足。根据釉色和口部形态，分二型。

A 型 3件。酱黑釉，敞口。标本 M38：2、M38：3、M38：4。

B 型 1件。内白外褐釉的白覆轮口，敛口。标本 M37：01。

盏 3件。皆为粗瓷、黑（褐）釉。圆唇，曲腹，平底。标本 M37：02、M38：1、M38：7。

清代墓葬

罐 2件。黑釉。圆唇，直口，小折肩，斜腹，隐圈足。标本 M36：3、M36：4。

团城南区

唐代墓葬

碗 1件。白釉泛黄，素面。圆唇，侈沿略折，斜腹微弧，圈足略外撇，足床外高内低。标本 M25：01。

轴顶钵 1件。实用器。青釉，平面呈六角形。斜方唇，外出平沿，斜腹作多层瓦棱状，平底。标本 M25：02。

元代墓葬

罐 6件。酱黑釉。圆唇，直口，鼓腹，圈足。标本 M29：1、M29：2、M30：2、M31：2、M34：5、M34：6。

盏 4件。内施褐釉。圆唇，敞口，斜弧腹，平底。标本 M28：5-1、M28：5-2、M30：4、M34：4。

碗 8件。酱黑釉或褐釉碗。圆唇，敞口，部分口沿微侈，斜弧腹，圈足。标本 M28：1、M28：2、M28：3、M28：4、M30：3、M31：1、M34：2、M34：3。

梅瓶 1件。黑釉素面。小口，双圆唇，短颈，鼓肩，斜弧腹，圈足外突明显，呈高环状假玉璧底。标本 M34：1。

3. 铜器

东龙观北区

铜钗 2件。样式简单。素面，呈或"Y"或"U"状，钗体截面圆形，外表锈蚀较轻。标本 M48：19、M45：4。

铜钱 9枚。标本 M40：9-2 为"开元通宝"，标本 M40：8、M40：9-1、M41：4-1 为"皇宋通宝"，标本 M41：4-2 为"景祐元宝"，标本 M44：4-2 为"天圣元宝"标本 M44：4-1 为"正隆元宝"标本 M46：03-1 为"明道元宝"标本 M46：3-2 为"景德元宝"另标本 M40：9-3，残，钱文不辨。

东龙观南区

铜钗 3件。样式简单。素面，为圆柱形铜条对折磨尖而成。标本 M15：3、M16：3、M16：4。

西龙观区

铜带饰　1件。由带饰、带尾、带扣组成。标本M11：12。

铜钱　7枚。标本M7：3、M8：01皆为"开元通宝"，较为完整，个别边缘略残。标本M23：2为"五铢"。其余标本M23：3、M11：11-1、M11：11-2、M11：13表面皆锈蚀严重，钱文不可辨（表87）。

团城北区

铜扣　1件。圆形，带钮，钮上套圆环。标本M36：2。

铜钱　1枚。标本M37：3，钱文不识。

团城南区

铜钗　1件。尖端略残，整体呈"U"字形，远端细长，尾端粗钝，截面呈圆形。标本M26：5。

铜钱　3枚。圆形方孔。标本M26：8、M26：9皆完整，为"开元通宝"。标本M26：3锈蚀严重，无法辨识（表87）。

4. 铁器

东龙观北区

铁牛　2件。保存基本完整，但锈蚀严重。低头垂尾，直立四肢。标本M48：8、M1：18。

铁管　1件。外表粗糙，锈蚀严重，外表有多层缠绕织物。标本M48：16。

铁棺环　1件。圆形，穿于铁耳内，外表锈蚀严重。标本M48：18。

东龙观南区

铁牛　5件。形态大小较一致，皆作站立状。部分腿、角残失。锈蚀严重。标本M2：9、M3：6、M4：01、M5：8、M6：10。

铁管　1件。外表粗糙，锈蚀严重，凹凸不平，用途不详，应为镇墓之物。标本M47：1。

铁棺环　5件。完整应为三部分：铁环、铁耳、铁耳盖。铁耳外套铁环，内插于耳盖孔中，铁耳盖近似钺形。器物均锈蚀严重，仅一件较完整。标本M2：10、M3：03、M5：01、

表87　墓葬所出汉代、唐代、宋代、金代等可辨识铜钱统计表

数量　类别 墓号	五铢	开元通宝	正隆元宝	皇宋通宝	景祐元宝	天圣元宝	景德元宝	明道元宝
M7		1						
M8		1						
M23	1							
M26		2						
M40		1		2				
M41				1	1			
M44			1			1		
M46							1	1

M5：03、M5：05。

西龙观区

条状铁片 1件。应为完整器的残段，现存前端略弯，表面凹凸不平，锈蚀严重。标本M7：2。

团城南区

方形铁块 1件。铁块表面粗糙，锈蚀严重，三边较齐整，另一边略呈锯齿状。标本M26：7。

弯形铁片 1件。应为完整器的残段，现存为弧形，表面凹凸不平，锈蚀严重。标本M26：4。

5. 玻璃器、玉器

东龙观北区

耳环 1对。玻璃质。白色素面，平面圆环状，器体较小，表面光滑，剖面扁圆。标本M1：7、M1：8。

团城北区

耳环 1对。为鎏金铜包玉质地。由耳钩、耳环两部分组成，耳钩呈倒"W"形，鎏金铜质。耳环为白色玉质，圆环状，剖面呈扁圆形，表面光润。标本M36：1。

6. 骨器

东龙观北区

骨簪 1件。棕黄色，素面。整体呈细长圆锥状，器表光滑，尾端呈斜三角，局部残损，剖面为圆形。标本M40：7。

团城南区

骨簪 1件。圆柱形条状，头部尖锐。器身光滑，尾端磨光。标本M34：7。

7. 其他

东龙观北区

陶砚 1件。泥质灰陶。宋式抄手砚。正面由砚海、砚堂组成。底面有题刻年号等。标本M40：2。

东龙观南区

地心砖 2块。仅残留约四分之一。整体应呈正方形，正面用朱砂或墨描画小方格，周边填写天干、地支等内容，最边画有八卦符号。标本M3：001、M5：002。

澄泥砚 1件。黑色宋式抄手砚。正面砚海、砚堂，无隔断，背面留长方形戳记。出于M5的明堂内。标本M5：004。

墨块 1件。黑色，已炭化。残，长条形。标本M5：007。

磨刀石 1块。圆角长方体小块。正面较光，有明显磨痕。底面平整。标本M2：08。

泥钱 100余枚。土黄色，分别为略大的"崇宁重宝"和较小的"大定通宝"。皆反模而成，中间穿孔，粗糙。出于明堂之内。标本M5：005。

西龙观区

泥俑头　2件。标本 M11：3，灰黄色，泥质，男俑，头戴幞头，项下系带。高鼻，深目，阔口，面部丰满，面施粉红色彩，唇施红彩，颈部留有与身躯连接的孔洞，脑后残缺。人物生动、丰腴，呈现出盛唐风格。标本 M11：10，残半。红褐色泥质，男俑，头戴圆幞头，眉、目、口、鼻不太清晰，口唇残留红彩。系模制，未作细致加工。推测为侍卫俑。

磨盘　1件。泥质，呈圆形饼状，分上下相同的两盘，外表饰绳纹。上盘表面划十字分割细绳纹，模仿实用器，偏离中心处有数个圆孔贯通上下。标本 M11：9。

方形花砖　1件。泥质，模制。灰色。平面呈正方形，表面有图案花纹，为中部由 8 个连续的重莲瓣的花纹组成，莲瓣中心为莲蓬。莲纹四角用类似如意形的纹饰勾填。方砖外围有三周凸棱，最外两周相距较近，最内一周与第二周之间用饰有直径 1.3 厘米的乳钉纹。标本 M9：1。

墓志　4方。皆为盝顶。标本 M7：1，泥质，分为志盖、志文两部分，表面字迹模糊，不可辨认。标本 M10：1，石质，志顶面双线十字分格，阴刻篆书"任君墓志"，边围双线界格。志文被盗缺失。标本 M11：5 和 M11：2，石质，志盖顶面双线十字分格，阴刻篆书"任君墓志"，周围双线界格，志文部分以竖向细线分成竖行，行内阴刻楷书共十五行铭文。

团城南区

瓦　2块。为小板瓦。标本 M36：5、M36：6。

砖　1块。泥质深灰色。标本 M36：7。

团城南区

墓志　2方。皆为模制砖志。正方形盝顶。标本 M24：1，中间墓志内容隐约不清，无法辨认。标本 M26：1，墓志中间绘有"井"字形框格，周围云纹，内书篆文。

在五个墓地中，均可以观察到明确的随葬品组合关系，见表88。随葬品中，尤以陶器、瓷器

表88　墓葬随葬品组合关系表

数量　　类别　墓号	瓷器						陶器			铜钱	其他	合计（件）
	碗	盘	盏	罐	枕	其他	罐	钵	其他			
M1	7	3			2		2	4	魂瓶1		玻璃耳环2、铁牛1	22
M2	4	2			1		4	4	魂瓶1		磨刀石1、铁牛1、铁棺环3	21
M3	2							3	魂瓶1、买地券1、地心砖1		铁牛1、铁棺环1	10
M4							2	4	器盖1		铁牛1、石块2	10
M5	1	1	1		1		3	2	澄泥砚1、魂瓶1、买地券2、地心砖1		铁牛1、铁棺环3、泥钱1、铁钱1、墨块1	21
M6	2	1					2	4	魂瓶1、器盖1		铁牛1	12
M7							2		墓志1	1	铁器1	5
M8							1			1		2
M9							1		方形花砖1			2

续表

数量＼类别　　墓号	瓷器						陶器			铜钱	其他	合计（件）
	碗	盘	盏	罐	枕	其他	罐	钵	其他			
M10							4				墓志盖1（石）	5
M11							5		磨盘1	3	泥俑头2、墓志盖及墓志石各1（石），铜带饰1	14
M12	1	1										2
M13	4	3	1			梅瓶1						9
M14	2	2										4
M15			1	1					陶盒1		铜钗1	4
M16	1	1		1		瓷片1					铜钗1	5
M17			1									1
M18	3		1			玉壶春瓶1			陶盘1			6
M19	5	6	1									12
M20						瓷片2						2
M21	1			1	1							3
M23							1			2		3
M24									墓志1			1
M25	1					钵1	4					6
M26							2		墓志1	3	铁器2、铜钗1	9
M28	4		2									6
M29			2									2
M30	1		1	1					买地券1			4
M31	1		1									2
M34	2		1	2		梅瓶1					骨簪1	7
M36			2						瓦2、砖1		耳环1（玉）、铜扣1	7
M37	1		1	2					瓦1（未采集）	1		6
M38	3		2	2								7
M40	1	1		2		钵1			瓦砚1	4	骨簪1	11
M41	1	1			1				瓦1	2		6
M42	1	1			1	钵1						4
M43			1									1
M44	1	1				钵1				2		5
M45	4				2	钵1					铜钗1	8
M46	1	1								2		4
M47											铁器1	1
M48	5	2		1	1		1	4	魂瓶1、地心砖2		泥枕1、铁牛1、铁管1、铁棺环1、铜钗1	22

以及魂瓶、铁牛等更是具有地区性的考古学文化特色，这是研究本地不同时代墓葬葬仪及其物质载体基本特征的重要材料，同时也丰富、校正和完善了本地乃至山西地区的考古学编年体系。

　　根据对墓葬随葬品的分区分类，大体可以明晰东龙观北区家族墓随葬品主要以白釉碗、白釉盘、白釉钵、陶罐为组合，在大型砖室墓中如：M48、M1 也能见到陶明器组合。东龙观南区家族墓随葬品主要以白釉碗、白釉盘、褐釉盏为基本组合，在其前段的大型砖室墓葬中如：M2、M3、M5、M6，还有陶罐、陶钵、魂瓶等丧葬明器。西龙观区基本皆为唐代墓葬，仅见陶罐为固定随葬品，有的墓葬中陶罐被安放在四角，十分特殊。此外，还有石质墓志，且书法、摹刻精湛。团城南区唐代墓葬较为单一，仅见白釉碗、青釉轴顶钵、陶罐，此外多有陶质墓志，墨书墓志内容保存较差，基本无法识读。元代墓葬则主要以褐釉碗、褐釉盏、黑釉罐为组合。团城北段墓葬主要以褐釉碗、褐釉盏、黑釉罐为基本组合。

（三）墓葬装饰

1. 壁画

①人物服饰类

　　M5 的人物众多，不仅有年老的墓主人夫妇三人，还有童男、童女，不仅有貌美的歌妓还有憨厚诚实男侍、面目狰狞的门神，细心的账房先生等。所表现的人物身份各异，面部表情丰富，人物衣饰复杂多样，颇具研究价值。见表89。

表89　砖雕彩绘墓葬壁饰统计及简介表

砖室墓	装饰	内　　　　容
M1	墓室	北壁正中置灯台（素面砖雕）。东、西、北壁素面砖雕棺床床围。
M2	墓门	壶门；门簪，板门。斗栱之上檐椽；为砖雕彩绘。
	墓室	东壁为墓门，右上角置灯台。其余七壁砖雕彩绘室内格局，墓主人、佣人形象及花草、动物等。
M3	墓室	南壁砖雕素面假门，右上角置灯台。北壁为弧顶墓门，其余四壁砖雕板棂窗、格扇门。
M4	墓室	西、南、北壁各彩绘两组"花草"图案，东壁为弧顶墓门。
M5	墓门	门额正上方置砖雕匾额一块。匾额两侧置半栱，其上檐椽、滴水，表面彩绘。
	墓室	南壁为墓门，彩绘人物、花鸟，右上角灯台。其余七壁彩绘室内格局、人物、动物、花草等。
M6	墓门	门额之上置斗栱、檐椽、滴水，墓门两侧均彩绘。
	墓室	北壁为墓门，内侧表面彩绘，右上角砖雕灯台。西南、东南壁砖雕彩绘假门。西北、东北壁砖雕彩绘板棂窗，东、南、西壁砖雕彩绘墓主人、佣人及室内格局等。
M48	墓室	东北壁砖雕灯檠。东壁弧顶墓门，北、西、南壁砖雕彩绘假门；西北、西南壁砖雕彩绘板棂窗，东南壁为剪裁工具壁画。
附注		M5：甬道两侧有彩绘人物。M2：甬道两侧置板门。其余五座甬道无装饰。

a．头饰与发式

从墓主人的头饰与发式的绘制情况来看，应属于当地富裕家庭的装扮。男性墓主人头戴黑色巾子，男侍及门神、账房先生等均为黑色、青色巾子，比较统一，应是当时常服（图一六九）。童男发式特殊，为女真人常见的髡发。

女性无论地位高低均为高髻，发式多样，有的髻上裹有巾帕，有的髻上插钗，反映当时服饰文化的多样性和统一性（图一七○）。只是女性墓主人发式更加特殊，富有新意。

b．衣饰

男性墓主人上衣为白色圆领袍服，其余男性全部为有色圆领袍服，颜色丰富，有黑、青、青绿、

图一六九　壁画墓中男性人物头饰

1．M5 甬道东西两侧门神　2．M5 南壁墓门两侧男侍　3．M5 东北壁"茶酒位"人物　4．M5 西壁墓主人　5．M5 北壁墓主人　6．M5 北壁男童

图一七○　壁画墓中女性人物头饰

1．M5 西南壁　2．M5 西北壁　3．M5 西壁　4．M5 北壁墓主人

白、浅绛，以黑色居多。全部有腰带，窄袖，袍服过膝及踝（图一七一）。下衣基本为长裤，男性墓主人由于坐在桌后，情况不明。其他男性只有茶酒位中的男性为白色长裤，其余由于袍服遮挡，表现不明确。

　　女性墓主人上衣均为长褙子，颜色以绿、青为主，衣领有黑色、白色等，全部有抹胸，颜色各异。其余女性无论年长年幼为长褙子，窄袖，内着襦衣，颜色各异（图一七二），下身部分侍女着方格长裙，及地，一侧有开衩，一般不露足。

　　c. 靴与鞋

图一七一　壁画墓中男性人物服饰

1. M5 东北壁"茶酒位"男侍　2. M5 墓门东西两侧男侍　3. M5 北壁墓主人　4. M5 北壁男童　5. M5 甬道东西两侧门神

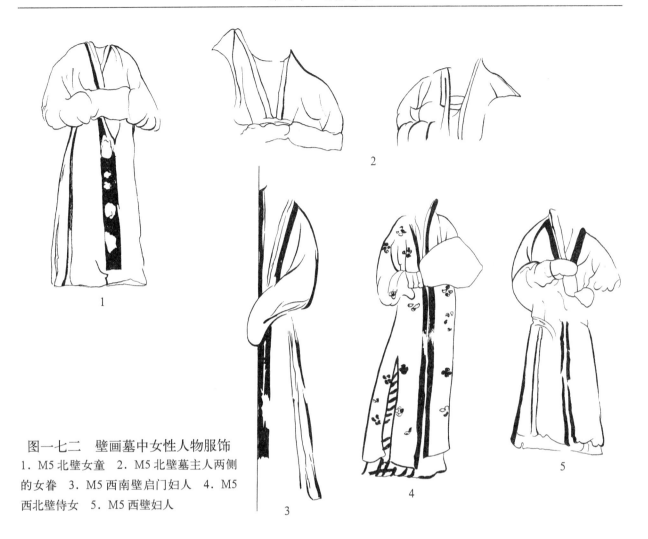

图一七二　壁画墓中女性人物服饰
1. M5 北壁女童　2. M5 北壁墓主人两侧
的女眷　3. M5 西南壁启门妇人　4. M5
西北壁侍女　5. M5 西壁妇人

　　无论男性还是女性墓主人均被桌子挡住，脚上是着靴还是着鞋并不明确。男性除"茶酒位"
中两位男侍着鞋与"换钞"图中男性下身所穿情况不明之外，其余男性均着靴。一般为黑色长靴，
有的为了表现人物衣着的反差，有的也着白色长靴。

　　壁画中女性均为长裙，未露足，所着鞋子情况不明。

　　②生活用品类

　　a. 尺子、剪子、熨斗、注子

　　M48 东南壁绘制的一组壁画完全是现实生活的再现。其中尺子、剪子、熨斗、注子等内容，
也是传统壁画的表现内容。在内蒙古清水河县山跳峁墓地 M3，河北怀安张家屯辽墓，张家口市
宣化辽墓 M5、M6，登封高村壁画墓西壁"备宴图"（瓶座周围散置扫把、压股剪、熨斗、尺子）
均有表现[①]。

　　b. 床榻、茶床

　　M5 中绘制门神所坐的床榻形制相同，均为矮床，体积较小，在一侧绘制了捆扎的痕迹。画

──────────

①内蒙古文物考古研究所、乌兰察布博物馆、清水河县文物管理所：《内蒙古清水河县山跳峁墓地》，《文物》1997
　年第 1 期。郑州市文物考古研究所编著：《郑州宋金壁画墓》，科学出版社，2005 年。河北省文物研究所：《宣化
　辽墓──1974～1993 年考古发掘报告》，文物出版社，2001 年。

师仅仅绘出床榻的龙骨，未见铺垫织物。"茶酒位"图中点茶的茶床、茶盏、茶罐、茶笼，绘制精美、生动写实，可以看到宋金时期北方汉族地主家庭的饮茶风尚，其中点茶的内容更是别具一格，突出了点茶时特定动作——用茶笼击沸和边打沫饽。

c. 执扇与钱袋

M5 墓门两侧男侍所持物品十分有趣，东侧男侍左手执扇，西侧男侍左肩扛钱袋，与墓主人面面相对，反映当时家庭作坊式的商业经济形式。"王立"在金代明昌年间（1195 年）应为当地大地主，且在汾阳太符观金承安五年（1200 年）"太符观创建醮坛记"中便有他的名字，这对研究墓主人的身份、职业大有裨益。且西侧男侍肩扛钱袋，说明其家庭可能设有私人钱庄。这在 M5 的西壁出现"货币兑换"这样内容的壁画就显得顺理成章。

d. 妇人启门图

M5 妇人启门图是自汉代以来墓葬及墓塔上常见的一种图案类型。在 M5 中的妇人启门图所绘制的妇女年轻、貌美，半掩门扉，似出非出，与宋金时期大家富户豢养家伎、歌女之风十分吻合。扬之水在《读词短札》（之一）引用周邦彦《瑞龙吟》原文如下："……暗凝伫，因念个人痴小，乍窥门户。侵晨浅约宫黄，障风映袖，盈盈笑语"……其中"乍窥门户"一句，点出身份——宋元习以"门户人家"来称妓院，此指伊人初倚门[1]。另外，郑椿《画继》载："画院界最工，专以新意相尚。尝见一轴甚可爱玩，画一殿金碧晃耀，朱门半开，一宫女露半身于户外，以箕贮果皮状作弃掷状，如鸭脚、荔枝、胡桃、榧、栗、榛、芰之属，一一可辨，各不相同，笔墨精微，有如此者。"[2]可见，宋金时期墓葬中绘制妇人启门是当时风尚，当然，也与当时养家伎之风密不可分。

e. "换钞"图及其早期钞库形制

M5 换钞图及其早期钞库形制是本次发掘中最大的收获之一。由于壁画的尺幅较大，且放在墓葬中的显著位置，使我们不得不对其产生了极大的兴趣。壁画中共绘制了三位人物，一女两男，栅栏内有一位男性在窗口位置，其面部基本暴露出来，他手中拿一个小条与外面的人进行交谈。栅栏外左侧有一木桌，木桌后绘有一位男性正在桌上作书写状，栅栏外右侧与木桌相对的地方有一位女性缓步向前，手中持有一贯铜钱。这样的壁画从它出土之时一直到今天，不同行业的专家、学者一直有很多猜想，但我始终认为这里绘制了一幅反映当时社会生活中最具影响力、最新潮的事物。这样的壁画内容反映了"王立"家族已经参与了官商一体制中的货币兑换行业，其家族是汉族地主中的极度富裕家庭。对于金代在正隆—明昌年间政府大力推行宝钞类纸币这一事实，学术界早已有定论，不必多言。另在本报告"相关问题的初步研究"一节中还有进一步的阐述，可以相互参见。

山西是中国商业最早的萌发地区之一，由于地理位置优越，在古代南北商贸往来中占据了独特的地位。宋金时期的山西地区更是成为表里山河的三关总钥，汉族、契丹族、女真族、党项族、蒙古族等诸多民族在此交融杂居，文化面貌复杂多变，商业贸易十分发达。在唐代四川地区"飞钱"的基础上，北宋时期的纸币发行就比较完善。到了金代，随着北方战乱平息，商贸恢复，各

---

①扬之水：《读词短札》（之一），《文史知识》2010 年第 3 期。
②（南宋）郑椿《画继》、（元）庄肃：《画继补遗》，人民美术出版社，1964 年。

种商业机构便相继出现。加之政府禁铜政策的实施与大力发行纸币的策略，使货币兑换显得尤其重要。M5 的货币兑换图中的木质栅栏、方形窗口、窗口中绘制的男人手拿小条、女人手中的铜钱、记账的男子等这些必要的因素，是货币兑换中最重要且缺一不可的。它让我们看到汾州（今汾阳）在金代中期商贸活动中的最具时代意义的画面，它的形制与明清晋商中钱庄基本相同，是研究古代货币、金融史不可或缺的材料。

　　f. "香积厨"图与"茶酒位"图

　　M5 的"香积厨"图与"茶酒位"图分别位于墓葬中西北壁和东北壁。两幅壁画分别有题榜，这是汉代墓葬壁画在山西地区的一个古老传统。汾阳市、孝义市范围内还发现带有题榜的壁画、砖雕，如：2009 年"三普"调查汾阳市三泉镇赵家堡村金代墓葬就有"钱宝库"、"香积厨"这样的题榜，加上题榜的主要目的是想告诉别人墓主人生前的庭院中有这样专门的房间。并且，民以食为天，茶食、酒食也是生活中主要的饮品，再不用说古代还有那么复杂的茶酒礼与茶酒文化。"香积厨"这样的名称来自佛教，看来墓主人对今生、往生世界的生活十分关注，也说明他是一个佛教信仰者。"茶酒位"是墓主人生前高雅士大夫生活的真实写照，在墓葬中出现茶酒题材也是习以为常的，只是加上题榜之后更显得富丽堂皇、功能明确。

　　③食物类

　　M5 的包子、酒、茶是墓葬壁画中能看到的主要食物种类。因茶、酒类食品在"四　相关问题的初步研究"中论述比较详细，这里仅对包子这类食品简述如下：包子是北方汉族最喜爱的一种面食，其制作简单、营养丰富。宋人的面食相当发达，与今日晋中地区类似，其主要是带馅的包子、馄饨之类，如有王楼梅花包子、包皮春茧包子、虾肉包子等种类很多，墓葬壁画中的形象就是热腾腾的包子。

　　④宠物类

　　M5 的黑猫与红狗集中绘制在一个壁上，说明当时大家庭宅院中豢养猫和狗的事实。猫自印度传入中国已有两千余年，至宋金时期猫和狗家养已十分普遍。壁画中狗的形象是汉代以来的细狗，耳下垂，腰细、腿长，卷尾，特别适合捕猎。

　　2. 砖雕

　　①人物服饰类

　　砖雕墓葬的人物服饰表现得十分丰富，主要集中在 M2、M6 之中，表现技法主要是高浮雕，部分人物接近圆雕。

　　a. 头饰与发式

　　墓葬砖雕中的墓主人位置排列一般面朝墓门，东向墓道的 M2 为男左女右。北向墓道的 M6 为男东女西。一般情况下左为上、东为上，符合金人、汉人的传统风俗。男性墓主人一般头戴黑色巾子，而这一时期男侍无论地位高低，冠式均为黑色巾子，与墓主人并无二致（图一七三）。

　　女性墓主人有头戴巾帕反向前裹，在头前打一蝴蝶结的形象，也有梳高髻的形象。相反的是墓葬中的妇人启门形象中的妇女与侍女头饰与发式反而复杂多变，出现了同心髻等样式，有的在高髻上用巾帕包裹头发，有的在巾帕外簪金黄色花朵，有的还在高髻上插钗等，反映出年轻女性对传统发式形象的继承和发扬（图一七四）。

图一七三　砖雕墓中男性人物头饰
1. M2 西壁墓主人　2. M6 南壁墓主人　3. M6 东壁人物

图一七四　砖雕墓中女性人物头饰
1. M2 西南壁　2. M2 西壁墓主人　3. M2 西北壁　4. M2 南壁　5. M2 北壁　6. M6 南壁墓主人　7. M6 东南壁
8. M6 西南壁　9. M6 西壁

b．衣饰

男性墓主人的上衣一般为白色圆领袍服和白色右衽袍服，袍服内一般有浅色的衬领。男侍的上衣为红色圆领袍服，窄袖，一般衣袖长过膝，下身应着裤，由于袍服较长，表现不清（图一七五）。

女性墓主人的上衣年长者着黑色褙子，内着红色低矮抹胸，略年轻者为红色右衽褙子，黄色衣领，窄袖。妇人启门图中的妇女及墓葬砖雕侍女的上衣一般为长褙子，主要变化在颜色、印花图案上。这样的褙子一般为窄袖，较长。内衬襦衣，有的外系丝带，有的一侧开衩，样式多样，变化无穷（图一七六）。

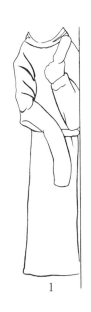

图一七五　砖雕墓中男性人物服饰
1. M6 东壁人物　2. M2 西壁墓主人　3. M6 南壁墓主人

c．靴与鞋

砖雕墓葬中墓主人形象无论男女均坐于桌后，下身及足被桌子遮挡，无法看到鞋或靴的形象。只有部分侍女在砖雕中有雕凿出来的鞋的印痕，由于并未着色，无法判断鞋的形状。

②生活用品类

M48 砖雕灯檠是由桃形灯障、灯台及檠干、檠座组成。檠座雕为云形，分为五瓣，是北宋时期灯檠的传统样式。

M1 北壁砖雕双鱼形灯，与郑州登封黑山沟宋代壁画墓东南壁所绘灯檠（女子身后立一灯檠，檠顶置灯盏，盏内灯芯较长，盏托下对称嵌二鱼，鱼下叶形、圆形托板各一）、登封高村壁画墓东北壁（所绘女侍身后侧立一灯檠，杆顶置灯盏，盏下有悬鱼、圆托板，站牙式支座）上所绘灯檠的双鱼纹相同[①]。

M2、M6 内的砖雕内容有：卷帘、桌椅、侍女所持的盘、食罩、汤盏、执壶、温碗、笤帚、鸡毛掸。M2、M6 中的卷帘均为砖雕，上施彩绘，完全是生活实用品的翻版，且帘钩、布帏子一应俱全，其帘钩写实夸大，还刻意做成起伏不平，别具生活气息。M1 砖雕中的床围子，均用水磨砖砌成，与北宋名画《韩熙载夜宴图》中的木质床形制基本一致。M6 中墓主人身后所坐的椅

①郑州市文物考古研究所：《郑州宋金壁画墓》，科学出版社，2005 年。

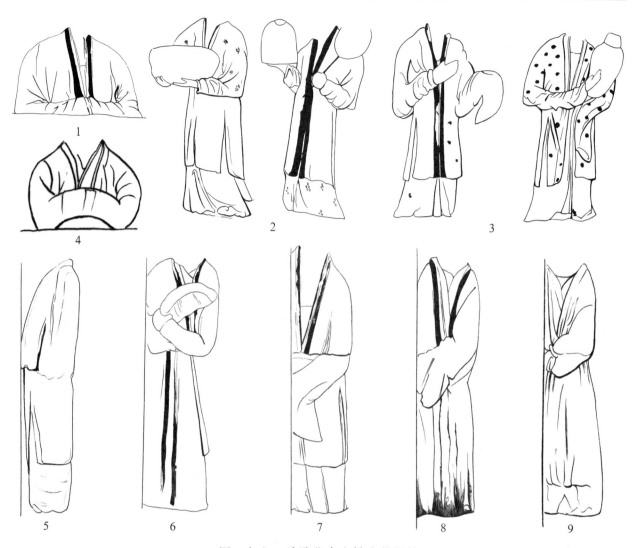

图一七六　砖雕墓中女性人物服饰

1. M2 西壁女性墓主人　2. M2 西北壁侍女　3. M2 西南壁侍女　4. M6 西壁墓主人　5. M2 南壁启门妇人　6. M6 西壁启门妇人　7. M2 北壁启门妇人　8. M6 西南壁启门妇人　9. M6 东南壁启门妇人

子雕刻细腻，均为卷搭脑椅子，搭脑中部凸起明显与郑州宋金时期下庄河壁画墓女主人所坐椅子基本相同。M2 中侍女所持汤盘、汤盏反映了山西晋中宋金时期饮食习惯，并且在当时十分流行的食罩也在墓葬中精细的雕琢出来。温碗、执壶是唐宋以来饮酒的必备之选，在汾阳这样的名酒产地也不例外。温碗、执壶的形制仍然流行北宋旧制，是否当时存在早期模板不得而知。墓葬中最具特色就是 M6 的男侍、侍女手中所持小笤帚和鸡毛掸，这在其他地区墓葬中从未见到，一方面与山西地区土炕流行有关，另一方面反映了晋中地区家庭保洁意识十分浓厚，就是墓主人已经魂归故里也同样必备。

　　③食物类

　　宋朝宋伯仁《酒小史》中记载当时名酒山西有太原酒、汾州有干和酒。M2 中表现的汤和酒是当时主要饮品。汤放在盏中，且用盘承托，估计是热汤。酒用温碗、执壶盛放，且执壶器体较大，墓主人饮用较多，估计当时酒的度数不高。宋金时期饮用热酒非常流行，这是一个非常古老的传统。

唐代著名诗人白居易的诗《问刘十九》中这样描述："绿蚁新醅酒，红泥小火炉。晚来天欲雪，能饮一杯无？"看来金代的汾阳依然保持唐人饮酒需要加热这一传统。

④宠物类

M2 的窗下雕刻了一只项上带铃铛的白猫，呈俯卧状，尾巴卷曲，全身洁白，应是当时家庭豢养宠物的真实写照。猫作为宠物饲养早在汉代北京大葆台汉墓中就有发现，"《北京大葆台汉墓》附录八《大葆台汉墓出土兽骨名称鉴定》中涉及猫骨者凡 5 例，这应当是科学发掘所获中国考古资料中目前所见年代最早、数量也最为可观的猫骨"[①]。宋代诗文中已多见有关民间普遍畜猫灭鼠的信息，在历史文献中也有诸多殷实之户以猫为宠物的记载[②]。

（四）建筑构件

1. 瓦垄、滴水

《宋营造法式》中小木作建筑各类帐顶仿瓦作的小圆木条。位于帐顶之上，均衡排列，形如瓦垄，故称瓦垄条。东龙观宋金墓葬中瓦垄、滴水全部为砖雕，材料为条砖雕凿完成之后粗略磨制加工而成。只是滴水仅为檐头瓦，并没有防止雨水回流的滴唇，主要原因是，墓葬中这类构件不露天，仅是模拟现实建筑构件的功能而已。

2. 斗栱

也称铺作，可分为柱头铺作（也称转角铺作）和补间铺作两类。

①柱头铺作

宋式建筑大木作术语，泛指建筑物柱头上、构筑物倚柱上的斗栱组合。用以承托内部梁架和屋檐上部重荷，斗栱平面多作十字形。东龙观宋金墓葬中 M48、M2、M3、M5、M6 这类铺作在大型砖雕墓葬中使用的很普遍，主要是模拟现实建筑构件，均为砖雕，也有部分承托功能。山西省晋中地区现存明代砖石结构牌楼、塔遗存中，此类铺作常见，也许是地上、地下建筑相互影响的结果。

②补间铺作

宋式斗栱名称。两柱间额枋上使用的铺作，主要起支承屋檐重量和加大出檐深度的作用。在建筑设计时，补间铺作的布设原则，宋《营造法式》规定："当心间需用补间铺作两朵，次间及梢间各用一朵。其铺作分布令远近皆匀。"如间宽相同，亦可每间用两朵铺作，称双补间。东龙观墓地宋金砖雕墓葬的补间铺作只用一朵，无论四边形的 M1，还是八边形的 M48、M2、M3、M5、M6 等，铺作设置十分简单。

③替木

宋式木构件名称。位于槫缝下、跳头上承托槫枋的长条形构件，与上部槫枋多实拍相合。宋《营造法式》规定："凡替木，两头各刹四分，上留八分，以三瓣卷刹，每瓣长四分。若至出际长与槫齐，随槫齐处更不卷刹，如补间铺作相近者，即相连用之。"根据结构的需要，替木的使用有梁头

---

①王子今：《北京大葆台汉墓出土猫骨及相关问题》，《考古》2010 年第 2 期。

②（明）吕柟：《二程子抄释》卷九《养鱼记》载："家人买鱼子食猫。"《东京梦华录》卷三《诸色杂卖》载："若……养猫，则供猫食并小鱼。"（宋孟元老撰、邓之诚注：《东京梦华录注》，中华书局，1982 年）。《梦粱录》卷一三《诸色杂货》载："凡宅舍……养猫，则供鱼鳅"（宋吴自牧：《梦粱录》，浙江人民出版社，1984 年）。

上用替木，令栱上用替木，重栱上用替木等多种形式。替木在汉代明器上已有使用。

3. 柱

①明柱

明柱在营造学上单指独立的、起完全支撑作用的柱子。

②倚柱

倚柱主要是指柱与墙的空间位置关系。在仿木结构的建筑中，能砌出来的并不完整柱子，这样的柱子只是形式，并不直接起力学作用。当然，这样的柱子还包括土木建筑中夯土中的柱子[①]。

4. 门

①板门

宋式建筑门中很重要的类型之一。门扇由肘板、身口板、副肘板竖向拼合而成。分为独扇板门、双扇板门和多扇板门等几种。其一般用作城门、住宅大门、寺庙外门和寺庙殿门。东龙观墓地发现的砖雕墓葬出现的板门，主要是墓葬大门，早期的墓葬如M48，在院落内也是用板门。

②隔扇门

宋代的隔扇门由边框、抹头、隔眼、腰华板等组成，在宋代习用四抹，隔扇门的高、宽比，宋元时期约为 2：1 或不足 3：1。因隔扇门多是成对使用，故有四、六、八扇造不等。宋代《营造法式》中记录有"四斜毬纹格眼"、"四直方格眼"、"挑白毬纹格眼"等有限几种。但山西省地面建筑中保存的实物却很多，例如：山西朔州崇福寺金代建筑弥陀殿隔扇门，其格眼的形状就有15 种之多。

5. 直棂窗

以竖向的木棂条组合而成，其造型有板棂窗、破子棂窗等。

①板棂窗

俗称板条棂窗或木栅窗等。其特点是不施棂花，仅设竖向的板棂，板棂断面多为横长的矩形，且多为单数使用。板棂之间留有缝隙，以便通风、采光等。板棂的背面平素，用于糊纸。

②破子棂窗

多设于建筑物两柱之间或檐墙之下。主要特征是棂条剖面为"▼"形，棱角向外，背面取平，其功能更加有利于通风、采光。内平面可糊纸，省工省料，方便实用。

6. 砖

宋代《营造法式》其中对北宋的砖瓦技术进行了比较全面的总结，据载砖型有 13 种之多，瓦则按质分为素白、青混、琉璃三大类。筒瓦 6 种，板瓦 7 种，颜色以绿黄为多[②]。

宋代《营造法式》"砖作"：Ⅳ型宋代方砖尺寸为 1.3×1.3×0.25（宋尺），每个工人每日生产 39 块。条砖尺寸为 1.3×0.65×0.25（宋尺），每个工人每日生产 82 块。Ⅴ型宋代方砖尺寸为 1.3×1.2×0.2（宋尺），每个工人每日生产 76 块。条砖尺寸为 1.2×0.6×0.2（宋尺），每个工人每日生产 187 块[③]。

---

①倚柱的概念是浙江大学的李志荣博士告知，编者做了简单整理，特此说明。
②梁思成：《营造法式注释（上、下）》，中国建筑工业出版社，1983 年。
③王效清主编：《中国古建筑术语辞典》，文物出版社，2007 年。

"宋代建度量衡制，多沿用前代旧制。《宋史·律历志》云：'度量权衡，皆太府掌造，以给内外官司及民间之用。'杨宽在《中国历代尺度考》中说：'宋代沿用唐制，官尺由太府寺掌造。'由于宋代政府颁发的标准尺，主要是为征收布帛之用，故有'太府寺布帛尺'之称；又因宋初贡赋由三司使征收，故或称三司布帛尺。熙宁四年（公元1071年）'太府寺所管斗秤务，归文思院。'此后'文思院下界'制造的官尺又称'文思院尺'。据历代文献对宋尺长度的考证，多在31厘米左右。今搜集到北宋尺共八支，长短虽略有不同，但也以31～32厘米为多[1]。

"迄今未见辽、金、元尺度传于世，甚至史籍也没有明确记载。仅明代郎瑛曾说：'元尺传闻至大，志无考焉。'（《七修类稿》）可见在明朝时人们对元尺已无从考证了。今年有人根据元代对各级官印尺寸的规定，推算元一尺长34厘米[2]。也有人根据《辽史·地理志》所记辽城周长与今实测遗址周长推算辽、金、元一尺长34.6厘米[3]。又有人以金代官印考察金代尺度，得每尺合今43厘米[4]。

那么，我们可以拿发掘宋代、金代、元代墓葬的各类砖将其尺寸转换为现今大家熟知的厘米为单位进行比较，可知宋、金、元时期条砖的长度基本为当时一尺，还可以通过统计数据进一步观察到宋金元三朝的尺度变化。见表90。

有一点需要特别加以说明，墓葬中有的建筑构件比如：角替、竹帘钩等，没有做详细的统计表，但可以从壁面展开图中看到。

（五）丧葬习俗

在东龙观墓地发现宋金元时期的丧葬习俗主要有以下两种：洞室墓和砖室墓，未发现宋金时期的竖穴土圹墓，而在晋中盆地的东侧山前地带的祁县温曲村则发现有土圹白灰椁木棺墓。这样的差别是地域形成的还是本地区的墓葬发掘数量较小造成的，目前还不能判明。但是，传统的宋人依然比较热衷于土圹墓和洞室墓。宋代名相山西夏县人司马光对此有详细的论述："今人葬有二法，有穿地直下为圹而悬棺以窆者，有凿隧道穿土室而撺柩于其中者。按古者唯天子得为隧道，其他皆直下为圹，而悬棺以窆。今当以此为法，其穿地宜狭而深。狭则不崩损，深则盗难近也。"司马氏不但说明"凿隧道"有悖礼制，还论述了洞室墓与土圹墓均要挖的"狭且深"，以防止崩塌事故和盗墓行为。

另外的一种墓葬形式为砖室墓，这其实也是一种传统的葬式。只不过是在这一时期在墓室中不但雕凿或绘制有墓主人的肖像，就是连其佣、役等也做得一丝不苟，其内容涵盖家庭生活的各个方面，唐代以来盛行的镇墓俑、仪仗俑等不再出现，取而代之的是更加世俗的家庭生活、仆役劳作等世家大族的大院生活场面。这种场面主要是在金代早期出现，与金代统治者试图抹杀"夷夏"区别的政治构想正好背道而驰。金人统治下的许多汉族地主一反祖制，将逝去先人的仪容一丝不苟的摩刻在上面，以此告诫子孙亡国之耻，这样的结果是金代统治阶级无法意料到的。就是这样的墓葬形式，还是遭到了以朱熹、司马光等汉族地主反对，朱熹在《家礼》中写道："刻木为车马、仆从、

---

①丘光明：《中国古代度量衡》，商务印书馆，1996年。
②袁明森：《四川仓溪出土两方元"万州诸军奥鲁之印"》，《文物》1975年第10期。
③曾秀武：《中国历代度量衡概述》，《历史研究》1964年第3期。
④高青山、王晓斌：《从金代官印考察金代的尺度》，《辽宁大学学报》1986年第4期。

表90 墓葬发掘所获各类砖尺寸统计表（长度单位：厘米）

尺寸\类型\墓号	条砖			子母砖			楔形砖			备 注
	长	宽	厚	长	宽	厚	长	宽	厚	
M1	32	16	5				33	33	5	方砖铺底、盖顶方砖
M2	32	16	6	33～37	16	6	36	36	6	方砖铺底、盖顶方砖、条砖
M3	32	16	5	34～37	17	5	32	32	6	方砖铺底
M4	32	16	5							条砖铺底、盖顶
M5	34	17	5				33	33	5	方砖铺底
M6	32	16	5	34	17	5	30	30	5	方砖铺底
M7	34	17	5							条砖铺底、盖顶
M8	34～35	17	5							
M9	34	17	5							条砖铺底
M10	34	17	6							铺底
M11	34	17	5.5							
M12	32	16	6				34	34	6	方砖铺底
M13	32～34	16～17	6				34	34	5	条砖铺底，方砖盖顶
M14	33	16.5	5				34	34	6	条砖铺底，方砖盖顶
M15	32	16	6							铺底条砖36×18－5
M16	34	17	6				33	33	5	方砖铺底
							42	42	6	方砖盖顶
M17	32	16	6							
M18	32	16	6							盖顶条砖34×17－6
M19	34	17	6							盖顶石56×47－10
M20	32	16	5				33	33	5	方砖盖顶
M23	35	17	5～6							封门砖
M25	37	19	6							墓壁、铺底
M26	34	17	6							墓壁、盖顶
M27	27	19	6							墓壁、墓底
M28	29	14	5							
	30	15	5							
M29	29	14	5.5							条砖盖顶
M30	33	16	5							条砖铺底
M31	29	14.5	5.5							
M33	32	16	6							墓壁、券顶
M34	31	16	5							条砖盖顶、墓壁
M37	32	15.5	6							条砖盖顶
M38	28.5	14	5.5							条砖盖顶
M47	32	16	5	34	17	5				推测祭台用
M48	34	16	5	28.5～32	16	5	33	33	5	铺底方砖。盖顶方砖34×34－5

仕女，各执奉养之物，象平生而小。"[1]可见，朱熹为首士大夫阶层极力规范墓葬礼仪制度，司马光则认为死者的肖像在墓葬中出现是逾礼之举，只有不懂礼法的俗人才会采用这样的形式。他说："世俗或用冠帽衣屡装饰如人状，此尤鄙俚，不可从也。又世俗皆画影，至于魂帛之后。……此殊为非礼。"[2]然而，这样的风气一旦形成，就成了燎原之势。山西各地的有钱阶层不但营建豪华墓室，还在墓室营建完毕后让村中耆老参观，以显示自己的孝道[3]。并且，当时在汾州（今汾阳、孝义附近）还出现了专门建造这种砖室墓的砖匠。孝义下吐京金墓墓门内右上侧有灯台，靠近拱券处墨勾一个小人，在小人与灯台的中间又墨书："承安三年二月十五日汾州在城，搏（砖）匠史贵"17字。下部因剥落严重仅可看出墨勾一个身穿红袍的中年男子。门左侧上部墨书"汾州北郭汾倪镇"7字，下部浮雕出一只守门的家犬（卧狗）。其中"砖"写作"搏"，且"在城砖匠"这样的称呼值得注意[4]。

这次发掘的墓葬主要有几种葬式：单人葬与合葬、火葬、迁葬、葬式不明。见表91。

表91　墓葬尸骨处理方式统计表

分类	单人葬	二人合葬				三人合葬		四人合葬	五人合葬	火葬	迁葬	方式不确定	备注
		一次葬	一、二次葬共存	二次葬	推测	一、二次葬共存	二次葬	一、二次葬共存	均二次葬				
墓号	M4、M15、M25、M31、M44、M46、M47	M7、M10、M11、M16、M17、M21、M36、M37、M38、M40	M29、M34、M41、M42	M13、M18、M24、M30	M3、M6、M12、M14、M27	M28、M45、M48	M23、	M1、M26	M19	M2、M5、M20	M22、M32、M35、M39、M43	M8、M9、M33	M40、M41、M42、M45为同棺合葬，M44、M46推测为与"衣冠葬"进行的合葬
合计	7	10	4	4	5	3	1	2	1	3	5	3	总计48

　　附：M3、M4、M6、M12、M14、M15、M16、M17、M27 被盗扰，M8、M9、M33 发掘前破坏严重，M48 其中一具尸骨为火葬，M2 为两人火葬，M5 为三人火葬。

1. 单人葬与合葬

①单人葬

M4、M15、M25、M31、M44、M46、M47。M4 由于盗扰，仅知道为未成年单人葬，无法细致分类，M4 位于东龙观段，时代为金代。

a. 单人仰身直肢葬

---

①巫鸿著、施杰译：《黄泉下的美术：宏观中国古代墓葬》第 254 页注释 82，生活·读书·新知三联书店，2010 年。
②司马光：《司马氏书仪》，《丛书集成》第 54 页，商务印书馆，1936 年。
③山西省考古研究所侯马工作站：《侯马 101 号金墓》，《文物季刊》1997 年第 3 期第 21 页："西壁隔扇间的立颊上，从南至北竖题三行：'母郭父父董囗简'、'岁次癸巳大定十三年九月十三日倻男董小叔充当本村头头因看墓记'、'次侄男生孙德僧邻哥倻新妇宋氏'。"
④山西省文物管理委员会、山西省考古研究所：《山西孝义下土京和梁家庄金、元墓发掘简报》，《考古》1960 年第 7 期。

发现有 M15、M25、M31、M47 五座，分布于 M15、M47 分布于东龙观段，时代为金。M25、M31 均为团城南段，时代为唐代。

b. 单人俯身葬

全部在东龙观墓地的北区墓地的土洞墓中，发现两座编号为 M44、M46。人骨俯身屈肢于墓道，墓室内没有发现人骨，推测为与"衣冠葬"进行的合葬，时代为金代。

② 合葬

a. 二人合葬

其中一次葬有 M7、M10、M11、M16、M17、M21、M36、M37、M38、M40，共 10 座。其中 M7、M10、M11 位于西龙观段，时代为唐代。M16、M17、M21 位于东龙观南区，时代为元代。M40 位于东龙观北区，时代为金代早期。M36、M37、M38 位于团城北段，其中 M36 为清代咸丰—同治年间，M37、M38 时代为元代。一次葬和二次葬共存的有：M29、M34、M41、M42，共 4 座，M29、M34 位于团城南段，其中 M29 时代为元代，M34 时代不明；M41、M42 位于东龙观北区，时代为金代早期。二次葬的有：M13、M18、M24、M30，共 4 座。M13、M18 为东龙观南区，时代为金元时期。M24、M30 位于团城南段，其中 M24 时代为唐代，M30 时代为元代。M3、M6、M12、M14、M27 共 5 座，由于被严重盗扰，葬式不明，推测为二人合葬，M3、M6、M12、M14 位于东龙观北区，时代从金代。M27 位于团城南段，时代为唐代。

b. 三人合葬

M5 位于东龙观段，应为火葬形式的三人合葬，其余一次葬和二次葬共存的有：M28、M45、M48，二次葬的有 M23。M23 位于西龙观段，为迁葬墓，时代为唐代。M28 位于团城南段，分别为仰身直肢葬和二次葬，时代为元代。M45 位于东龙观段，葬式与 M28 相同，时代为金代中晚期。M48 位于东龙观段北区，时代为北宋晚期。

c. 四人合葬

一次葬和二次葬共存的有 M1、M26。其中 M1 位于东龙观段北区，棺床下的少年应为殉葬，时代为金代早期。M26 为一男两女加身份不明一人，位于团城南段，时代为唐代。

d. 五人合葬

均为二次葬，只有一座 M19。位于东龙观段南区，时代为金元时期。

2. 火葬

有 3 座，分别为 M2、M5、M20。火葬是中国古代丧葬形式中特殊的一种，自从佛教传入中原，更多的佛教信徒便开始使用这种方式。到了北宋时期，由于地狭人众，统治阶级更加提倡这种方式以节省土地资源，现在发现的很多北宋"漏泽园"遗存中便采取这样的丧葬方式[1]。徐苹芳先生认为："北宋中叶，这种火葬便在今山西一带流行。《宋史》卷一二五'礼志'二八：'河东地狭人众，虽至亲之丧，悉皆焚弃。韩琦镇并州，以官钱市田数顷，给民安葬。'周辉的《清波杂志》卷十二：'河东地狭，民惜地不葬其亲，公（指韩琦）俾僚属收无主烬骨，别男女，异穴以葬。又檄诸郡效此，不以数万计。仍自作记，凡数百言，曲析致意，规变薄俗，时元祐六年（公元 1019 年）也。'[2]

---

① 三门峡市文物工作队：《北宋陕州漏泽园》，文物出版社，1999 年。
② 徐苹芳：《宋元时代的火葬》，《文物参考资料》1956 年第 9 期第 22 页。

有的墓葬，如 M20 在袋装坑中只见一个砖跺，砖跺中残留有木屑及灰土。这应该是一种特殊且极为简单的火葬方式。这样的现象也曾见于北京市南郊赵德均墓，文中这样描述："用砖砌的骨灰槽盛放骨灰。"①

3. 迁葬

有 5 座，为 M22、M32、M35、M39、M43。

4. 葬式不明

有 3 座，为 M8、M9、M33。

5. 祭台

祭台遗迹在东龙观墓地南区墓地仅发现一处，编号为 M47。祭台相对简单，这是此次发掘唯一的一处，可见当时墓上祭奠行为已经出现。与河北省徐水县西黑山金元墓地②相比这里的祭台明显简单，仅仅为墓道口上方平置一块条砖而已，且附近也无发现的祭祀器物及残片。看来，墓地设立砖石祭台等这样的墓祭现象并不普遍。

6. 明堂

"明堂"遗存共发现两处，全部位于东龙观墓地，一个是北区以 M48 为中心。另一个以 M5 为中心。两处"明堂"无论时代、形制还是内容均不一样，表现出这一地区考古学文化面貌的复杂性。M48 明堂仅用两块八角形的砖相叠，一块砖的内侧用朱砂写的"中宫"、"戊己"等字。M5 的"明堂"表现的则比较成熟，不但有"地心"砖、买地券，还有象征天枢的陶罐等。

7. 买地券

整个墓地共发现买地券四块，其中 M5 有两块，一块在墓室北壁，一块在明堂罐上，这与《地理新书》卷十四《斩草建旒》条记有入墓时祭仪及有关买地券等内容基本形同，节录如下："凡斩草日，必丹书铁券埋地心……公侯以下皆需铁券二，长阔如祭板，朱书其文，置于黄帝位前。其一埋于明堂位心，其一置于穴中枢前埋之。"另外还附有买地券范文，可以参看《白沙宋墓》（文物出版社，2002 年第二版）第 63 页。买地券之制自唐以来遂成定格。至宋，买地券之风欲盛。《癸辛杂识》别集卷下《买地券》条："今人造墓，必用买地券，以梓木为之，朱书用铁钱九万九千九百九十九文，买到某地云云。此村巫风如此，殊为可笑。"③元明两代沿袭宋制，买地券文字，几无变动。

M3、M5 的买地券内容明确，基本上可以释读出来，时代为金代。M30 买地券由于出土时字迹漫漶不清，无法释读，从墓葬形制、随葬品上推测其时代为元代。

买地券的内容基本按照传统格式，除了墓主人姓名、籍贯、过世时间、下葬年月等几个因素不同之外，其余基本上完全相同。在买地券出土时我们就采取了加固保护措施，并且在第一时间加以临摹、释读，从而保证了其内容的科学性和完整性。

8. 镇墓物品

铁牛、铁块、五方精石。在《大汉原陵秘葬经》的《辨掩闭骨殖篇》中谈到墓内安长生灯和金石的习俗："凡墓堂内安长生灯者，主子孙聪明安定，主子孙不患也。墓内安金石者，子孙无风

---

①北京市文物管理处：《北京市南郊赵德均墓》，《考古》1962 年第 5 期。

②南水北调中线干线建设管理局等：《徐水西黑山——金元时期墓地发掘报告》，文物出版社，2007 年。

③（北宋）周密撰、吴企明点校：《癸辛杂识》别集两卷，《四库全书·子部·小说家类》，中华书局，1997 年。

疾之患。"

刘肃《大唐新语》卷十三《记异》条："开元十五年（727 年）正月集贤学士徐坚请假往京兆，葬其妻岑氏，问兆域之制于张说，说曰：长安神龙之际，有黄州僧泓者，能通鬼神之意，而以事参之，仆常闻其言，犹记其要。墓欲深而狭，深者取其幽，狭者取其固，平地之下一丈二尺为土界，又一丈二尺为水界，各有龙守之。土龙六年而一暴，水龙十二年而一暴，当其隧者，神道不安，故深二丈四尺之下……铸铁为牛、豕之状像，可以御二龙……置之墓内，以助神道，僧泓之说如此，皆前贤所未达也。"

徐苹芳先生在《唐宋墓葬中的"明器神煞"与"墓仪"制度——读＜大汉原陵秘葬经＞札记》一文中"五方五精石"条："墓中置镇石的习俗，是相当久远的……北宋真宗永定陵内已改用五精石镇墓法。五精石仍以五色代表五方，《重校正地理新书》卷一四：今但以五色石镇之于冢堂内东北角安青石，东南角安赤石，西北角安黑石，中央安黄石，皆须完净，大小等，不限轻重。"徐苹芳先生指出"墓中安放镇墓石，是受了当时道教的影响"[1]。

三　墓地时代和墓地性质

（一）墓地时代

东龙观北区的家族墓地从出土的瓷器、刻铭陶砚、钱币及墓葬形制（主要是 M48 的封门形式）、墓葬排列关系、壁画内容等方面，判定其时代应为北宋晚期——金代晚期，使用时间一百余年。其中 M48 为祖墓，时代最早，为北宋晚期大约在宋徽宗、宋钦宗时代。M1 为金代早期，其具体年代不好断定。最值得重视的是 M40 出土砚背上刻有"己卯正隆四年（1159 年）六月十五日□砚瓦记□□……"等字，成为确定墓葬时代不容置疑的铁证。加上自 M48 到 M46 共六排，每排应是一代人，这样此墓地共下葬有六代人。

东龙观南区的家族墓地（王立家族）从出土买地券、明堂砖、瓷器、钱币等内容判定其时代为金代早期—元末明初。这一墓地使用时间较长，约一百五十余年。其中 M2 为祖墓，时代最早，应在正隆之前。M3 出土买地券纪年为正隆六年，即 1161 年。M4 打破 M5，应是 M5 的子辈，M5 的时代为明昌六年，即 1195 年。M6 晚于 M5，时代约在承安之后。M47 的时代从所在位置判断其时代应在金代晚期。南区墓地还有一个特殊现象是 M12 墓道向东，是王氏家族墓地四代或五代之后又重新立祖的一个祖墓，时代约在金代晚期。M12 以南墓葬基本遵循由北往南，自西向东的排列方式进行墓地布局，其墓葬的年代已经跨入元代，从出土的瓷器上也能看出这一点，其中 M12 以南共有五排砖室结构的小墓，加上 M12 应该是六代人。如：东龙观墓地南区 M13：6 金代晚期梅瓶与上海博物馆藏金代磁州窑黑地白花"正八"款龙纹梅瓶及内蒙古昭乌达盟文化中心元代白底黑彩"静道德"款梅瓶器形上十分相近；时代应在二者之间[2]。东龙观墓地南区 M18：01 玉壶春瓶与甘肃漳县元代汪世显家族墓葬 M8 出土的灰陶壶相似[3]。东龙观墓地南区 M18：1 白釉

---

①徐苹芳：《唐宋墓葬中的"明器神煞"与"墓仪"制度——读＜大汉原陵秘葬经＞札记》，《考古》1963 年第 2 期。
②廖宝秀：《梅瓶略史——梅瓶的器用及其器型演变》，《故宫文物月刊》第十一卷第二期第 78 页。
③甘肃省博物馆、漳县文化馆：《甘肃漳县元代汪世显家族墓葬——简报之一》，《文物》1982 年 2 期第 11 页图三〇,6。

高足小碗与山西汾西县元代至元三十一年（1294年）白釉高足杯相似①。同样的器形在元代集宁路窖藏瓷器中可以见到②。南区最南端的两座墓葬M21、M22的时代，由于没有明确纪年材料，只能从墓葬形制和随葬品等初步判断其时代为明代。

西龙观墓地是任姓家族墓地，共6座，其排列形式不明。加之墓葬破坏严重，出土的随葬品仅有两块唐代武周时期垂拱二年（686年）的墓志可以初步断定其墓地时代为初唐至盛唐。

团城北区墓地共有4座墓葬，其中M35、M36时代为清代，M36纪年砖瓦写明男性墓主人下葬为咸丰四年（1854年），女性墓主人下葬为同治八年（1869年）。M35已迁葬。M37、M38从墓葬形制和随葬品判断其时代应是元代。

团城南墓地共有11座墓葬，除了M24、M25、M26、M27从墓葬形制、出土瓷器、陶器及其他随葬品判断为唐代墓葬之外。其余四座，如M28、M29、M30、M31从墓葬形制及出土瓷器上判断其时代为元代墓葬。这两片墓地分属于两个家族。M34从出土瓷器、墓葬形制判断其时代为元末明初。如：团城南区墓地M34：1黑釉梅瓶与内蒙古元代集宁路遗址出土黑釉宽肩瓶相似，就连高度也在20厘米左右③。M32、M33未发现随葬品，仅从墓葬形制上判断其时代为清代。

（二）墓地性质

东龙观北区、南区从墓地的布局及排列组合来看，应是两个不同姓氏家族墓地。

东龙观北区的家族从墨书题记和刻铭陶砚来看应是姓"吴"或"周"。其祖墓（M48）和第二代（M1）制作精致，沿用传统的宋代砖室墓葬。到了第三代便普遍使用土洞墓来安葬逝者，且墓主人的头向全部向南，体现了在金统治下的汉人心归南宋的迫切心愿。也就是说，宋金战争让这一家族的状况彻底改变，沦落为普通平民。

东龙观南区的王立家族墓地则不然，此家族在金代还是相当繁盛，无论是从墓地布局、随葬品的多寡、精美的砖雕、壁画墓室来看都显示了这一点。并且，从"太符观创建醮坛记"中还能发现其家族是合法的纳税户，与我们推测他们家族经营与"兑换纸钞"的生意有关。他们家族的败亡也是随着金代晚期经济崩溃、物价上涨、纸币严重贬值等状况，家族经济几乎跌落到极点。从M12往南基本上是金代卫绍王大安以后了，墓葬狭小，有的墓葬几乎没有随葬品，甚至早期的火葬墓（M20）又重新出现，偌大的墓室中除了有两块小瓷片，别无它物。元代这一家族经济上略有复苏，但整体上与昔日富裕家庭相比已是江河日下了。

西龙观墓地应是唐代"任"姓家族墓地。团城北区墓地性质不明。团城南区墓地4座唐墓、4座元墓基本上可确定为两个聚族而葬的小家族。

①孟耀虎、王玉富：《元代刘用墓出土器物》，《文物世界》2002年5期第1、2页。
②内蒙古自治区文物考古研究所：《内蒙古集宁路古城遗址出土瓷器》（文物出版社，2004年）第164页元代白釉高足碗，作者认定为元代霍州窑产品。
③内蒙古自治区文物工作队：《元代集宁路遗址清理记》，《文物》1961年第9期。

四　相关问题的初步研究

（一）宋金元墓地的选择与排列关系

1. 中国古人墓地的选择与《葬书》的流行

在以往的宋金元墓地的发掘、研究报告中，由于客观和主观的原因，致使很多有价值的信息丢失，其中墓地的选择和排列关系就是很重要的一个方面。

墓地的选择对研究古代丧葬制度是很重要的。从人类出现之初，对生与死的探讨就逐渐开始。这样，相应的墓葬埋葬方式、墓地的选择就成为迫切需要解决的问题。早在新石器时代，墓地就在人们的居址之中，这已是做考古的人员相当熟悉的，不需累述。进入文明时代，墓地的选择也跨入崭新的时代，有著名的红山积石冢、良渚土墩墓、二里头、陶寺的土圹大墓、殷墟商王大墓等，墓地的选择出现专门化，巫祝色彩浓烈。这一时期中国早期朴素的唯物主义思想也悄悄萌芽，一些提倡节葬、简葬的思想慢慢影响着人们，对于墓地的选择首先的要求是"聚族而葬"，对于随葬品的多寡则退而求其次。随着道教、佛教、儒教等思想的交汇与融合，中国人原始的墓葬形式与墓葬制度便发生翻天覆地的变化，除了仅保持"聚族而葬"的习惯之外，附葬、火葬这种新的丧葬方式开始慢慢流行起来。与此同时在战国时期形成的方术之家，逐渐演化出来专门从事墓地选择的阴阳术士，唐宋时期这样的人有一个雅称为"阴阳博士"。选着墓地的图书相继出现，在《新唐书·艺文志》五行类中著录有由吾公裕著的《葬书》，尔后又有由吾与一行传承的《葬书》，北宋皇陵曾一再根据一行之说选择陵地[1]，王洙的《地理新书》紧随其后，至金元流传的地相书为张景文的《大汉原陵秘葬经》，徐光冀先生推测其时代约在金元时期，并且还指出："①从《秘葬经》的流行地区和作者的师承来看，它可能是金元时期山西地区的地理葬书。②山西地区自唐代以来流行的地理风水之说，其渊源是来自唐代的西京（今陕西省西安市附近）。以西京为中心，北至山西、河北，南至四川，东至河南，西至甘肃，都受到唐代西京的影响。"[2]

随着选择阴宅、吉地的风气愈演愈烈，导致皇家御用文人也加入到这一行列。最著名的就算北宋王洙了，他著有当时著名的相地书《地理新书》，宿白先生在《白沙宋墓》注释中的论述尤为明确。"此书系北宋仁宗时王洙等奉敕撰，是当时的地理官书。金代刻书中心平阳曾屡次增补重刻，元代又据金明昌间张谦刻本复刻，元以后无刻本，逐渐不传。按此书金、元间屡经重刻，可以证明它在当时的流行情况和影响。从而推测它对研讨宋元墓葬必具有一定的参考价值。事实上，本文后面研讨东龙观南区 M2、M3、M4、M5、M6 的关系时，主要即根据此书而获得初步解决。惟宋金诸刻久佚，此所据系北京大学图书馆所藏木犀轩李氏旧藏元复金本"[3]。宋金时期汾阳籍著名的阴阳博士还有狄称或为狄偶，也就是宋代著名将领狄青之孙，洪迈在《夷坚甲志》卷十三，《狄偶卦影》载：北宋名将狄青之孙狄偶"得费孝先《分定书》，卖卜于都市。"[4]古代

---

①徐苹芳：《唐宋墓葬中的"明器神煞"与"墓仪"制度——读〈大汉原陵秘葬经〉札记》，《考古》1963 年第 2 期。
②徐苹芳：《唐宋墓葬中的"明器神煞"与"墓仪"制度——读〈大汉原陵秘葬经〉札记》，《考古》1963 年第 2 期。
③宿白：《白沙宋墓》第 19 页注释 8，文物出版社，2002 年第二版。
④（北宋）洪迈撰、何卓点校：《夷坚甲志》卷十三，《狄偶卦影》，中华书局，1981 年。

的卜宅兆葬日风俗宋元时期依然保留，致使宋代堪舆学家在历史上为数众多。在《古今图书集成堪舆部》被列入堪舆名流列传者，两宋达43人，占总数约37%。北宋的阴阳家、葬师之流，专为人们造房、修墓选择风水宝地。他们选择所谓吉地，也就是风水宝地。当时士大夫也有不相信风水学说，例如司马光，但为数较少。最令人不可思议的是（汾阳籍）北宋名将狄青之孙狄珫（"得费孝先《分定书》，卖卜于都市。"）也给人看风水，选坟地，并且当时由于"各有宗派授受，自立门户，不相通用。"①司马光作《葬论》驳斥此类观点，并以自己的家事告诉人们"葬书不足信"。司马光等清流的观点毕竟抵挡不住世俗的力量，至宋元明清四朝，风水学说更是大行其道。明代柳洪泉氏《三元总录》等著作，便是此门学说的传承者。

2. 东龙观墓地选择的基本方法

对于墓地选择的基本方法，东龙观墓地发掘中就让我感到迷惑不解。虽然也读了这方面的入门图书，如：《重校正地理新书》、《大汉原陵秘葬经》、《三元总录》等，但是墓地的排列，尤其是"王立"家族墓地，还是觉得迷雾重重。"王立"家族墓地排列方法，经研读发现的"明堂"砖，得知其家族使用的"商角昭穆葬"。为什么选择此地？选择此种葬法？"明堂"砖、买地券上都没有确切的说明。为此，我专门赶赴汾阳请教当地道教协会副会长任汝平先生，他对汾阳市西南也就是"王立"家族墓地附近的阳城河至虢虞河之间的地理形势做过详细分析，并指出"白彪山、老爷山为汾阳西北最高峰，此地西北高东南低，加之有两条河流贯穿其中，是古今吉地。当今墓葬也多选择此处。这里的墓葬墓道以南向为多，东向、北向次之，绝无西向。头向北或西北。"对于墓地中出现北向墓道、东向墓道，他解释为"与当时地理形势，如河流、高岗有些关系。"这与《大汉原陵秘葬经》序中所说"立冢安坟，须籍来山去水"之说密合。

当东龙观墓地发掘结束以后，为了对墓地进行原址保护，急需要对墓地周围的墓葬分布状况做一个全面了解。经考古钻探得知：此地依然保存有上百座宋元至明清时期的古墓葬。可见，此地从宋金开始至今依然是风水先生眼中的吉旺之地。

3. "王立"家族墓地排列的基本方法

"王立"家族墓地的排列是以 M5 发现的"明堂"为中心展开的（图一七七）。"明堂"的发现使我们认识到王姓在五音中归商音，应是使用"商角昭穆葬"的基本方法。依《重校正地理新书》"商姓主坟壬、丙、庚三穴葬毕，再向正东偏南乙地作一坟，名昭穆葬。不得过卯地，分位放此"②。这样，我们先比较一下明堂砖"莹地图"与"商角昭穆葬"的异同（图一七八）。

从上图的对比可以看出，"王立"家族墓地使用的就是"商角昭穆葬"。那么，这样排列的墓葬，他们之间的关系是怎样的呢？ M2 应是祖穴，也就是壬穴所在。而明堂最上层砖为 M5"王立之墓"的买地券，充分说明"明堂"是王立所立。并且"王立"居右，按照"左昭右穆"排列方式，"王立"居于穆位，"王立"就是这一家族的第三代，也就是说"王立"是 M2 墓主人的孙子。那么，居于左位，也就是昭位的 M3 的墓主人"王万"，应是这一家族的第二代。也就是说"王立"是"王万"的儿子。由于 M3 的墓主人"王万"死于正隆六年（1161 年）二月，"王立"死于明昌六年（1195

---

①丁芮朴：《风水祛惑》，出自《月河精舍丛钞》，余嘉锡《四库提要辩证》，科学出版社，1958 年。徐苹芳：《唐宋墓葬中的"明器神煞"与"墓仪"制度——读〈大汉原陵秘葬经〉札记》注释 80，《考古》1963 年第 2 期。

②（北宋）王洙：《重校正地理新书》卷十三，北京大学图书馆所藏木犀轩李氏旧藏元复金本。

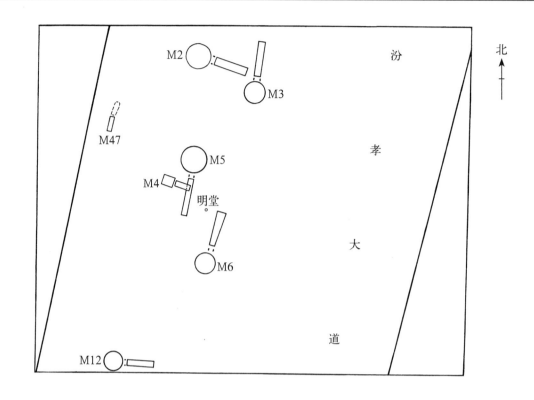

图一七七　王立家族墓葬平面分布图

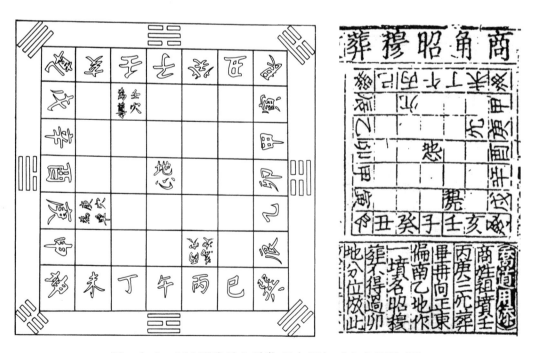

图一七八　M5明堂地心砖临摹本图与"商角昭穆葬"

左：M5明堂地心砖临摹本图　　右：商角昭穆葬

年)，比"王立"早亡34年，作为"王立"父辈完全没有问题。

对照《三元总录》之五音昭穆抱孙葬图(五音昭穆抱孙葬图)可知(图一七七)[1]，在M5(王立)南，打破M5的M4，应是"王立"未成年的儿子，他是在王立夫妇下葬以后附葬于此的。考古发掘也印证这一点。查看当年的发掘记录，M4被盗严重，在盗洞的清理过程中发现少量的肢骨，据现场观察墓主人应是年龄在十五岁左右的少年。无独有偶，在1990年5月山西省考古研究所在汾阳高级护理学校发掘中也有同样的情况，报告中没有详述M3与M4、M2与M1的关系，可能是因为墓葬在发掘前已遭破坏(图一七九)。很可贵的是，报告中发表了这四座墓的平面图，基本上还是可以看出他们的关系。在葬式上作者这样描述的："M2、M3、M6为合葬墓，其中M6一具骨架为二次迁葬。M1、M4则为单人葬，墓主人年龄只有十几岁。"以上面的分析对照来看，汾阳高级护理学校的墓地东区布局系络图是这样的(图一八〇)：M6为祖墓，M2为昭，也就是M2是M6的儿子。M3为穆位，是M6的孙子。M4应是M3未成年的儿子，M1是M2未成年的女儿。M5是M3的儿子。此墓地排列组合清晰，是对东龙观墓地排列正确解读提供了有力的佐证材料，且汾阳高级护理学校墓地的时代也在金正隆以前。推测采用的是五音阡陌葬(图一八一)，依然值得继续研究[2]。通过以上分析，东龙观墓地M6的身份就比较明确了，其居昭位，应是"王立"之子。于是，我们得到一张这样的家族系络图(图一八二)。至此，才能将"王立"的家族关

图一七九　汾阳高护校墓葬分布平面示意图

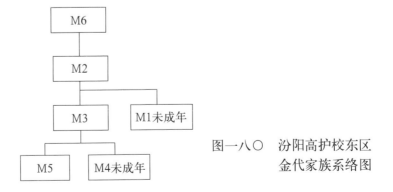

图一八〇　汾阳高护校东区
　　　　　金代家族系络图

---

①(明)《柳氏家藏三元总录》卷下第112页，广西民族出版社，1993年。
②山西省考古研究所、汾阳县博物馆：《山西汾阳金墓发掘简报》，《文物》1991年第12期。

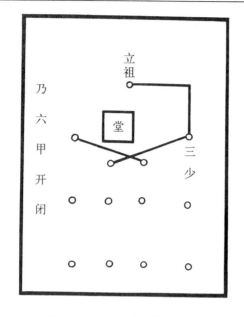

图一八一 五音阡陌葬图

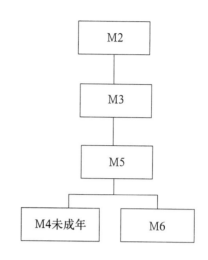

图一八二 王立家族系络图

系及墓地排列基本澄清。

从 M12 开始往南，应是王氏家族墓地晚期遗存，并且已出五服，另外立祖（立祖、设明堂等这方面的情况，在明堂研究中将有详述）。且 M12 墓道也正好向东，应是 M6 的长子。这与现今汾阳当地五服之外当可立祖的风气，依然十分吻合。

4. 东龙观墓地北区家族墓地的排列方法

东龙观墓地北区家族墓地的排列组合比较简单，也比较常见。只是其祖墓 M48 的墓道向东，"明堂"在其墓道北边接近墓道头的东侧，而其下的 M1 则墓道向南。在当时发掘之初，钻探图上并没有发现 M48，在发掘的过程中，尤其是在王立家族墓地发掘完毕后，"明堂"的出现让我再次思考一个问题：北区应该是一个独立的家族墓地，M1 并不是祖墓，那么 M1 的北边还应该有一座墓道向东的墓葬才对，这样的想法促使我们找到 M48。由于 M1 附近没有发现"明堂"，那么北区墓地的"明堂"就应该在 M48 附近。按照这样推测，我们顺利找到 M48 墓道北边的"明堂"。北区墓葬是怎样排列的呢？

北区墓葬以 M48 为尊，祖辈，位置在本墓地的东北，利用凤凰单展翅的排列形式排列，遵循以北为尊，以西为长的原则。M1 为其子，父辈，在第二排。第三排以 M39 为长孙，M40、M41 为次孙，此三座墓葬为孙辈。M42 排列在第四排的 M40、M41 之下，应该是这一家族的第四代，成孙辈。M43、M44、M45 则是家族的第五代。M46 是这一家族的最后一代。这种排列在发掘的时候并不太明白，尤其是我们寄予厚望的 M39，发掘至墓底的时候才知道其为迁葬墓，墓室内未发现任何随葬品。由于这座墓葬位置极其重要，但是这样的结果让人费解。在墓地发掘结束之后，尤其是对墓地排列组合进行细致的研究之后，才发现其为第三代长子，他被迁出这个家族墓地另外立祖的可能性是非常大的，并且其南侧的 M42 非常靠近 M40、M41，与 M39 之间的关系已经疏远这一点，也证实对 M39 是迁葬立祖的猜想。

（二）"明堂"的源流及其用途

东龙观墓地明堂的发现是新中国考古发现的第一次，它的发现对宋、金、元时期家族墓地的排列组合研究、丧葬制度研究都具有非同一般的意义。

墓地"明堂"的文献材料出现是比较早的，最著名为《地理新书》、《大汉原陵秘葬经》两部地书，书中明确记录了晚唐、五代至宋金时期今天华北、西北部分省市的丧葬习俗。"明堂"的选择、安置是其中最重要的一部分。为了更好地研究东龙观宋金家族墓地，我们不得不将"明堂"作为墓地选择中最重要的因素，将其源流、内涵做出最基本的分析。

我们这里说的"明堂"与古代官制"明堂"有着严格的区别，官制"明堂"属另外一种文化现象，与普通墓地"明堂"制度有着严格的区分，所以我们对官制"明堂"不做分析和论述。

何谓"明堂"？《重校正地理新书》北京大学图书馆藏金刻本（北宋）王洙选自《续修四库全书》子部术数类第一零五四册卷十四祭坛位置——明堂祭坛法条："《避甲经》云：丙为明堂，丙者明也。炳然明昭，从外视内神无隐塞，纳于至诚，故曰明堂。又丙属艮，艮鬼门也。丙数七，以七尽，为四十九穴。丙冢穴之门，冢神居之，故曰明堂。其中不以葬，自王侯至于庶人，若不祭明堂者，名曰盗葬，皆大凶。葬必置明堂，祭后土、诸神，则亡魂安。青乌子云：不立明堂，名盗葬，大凶"[1]。

明代成书的《三元总录》对"明堂"说得更加直接："明堂者，丙火炳阳德之称，故为明堂。自天子至庶人不可不立，不可不祭。天子为皇堂，大夫为享堂，庶人为明堂。"[2]只是作者将天子、大夫、庶人并立，有将官制"明堂"与世俗"明堂"混为一谈的嫌疑。

唐代家族墓地是否设明堂不得而知，起码现今的考古材料还没有证实明堂的存在。但是徐苹芳先生在《唐宋墓葬中的"明器神煞"与"墓仪"制度——读＜大汉原陵秘葬经＞札记》中明确指出唐代以来流行于西京（长安）的风水术，对"以西京为中心，北至山西、河北，南至四川，东至河南，西至甘肃，都受到唐代西京的影响。"这样看来，在唐代，也许在晚唐、五代墓葬中设镇石的风俗已经在山西、陕西、河南、河北、甘肃等地流行开来，但"明堂"的出现也未作交代[3]。宿白先生的《白沙宋墓》报告中对"明堂"有了比较明确的论述和希冀，但由于当时发掘条件、时间等诸多客观原因，未能发现"明堂"。然而，"明堂"作为丧葬过程中一个必要的因素，肯定是存在的，东龙观墓地的发现就不是偶然。据并州（今太原市）附近的晋中地区，在文化、地理上均构成了一个相对独立的地理单元，保留了比较多的远古文化习俗，设"明堂"就是其中之一。

现在汾阳市、孝义市在丧葬风俗中，依然选坟地、设明堂。这是目前已知保留下来的最古老的民俗之一。它的内容有以下主要几点：1）一个陵园只设一个明堂。2）明堂一般放在距现地表深3.6尺的地方。3）一般在人亡以后的3～7天内选定。4）明堂位于尊穴之前（也就是墓道尽头处），次穴之旁。5）一般是先立祖穴，后设明堂。6）一般是在世的第二代人中德高望重者勘选明堂。7）选明堂的时间在清晨天亮之前，要求安静、保密。8）用陶质、瓷质的罐类器物以盛物品。

---

①（北宋）王洙：《重校正地理新书》卷十三，北京大学图书馆所藏槲轩李氏旧藏元复金本。
②（明）《柳氏家藏三元总录》卷下，广西民族出版社，1993年。
③徐苹芳：《唐宋墓葬中的"明器神煞"与"墓仪"制度——读＜大汉原陵秘葬经＞札记》，《考古》1963年第2期。

9）罐内放置的东西非常复杂，包括：铜钱、饭食、文房用品、车辐、牛鼻子等，大概一百多种。如今放置的物品还与古代十分相似。现在的东龙观村、任家堡村附近明堂内放置的物品有：七种药材、五谷、五彩绳、铜镜、铜钱（7枚或32枚或360枚）、古历书、笔墨纸砚之类，与古代"明堂"中的物品大同小异。

明万历柳氏家藏阴阳书《三元总录》茔元条：设"明堂"有以下几步：1）开山斩草。2）设祭坛。3）安"明堂"。4）祭后土、告五方。6）祭幽堂、太岁、阡陌。7）送神文等一系列程序，与现今的设"明堂"方法略有不同。其中基本的要素则完全具备了。

"明堂"的出现到基本完善有着一个复杂的过程，其中制度化的同时夹杂了一些神鬼思想、祖宗崇拜思想等。东龙观墓地北区"明堂"相对简单，南区"王立"家族墓地的"明堂"则相对完善，基本的要素都已具备。它是研究晋中宋金家族墓地，乃至整个山西及"明堂制度"覆盖地区最为典型的材料，对今后发掘宋金家族墓地具有指导意义。

（三）墓葬中所反映的宋金元时期信奉道、佛、儒现象

北宋时期对佛教的态度与前代明显不同，大体是既少极端的尊崇，又少极端排斥。加之，北宋又是重文抑武的时代，儒学得到迅猛发展。这一时期文人辈出，整个北宋社会处于"郁郁乎文哉"的文人当政时期，相比之下，佛教的影响力与前代相比便小了许多。而道教，因宣扬北宋太宗时期的"圣祖"观念，得到统治阶级的赏识，道教取得了无与伦比的政治地位，也可以说出现了"半官化"的倾向[①]。

金统治阶级入主中原之后，因其本身对佛教有很强的依附性，道教在此时的社会地位随着北宋的灭亡日趋衰落。现在汾阳市范围内依然可以看见保存至今的数量较大宗教建筑。见表92。

表92　汾阳市现存宗教建筑统计表（不完全）

保护级别	道教建筑	佛教建筑	儒教建筑	其他宗教建筑	小计
国保	2	1	1	0	4
省保	5	2	1	0	8
市保	0	3	1	0	4
县保	18	11	9	1	39
小计	25	17	12	1	总计55

引自：汾阳市各级重点文物保护单位简介（2008）。

由上表可以看出，据不完全统计各保护别级道教建筑有25处，约占各类宗教总数55处的约50%。可见，道教在汾阳为中心的吕梁西边山地带有着顽强的生命力。汾阳东龙观宋金墓葬中的道教因素还有墓葬中普遍使用精石镇墓，有的镇墓石上还涂有红色。M5的壁画中墓主人手拿念珠且身边有童男、童女各一个，这表示墓主人升仙后的情形。宋金墓葬中出现较多的成组的陶明

[①] 以上观点参考汪圣铎：《宋朝礼与佛教》、《宋朝礼与道教》，《宋代社会生活研究》，人民出版社，2007年。

器，并且墓葬壁画中多次出现仙鹤、流云等绘画题材，也是道教深入人心的一个明显标志。这些陶明器与晚唐、五代时期陶魂塔等组合有着明显的承接关系。再不用说八角或六角的墓葬形制、"明堂"、买地券、铁牛等这些明显的道教内容的镇墓遗存了。

佛教的遗存虽说比较少，但是仍然可以看出来。例如：M5 西北壁壁画题榜为"香积厨"，反映的是大宅院中厨房烹饪美食的情形。而"香积厨"这一名称的来源恰好是来自佛教的"香积佛"。佛门造办饮食的地方叫做大寮，在《维摩诘经·香积佛品》里提到，"香积佛"为十方三界第一，他们会用香饭供养诸佛、菩萨，因此佛的大寮又被称为"香积寮"。少林寺斋堂原名"香积厨"，位于大雄宝殿之东，坐东向西，正对大雄宝殿之东墙。据唐贞元戊寅（798 年）顾少连撰《嵩山少林寺新造厨库记》载，"香积厨"建于唐贞元间，后代多次维修。1928 年毁于战火。1955 年，在原址上重建。斋堂面阔五间，进深三间，前檐下用三踩单昂斗栱，平身科斗栱明间攒，次间、梢间各一攒，现为本寺僧人斋堂。

"香积厨"（厨房），古代皆安置菩萨（传为洪山大圣）像，自元代以后，则多奉大乘紧罗那王菩萨，祈其监护。现今福建福州的涌泉寺、开元寺还有香积厨。后者现存石槽三个，为寺内所用储水槽，宋大观二年（1108 年）所制，铭文 52 字。

明人程登吉的《幼学琼林》："香积厨，僧家所备，仙麟脯仙子所餐。"《西厢记》第一本第一折："小僧取钥匙，开了佛殿、钟楼、塔院、罗汉堂、香积厨，盘桓一会，师父敢待回来。"《二刻拍案惊奇》卷三六："遂分付香积厨中办斋"。

佛教内涵的第二种表现是这一时期的墓葬中火葬十分的流行，虽然有些墓葬的墓主人依然坚持用传统的土葬，但火葬的出现与佛教的影响是不言而喻的[1]。《宋史》卷一二五"礼志"二八："河东地狭人众，虽至亲之丧，悉皆焚弃。韩琦镇并州，以官钱市田数顷，给民安葬。"周辉的《清波杂志》中也有这样的说法。

东龙观北区墓地是传统的土葬，而南区墓地中除盗扰的 M3、M4、M6 不清楚葬式，M2、M5、M20 可已明确是火葬无疑。火葬的盛行固然与佛教有关，但与辽、北宋、金等几代统治者倡导也有着密不可分的关系，虽然北宋设有漏泽园，然而大量亡人还是无法安葬。南宋洪迈（1123～1202 年）说得更加具体："自释氏火化之说起，于是死而焚尸者，所在皆然。固有炎暑之际，畏其秽泄，殓不终日，肉尚未寒而就爇者矣。"[2]

另外，儒教作为传统礼教的主体，体现在墓地中的统一规划、长幼有序、随葬品的多寡等方方面面。并且，在东龙观墓地南区 M6 中，在斗栱的栱眼中发现有残存的孝子题材的绘画。经过认真辨识只有两组可以释读出来，分别为："王衮闻雷泣母"、"曹娥哭江"。孝子故事画不是晋中的特色，绘画技法十分拙劣，把"曹娥"的"娥"写成"鹅"，十分罕见。

这样，在汾阳金代墓葬出现较多儒教、道教、佛教有关的现象是宋金时期三教合流最真实的反映。

---

[1] 徐苹芳：《宋元时代的火葬》，《文物参考资料》1956 年第 9 期第 22 页："北宋中叶，这种火葬便在今山西一带流行。《宋史》卷一二五'礼志'二八：'河东地狭人众，虽至亲之丧，悉皆焚弃。韩琦镇并州，以官钱市田数顷，给民安葬。'（宋）周辉《清波杂志》卷十二：'河东地狭，民惜地不葬其亲，公（指韩琦）俾僚属收无主烬骨，别男女，异穴以葬。又檄诸郡效此，不以数万计。仍自作记，凡数百言，曲折致意，规变薄俗，时元祐六年（公元 1019 年）也。'
[2] （宋）洪迈：《容斋随笔》第 374 页，上海古籍出版社，1978 年。

（四）茶与酒

1. 茶

①金代的茶具与M5的"茶酒位"图

东龙观墓地发现的茶具比较少，但是基本上全部为精品。其中M48出土有两只耀州窑印花缠枝菊纹盏、一个灰色釉的茶罐，M3出土有一个黑色兔毫盏，基本上时代为金正隆以前。

"茶酒位"图发现于M5（王立之墓）的东北壁，不但绘有匾额，墨书"茶酒位"三字，主要是壁画所反映的内容为点茶过程中的一个关键环节——击沸之后边打沫浡。图中绘有两个男性，一个侧身而立，左手持盏，右手鼓动茶筅在盏中击打沫浡。另外一个男子持带托盏回首，应是把点好的茶送给主人。两人身前为茶床，上面有葵口大盒、茶罐、长流执壶、茶盏各一个。两个男子均留小髭，头裹巾子，身穿带衬领的圆领袍服，送茶者为白袍、黄靴，击沸打沫浡者为黑袍、黄靴。

②煎茶、点茶与泡茶

茶作为一种贵族专享的奢侈品到了宋代，随着商品经济的发达，一股有宫廷到民间的饮茶风逐渐浸润者大宋的子民，就连远在塞外的辽、西夏和后来的金贵族也全然抵挡不住它的诱惑。从宋至元这样的风尚绵延不绝，时至今日，"上茶"、"上好茶"依然是中国人的待客之道。

茶是中国人发明的一种饮料，与中国文化一样有着悠久的历史。懂得喝茶的艺术，又能辨出茶的好坏，当然以中国人为第一。茶的记载最早见于史籍的是《吴志·韦曜传》。到了唐代出了一个茶博士陆羽，他撰有《茶经》是最早的研究茶的专著。唐代的饮茶之风以达到极点，"（当时）城市多开店铺，煎茶卖之，不问道俗，投钱而饮。"煎茶是出现最早的煮茶方法，这种方法在唐代也最为盛行。煎茶与点茶最大的不同是，煎茶应对的人数比较大，而点茶只对有限的几人。当然，唐代煎茶与宋代煎茶还有很大的不同，唐人在茶中加姜、加盐的做法被抛弃。宋金时期卖茶处称为茶坊，所卖的茶品种繁多，五光十色。例如，《水浒传》中王婆在清河县开的茶坊，在茶内还要放白松子或胡桃肉等，这些都是随客人的喜好而定的。

2. 酒

①金元时期的酒具与饮酒风气

金代酒具从以往的发掘实物资料、壁画和传世绘画可以知道基本上是延续了北宋、辽的文化系统，有执壶、瓶、碗、杯、盏、樽、勺等。本次发掘所获得的种类有：执壶、温碗、梅瓶（也称鸡腿瓶）、玉壶春瓶、盏、高足杯等。

墓葬中砖雕、壁画内容对这些器物的使用方法表现得十分精妙，一些器物如：樽、勺等并没有在墓葬中出现，最可能的原因是金代饮酒方式有所变化所致①。

无论是金人还是金人统治下的汉人，对酒都有一种独特的情怀！最具说服性的材料是现存于山西省忻州市繁峙县岩山寺壁画中的市井生活壁画，真实地反映了金代酒楼林立、酒旗飘飘

---

① （唐）白居易：《问刘十九》"绿蚁新醅酒，红泥小火炉。晚来天欲雪，能饮一杯无？"因唐人饮酒需要加热，到了金元时期，中国已经流行饮用蒸馏酒，饮时不必再加热，酒具也更加简单。同样的观点也可参见李华瑞：《宋代酒的生产和征榷》，第59页《中国蒸馏酒器源流考》一节（作者认为在南宋、金时期蒸馏酒已出现），河北大学出版社，2001年。

的酒乡胜景①。

山西汾阳所产汾酒、竹叶青历史悠久，日本人青木正儿就有这样的评述："烧酒以山西省太原的汾酒最为著名，大概是一种高粱酒。宋朝宋伯仁的《酒小史》里例举名酒当中，有'山西太原酒，汾州干和酒'这两个品种，宋代汾州（即现今汾阳县，在太原的西南），是汾酒的出产地，干和的干与白干的干，恐怕在意义上有什么关联吧②。如果说日人的评述未必到位的话，那清人袁枚的这段话，定会让所有的酒友在袁大师面前感觉无可置喙的。"既吃烧酒，以狠为佳。汾酒者乃烧酒之至狠者也。余谓烧酒者，人中之光棍，县中之酷吏也。打擂台非光棍不可，除盗贼非酷吏不可；驱风寒，消积滞，非烧酒不可。……如吃猪头、羊尾、跳神肉之类，非烧酒不可。亦各有所宜也"③。

现今保留下来的山西酒文化的文献资料以元代为最，其中深刻的原因还不是很清楚。但它多少能让我们感知到金代山西地区酒文化的魅力。元好问当年有记述："刘寿之买南中山水画，障上有朱文公元晦淳熙甲辰春所题五言，得于太原酒家。"④从一个侧面证实了金末元初太原酒家卖酒、卖画的繁荣景象。此时，山西的酒便名扬四海，酒的名目更加繁多，不但有传统的玉液、静制堂（产自太原，出自《酒名记》——吴炯《五总志》）、甘露堂（产自汾阳的一种露酒，出自《酒名记》）、羊羔酒（羊羔酒是一种滋补性酿造酒，在宋代颇为富贵人所好。《东京梦华录》云：羊羔酒一角八十文。陈直：《寿观养老新书》卷三所记述的羊羔酒，据著者称是引子宣和化成殿方，其造法是：米一石，如常法浸浆，肥羊肉七斤，曲十四两，诸曲皆可。将羊肉切做四方块，烂煮，杏仁一斤同煮，留汁七斤许，拌米饭、曲，更用木香一两同酝。不得犯水，十日熟，味极甘滑。羊羔酒又称白羊酒，《北山酒经》卷下记述的白羊酒，与此方略有不同⑤，还新增加了葡萄酒如乾和酒⑥。山西真正成为我国四大名酒的最主要产地。

②"務"字梅瓶发现与宋金时期的酒务

"務"字酒瓶的发现是本次发掘中又一个亮点。汾阳以生产清香型白酒驰名中外，虽然对汾酒产地杏花村自古以来就有争执，但是汾酒的品质是不容置疑的。汾酒厂至今坚持用传统工艺和配方，它对中古蒸馏酒的产生、发展及研究，都是极好的活化石。

本次发掘收获的"務"字酒瓶，从类型学上排队、墓地的排列组合来看应是金代晚期的遗物，制作精细，胎质细腻，釉料均匀，造型完美，是不可多得的一件精品。尤其是在它的圈足外侧施釉之后刻有一个行书"務"字，更加让它的研究价值倍增。并且，它向我们透漏出一个远古的信息，

---

①山西省古建筑研究所编：《岩山寺金代壁画》，文物出版社，1983年。柴泽俊、张丑良：《繁峙岩山寺》，文物出版社，1990年。

②周作人原著、钟叔河选编：《知堂谈吃》第176页日本青木正儿原作《日本人谈中国酒肴》，山东画报出版社，2005年。

③（清）袁枚：《随园食单》，广陵书社，2008年。

④（金）元好问：《遗山集》卷十三记事。

⑤李华瑞：《宋代酒的生产和征榷》第27页，河北大学出版社，2001年。

⑥葛承雍：《酒魂十章》第29页，中华书局，2008年。关于唐代的酒，中唐时李肇《唐国史补》卷下记录有当时的十四种名酒：酒则有郢州之富水，……河东之乾和蒲萄，等语。葛承雍先生解读为：河东（今山西永济西）的"乾和葡萄酒"，关于"乾和"之意，众说不一，我认为"乾和"是突厥语"装酒皮囊"的意思，此酒即操突厥语外来民族酿制的葡萄名酒。）（史为民：《元代社会生活史》第141页，中国社会科学出版社，1996年。大约在金元之际，山西也开始生产葡萄酒。山西安邑"多葡桃，而人不知有酿酒法"。金贞祐年间（1213～1216年）《元好问全集——卷一》《葡桃酒赋》记载了安邑葡萄酒。蒙古统治北方农业区之后，安邑葡萄酒便成了贡品。成宗元贞二年（1296年）三月，"罢太原、平阳路酿进葡萄酒，其葡桃园民悉为业者，皆还之。"

在那个动荡的年代，酒文化有多发达，酒税已成为政府的主要税收之一。

那么，酒务是怎样的管理机构呢？宋代的路、府、州、军一级均设置酿卖酒、曲，征收酒课的机关，称作都酒务，县一级为之酒务。设置都酒务、酒务是延续唐、五代时期的做法，当时还分为酒务和曲务。到了宋代基本上合并为都酒务和酒务。酒务分布十分广泛，主要集中在州、县等治所和人口稠密的集镇。表93是李瑞华先生根据《宋会要辑稿》和《文献通考》辑录的北宋熙宁十年以前的酒务地点，共计 1861 处。其中河东北路共计 44 处，占全国总数的 23.6%。可见山西晋中以北酒的生产和消费是十分惊人的[①]。

由于盐、茶、酒在人们的生活中的必需品，且消费量极大，因它们的支出货币体量可想而知，自唐代以后逐渐被统治阶级认识到设置盐、酒、茶专卖税收的必要性。举例说明："宋真宗景德年间，商税、酒税和盐税总收入为一千二百三十三万贯，其中酒税四百二十八万贯。到了宋仁宗庆历年间总税收为四千四百万贯，酒税猛增为一千七百万贯，四十年增长了四倍还多。正是利用盐、酒、茶的特产税收，才弥补了国家财政赤字，有力地维护了宋专制封建主义的统治。"[②]汾阳酒的生产在宋金两朝已达盛事，在《汾阳县金石类编》中记有："宋僧道宁及邑众等立石画像"条中有："邑人酒务任昌都料王吉"，"在城木匠都料李智"。金承安五年的（1200 年）"太符观创建醮坛记"

表93　宋代河东北路酒务统计表

路府州军	酒务所在地	酒务数	备注
太原府	旧在城、百井寨。清源县、徐沟县。祁县、团柏镇。平晋（永利监）文水县。太谷县。寿阳县。盂县。交城县。	12	太原府治阳曲县
汾州	旧在城。平遥县。介休县、洪山寺。	4	汾州治西河县
辽州	旧在城、平城镇、榆社镇。	3	辽州治辽山县
忻州	旧在城，忻口寨。	2	忻州治秀容县
代州	旧在城。繁峙县、宝兴军寨、义兴冶镇。崞县。雁门县（五台县）兴善镇。	7	代州治雁门县
石州	旧在城。（平夷县）伏落津。	2	石州治离石县
岚州	旧在城。娄烦县。和合县、飞鸢堡寨。	4	岚州治宜芳县
宪州	旧在城。	1	宪州治静乐县
岢岚军	旧在城、水谷镇。	3（2）	岢岚军治岢岚县
平定军	旧在城、承天军寨、东百井寨。乐平县。	4	平定军治平定县
保德军	旧在城	1	保德军治河谷津（大堡津）
火山军	旧在城	1	火山军治雄建镇

本表引自李华瑞：《宋代酒的生产和征榷》第164、165页，河北大学出版社，2001年。其中个别字词略有改动。

---

①李华瑞：《宋代酒的生产和征榷》第 164、165 页，河北大学出版社，2001 年。
②李华瑞：《宋代酒的生产和征榷》第 164、165 页，第 2 页漆侠先生的序，河北大学出版社，2001 年。

中有"郭栅镇　保义副尉商酒务司监　李居仁　攒司　郝实"[1]。可见，汾酒渊源有自，上表所列的酒务管理机构，不容置疑。

金灭北宋以后，对中原文化仰慕已久、生活在白山黑水间女真贵族大量招致汉族官吏酿制美酒，他们对酒的渴望程度可想而知。最初，金人酿酒技术并不太高明，《金史》卷49《食货志》：金世宗说："朕顷在上京，酒味不嘉"。连皇上喝的酒都是这种水平，可以想象金朝建国之初北方经济破坏的惨烈程度。随着金世宗的迁都及一系列政治革新，国家经济基本恢复，酒这种生活奢侈品便重新登上北方历史舞台。

金代建国之后，由于四面受敌的金政府对战争的忧患意识，便积极采取了禁酒令。"金熙宗天会十一年正月甲戌，诏公私禁酒。海陵王正隆五年，禁朝官饮酒，犯者死。三国人（侈）（使）燕饮者罪。""世宗大定十四年，诏蒙安谋克之民，今后不许杀生祈祭。若遇节辰及祭天日，许得饮会。自二月至八月终禁绝饮燕，不许赴会他所，恐妨农工。虽闲日，亦不许痛饮，犯者抵罪。""十八年三月乙巳，命戍边女真人，遇祭祀、婚嫁、节辰，许自造。""哀宗天兴二年九月，禁公私酿酒。"[2]

虽然金政府一直采取高压政策禁止民间私自酿酒，但由于市场需求量过大，违规者络绎不绝。单单西京路（金西京就是现在大同市）的税收从大定到承安年间就有"岁获钱五万三千四百六十七贯五百八十八文，承安元年岁获钱十万七千八百九十三贯。"[3]所以，假使没有都酒务、酒务的管理，日益增长的税收将付之东流。

汾阳发现带字酒瓶还有一点值得注意，就是早在八百年以前，中国瓶装酒就已经出现。带着这样的观点再看《东京梦华录》上的这句话"银瓶酒七十文一角，羊羔酒八十一文一角。"就明白瓶装酒的历史了[4]。

（五）"换钞"问题

"换钞"也就是货币兑换，是东龙观 M5 的壁画中最重要的发现，也可以这么说是中国货币史上的重要发现。宿白先生早在 1957 年编写《白沙宋墓》时，就对当时发现的宋金墓葬壁画做过统计，认为白沙 M2 中出现的"绘出金银铤饼、钱贯和贡纳货币等场面，即应予以注意。""此种情况正好说明这个内容并不是一般的，必然和墓主人的生前现实生活相关联的。"[5]以往在山西金元墓葬壁画的主要题材为"二十四孝"等传统的内容，这次出现货币兑换的内容看似偶然，其实是必然。

首先来搜索一下以往的发现。在山西省汾阳市高级护理学校 1990 年发掘的 M5，其北壁上出现了"雕刻主体部分雕两扇隔扇四抹头隔扇门，格心内用细棂条拼成毯纹图案，裙板和环板内均雕变形花卉。两扇门中雕出一案，案前挡板雕变形花卉。案后坐一人，头戴圆形帽，身着交领服，笼手至于案上。面前置一打开的本子，旁置砚台。身后浮雕成串的铜钱，头顶

①王堉昌原著、郝胜方主编、武毓璋、王希良、张源点校：《汾阳县金石类编》第 425、276 页，山西古籍出版社，2000 年。
②（清）顾炎武著、黄汝成点校：《日知录》卷二禁酒条，岳麓书社，1994 年。
③《金史》卷四十八、四十九《志》第二十九"食货三、四　酒"。
④宋代酒楼酒店沽酒有两种形式，即散卖和瓶装。散卖论角，《东京梦华录》卷二《宣德楼前省府》云："银瓶酒七十文一角，羊羔酒八十一文一角。"（［宋］孟元老撰、伊永文笺注：《东京梦华录注》（上、下），中华书局，2006 年。
⑤宿白：《白沙宋墓》第二号墓第 104 页，文物出版社，2002 年第二版。

以上绘帏帐"[①]。作者推测此墓的年代为金代早期，根据出土铜钱基本上可以断定为"正隆"年间下葬。

出现这样理财内容的砖雕是不是给了我们一个明确的信息，金代正隆年间在货币史上出现过怎样的变化改革？《金史》志二十九食货三、四载："金初用辽、宋旧钱，……海陵庶人贞元二年迁都之后，户部尚书蔡松年复钞引法，遂制交钞。正隆二年，历四十余岁，始议鼓铸。"[②]文中明确告诉我们，金正隆二年，政府开始发行交钞。它是仿北宋时期的交子，并非新生。这一点从元代脱脱到现代的傅海波、崔德睿诸位先生均持此观点："纸钞首次印行于1157年，这时金朝国都已从东北的会宁迁到北京，仿照的是宋朝的纸币交子，以七年为限，七年以后或者回收或者调换新钞。"[③]

对于发行纸币的原因，归根结底是金政府吏治改革与持续对宋、西夏、元的频繁战争，导致铸币难以为继和铜矿资源的枯竭。其间虽然采取了限铜法令，但杯水车薪，于事无补。日本学者高桥弘臣论述比较完美，他在《宋金元货币历史研究——元朝货币政策之形成过程》写道："然而到了金、南宋时代，纸币主要较多地用于支付膨胀的军事费，其使用急速增加、发展起来。金朝政府在世宗时代初，由于对宋作战造成的军事费增加而苦于严重的货币紧缺，试图通过增加铜钱拥有量来缓解货币紧缺。一般认为该措施取得了一定成效，但伴随着整修内政而来的财政支出之增加，到了世宗时代末期再次使中央政府陷入货币紧缺状态。于是在章宗时代初，由政府自行发行，也将在民间作为通货广泛使用的送钱用期票交钞转用于支付，试图以此弥补货币之不足。交钞被转用于支出后，获得了强制性流通力，变为纸币。"

"章宗时代正式增发交钞是在两次对外战争之中。政府为了维持增发的交钞价值，在强制交易支付时使用交钞的同时，加强了通过征税来回收。结果，交钞开始在整个金朝版图内用，并且发展到农民阶层也获得交钞。在另一方面，政府对财政收支与交易支付时使用铜钱加以限制。到了章宗时代的后半期，交钞已取代铜钱变为主要货币。这样交钞变为全国性货币、流通范围扩大到农民阶层、取代铜钱作为主要货币等特征与交钞的流通期限被废除并列，构成了远比北宋纸币发达之特征，可以说构成元代货币政策、货币状况的诸要素在该阶段已大致具备。可是，章宗时代完善起来的纸币运作策略和当时的货币状况，由于蒙古对金发起进攻而造成的混乱及蒙古帝国对华北的统治而没有原封不动地为元代所继承。"[④]

更加有利的原因是造纸、印刷业和雕版技术的发达，为纸币的产生提供了丰富的物质和技术条件。"……金朝采用了铜版印刷技术，大大提高了生产规模和生产效率。全国民间印刷技术主要集中在中都（北京市）、南京（河南开封）、平阳（山西临汾）、宁晋（河北宁晋）等地。当时的河东路造纸印刷业极为发达，以平阳印刷最为繁盛。现藏于山西博物院发现于山西新绛县梁村发现的金代贞祐宝券五十贯铜钞版就是最好的明证[⑤]。据雍正版《山西通志》记载：'平阳绵纸，以麻

①山西省考古研究所、汾阳县博物馆：《山西汾阳金墓发掘简报》，《文物》1989年第12期。
②《金史》卷四十八、四十九志第二十九食货三、四钱币。
③（德）傅海波、（英）崔瑞德编：《剑桥中国辽西夏金元史》第308页，中国社会科学出版社，2006年。
④（日）高桥弘臣：《宋金元货币历史研究——元朝货币政策之形成过程》，上海古籍出版社，2010年。
⑤山西博物院编：《山西博物院珍粹》第232页，山西人民出版社，2005年。"贞祐宝券五十贯铜钞版长33厘米，宽19厘米。1978年新绛县梁村出土。钞面上方五组钱串表示五十贯。是目前国内发现金代铜钞版中较为精美的一件。与其他地区所出的贞祐宝券'诸路通行'不同，钞面文字中有'平阳太原两路通行'字样，属难得珍品。"

为之，有尺样，双钞诸名，出临汾襄陵。'稷山县的竹纸、平阳的白麻纸曾风靡一时，是当时远近闻名的产品……金朝政府在平阳府设立经籍所，管理民间书坊书铺的出版、印刷和发行业务。平阳的官僚地主个个'家置书楼，人蓄文库'。"[①]

到了大定、明昌年间，随着战争规模的不断扩大，纸币的发行与回收出现很大的问题，也就是说"格雷沙姆法则效应"明显出现。这样，在看看当时的货币政策。"大定八年，民有犯铜禁者，上曰：'销钱作铜，旧有禁令，然民间犹有铸镜者，非销钱而何。'大定十一年二月，禁私铸铜镜，旧有铜器悉送官，给其值之半。唯神佛像、钟、磬、钹、钴、腰束带、鱼袋之属，则存之。"[②]这样，大量的钱币被私自销毁，或铸成铜器牟利，或贩卖到国外。国内的货币储存量急剧减少，通货膨胀已如暗潮般岌岌可危。承安三年，"时交钞稍滞，命西京、北京、临潢、辽东等路一贯以上俱用银钞、宝货，不许用钱，一贯以下听民便"。泰和"六年十一月，复许诸路各行小钞。……河东北路则于太原、汾州……官库易钱。"十一月，……"汝砺对曰：'今诸处置库多在公廨内，小民出入颇难，虽有商贾易之，然患钞本不丰。……臣等谓宜令州县委官及库典，于市肆要处置库支换。'"[③]这里有几个重要的词语需要注意：一是"汾阳"，二是"官库"、"于市肆要处置库"。这充分说明汾阳在大定、明昌年间已有所谓易钱的"官库"，且农民阶层都加入易钱的行列（表94）。这样来说，在明昌六年的M5墓葬中出现"换钞"的壁画就不是偶然的事情，应是当时社会极为流行，且被统治阶级大力提倡的新生事物。

因为货币兑换是经济发达之后的必然产物。在与汾阳市相邻的孝义县下吐京村，山西省考古研究所于1959年发掘了一座的金承安三年的砖雕墓，墓葬东南壁雕一男子（报告的作者认为是墓主人）作写字状。"上部为直棂窗，并将敞开，墓主人伏几作写字状；下部裙板内作壶门。"在山西平定姜家沟村被毁坏的宋金壁画墓中有一块有四块条砖可拼合成的"彩帛图"，"帛堆后有成捆的钱币，右侧钱币串绳相互牵连，左端钱币串绳总束一扎"[④]。经过对以上材料的对比分析，我认为虽不能作为"换钞"的实证，但作为商业高度发达的证据还是经得住推敲的。另外，扬之水先生还告知，在大同市博物馆的一次展览中，有一幅壁画的临摹本与此内容相似。大同作为辽、金两朝的西京，出土这样内容的壁画可谓南北呼应，说明此类壁画并不是仅此孤证[⑤]。

这样的情形一直持续到元代，汾阳也就是当时的汾州依然有自己的纸币发行、兑换的专门机构。瞿大风先生在《元朝时期的山西地区》中早有论述："河中府、汾州、潞州、解州路等商业发达之地则设行用库窠关，以从八品官员加以管理。这些官员开展金融交易，专门从事发行钞币、买卖金银、收换昏币等各种活动，从而反映现出山西地区商品交换的频繁进行与商业活动的分布状况。"[⑥]这也是早期晋商产生、发展、繁荣的基础，从而使晋商在明清两代成为傲视北中国的最大商帮。

①李跃：《楮币史说》第68页，浙江大学出版社，2008年。
②《金史》卷四十八、四十九志第二十九食货三、四钱币。
③《金史》卷四十八、四十九志第二十九食货三、四钱币。
④山西省考古研究所、阳泉市文物管理委员会、平定县文物管理所：《山西平定宋、金壁画墓简报》，《文物》1996年第5期。
⑤大同市博物馆：《山西大同市辽墓的发掘》，《考古》2007年第8期。大同市博物馆：《大同市南郊金代壁画墓》，《考古学报》1992年第4期。
⑥瞿大风：《元朝时期的山西地区》，辽宁民族出版社，2005年。

表94　（山西路）铸币、随处交钞库钞纸坊设置场所一览表

路名	设置场所	设置时间
河东北路	太原府	泰和六年十一月，复许诸路各行小钞。太原官库易钱。"贞祐宝券"金宣宗贞祐四年奏准发行，限额"五十贯"。
河东北路	汾州	泰和六年十一月，复许诸路各行小钞。汾州官库易钱。
河东南路	平阳府	泰和六年十一月，复许诸路各行小钞。平阳官库易钱。"贞祐宝券"金宣宗贞祐四年奏准发行，限额"五十贯"。
西京路	大同府	泰和六年十一月，复许诸路各行小钞。西京官库易钱。
西京路	代州	大定十八年，代州立监铸钱。二十年十一月，名代州监曰阜通，设监一员，正五品，以州节兼领。副监一员，正六品，以州同知兼领。丞，一员，正七品，以观察判官兼领。设勾当官二员，从八品。大定二十九年罢。

注：表中除"贞祐宝券"金宣宗贞祐四年奏准发行，限额"五十贯"。出自杨富斗先生：《山西新绛出土"贞祐宝券"铜版》，《考古与文物》1981年第2期，其余均出自《金史·食货志》卷四十八～四十九志第二十九食货三、四钱币。

（六）瓷器器型、纹饰、烧造工艺及其窑口

1. 器型

本次发掘出土的瓷器100多件，时代涵盖北宋、金、元、明、清等，以宋、金、元三代为主。器类有碗、盘、茶盏、灯盏、梅瓶、玉壶春瓶、瓷枕等，其中碗、盘、灯盏、瓷枕为大宗。以白釉为主，兼有白釉黑花、白釉酱彩。另外，晚期的黑釉器，褐釉也占了一定的比例。早期的宋代瓷器可以看到印花、剔花等工艺，稍晚一点的金代早期瓷器中主要是流行白釉器上加黑彩或酱色彩。瓷器的纹饰印花盏上主要是缠枝菊花，而剔花工艺表现的为缠枝莲花。白釉加彩的花纹主要有缠枝菊花、萱草花卉、写有"花"字等。在这一时期出现了绿釉剔花，将瓷枕底子上预先做好的黑色化妆土暴露出来，造成极大的视觉发差和装饰效果。还有绿釉划花工艺，线条均匀流畅，极富感染力。在墓葬中还有一类器物值得大书特书，就是传说中的金代三彩瓷器。本次发掘共发现两件，M1一件为绿釉仙人骑鹿腰圆枕，采用少见的剔花工艺，十分特殊。还有M48一件三彩方枕，表面施红黄两色釉，制作精湛，纹饰采用模制工艺，尤显珍贵。

2. 纹饰

东龙观墓地发现的宋金元时期的瓷器数量之大、器形之多，史无前例。早期特别是金代中期以前主要是以白釉为主，可辨识的纹饰有：莲纹、缠枝纹、菊纹、萱草纹、鹿纹、人物纹等。这些纹饰主要通过印花、刻花、划花等几种工艺来完成。有时候几种工艺同时在一件器物上使用。

东龙观段北宋晚期至金代早期瓷碗上流行使用印花纹饰，纹饰题材以缠枝牡丹纹、缠枝莲纹、缠枝菊纹为主，纹饰一般比较浅，有的纹饰之间有界格。无论金代还是元代有的瓷碗的外底部或圈足内都能见到墨书题记，有的题记不能释读如标本M5：2、M18：3、M18：4，有的书写为"寺"，如标本M2：02。书写为"松雪□□"，如标本M45：3。书写为"吴仙仙书"，如标本M42：2-2。书写为"后"，如标本M48：4等。至金晚期或元初出现了内底带有"花"字的碗，

如标本 M13：3。

瓷盘金代早期流行印花纹饰，纹饰题材以菊纹、莲纹为主，纹饰较浅。有的印花盘上带有葵口，有的仅为葵口。部分金代早期的瓷盘内绘有缠枝菊纹，如标本 M40：6。无论金代还是元代有的瓷盘足床或圈足内墨书题记。有的题记不能释读，如标本 M12：1、M2：04。有的书写为"王"，如标本 M16：1。有的书写为"杏"，如标本 M48：2。有的在圈足内绘制的墨色花卉，如标本 M16：1。

北宋晚期到金代瓷枕上流行使用黑花萱草纹缠枝莲纹、缠枝牡丹纹，大部分纹饰绘制在由三条凹线组成的壶门中。有的使用剔花、划花、刻花、印花工艺（毯纹格子），如标本 M48：10。表现的纹样十分复杂，有缠枝莲纹、缠枝牡丹纹、仙人骑瑞鹿纹，如标本 M1：9 等。有的瓷枕上还使用模印之后加珍珠地的工艺，如标本 M1：9。有的有细小的工具使用划花技法，在缠枝牡丹纹的主纹饰下作为铺衬底纹十分特殊，如标本 M5：02。有的在制作枕面施釉之前先施一层黑色底衬，等施釉完成后将除花卉叶片、花朵及枝蔓的其余部分剔除，露出黑色底衬，以增加作品的色阶反差，极具观赏性，如标本 M2：07。有的还在两个瓷枕底面发现有墨书题记，如标本 M5：02，题记释读为"三佰"。 标本 M1：17 题记则不能释读。

瓷梅瓶、瓷钵在整个墓地中发现的数量比较少，仅在标本 M13：6 梅瓶底部圈足内发现刻划汉字"务"。在标本 M42：3 的瓷钵底部圈足内发现墨书"吴寒□"。

团城北段发现的墓葬以元代为主，有清代墓葬两座。由于存在迁葬和缺乏纪年材料，仅将元代瓷碗、瓷罐、瓷盏纹饰简述如下：以褐釉和黑釉为主，素面无纹饰。

团城南段主要发现的晚唐墓葬仅一座为 M25，出土的瓷器极少。瓷碗以素面为主，无纹饰。元代墓葬瓷器釉色以酱色为主，黑色次之，素面无纹饰。

3. 烧造工艺

东龙观墓地发掘所获瓷器的烧造工艺经过仔细观察其支垫痕迹、流釉方向、窑粘痕迹等，可知当时烧造瓷器的方法有：仰烧、覆烧、匣钵支烧等。在东龙观段北区 M48 发掘所获的瓷器时代最早，烧造工艺最复杂。尤其是白釉碗、盘等，底足上均有 3～5 支钉或支烧痕。流釉方向不明显。釉色明亮，胎质细腻，有的先施白色化妆土，再施白色或透明釉。器型规则，制作考究，未发现釉色突变现象，推测是使用匣钵支烧工艺制成。与霍州窑"胎薄体轻、器物内留有五到六个细小的支钉、器物无芒口"的特征相似[1]，推测是霍州窑早期的产品。

东龙观段北区 M48 中发现的青釉茶盏有两件，制作精良，底足有明显的黏砂和修整痕迹。无论是纹饰还是器型、烧造工艺上判断应是陕西铜官耀州窑的产品。它与耀州窑"中期以后圈足直径渐小，底足很窄，足内墙和底接足处有施釉后再二次修削的痕迹，这一特征只见于耀州窑。晚期圈足径最小，足变矮，底心呈鸡心凸起。"等特征十分吻合，不排除瓷器为北宋中晚期的可能性[2]。并且此器与台北故宫博物院藏耀州窑菊花纹盏[3]更是密合，堪称同胞姊妹。

---

[1]李炳辉：《山西霍县发现重要瓷窑》，《文物》1980 年第 2 期。
[2]禚振西：《宋代北方的橄榄釉青瓷——浅谈耀州窑与河南临汝窑之烧瓷》，《故宫文物月刊》99 第九卷第三期第 25 页。
[3]禚振西：《宋代北方的橄榄釉青瓷——浅谈耀州窑与河南临汝窑之烧瓷》，《故宫文物月刊》99 第九卷第三期封面二为台北故宫博物院藏耀州窑菊花纹盏。

东龙观段北区 M48 中的瓷枕为三彩方枕，习见于河南鹤壁集窑或扒村窑。其烧造工艺从支垫和流釉方向观察应是竖向支烧，支垫可能是圆形垫片。而 M48 的茶罐的釉色特殊，呈灰色。以往这样的器物很少见到，从圈足内施釉，足床上的釉料被刮掉等特征分析，这件器物应是定窑系的器物，只是窑变特殊才出现灰色釉。推测是使用匣钵，在其他器物内部填塞烧成。

东龙观段北区 M1、M39 ~ M46 墓葬出土碗、盘类器物足床上有 5 ~ 6 个支钉或打掉支钉痕，碗、盘内底则有 5 ~ 6 个对应支烧痕，器物圈足外均有鸡心钉。这是这一时期墓葬出土器物的普遍规律。瓷钵类器物圈足上有三个支烧痕，如标本 M40：3。有的器物内底有涩圈，如标本 M45：1，但未发现足床上有支烧痕。这一时期的支钉一般比较大，留下的支烧痕也相对较大，从而说明烧造办法还是利用窑柱的支烧方法。由于这一时期器物釉色不均匀，器物表面普遍有烟渍痕，推测应是裸烧而成。以上特征说明在金代早期由于战争破坏，很多窑口都被迫停止烧造瓷器。这一时期墓葬中出土的器物也显示出质地粗糙、釉色暗淡等特征。比较特殊的是 M45：1、M44：2 这两件白釉钵，釉色均匀，釉面光洁如玉，器物胎体薄如纸，敲击声如磬，且内底留有涩圈，说明很可能使用匣钵，并且器物内还填塞小件器物进行烧制，以节省成本。这样的烧造技术是宋代定窑系"裹足刮釉、有芒口"的共同特征。是金代晚期山西、陕西、河北同时期窑口的共同特征，非常值得关注。

东龙观段南区碗、盘类瓷器支烧方法不同，M2、M5 碗、盘全部为支钉支烧而成，支钉一般比较大，通常支钉有 5 ~ 6 个。在 M6 中瓷碗、瓷盘上有支钉支烧痕，其中部分瓷碗为涩圈叠烧，这是涩圈叠烧最早出现的证据，这种工艺出现应在金代晚期与 M6 的时代为比较吻合。M12 的支烧方法与 M6 相同。M13 的盘、碗类瓷器中都出现涩圈。M14 瓷盘中有支钉支烧和涩圈支烧，瓷碗中有砂圈叠烧的痕迹，这种新的工艺手法最早在墓葬出现与涩圈叠烧法相互呼应，是涩圈叠烧工艺的发展的结果，值得重视。而 M18、M19 的瓷碗底部又发现有黏砂痕迹，是对砂圈叠烧新工艺最有力的支持。同时 M16、M18、M19 瓷碗中保留有支钉支烧工艺，M16、M19 瓷盘中保留有涩圈支烧工艺，这些无疑是传统工艺的继承和延续。东龙观段南区瓷枕的支烧方法均为叠烧，枕面上有明显的支垫痕迹。东龙观段南区的瓷罐足床上均有 5 个支钉痕迹，近底部均有流釉现象，推断支烧方法为仰烧，主要是在 M15、M16、M21 的金末元初墓葬中出现，表明这一时期丧葬习俗及随葬品的种类发生了改变，瓷罐取代了陶罐成为丧葬的主要用品。M13 的梅瓶肩部有涩圈，圈足上施釉，再刮去足床上的釉料，说明其支烧方法为叠烧，也就是高圈足叠在另外一件器物上。M18 玉壶春瓶圈足内施釉，足床上先刮去釉料再黏上五个大支钉进行烧制，推测是使用匣钵烧制而成。

团城北段发现的墓葬以元代为主，有清代墓葬两座。M37 瓷碗内底有 5 个支烧痕，足床上有 5 个支钉痕迹，应是支钉叠烧而成。M38 瓷碗内壁为施釉留白，内底中心为点釉，是对涩圈工艺一种模仿和简化。M37、M38 瓷罐口沿部釉料被刮去，外壁施满釉，只是 M38：6 圈足上釉料被刮掉，圈足内黏有小石子，应是口底相叠支烧而成。

团城南段主要发现的晚唐墓葬仅一座为 M25，出土的瓷器极少。主要是白釉碗，碗的足床上留有三个支烧痕，应是支钉叠烧而成。元代墓葬中瓷碗也是内壁施釉留白，底部中心点釉。瓷罐口沿部的釉料被刮去，且有黏砂现象。M30 瓷罐足床上有 4 个支烧痕。M34 的梅瓶足床上有黏釉痕迹，口部及足床上的釉料均被刮去，外壁有窑粘。这样的梅瓶应是口底相叠烧制而成。

4. 窑口

瓷器的窑口鉴定和分析一直是目前中国考古学迫切需要解决的问题之一。本次报告的瓷器鉴定工作，我们邀请了北京大学考古文博学院科技考古中心的崔剑锋博士参与完成的。山西古瓷窑众多，目前发现的瓷器，尤其是元代以前，在窑口的鉴定上遇到了不少困难。例如，传说中的彭窑在山西未能发现，直到 1975 年故宫博物院的李辉柄（光军）先生在临汾文物局的协助下完成了对霍州陈村窑的调查，认定陈村窑就是元代的霍州窑[①]。另外还有介休窑、交城窑、榆次孟家井瓷窑等，均在汾阳附近。汾孝大道发掘的瓷器出自哪个窑口？无疑增加了不小的难度。

为了搞清大宗瓷器的窑口问题，我们对距汾阳最近的交城县瓷窑河村的窑址进行了专门的调查，采集了各个时期的标本若干。基本认定交城窑开创于五代晚期，兴盛于宋金，元代开始衰落。窑址中发现大量的白釉碗、盘、炉、双系罐、温碗、执壶、盏托等生活用器，还能见到瓷玩具及制瓷工具如：三角形支垫、各种匣钵制瓷模具等。胎骨有青有白。装饰手法可见珍珠地、印花、划花、出筋等。釉色有白、褐、红绿、绿、黑、酱等。窑址中发现有与东龙观墓地出土一致的标本，等待最后鉴定报告完成时，便能确指其窑口。

这次选取了东龙观墓地分析样本共 14 件，有白釉黑花盘、褐釉碗、白釉盘、白釉葵口盘、青釉印花碗、白釉小碗、黑釉碗、褐釉盏及澄泥砚等。通过分析我们得知：

第一，"青釉印花小碗 M48：13 和茶叶末釉罐 M48：14 以及褐釉盏 M18：5 最为离散。说明这三件器物烧制所用黏土与其他完全不同。"

第二，"标本 M44：2 支钉所选用的黏土 Al_2O_3 的含量超过 40%，Fe_2O_3 和 TiO_2 的含量则非常低，说明生产该瓷器的窑口拥有生产细白瓷的优质黏土资源，但因何却只生产化妆白瓷，可能是由于类似的资源较为稀缺或从外地进口所致。标本 M44：2 支钉的成分表明支钉的制作很可能使用了化妆土相似的黏土。综上所述，汾阳东龙观的白瓷很可能主要来自两个窑口，一个窑生产不施化妆土的细白瓷，属于当时的定窑系。而另一窑口则生产磁州窑系的主要产品，包括化妆白瓷和白釉褐彩或者黑彩瓷。需要指出的是，不能够排除同一窑既烧造细白瓷又烧制化妆白瓷的可能，这样这些瓷器都有可能来自同一窑。例如最近的考古发掘表明，定窑在早期时既生产细白瓷也生产化妆白瓷。而我们此次分析的 M44：2 也说明，生产化妆白瓷的窑口也具备生产细白瓷的原料，这样我们不能够排除这两类瓷器都来自一窑口的可能。如果如此，目前经过化学分析的具有如此生产规模的窑口只有霍窑一处。若果如此，则表明当时的窑工对待原料的选择已经非常明确，生产化妆白瓷和黑褐瓷选用较为粗质的原料，而细白瓷则使用化妆土所用的精致黏土。同时，一个窑可以使用不同原料生产不同系统的瓷器，说明当时山西窑业非常发达。"

第三，"M18：5 褐釉盏的成分最为特殊，……可能是当地土窑的产品，具体烧制窑口也需要更多的数据积累才能确定。"

第四，"细白釉 M48：1 和 M48：2 都属于高温钙釉，而其他白釉则都属于钙碱釉。这也是比

---

①光军：《山西霍县发现重要瓷窑》，《文物》1980 年第 2 期。

较特殊的，说明 M48 的两件细白瓷和其他细白瓷的生产工艺不同，说明这两件白瓷可能和其他细白瓷的生产批次不同，或者不是同一窑口所产。"

第五，"黑釉罐的釉中 MgO 含量高达 3.5%，这是茶叶末釉颜色形成的主要原因。"

第六，"砚台上的红斑并未测出朱砂所含的 Hg 元素，红斑与其他部位的元素差异是 Fe_2O_3 含量显著偏高，这表明红斑可能是极细的赭石（赤铁矿、Fe_2O_3）颗粒，因此所谓'丹粉'可能指的是黏土中的赭石含量较高。"见附录二。

墓地中发现的一些重要瓷器的窑口还是显而易见，如标本 M48：13 青釉印花小碗（盏），专家一致认为是耀州窑的产品。为此，专门请教耀瓷研究专家禚振西先生，她认为茶盏应是耀州窑产品，时代为北宋晚期，测试的结果同样支持是耀州窑的产品，它与宋代、元代的胎、釉结果都很接近。对于出土的三彩方枕、绿釉枕，不少专家认为应是鹤壁集窑或扒村窑。腰圆枕与长治地区壶关窑出土瓷枕有一致性，或许是通过商路交换而至。汾阳一直是吕梁山区与晋中盆地联系的旱码头，商业极为发达。瓷器作为大宗消费产品，在这个地方表现出来的多样性与其作为商业中转站的地位分不开的。

（七）其他

1. 远古商道的问题

古代山西的交通十分发达，最有名的便是"太行八陉"。虽然很多学者对此专门进行过论述，但是，萦绕在我们周围的许多问题依然是个谜。古代从大同到洛阳，必经太原，然后走榆次、太谷、祁县、武乡、沁县、到长治（潞州）再经过高平、晋城（泽州）到达洛阳。唐代的长安到太原则是长安至同州，从同州东行经朝邑东至蒲津河中府，从河中府经安邑县，渡汾河至绛州，或经龙门亦至绛州。从绛州经高显、晋州，东北沿汾水东岸行至冷泉。从冷泉至太原亦分为南北两道：由冷泉东行汾水南岸经平遥至太原为南道，由冷泉折北渡汾水，经孝义、汾阳至太原为北道[①]。

而太原到陕西延安、榆林，则必经清徐、交城、文水、汾阳，在从汾阳西的四十里桃花洞转道到离石、柳林，到军渡过黄河。最后一分为二到达延安和榆林。这样的商道是什么时候发展起来的，现在还不是很清楚，但是，古代战争与贸易是一对孪生兄弟，它的出现应该与此息息相关。

2. 汾阳市在宋金——元明时期的城市里坊名小考

在多种版本的《汾阳县志》之中有一个问题始终不明，这就是汾阳（也就是汾州、汾州府）在宋金至元明时期的里坊制度，主要原因是这一历史时期的汾阳城位置不明造成的。由于 M5 和 M3 的买地券中透露出来以往不曾见到的信息，给这一问题的解决带来了转机。M3 与 M5 的墓主人（王万、王立）系汾州崇德坊人，这至少说明金代汾州有一个坊为崇德坊，此坊应在今天南关村附近（"太符观创建醮坛记"中有"王立"其人，他为守税户，立碑时间为金承安五年，此时王立已去世 5 年，应是纪念性的追忆。碑文中明确记载"王立"为南郭村人）。

在王堉昌的《汾阳县金史类编》中笔者在一些宋金元明四朝的金石资料中发现有：彪仁坊（"金

①严耕望：《唐代交通图考》，《史语所专刊》之八十三，1985 年。宁欣：《唐宋都城社会结构研究——对城市经济与社会的关注》一书中也引用这一路线，商务印书馆，2009 年。

皇统七年显庆寺铁钟"条）、将相坊（"金皇统七年显庆寺铁钟"条）、洁惠坊（"金承安五年太符观创建醮坛记"）等坊名。在汾阳书法篆刻选集编辑领导小组所编的《汾阳书法篆刻选集》一书中第42有《故麴公墓志铭》："大定四年……安静坊……今卜十月十九日改葬于景云乡刘村。"那么，汾州作为一般性州并未遵循四个坊定制，而是已经有了"崇德坊"、"彪仁坊"、"将相坊"、"洁惠坊"、"安静坊"五个坊。随着新的考古材料出土，金代汾州的里坊制将会更加清晰了。

元代现今最可靠的资料就是至正二十五年的"马庄香炉石柱记"提到的"汾州在市三贤坊"[①]和"画待诏汾州同节坊郭从礼　琉璃待诏六院庄任廿宗"[②]，可知元代坊名新出现"三贤坊"和"同节坊"。

明代的坊名有："师垣坊、三贤坊、同节坊、安静坊、上义坊"等[③]。部分坊名与金代、元代相同，如："安静坊、三贤坊、同节坊"。

除此之外，从目前掌握的材料在宋金时期的行政区划以乡为例变化也比较大。北宋武君墓志中有："府君讳进即，太原人也。昔因宗异，遂住于有汾阳景云里也。……天圣二年（1024年）十月"等[④]。到了金正隆六年（1161年）的王万下葬地点为"本州西河县文信乡东景云村"。大定四年（1164年）麴公改葬的地点为"景云乡刘村"。而到了明昌四年（1193年）王立下葬的地点为"本州西河景云村"。　从一个小小的景云里在宋金时期称谓变迁就可见一斑，再不要说整个汾州、汾阳军了。

汾孝大道考古发掘所获的古代墓葬从唐宋至明清各时代皆有，但主要以金元时期为主。墓葬的形式也多种多样，主要以砖室墓和土洞室墓为主。特别至金代中晚期这一时代，墓葬形式更加泾渭分明，让人深思。

第一，以西龙观为代表的唐代家族墓葬，从发掘所获得的资料来看是"任姓"家族的族墓地，虽然品级不高，但墓葬的排列还是比较有规律，可以看出唐代山西汾州附近的依然流行居族而葬的传统的丧葬形式。

以东龙观家族墓地南区为代表的金代砖室结构"王立"家族墓地，排列组合清晰，虽然有部分墓葬遭到盗墓分子破坏，但对家族墓地的排列研究不会有太大的影响。尤其是墓地发现的"明堂"，是研究这一时期家族墓地布局最主要的材料，填补这一研究领域的空白，对今后宋金时期家族墓葬发掘、研究无疑具有特别重要的意义。东龙观墓地北区宋金时期家族墓地虽然也发现有"明堂"，但是"明堂"中未发现买地券等遗物，可能是由于明堂制度刚刚传入，仍然处于初创阶段的产物。

第二，本次发掘发现的唐代墓葬属于唐代早期，以武周时期的唐墓最为引人注意。墓葬形式与山西其他地区的唐墓没有本质性的区别，只是夫妇同棺合葬这样的丧葬形式仅见于河南、山西、陕西的部分地区[⑤]。并且，这一时期的唐墓大部分没有发现封门（仅M23、M26用条砖封门），应是使用木板封门遗存被塌落的土石掩埋所致。到了宋金元时期发掘的墓葬基本上使用砖石或土坯

①王埔昌原著、郝胜方主编、武毓璋、王希良、张源点校：《汾阳县金石类编》，山西古籍出版社，2000年。
②刘永生、商彤流：《汾阳北榆苑五岳庙调查简报》，《文物》1989年第12期。
③王埔昌原著、郝胜方主编、武毓璋、王希良、张源点校：《汾阳县金石类编》，山西古籍出版社，2000年。
④汾阳书法篆刻选集编辑领导小组：《汾阳书法篆刻选集》第41页，京华出版社，2010年。
⑤俞伟超：《西安白鹿原墓葬发掘报告》，《考古学报》1956年第3期。自隋至元河南、山西、陕西都发现有男女合葬一棺的情况。

封门。这是一个特别显著且耐人寻味的变化。

宋金时期的家族墓葬表现形式复杂多样，以砖雕壁画墓最具特色。无论是高浮雕还是圆雕都一丝不苟，人物神态惟妙惟肖。墓室中的仿木结构砖雕斗栱、立柱、板门、直棂窗等结构复杂、表现准确，是当时地主宅院的真实写照。

第三，汾孝大道发现的墓葬在唐代主要是一次葬，个别墓葬中可以见到二次葬和火葬。到了宋金时期，火葬开始大量流行，主要是出现在仿木结构的砖室墓中。传统意义上的土洞室墓依然比较流行，基本上不见火葬，而以一次葬和二次葬为主。到了元代多人合葬的形式更加流行，使本地区的丧葬形式更加复杂化。

第四，汾孝大道发现的墓葬在唐代主要是以陶器为主，个别墓葬有墓志、小件铜器及泥俑，这主要是由墓主人生前的身份地位所致。宋金元时期的墓葬主要以瓷器为主，器物组合以碗、盘、钵、罐为主体，个别墓葬中发现有高级别的茶盏。铁牛作为镇墓类器物仅出现在宋金时期规模比较大的砖室墓中，到了元代这种习俗基本不见。墓葬中大量的随葬器物为民间窑口烧造，器物较为粗糙，是研究这一地区社会经济生活最好的材料。在东龙观北区墓地的白釉器底部发现有较多的墨书题记，如："吴仙仙"、"吴寒□"、"杏"，可能与器物的制作人或使用人有关。东龙观南区墓地发现有的瓷枕底部有墨书"三佰"、梅瓶的底部刻写的"务"等对这一地区的商业发展、酒务的研究具有特殊的意义。

第五，本次发掘由于时间紧张，未能布方发掘，这不能不说这是一个遗憾。东龙观两个家族墓地之间还有一段距离，它们是否存在各自的陵园和其他墓地附属建筑至今无法证实。由于家族墓地周围密集钻探中未发现任何与此有关的遗迹现象，在发掘时寻找这些遗迹现象的想法只能放弃。但是，瑕不掩瑜，这两个家族墓地周围经过认真细致的钻探之后未发现墓葬，已发掘墓葬的材料对家族墓地的研究还是做到了尽善尽美，希望这一墓葬发掘报告整理出版今后对山西或者北方地区宋金时期家族墓地的发掘、研究能够有一定的促进作用，能够进一步充实宋金墓葬考古研究的资料。

附录一　汾阳东龙观宋金墓地出土人骨的鉴定报告

陈　靓*

本文所研究的人骨材料出自山西省汾阳市东龙观南区、东龙观北区、西龙观、团城北区、团城南区五个墓地。2008 年下半年，为了配合汾阳至孝义一级公路建设，山西省考古研究所和汾阳市文物旅游局联合发掘了以上五个墓地。从墓葬形制以及出土的买地券、随葬品分析，具有代表性的东龙观墓地 M48 的年代为北宋晚期，M2 为金代早期，M5 为金代中期[①]。2009 年仲夏，受发掘主持人王俊同志的邀请，笔者赴汾阳对这批人骨进行鉴定和研究。以下从性别、年龄的鉴定，头骨的形态观察和测量特征、种族特征分析、病理现象等诸方面对汾阳宋金墓地人骨进行报告。

一　骨骼保存状况和性别、死亡年龄的鉴定结果

汾阳宋金墓地人骨的性别鉴定标准主要根据骨盆、头骨并参考其他骨骼的性别差异作出判断，死亡年龄的判断主要依据耻骨联合面的磨损程度、牙齿磨耗等级、颅骨骨缝愈合状况以及骨骼上其他增龄性变化做出综合分析。鉴定依据参照吴汝康、邵象清的相关著述[②]。个体鉴定结果如下：

08FXM1（东）：髋骨的坐骨、耻骨部分残破。坐骨大切迹从走向看，宽而浅，耳前沟很宽、很深。头骨的面骨部分残破，颅内冠状缝、矢状缝完全愈合，为一例中年女性。

08FXM1（西）：右侧髋骨完整，耻骨支外翻明显，耻骨下角大，坐骨大切迹宽而浅，但是无耳前沟。从耻骨联合面磨耗程度看，为一例 35 ～ 39 岁的女性。

08FXM1（中）：左侧股骨完整，右侧股骨头部关节面残破，左、右侧胫骨、腓骨完整。股骨骨干粗壮，骨间嵴发达，可能为一例成年男性（？）。

08FXM1（西南角）：头骨残片少许。上、下颌所有乳齿出齐齿列，恒齿尚未萌出。髂骨、耻骨、坐骨各自为独立之骨。额中缝尚未完全愈合，为一例 4.5 ～ 5 岁的儿童。

08FXM6：左侧胫骨上端、左侧股骨下端残破。股骨骨干粗壮，骨间嵴发达。骨重，骨壁厚。胫骨下端和股骨上端骨骺线完全愈合。可能为一例成年男性（？）。

08FXM12（1）：采集左、右肱骨各一根，肱骨骨干粗壮，三角肌粗隆发达，肱骨头面积大。保存有右侧耻骨联合部，呈三角形，从耻骨联合面磨耗程度看，为一例 40 ～ 44 岁的男性。

* 陈靓：西北大学文化遗产学院。
① 山西省考古研究所、汾阳市文物旅游局：《2008 年山西汾阳东龙观宋金墓地发掘简报》，《文物》2010 年第 2 期。
② 吴汝康、吴新智、张振标：《人体骨骼测量手册》，科学出版社，1984 年。邵象清：《人体测量手册》，上海辞书出版社，1985 年。

08FXM12（2）：采集有右侧耻骨联合部，呈方形，耻骨支外翻明显，耻骨下角大。耻骨联合面磨耗显示，为一例 45～50 岁的女性。

08FXM13（东）：髋骨基本完整。耻骨支粗壮，外翻不显，耻骨下角小。坐骨大切迹窄而深，无耳前沟。从耻骨联合面磨耗看，为一例 29～30 岁的男性。

08FXM13（西）：残破髋骨上，耻骨联合部呈方形，坐骨大切迹宽而浅，耳状面小而弯曲，耳前沟较宽。耻骨磨耗程度显示，为一例 24～26 岁的女性。

08FXM14（1）：采集头骨残片少许。额部中斜，眉弓显著，眶上缘圆钝。左、右胫骨下端残破，关节面大，骨壁厚，骨干粗壮，可能为一例成年男性（?）。

08FXM14（2）：采集少许头骨残片。眉弓中等，眶上缘锐薄，额结节明显。可能为一例成年女性（?）。

08FXM15：左、右髋骨髂翼部分残破。耻骨下角大，耻骨支外翻明显。坐骨大切迹宽而浅，耳状面弯曲，耳前沟很深。头骨的面骨部分残破，额部平直，额结节明显，乳突小，下颌角大，髁突小。下颌左、右侧 M_1 磨耗 V 级。为一例 50 岁左右的女性。

08FXM16(东)：头骨残破。眉弓特显，眶上缘圆钝。下颌联合部高。下颌左侧 M_2、M_3 已脱落，齿槽窝完全闭合。为一例中老年男性。

08FXM16(西)：采集头骨残片少许。眶上缘锐薄，枕外隆突稍显，顶结节明显。右侧髋骨残破，坐骨大切迹宽而浅，但无耳前沟。为一例成年女性。

08FXM17（东）：头骨仅存枕骨部分，枕外隆突显著，骨壁厚，骨重，可能为一例成年男性（?）。

08FXM17（西）：眉弓弱，额部平直。乳突小，下颌角大，髁突小。下颌左、右 I_1 磨耗 II 级，为 31～40 岁的女性。

08FXM18（东）：头骨上左侧颞骨、顶骨部分残破。下颌角小，髁突大。下颌左、右 M_1 磨耗 III 级，根据牙齿磨耗鉴定约为 30 岁。左侧髋骨完整，右侧髋骨耻骨联合部残破，耻骨支粗壮，外翻不明显，耻骨下角小，坐骨大切迹窄而深，无耳前沟。耻骨联合磨耗显示为一例 30～34 岁的男性。

08FXM18（西）：残破髋骨上，耳状面小而弯曲，耳前沟很宽，坐骨大切迹宽而浅。头骨两侧颞骨及枕骨残破，上颌左、右 M^1 磨耗 I-II 级，参考上颌臼齿的磨耗情况，为一例 20～25 岁的女性。

08FXM19（1）：左侧髋骨完整，耻骨联合部呈方形。耻骨下角大，耻骨支外翻明显。坐骨大切迹宽而浅，但无耳前沟。从耻骨联合面磨损结合牙齿磨耗看，为一例 50 岁左右的女性。

08FXM19（2）：左、右侧髋骨残破。坐骨大切迹宽而浅，耳前沟很深。为一例成年女性。

08FXM19（3）：左侧髋骨完整，右侧髋骨耻骨联合部残破。左侧耻骨联合部呈方形，耻骨支外翻明显，耻骨下角大，坐骨大切迹宽而浅，耳状面小且弯曲，无耳前沟。根据耻骨联合面磨耗程度判断，为一例 45～50 岁的女性。

08FXM19（4）：左侧髋骨保存完好，耻骨支粗壮，外翻不显，耻骨下角小，坐骨大切迹窄而深，无耳前沟。耻骨联合面磨耗显示，为一例 45～50 岁的男性。

08FXM19（5）：左侧髋骨完整，右侧髋骨耻骨联合部和髂翼部分残破。耻骨下角大，坐骨大切迹宽而浅，耳前沟很宽。从耻骨联合面磨耗看，为一例 27 ～ 28 岁的女性。

08FXM21（东）：左侧髋骨完整，右侧耻骨部分残破。耻骨支粗壮，外翻不明显，耻骨下角小。坐骨大切迹很窄，无耳前沟。头骨的颅骨部分得以保存，面骨部分缺损。眉弓显著，乳突中等。从耻骨联合部磨耗程度看，年龄在 45 ～ 50 岁；下颌左侧 M_1 磨耗 V–VI 级，从牙齿磨耗等级看，年龄在 55 ～ 60 岁之间，为一例男性。

08FXM21（西）：左、右侧髋骨完整。耻骨支纤细，外翻明显。耻骨下角大，坐骨大切迹很宽但较深，耳前沟宽且深。头骨保存完整。根据耻骨联合面磨耗程度判断，为一例 45 ～ 50 岁的女性。

08FXM40（东）：残破髋骨上，坐骨大切迹很窄很深，耳状面长且直，无耳前沟。头骨枕骨大孔周围破损。眉弓中等，额部平直，乳突较小。下颌左、右 M_1 磨耗 V 级。综合判断为一例 50 岁左右的男性。

08FXM41（东）：左侧髋骨完整，耻骨联合部呈方形，耻骨支外翻明显，耻骨下角大。坐骨大切迹很宽，但无耳前沟。耻骨联合面磨耗显示为一例 51 ～ 60 岁的女性。

08FXM41（西）：左、右髋骨完整，耻骨下角小，耻骨支粗壮。坐骨大切迹很深，耳状面长且直，无耳前沟。从耻骨联合面磨耗程度看，为一例 51 ～ 60 岁的男性。

08FXM42（东）：右侧髋骨的髂翼后部残破。耻骨支粗壮，略外翻，耻骨下角小，坐骨大切迹较窄，无耳前沟。从耻骨联合面磨耗看，为一例 45 ～ 50 岁的男性。

08FXM42（西）：髋骨的耻骨部分残破。耳状面小且弯曲，坐骨大切迹宽而浅，耳前沟很宽。下颌左、右 M_1 磨耗 I–II 级，为一例 20 ～ 25 岁的女性。

08FXM44：单人墓。髋骨残破。骨盆入口处横径大于纵径，坐骨大切迹中等宽窄。无耳前沟。耻骨联合部呈方形，髋骨小且轻。从耻骨联合面磨耗看，为一例 20 ～ 23 岁的女性。

08FXM45（东）：头骨（包括下颌骨）完整。眉弓弱，额部平直，眶上缘锐薄，乳突小。下颌左、右 M_1 磨耗 II 级，牙齿磨损等级为 25 岁左右。左、右髋骨完整，耻骨联合部呈方形，耻骨下角大，耳状面弯曲，耳前沟很宽。耻骨联合面磨耗显示为一例 24 ～ 26 岁的女性。

08FXM45（中）：头骨完整，眉弓显著，额部后斜。乳突大。髋骨完整，耻骨支粗壮，外翻不显，耻骨下角小，耳状面长且弯曲，坐骨大切迹窄而深，无耳前沟。从耻骨联合面磨耗程度看，为一例 40 ～ 44 岁的男性。

08FXM45（西）：头骨右侧颧弓部分残破，眉弓弱，额部平直，乳突小。下颌角大，髁突小。下颌左、右 M_1 磨耗 I–II 级，齿龄判断为 20 ～ 25 岁。左、右髋骨完整，耻骨支纤细，外翻明显，坐骨大切迹宽而浅，从耻骨联合面磨耗程度看，为一例 20 ～ 23 岁的女性。

08FXM46：单人墓。髋骨的髂骨、坐骨部分残破。耻骨支粗壮，不外翻。坐骨大切迹从走向看，中等宽窄。无耳前沟。股骨下端，肱骨上端骨骺线尚未开始愈合。从耻骨联合面磨耗程度判断，为一例 17 ～ 19 岁的男性。

08FXM47：单人墓。髋骨残破，耻骨支粗壮，耻骨下角小。坐骨大切迹窄而深，无耳前沟。耻骨联合面磨耗程度显示为一例 51 ～ 60 岁的男性。

08FXM48（北）：髋骨完整，耻骨支外翻不显，耻骨下角小。坐骨大切迹窄而深，无耳前沟。从耻骨联合面磨耗看，为40～44岁的男性。

08FXM48（南）：左侧髋骨髂翼部分残破，耻骨支外翻显，耻骨下角大，耻骨联合部呈方形。耻骨联合面磨耗程度显示为40～44岁的女性。

汾阳宋金墓地共鉴定了38例个体，男性17例，女性20例（包括可能为男性和可能为女性的个体），未成年个体1例，性别明确和可能明确者37例，鉴定率为97.4%，年龄段明确者32例，鉴定率为84.2%，见表一。

表一　汾阳宋金墓地居民死亡年龄分布统计

年龄分期	男性（%）	女性（%）	性别不明（%）	合计（%）	性比例
未成年（<14岁）	0（0.00）	0（0.00）	1（100.00）	1（2.63）	—
青年期（15～23岁）	1（5.88）	4（20.00）	0（0.00）	5（13.16）	0.25∶1
壮年期（24～35岁）	2（11.76）	4（20.00）	0（0.00）	6（15.79）	0.5∶1
中年期（36～55岁）	7（41.18）	8（40.00）	0（0.00）	15（39.47）	0.88∶1
老年期（>56岁）	4（23.53）	1（5.00）	0（0.00）	5（13.16）	4∶1
成年（具体年龄不详）	3（17.65）	3（15.00）	0（0.00）	6（15.79）	1∶1
合　计	17（100.00）	20（100.00）	1（100.00）	37（100.00）	0.85∶1

表一中列出了汾阳宋金墓地居民具体的性别、年龄分布统计结果，男女性比为0.85∶1，男性人口明显少于女性，这与宋金时期婚姻家庭模式密切相关。当时一夫多妻制是具有一定经济实力人家主要采取的婚姻模式。相应地在埋葬习俗中，通常一个墓里葬一男二女或数女。因此男性人口会少于女性。

从不同年龄段男女的性比看，青年期是0.25∶1，壮年期为0.5∶1，女性人口死亡率分别是男性的4倍和2倍，推测这可能与女性进入青春期负担生育功能有关。虽然宋金时期医疗水平有了一定的发展，但是女性死于难产和产后感染的比例仍然较高。中年期性比为0.88∶1，表明男女两性的死亡率差距减小。老年期性比是4∶1，这一阶段男性死亡率是女性的4倍，反映了该组男性营养水平较高，脱离了从事繁重的体力劳动，进入老年期的人口比例显著增高。

二　头骨的形态观察和测量特征

汾阳宋金墓地采集的头骨可以进行形态观察和测量特征分析的有例29例，其中男性12例，女性17例（附表一、二）。

08FXM12（1）：中年男性。形态观察：卵圆形颅，眉弓显著，眉间突度中等，眉弓范围大于整个眶上缘的1/2。前额中斜，无额中缝。颅顶缝前囟段和后段为微波型，顶段和顶孔段为锯齿型。乳突大，枕外隆突稍显。眶型长方形。梨状孔心形，其下缘鼻前窝型。鼻棘不显，为Broca Ⅰ级。

犬齿窝弱。翼区为翼上骨型。颧骨很宽，无颧颌缘结节，颧骨、上颌骨下缘转折处方折明显。鼻根凹陷浅，鼻梁为凹型，鼻骨为Ⅰ型。顶孔左右全。矢状嵴明显。腭型为 U 型，腭圆枕瘤状。

08FXM13（东）：壮年男性。形态观察：卵圆形颅，眉弓显著，眉间突度中等，眉弓范围大于整个眶上缘的1/2。前额中斜，无额中缝。颅顶缝前囟段、顶孔段、后段为微波型，顶段为深波型。乳突中等，枕外隆突极显。眶型方形。梨状孔心形，其下缘锐型。鼻棘稍显，为 Broca Ⅱ 级。犬齿窝弱。翼区为蝶顶型。颧骨很宽，无颧颌缘结节，颧骨、上颌骨下缘转折处方折明显。鼻根凹陷浅，鼻梁为凹型，鼻骨为Ⅰ型。无顶孔。矢状嵴明显。腭型为 V 型，腭圆枕瘤状。下颌颏型方形，下颌角区外翻，颏孔位置在 P₂ 位，下颌圆枕中等大小，属于非摇椅形下颌。

测量特征：颅部为中颅型（颅指数 75.5）—接近正颅的高颅型（颅长高指数 75）结合狭颅型（颅宽高指数 99.3），偏阔的中额型（额宽指数 68.3）；面部特征为阔鼻型（鼻指数 51.4）—低眶型（眶指数 74.2），中等的鼻根突起程度（鼻根指数 36.8），面突指数显示为中颌型（面突指数 98.0）；面角显示为平颌型（88.0），齿槽面角显示为突颌型（78.0），鼻骨角小（22.0），上面部在水平方向中等突起（鼻颧角 141.3）。

08FXM18（东）：壮年男性。形态观察：卵圆形颅，眉弓中等，眉间突度稍显，眉弓范围小于整个眶上缘的1/2。前额中斜，无额中缝。颅顶缝前囟段、顶段和后段为锯齿型，顶孔段为深波型。乳突中等，枕外隆突稍显。眶型椭圆形。梨状孔心形，其下缘钝型。鼻棘不显，为 Broca Ⅰ 级。犬齿窝弱。翼区为额颞型。颧骨中等宽，无颧颌缘结节，颧骨、上颌骨下缘转折处圆钝。顶孔左右全。矢状嵴中等。腭型为 U 型，腭圆枕嵴状。下颌颏型方形，下颌角区外翻，颏孔位置在 P₂M₁ 位，下颌圆枕中等大小，属于非摇椅形下颌。

测量特征：颅部为高颅型（颅长高指数 81.8）。上颌为狭腭型（腭指数 74.6）和很短的齿槽弓形态（齿槽弓指数 139.6）。

08FXM19（4）：中年男性。形态观察：卵圆形颅，乳突大。梨状孔心形，其下缘锐型。鼻棘中等，为 Broca Ⅲ 级。犬齿窝弱。颧骨特别宽。腭型为 V 型，无腭圆枕。下颌颏型圆形，颏孔位置在 P₂ 位，无下颌圆枕。

08FXM21（东）：老年男性。形态观察：卵圆形颅，眉弓显著，眉间突度稍显，眉弓范围小于整个眶上缘的1/2。前额中斜，无额中缝。颅顶缝前囟段微波型，顶段锯齿型，顶孔段和后段为深波型。乳突大，枕外隆突极显。眶型斜方形。右侧翼区为额颞型。颧骨中等宽，颧颌缘结节较小，颧骨、上颌骨下缘转折处方折明显。鼻根凹陷浅。仅右侧有顶孔。矢状嵴明显。下颌颏型方形，下颌角区直型，颏孔位置在 P₂ 位，无下颌圆枕，属于非摇椅形下颌。

测量特征：颅部为圆颅型（颅指数 84.4）—高颅型（颅长高指数 80.6）结合中颅型（颅宽高指数 95.4），狭额型（额宽指数 61.1），眼眶特征为高眶型（眶指数 87.8）。

08FXM40（东）：中年男性。形态观察：椭圆形颅，眉弓中等，眉间突度稍显，眉弓范围小于整个眶上缘的1/2。前额平直，无额中缝。颅顶缝前囟段为微波型，顶段和顶孔段为锯齿型，后段为复杂型。乳突小，枕外隆突稍显。眶型椭圆形。梨状孔心形，其下缘锐型。鼻棘稍显，为 Broca Ⅱ 级。犬齿窝弱。翼区为蝶顶型。颧骨中等宽，无颧颌缘结节，颧骨、上颌骨下缘转折处方折明显。鼻根凹陷浅，鼻梁为凹型，鼻骨为 II 型。仅有左侧顶孔。无矢状嵴。腭型为椭圆形，腭圆枕呈瘤状。下颌颏型尖形，下颌角区直型，颏孔位置在 P$_2$ 位，无下颌圆枕。

测量特征：颅部特征为长颅型（颅指数 70.3）结合阔额型（额宽指数 69.2）；面部特征为阔鼻型（鼻指数 52.7）—低眶型（眶指数 72.7），很弱的鼻根突起程度（鼻根指数 16.4），狭腭型（腭指数 79.8）和较长的齿槽弓（齿槽弓指数 107.1），上面部在水平方向中等突起（鼻颧角 143.7）。

08FXM41（西）：老年男性。形态观察：卵圆形颅，眉弓特显著，眉间突度显著，眉弓范围大于整个眶上缘的 1/2。前额倾斜，无额中缝。颅顶缝已经愈合。乳突大，枕外隆突极显。眶型长方形。梨状孔心形，其下缘锐型。鼻棘不显，为 Broca I 级。犬齿窝中等。翼区为蝶顶型。颧骨很宽，无颧颌缘结节，颧骨、上颌骨下缘转折处方折明显。鼻根凹陷深，鼻梁为直型，鼻骨为 I 型。无顶孔。矢状嵴明显。腭型为 V 型，无腭圆枕。下颌颏型圆形，下颌角区直型，颏孔位置在 M$_1$ 位，无下颌圆枕，属于非摇椅形下颌。

测量特征：颅部为中颅型（颅指数 77.9）—高颅型（颅长高指数 80.5）结合很窄的狭颅型（颅宽高指数 103.4），狭额型（额宽指数 64.9）；面部中等偏小的垂直颅面比例（垂直颅面指数 51.7）—狭上面型（上面指数 55.1），全面指数同样显示为狭面型（全面指数 90.7）。鼻眶部形态为中鼻型（鼻指数 48.3）—低眶型（眶指数 72.8），中等的鼻根突起程度（鼻根指数 44.3）。面突指数显示为平颌型（面突指数 94.0），阔腭型（腭指数 90.7）和很短的齿槽弓（齿槽弓指数 131.8），面角显示为平颌型（87.0），齿槽面角显示为突颌型（75.0），鼻骨角很小（12.0），上面部在水平方向中等突起（鼻颧角 140.7）。

08FXM42（东）：中年男性。形态观察：卵圆形颅，眉弓显著，眉间突度中等，眉弓范围大于整个眶上缘的 1/2。前额倾斜，无额中缝。颅顶缝已经愈合。乳突中等，枕外隆突中等。眶型斜方形。梨状孔心形，其下缘锐型。鼻棘稍显，为 Broca II 级。犬齿窝弱。翼区为蝶顶型。颧骨中等高宽，无颧颌缘结节，颧骨、上颌骨下缘转折处方折明显。鼻根凹陷浅，鼻梁为凹型，鼻骨为 II 型。无顶孔。矢状嵴明显。腭型为 V 型，腭圆枕呈丘状。下颌颏型圆形，下颌角区直型。颏孔位置在 P$_2$M$_1$ 位，下颌圆枕小，属于非摇椅形下颌。

测量特征：颅部为圆颅型（颅指数 83.5）—高颅型（颅长高指数 83.0）结合狭颅型（颅宽高指数 99.3），狭额型（额宽指数 65.0）；面部很小的垂直颅面比例（垂直颅面指数 46.6）—阔上面型（上面指数 47.2），阔鼻型（鼻指数 52.1）—低眶型（眶指数 73.2），很弱的鼻根部（鼻根指数 23.8），面突指数显示为平颌型（面突指数 92.5），阔腭型（腭指数 100.0）和很短的齿槽弓（齿槽弓指数 136.3），面角显示为平颌型（85.0），齿槽面角显示为突颌型（78.0），鼻骨角小（23.0）。

08FXM45（中）：中年男性。形态观察：椭圆形颅，眉弓显著，眉间突度中等，眉弓范围约等于整个眶上缘的 1/2。前额中等倾斜，无额中缝。颅顶缝前囟段为微波型，顶段、顶孔段和后段为锯齿型。乳突大，枕外隆突中等。眶型斜方形。梨状孔心形，其下缘钝型。鼻棘稍显，为 Broca II 级。犬齿窝中等。翼区为蝶顶型。颧骨高且宽，颧颌缘结节非常发达，颧骨、上颌骨下缘转折处方折明显。鼻根凹陷深，鼻梁为凹凸型，鼻骨为 II 型。无顶孔。矢状嵴中等。腭型为 V 型，腭圆枕呈嵴状。下颌颏型圆形，下颌角区直型。颏孔位置在 P$_2$M$_1$ 位，无下颌圆枕，属于非摇椅形下颌。

测量特征：颅部为中颅型（颅指数 76.6）—高颅型（颅长高指数 78.5）结合狭颅型（颅宽高指数 102.5），狭额型（额宽指数 64.4）；面部为较小的垂直颅面比例（垂直颅面指数 51.0）—中上面型（上面指数 53.0），全面指数显示为偏狭的中上面型（全面指数 89.9），中鼻型（鼻指数 50.3）—偏低的中眶型（眶指数 76.0），突起明显的鼻根部（鼻根指数 52.2），面突指数显示为中颌型（面突指数 99.0），偏狭的中腭型（腭指数 80.8）和很短的齿槽弓（齿槽弓指数 128.1），面角显示为中颌型（84.0），齿槽面角显示为突颌型（76.0），鼻骨角很小（18.0），上面部在水平方向的扁平度很大（鼻颧角 146.8）。

08FXM46：青年男性。形态观察：卵圆形颅，眉弓发育中等，眉间突度稍显，眉弓范围小于整个眶上缘的 1/2。前额平直，无额中缝。颅顶缝前囟段和顶孔段为微波型，顶段和后段为锯齿型。乳突中等，枕外隆突稍显。眶型斜方形。梨状孔梨形，其下缘锐型。鼻棘中等发达，为 Broca III 级。犬齿窝弱。翼区为蝶顶型。颧骨较宽，无颧颌缘结节。颧骨、上颌骨下缘转折处方折明显。鼻根凹陷深，鼻梁为凹型，鼻骨为 I 型。无顶孔。无矢状嵴。腭型为 V 型，无腭圆枕。下颌颏型圆形，下颌角区直型。颏孔位置在 P$_2$ 位，无下颌圆枕，属于非摇椅形下颌。

测量特征：偏短的中颅型（颅指数 79.8）—高颅型（颅长高指数 84.0）—很狭的狭颅型（颅宽高指数 105.2）结合狭额型（额宽指数 62.6）的颅部特征；面部特征体现为偏小的垂直颅面比例（垂直颅面指数 50.9）—狭鼻型（鼻指数 44.5）—中眶型（眶指数 76.3）—突度明显的鼻根部（鼻根指数 48.6）以及水平方向上中等程度扁平的上面部（鼻颧角 142.3）。

08FXM47：老年男性。形态观察：椭圆形颅，眉弓中等，眉间突度稍显，眉弓范围小于整个眶上缘的 1/2。前额平直，额中缝全。颅顶缝前囟段为微波型，顶段、顶孔段和后段为锯齿型。乳突大，枕外隆突显著。眶型斜方形。梨状孔心形，其下缘鼻前窝型。鼻棘稍显，为 Broca II 级。犬齿窝弱。翼区为蝶顶型。颧骨中等高宽，无颧颌缘结节，颧骨、上颌骨下缘转折处方折明显。鼻根凹陷深，鼻骨为 III 型。仅有右侧顶孔。矢状嵴显著。腭型为 V 型，腭圆枕呈嵴状。下颌颏型方形，下颌角区外翻。颏孔位置在 P$_2$ 位，无下颌圆枕，属于非摇椅形下颌。

测量特征：颅部为中颅型（颅指数 75.0）—高颅型（颅长高指数 77.4）结合狭颅型（颅宽高指数 103.3），阔额型（额宽指数 72.0）；面部为较小的垂直颅面比例（垂直颅面指数 50.7），阔鼻型（鼻指数 54.5）—低眶型（眶指数 72.7），很弱的鼻根部（鼻根指数 20.0），面突指数显示为平颌型（面突指数 94.2），面角显示为中颌型（83.0），齿槽面角显示为突颌型（72.0），上面部在水平方向的扁平度很大（鼻颧角 146.8）。

08FXM48（北）：中年男性。形态观察：卵圆形颅，眉弓中等，眉间突度稍显，眉弓范围小于整个眶上缘的 1/2。前额中斜，无额中缝。颅顶缝前囟段和顶孔段为深波型，顶段和后段为锯齿型。乳突大，枕外隆突中等。眶型椭圆形。梨状孔梨形，其下缘钝型。鼻棘不显，为 Broca I 级。犬齿窝弱。翼区为蝶顶型。颧骨高且宽，颧颌缘结节发达，颧骨、上颌骨下缘转折处陡直。鼻根凹陷浅平，鼻梁凹型，鼻骨 II 型。腭型为椭圆形，腭圆枕丘状。下颌颏型尖形，下颌角区外翻，颏孔位置在 P$_2$M$_1$ 位，下颌圆枕大，属于非摇椅形下颌。

测量特征：颅部为中颅型（颅指数 76.2）—高颅型（颅长高指数 77.2）结合狭颅型（颅

宽高指数 101.4），狭额型（额宽指数 63.3）；面部为中等的垂直颅面比例（垂直颅面指数 52.3）—中上面型（上面指数 54.2）。中鼻型（鼻指数 47.1）—偏低的中眶型（眶指数 76.9），弱的鼻根突起程度（鼻根指数 31.5），面突度指数显示为中颌型（面突指数 100.0），中腭型（腭指数 80.2）和短宽的短齿槽弓型（齿槽弓指数 135.2），面角显示为中颌型（83.0），齿槽面角显示为突颌型（76.0），鼻骨角小（21.0），上面部在水平方向的扁平度中等偏大（鼻颧角 144.2）。

08FXM1（东）：中年女性。形态观察：卵圆形颅。无额中缝。颅顶缝前囟段为微波型，顶段和后段为锯齿型，顶孔段为深波型。乳突大，枕外隆突中等。仅有左侧顶孔，无矢状嵴。

测量特征：颅部为狭颅型（颅宽高指数 102.8）。

08FXM1（西）：中年女性。形态观察：卵圆形颅。颅顶缝的顶段、顶孔段和后段为锯齿型。乳突小，枕外隆突稍显。眶型斜方形。梨状孔梨形，其下缘锐型。鼻棘稍显，为 Broca Ⅱ 级。犬齿窝弱。颧骨纤细，无颧颌缘结节，颧骨、上颌骨下缘转折处方折明显。鼻梁为凹型，鼻骨为 Ⅱ 型。无顶孔。腭型为 Ⅴ 型，腭圆枕呈丘状。

测量特征：面部为中鼻型（鼻指数 47.7），中等的鼻根突起程度（鼻根指数 41.3），中腭型（腭指数 81.4）和短齿槽弓型（齿槽弓指数 119.4）。

08FXM13（西）：青年女性。形态观察：卵圆形颅，眉弓显著，眉间突度中等，眉弓范围约等于整个眶上缘的 1/2。前额倾斜，无额中缝。颅顶缝前囟段、顶孔段和后段为微波型，顶段为锯齿型。乳突大，枕外隆突显著。眶型椭圆形。梨状孔三角形，其下缘钝型。鼻棘稍显，为 Broca Ⅱ 级。犬齿窝中等。翼区为额颞型。颧骨很宽，颧颌缘结节发达，颧骨、上颌骨下缘转折处方折明显。鼻根凹陷浅，鼻梁为凹型，鼻骨为 Ⅱ 型。除了左右顶孔外，还有一附加孔。矢状嵴中等。腭型为 Ⅴ 型，无腭圆枕。下颌颏型尖形，下颌角区直型。颏孔位置在 P_2 位，无下颌圆枕，属于非摇椅形下颌。

测量特征：颅部为圆颅型（颅指数 80.9）—高颅型（颅长高指数 79.8）结合狭颅型（颅宽高指数 98.6），中额型（额宽指数 67.4）；面部为很大的垂直颅面比例（垂直颅面指数 60.1）—特狭上面型（上面指数 61.8）—狭鼻型（鼻指数 45.0）—中眶型（眶指数 77.1），中等的鼻根突起程度（鼻根指数 45.4），面突指数显示为平颌型（面突指数 95.3），狭腭型（腭指数 76.2）和短齿槽弓型（齿槽弓指数 122.0），面角显示为中颌型（83.0），齿槽面角显示为超突颌型（67.5），上面部在水平方向的扁平度小（鼻颧角 138.2）。

08FXM15：中年女性。形态观察：圆形颅，眉弓弱，眉间突度不显，眉弓范围小于整个眶上缘的 1/2。前额平直，无额中缝。颅顶缝前囟段和顶段为深波型，顶段和后段为微波型。乳突小，枕外隆突中等。眶型圆形。犬齿窝弱。翼区为蝶顶型。颧骨纤细，颧骨、上颌骨下缘转折处圆钝。无鼻根凹陷。顶孔左右全。矢状嵴中等。下颌颏型尖形，下颌角区外翻。颏孔位置在 P_2 位，无下颌圆枕，属于非摇椅形下颌。

测量特征：颅部为圆颅型（颅指数 84.0）—正颅型（颅长高指数 74.0）结合阔颅型（颅宽高指数 88.2），狭额型（额宽指数 59.8），强烈的鼻根突起程度（鼻根指数 52.9）。

08FXM17（西），中年女性。形态观察：卵圆形颅，眉弓弱，眉弓范围小于整个眶上缘的1/2。前额平直，无额中缝。颅顶缝前囟段、顶孔段和后段为微波型，顶段为深波型。乳突中等，枕外隆突稍显。眶型长方形。犬齿窝中等。翼区为翼上骨型。颧骨较宽，无颧颌缘结节，颧骨、上颌骨下缘转折处方折明显。顶孔左右全。矢状嵴显著。下颌颏型尖形，下颌角区内翻。颏孔位置在 P_2 位，无下颌圆枕，属于非摇椅形下颌。

测量特征：颅部为中颅型（颅指数 76.4）—正颅型（颅长高指数 74.7）结合中颅型（颅宽高指数 97.8）。

08FXM18（西）：青年女性。形态观察：椭圆形颅，眉弓中等，眉间突度稍显，眉弓范围小于整个眶上缘的1/2。前额中斜，无额中缝。颅顶缝前囟段、顶孔段为深波型，顶段和后段为锯齿型。眶型圆形。梨状孔心形，其下缘钝型。鼻棘稍显，为 Broca II 级。犬齿窝弱。翼区为蝶顶型。颧骨纤细，无颧颌缘结节，颧骨、上颌骨下缘转折处方折明显。鼻根凹陷浅，鼻梁为凹型，鼻骨为 I 型。无顶孔。矢状嵴中等。腭型为 V 型，无腭圆枕。

测量特征：面部为阔鼻型（鼻指数 55.5）—中眶型（眶指数 81.2），很弱的鼻根突起程度（鼻根指数 19.3），上面部在水平方向的扁平程度中等偏小（鼻颧角 140.7）。

08FXM19（1）：中年女性。形态观察：卵圆形颅，眉弓中等，眉间突度稍显，眉弓范围小于整个眶上缘的1/2。前额倾斜，无额中缝。颅顶缝前囟段、顶孔段和后段为微波型，顶段为深波型。乳突大，枕外隆突中等。眶型椭圆形。梨状孔梨形，其下缘鼻前窝型。鼻棘不显，为 Broca I 级。犬齿窝中等。翼区为额颞型。颧骨中等宽，颧颌缘结节发达，颧骨、上颌骨下缘转折处方折明显。鼻根凹陷浅，鼻梁为凹型，鼻骨为 I 型。无顶孔，矢状嵴中等。腭型为 U 型，腭圆枕嵴状。下颌颏型尖形，下颌角区外翻。颏孔位置在 P_2 位，下颌圆枕中等大小，属于非摇椅形下颌。

测量特征：颅部为中颅型（颅指数 75.6）—高颅型（颅长高指数 80.1）结合很窄的狭颅型（颅宽高指数 105.9），中额型（额宽指数 67.9）；面部为小的垂直颅面比例（垂直颅面指数 50.9）—狭上面型（上面指数 55.6）—狭鼻型（鼻指数 45.9）—高眶型（眶指数 85.0），中等的鼻根突起程度（鼻根指数 41.0），面突指数显示为中颌型（面突指数 100.5），狭腭型（腭指数 79.1）和短齿槽弓型（齿槽弓指数 121.7），面角显示为中颌型（83.0），齿槽面角显示为超突颌型（67.0），鼻骨角很小（14.0），上面部在水平方向的扁平度很大（鼻颧角 148.6）。

08FXM19（2）：成年女性。形态观察：卵圆形颅，眉弓弱，眉间突度稍显，眉弓范围小于整个眶上缘的1/2。眶型椭圆形。梨状孔心形，其下缘锐型。鼻棘稍显，为 Broca II 级。犬齿窝弱。翼区为蝶顶型。颧骨中等宽，无颧颌缘结节，颧骨、上颌骨下缘转折处方折明显。鼻根凹陷浅，鼻梁为凹型，鼻骨为 II 型。无顶孔，无矢状嵴。腭型为椭圆形，腭圆枕嵴状。下颌颏型尖形，下颌角区外翻。颏孔位置在 P_2M_1 位，无下颌圆枕，属于非摇椅形下颌。

测量特征：面部为阔鼻型（鼻指数 54.8）—中眶型（眶指数 82.1），弱的鼻根突起程度（鼻根指数 27.6），阔腭型（腭指数 87.0）和短齿槽弓型（齿槽弓指数 132.1）。上面部在水平方向的突出程度大（鼻颧角 138.6）。

08FXM19（3）：中年女性。形态观察：乳突小。眶型椭圆形。梨状孔心形，其下缘鼻前窝型。

鼻棘不显，为 Broca I 级。犬齿窝弱。颧骨中等宽，无颧颌缘结节，颧骨、上颌骨下缘转折处方折明显。无鼻根凹陷，鼻骨为 II 型。腭型为 U 型，腭圆枕嵴状。下颌颏型圆形，下颌角区外翻。颏孔位置在 P_2 位，无下颌圆枕，属于非摇椅形下颌。

08FXM19（5）：壮年女性。形态观察：眉弓弱，眉间突度不显，眉弓范围阙如。前额平直，无额中缝。乳突中等。眶型方形。梨状孔梨形，其下缘钝型。鼻棘不显，为 Broca I 级。犬齿窝弱。颧骨中等宽，无颧颌缘结节，颧骨、上颌骨下缘转折处方折明显。无鼻根凹陷，鼻骨为 III 型。腭型为 V 型，腭圆枕瘤状。下颌颏型尖形，下颌角区直型。颏孔位置在 P_2 位，无下颌圆枕，属于非摇椅形下颌。

测量特征：面部为中鼻型（鼻指数 48.3）—中眶型（眶指数 I 为 81.4）结合很低的鼻根突起程度（鼻根指数 20.7），面突指数显示为正颌型（面突指数 96.0）。

08FXM21（西）：中年女性。形态观察：圆形颅，眉弓中等，眉间突度不显，眉弓范围小于整个眶上缘的 1/2。前额平直，无额中缝。颅顶缝前囟段、顶孔段和后段为微波型，顶段为锯齿型。乳突大，枕外隆突稍显。眶型圆形。梨状孔心形，其下缘鼻前沟型。鼻棘稍显，为 Broca II 级。犬齿窝弱。翼区为蝶顶型。颧骨中等宽，无颧颌缘结节，颧骨、上颌骨下缘转折处方折明显。无鼻根凹陷，鼻梁为凹型，鼻骨为 II 型。无顶孔，矢状嵴中等。腭型为 V 型，无腭圆枕。下颌颏型尖形，下颌角区内翻。颏孔位置在 P_2 位，无下颌圆枕，属于轻度摇椅形下颌。

测量特征：颅部为特圆颅型（颅指数 89.6）—高颅型（颅长高指数 83.6）结合中颅型（颅宽高指数 93.4），中额型（额宽指数 67.0）；面部为大的垂直颅面比例（垂直颅面指数 57.4）—很窄的狭上面型（上面指数 59.3）—中鼻型（鼻指数 49.2）—高眶型（眶指数 85.4），弱的鼻根突起程度（鼻根指数 22.6），面突指数显示为平颌型（面突指数 95.9），中腭型（腭指数 83.6）和中等的齿槽弓（齿槽弓指数 112.9），面角显示为平颌型（90.0），齿槽面角显示为中颌型（82.0），鼻骨角很小（14.0），上面部在水平方向的扁平度很大（鼻颧角 149.9）。

08FXM41（东）：老年女性。形态观察：卵圆形颅，眉弓弱，眉间突度不显，眉弓范围小于整个眶上缘的 1/2。前额平直，无额中缝。颅顶缝前囟段和后段为微波型，顶段和顶孔段为锯齿型。乳突小，枕外隆突稍显。眶型椭圆形。梨状孔心形，其下缘锐型。犬齿窝弱。翼区为蝶顶型。颧骨中等宽，无颧颌缘结节，颧骨、上颌骨下缘转折处方折明显。鼻骨为 I 型。无顶孔，矢状嵴明显。腭型为椭圆形，无腭圆枕。下颌颏型尖形，下颌角区外翻。颏孔位置在 P_2 位，无下颌圆枕，属于非摇椅形下颌。

测量特征：颅部为中颅型（颅指数 77.8）—高颅型（颅长高指数 77.0）结合狭颅型（颅宽高指数 98.9），中额型（额宽指数 68.3）；面部小的垂直颅面比例（垂直颅面指数 48.2）。中鼻型（鼻指数 48.0）—中眶型（眶指数 80.2），弱的鼻根突起程度（鼻根指数 27.1），面突指数显示为平颌型（面突指数 96.5），面角显示为中颌型（80.0），齿槽面角显示为突颌型（74.0），上面部在水平方向扁平度大（鼻颧角 146.2）。

08FXM42（西）：青年女性。形态观察：乳突小，枕外隆突稍显。眶型椭圆形。梨状孔心形，其下缘鼻前窝型。鼻棘不显，为 Broca I 级。犬齿窝中等。颧骨中等宽，无颧颌缘结节，颧骨、上颌骨下缘转折处圆钝。鼻根凹陷浅，鼻梁为凹型，鼻骨为 II 型。腭型为椭圆形，无腭圆枕。下颌颏型尖形，下颌角区直型。颏孔位置在 P_2 位，无下颌圆枕，属于非摇椅形下颌。

测量特征：很宽的阔鼻型（鼻指数 57.9）—中眶型（眶指数 82.0），突起较弱的鼻根部（鼻根指数 31.4），狭腭型（腭指数 75.7）和很短的齿槽弓（齿槽弓指数 129.8）。

08FXM44：青年女性。形态观察：卵圆形颅，眉弓中等，眉间突度稍显，眉弓范围小于整个眶上缘的 1/2。前额平直。颅顶缝前囟段和后段为深波型，顶段和顶孔段为锯齿型。乳突小，枕外隆突稍显。眶型斜方形。无犬齿窝。翼区为蝶顶型。颧骨纤细，无颧颌缘结节，颧骨、上颌骨下缘转折处较为圆钝。鼻根凹陷浅。仅有左侧顶孔，矢状嵴显著。腭型为 V 型，无腭圆枕。下颌颏型圆形。颏孔位置在 P_2 位，无下颌圆枕。

08FXM45（东）：壮年女性。形态观察：圆形颅，眉弓弱，眉间突度不显，眉弓范围阙如。前额平直，无额中缝。颅顶缝前囟段和顶孔段为微波型，顶段为锯齿型，后段为深波型。乳突小，枕外隆突稍显。眶型圆形。梨状孔梨形，其下缘钝型。鼻棘中等，为 Broca III 级。犬齿窝中等。翼区为蝶顶型。颧骨中等宽，无颧颌缘结节，颧骨、上颌骨下缘转折处方折明显。无鼻根凹陷，鼻梁为凹凸型，鼻骨为 II 型。仅有左侧顶孔，无矢状嵴。腭型为 V 型，无腭圆枕。下颌颏型尖形，下颌角区外翻。颏孔位置在 P_2 位，无下颌圆枕，属于非摇椅形下颌。

测量特征：颅部为特圆颅型（颅指数 87.2）—高颅型（颅长高指数 79.0）结合阔颅型（颅宽高指数 90.6），很窄的狭额型（额宽指数 57.6）；面部为较小的垂直颅面比例（垂直颅面指数 50.9）—狭上面型（上面指数 57.3）—狭鼻型（鼻指数 43.0）—高眶型（眶指数 87.7），突起明显的鼻根部（鼻根指数 46.3），面突指数显示为平颌型（面突指数 96.9），狭腭型（腭指数 76.8）和很短的齿槽弓（齿槽弓指数 120.7），面角显示为中颌型（82.0），齿槽面角显示为突颌型（73.0），鼻骨角很小（18.5），上面部在水平方向的突度大（鼻颧角 136.6）。

08FXM45（西）：青年女性。形态观察：椭圆形颅，眉弓弱，眉间突度不显，眉弓范围阙如。前额平直。乳突小。眶型椭圆形。梨状孔心形，其下缘钝型。鼻棘不显，为 Broca I 级。犬齿窝弱。翼区为蝶顶型。颧骨中等宽，无颧颌缘结节，颧骨、上颌骨下缘转折处方折明显。无鼻根凹陷，鼻梁为凹型，鼻骨为 II 型。仅有左侧顶孔，无矢状嵴。腭型为椭圆形，无腭圆枕。下颌颏型圆形，颏孔位置在 P_1P_2 位，无下颌圆枕，属于非摇椅形下颌。

08FXM48（南）：中年女性。形态观察：卵圆形颅，眉弓弱，眉间突度微显，眉弓范围小于整个眶上缘的 1/2。前额平直，无额中缝。颅顶缝前囟段为微波型，顶段、顶段和后段为深波型。乳突小。眶型圆形。梨状孔心形，其下缘鼻前窝型。鼻棘 Broca II 级，犬齿窝中等。翼区为蝶顶型。颧骨中等高宽，无颧颌缘结节。颧骨、上颌骨下缘转折处方折明显。无鼻根凹陷。仅有右侧顶孔存在。鼻梁凹型，鼻骨 I 型。矢状嵴弱。腭型 V 型，腭圆枕嵴状。下颌颏型尖形，下颌角区直型。颏孔位置在 P_2 位，无下颌圆枕，属于非摇椅形下颌。

测量特征：颅部残破，无法测量。面部特征为中鼻型（鼻指数 48.3），中眶型（眶指数 81.4），很弱的鼻根突起程度（鼻根指数 20.7），狭腭型（腭指数 73.2）和偏长的短齿槽弓型（齿槽弓指数 115.6）。

表二和表三列出了汾阳宋金墓地头骨组连续性形态特征统计和测量特征的统计结果。

（一） 连续性形态特征分析（表二）

颅型　男女两性都以卵圆形为主（分别为 75.0% 和 64.3%），男性其余为椭圆形（占 25.0%），不见圆形、五角形、楔形和菱形者。女性圆形其次（占 21.4%），椭圆形较少（占 14.3%），无五角形、楔形和菱形。

眉弓　此项特征男女两性存在性别差异。男性显著级和中等级最多，分别占总数 45.5%，其余为特显级（占 9.0%）。所有男性眉弓发育都在中等及以上级，无弱级和粗壮级。女性弱级最多，超过一半（占 57.1%），其次为中等级（占 35.7%），显著级最少，仅有 1 例（占 4.0%），无特显级和粗壮级。

眉间突度　该项特征同样存在性别差异。男性微显级最多（占 54.5%），其次为中等级（占 36.4%），显著级最少（占 9.1%），无不显级、极显级和粗壮级。女性不显级者最多（占 50.0%），微显级略次（42.9%），中等级只有 1 例（7.1%），无显著级及以上者。

前额　又是一项性别差异明显的形态特征。男性中等倾斜者最多（54.5%），其次为平直者（占 27.3%），倾斜者最少（18.2%）。女性平直者最多（占 75.0%），中等倾斜者和倾斜者所占比例较少（分别为 16.7% 和 8.3%）。

额中缝　观察了 23 例个体，只有 1 例男性保留完整的额中缝（占 4.3%）。

颅顶缝　颅顶矢状缝的形态分为前囟段、顶段、顶孔段和后段。前囟段男女两性均以微波型为主（分别占 77.8% 和 72.7%），男性余为锯齿型、深波型各 1 例，女性余为深波型。顶段男女以锯齿型为主（占 88.9% 和 63.6%），余为深波型（分别为 11.1% 和 36.4%）。顶孔段男性以锯齿型为主（占 44.5%），女性则以微波型为主（占 45.4%），男性深波型和微波型分别占 33.3% 和 22.2%。女性锯齿型和深波型（各占 27.3%）。后段男性锯齿型最多（占 44.5%），其次为微波型（占 33.3%），深波型和复杂型最少（各占 11.1%）。女性微波型最多（54.5%），锯齿型其次（27.3%），深波型最少（18.2%）。在颅顶缝的形态上，所有观察个体各段都以简单型为主导，只有 1 例个体在后段为复杂型。

乳突　性别特征差异明显。男性以大级为主（占 58.4%），其次为中等级（占 33.3%），小级最少（占 8.3%）。女性小级者最多（占 64.3%），其次为大级（占 21.4%），中等级最少（占 14.3%）。

枕外隆突　男女均以稍显级为主（各占 36.4% 和 54.5%），男性其次为极显级和中等级，各占 27.3%，显著级最少（占 9.0%）。女性中等级其次（占 36.4%），仅有 1 例属于显著级。枕外隆突也是性别差异明显的特征。汾阳宋金组男性枕外隆突发育稍弱。

眶型　男性斜方形最多（占 45.5%），其次为椭圆形（占 27.3%），长方形再次（18.2%），方形最少（占 10.0%），无圆形者。女性椭圆形最多（占 43.8%），圆形其次（31.3%），斜方形再次（占 12.5%），最少为方形和长方形（各占 6.2%）。

梨状孔　男女都以心形为主（占 72.7% 和 58.3%），其次为梨形（占 27.3% 和 33.3%），男性

表二　汾阳宋金墓地头骨连续性形态特征观察统计表（男女两性）

项目	性别	例数	形态分类及出现率					
颅型			椭圆形	卵圆形	圆形	五角形	楔形	菱形
	男性	12	25.0%（3）	75.0%（9）				
	女性	14	14.3%（2）	64.3%（9）	21.4%（3）			
	合计	26	19.2%（5）	69.2%（18）	11.6%（3）			
眉弓突度			弱	中等	显著	特显	粗壮	
	男性	11		45.5%（5）	45.5%（5）	9.0%（1）		
	女性	14	57.1%（8）	35.7%（5）	7.2%（1）			
	合计	25	32.0%（8）	40.0%（10）	24.0%（6）	4.0%（1）		
眉间突度			不显	微显	中等	显著	极显	粗壮
	男性	11		54.5%（6）	36.4%（4）	9.1%（1）		
	女性	14	50.0%（7）	42.9%（6）	7.1%（1）			
	合计	25	28.0%（7）	48.0%（12）	20.0%（5）	4.0%（1）		
前额			平直	中等	倾斜			
	男性	11	27.3%（3）	54.5%（6）	18.2%（2）			
	女性	12	75.0%（9）	16.7%（2）	8.3%（1）			
	合计	23	52.2%（12）	34.8%（8）	13.0%（3）			
额中缝			无	小于1/3	1/3～2/3	大于2/3	全	
	男性	11	90.9%（10）				9.1%（1）	
	女性	12	100.0%（12）					
	合计	23	95.7%（22）				4.3%（1）	
前囟段			微波型	深波型	锯齿型	复杂型		
	男性	9	77.8%（7）	11.1%（1）	11.1%（1）			
	女性	11	72.7%（8）	27.3%（3）				
	合计	20	75.0%（15）	20.0%（4）	5.0%（1）			
顶段			微波型	深波型	锯齿型	复杂型		
	男性	9		11.1%（1）	88.9%（8）			
	女性	11		36.4%（4）	63.6%（7）			
	合计	20		25.0%（5）	75.0%（15）			
顶孔段			微波型	深波型	锯齿型	复杂型		
	男性	9	22.2%（2）	33.3%（3）	44.5%（4）			
	女性	11	45.4%（5）	27.3%（3）	27.3%（3）			
	合计	20	35.0%（7）	30.0%（6）	35.0%（7）			
后段			微波型	深波型	锯齿型	复杂型		
	男性	9	33.3%（3）	11.1%（1）	44.5%（4）	11.1%（1）		
	女性	11	54.5%（6）	18.2%（2）	27.3%（3）			
	合计	20	45.0%（9）	15.0%（3）	35.0%（7）	5.0%（1）		
乳突			极小	小	中等	大	特大	
	男性	12		8.3%（1）	33.3%（4）	58.4%（7）		
	女性	14		64.3%（9）	14.3%（2）	21.4%（3）		
	合计	26		38.5%（10）	23.0%（6）	38.5%（10）		
枕外隆突			阙如	稍显	中等	显著	极显	喙嘴
	男性	11		36.4%（4）	27.3%（3）	9.0%（1）	27.3%（3）	
	女性	11		54.5%（6）	36.4%（4）	9.1%（1）		
	合计	22		45.5%（10）	31.8%（7）	9.1%（2）	13.6%（3）	

续表

项目	性别	例数	形态分类及出现率				
眶型			圆 形	椭圆形	方 形	长方形	斜方形
	男性	11		27.3%（3）	9.0%（1）	18.2%（2）	45.5%（5）
	女性	16	31.3%（5）	43.8%（7）	6.2%（1）	6.2%（1）	12.5%（2）
	合计	27	18.5%（5）	37.0%（10）	7.5%（2）	11.1%（3）	25.9%（7）
梨状孔			心 形	梨 形	三角形		
	男性	11	72.7%（8）	27.3%（3）			
	女性	12	58.3%（7）	33.3%（4）	8.4%（1）		
	合计	23	65.2%（15）	30.4%（7）	4.4%（1）		
梨状孔下缘			锐 型	钝 型	鼻前窝	鼻前沟	
	男性	11	54.5%（6）	27.3%（3）	18.2%（2）		
	女性	13	23.0%（3）	38.5%（5）	30.8%（4）	7.7%（1）	
	合计	24	37.5%（9）	33.3%（8）	25.0%（6）	4.2%（1）	
鼻前棘			不 显	稍 显	中 等	显 著	特 显
	男性	11	36.3%（4）	45.5%（5）	18.2%（2）		
	女性	11	45.5%（5）	45.5%（5）	9.0%（1）		
	合计	22	40.9%（9）	45.5%（10）	13.6%（3）		
上颌中门齿			铲 形	非铲形			
	男性	6	100.0%（6）				
	女性	11	100.0%（11）				
	合计	17	100.0%（17）				
鼻根凹陷			0 级	1 级	2 级	3 级	4 级
	男性	11		63.6%（7）		36.4%（4）	
	女性	13	53.8%（7）	46.2%（6）			
	合计	24	29.2%（7）	54.1%（13）		16.7%（4）	
犬齿窝			无	弱	中 等	显 著	极 显
	男性	10		80.0%（8）	20.0%（2）		
	女性	16	6.3%（1）	56.2%（9）	37.5%（6）		
	合计	26	3.8%（1）	65.4%（17）	30.8%（8）		
翼区			H 型	I 型	X 型	缝间型	
	男性	11	72.7%（8）	18.2%（2）		9.1%（1）	
	女性	12	75.0%（9）	16.7%（2）		8.3%（1）	
	合计	23	73.9%（17）	17.4%（4）		8.7%（2）	
鼻梁			凹凸型	凹 型	直 型		
	男性	8	12.5%（1）	75.0%（6）	12.5%（1）		
	女性	10	10.0%（1）	90.0%（9）			
	合计	18	11.1%（2）	72.2%（13）	5.7%（1）		
鼻骨			I 型	II 型	III 型		
	男性	9	44.4%（4）	44.4%（4）	11.1%（1）		
	女性	13	30.8%（4）	61.5%（8）	7.7%（1）		
	合计	22	36.4%（8）	54.5%（12）	9.1%（2）		
颧形			下缘方折明显	方折不明显			
	男性	11	90.9%（10）	9.1%（1）			
	女性	16	81.3%（13）	18.7%（3）			
	合计	27	77.8%（21）	22.2%（4）			

项目	性别	例数	形态分类及出现率				
			无	仅左孔	仅右孔	左右全	附加孔
顶孔	男性	11	54.5%（6）	9.1%（1）	18.2%（2）	18.2%（2）	
	女性	14	42.9%（6）	28.6%（4）	7.1%（1）	14.3%（2）	7.1%（1）
	合计	25	48.0%（12）	20.0%（5）	12.0%（3）	16.0%（4）	4.0%（1）
			有	无			
矢状嵴	男性	11	72.7%（8）	27.3%（3）			
	女性	13	61.5%（8）	38.5%（5）			
	合计	24	66.7%（16）	33.3%（8）			
			U 型	V 型	椭圆形		
腭型	男性	11	18.2%（2）	63.6%（7）	18.2%（2）		
	女性	14	14.3%（2）	57.1%（8）	28.6%（4）		
	合计	25	16.0%（4）	60.0%（15）	24.0%（6）		
			无	嵴 状	丘 状	瘤 状	
腭圆枕	男性	11	27.3%（3）	27.3%（3）	18.1%（2）	27.3%（3）	
	女性	14	50.0%（7）	21.4%（3）	7.2%（1）	21.4%（3）	
	合计	25	40.0%（10）	24.0%（6）	12.0%（3）	24.0%（6）	
			方 形	圆 形	尖 形	角 形	杂 形
颏形	男性	10	30.0%（3）	50.0%（5）	20.0%（2）		
	女性	14		21.4%（3）	78.6%（11）		
	合计	24	12.5%（3）	33.3%（8）	54.2%（13）		
			P₁P₂位	P₂位	P₂M₁位	M₁位	
颏孔位置	男性	11		54.5%（6）	36.4%（4）	9.1%（1）	
	女性	14	7.1%（1）	85.8%（12）	7.1%（1）		
	合计	25	4.0%（1）	72.0%（18）	20.0%（5）	4.0%（1）	
			无	小	中	大	
下颌圆枕	男性	11	63.6%（7）	9.1%（1）	18.2%（2）	9.1%（1）	
	女性	14	92.9%（13）		7.1%（1）		
	合计	25	80.0%（20）	4.0%（1）	12.0%（3）	4.0%（1）	
			非摇椅	轻度摇椅	明显摇椅		
摇椅下颌	男性	10	100.0%（10）				
	女性	12	91.7%（11）	8.3%（1）			
	合计	22	95.5%（21）	4.5%（1）			
			外 翻	直 型	内 翻		
下颌角形	男性	10	40.0%（4）	60.0%（6）			
	女性	12	50.0%（6）	33.3%（4）	16.7%（2）		
	合计	22	45.5%（10）	45.5%（10）	9.0%（2）		

不见三角形者，女性中有 1 例为三角形（占 8.4%）。

梨状孔下缘　男性以锐型为主（占 54.5%），其次为钝型（27.3%），鼻前窝型最少（占 18.2%），无鼻前沟型。女性多钝型（占 38.5%），其次为鼻前窝型（30.8%），锐型再次（23.0%），有 1 例女性为鼻前沟型（占 7.7%）。

鼻前棘　男性稍显级占主体（45.5%），不显级其次（36.3%），中等级最少（占 18.2%）。女性稍显和不显级分别占 45.5%，有 1 例属于中等级（占 9.0%），男女均无显著级和特显级。

上颌中门齿铲形结构　观察了 17 例标本，无一例外，全部是铲形门齿。

鼻根凹陷　男性稍显级最多（占 63.6%），其余为显著级（占 36.4%），无不显级、中等级和特显级。女性不显级最多（53.8%），其余为稍显级（46.2%）。无中等级及以上者。

犬齿窝　男女以弱级为主（80.0% 和 56.2%），男性剩余为中等级（20.0%），不见无犬齿窝者和犬齿窝显著、极显者。女性中等级其次（占 37.5%），有 1 例标本无犬齿窝，不见显著和极显者。

翼区　男女都以蝶顶型（H 型）为主（72.7% 和 75.0%），其次为额颞型（I 型）（占 18.2% 和 16.7%），翼上骨型（缝间型）最少（9.1% 和 8.3%），无点型（X 型）出现。

鼻梁　男女均以凹型鼻最多（占 75.0% 和 90.0%），男性剩余为凹凸型和直型（各占 12.5%），女性有 1 例标本为凹凸型，不见直型者。

鼻骨　男性 I 型和 II 型最多（占 44.4%），女性以 II 型为主（占 61.5%）。男性 III 型最少（11.1%）。女性 I 型其次（占 30.8%），同样 III 型最少（占 7.7%）。

颧骨上颌骨下缘转折处形态　男女以下缘方折明显者占绝对优势（90.9% 和 81.3%）。

顶孔　男女以无顶孔者最多（占 54.5% 和 42.9%），男性左右顶孔全和仅有右侧顶孔者居次（各占 18.2%），仅有左侧顶孔者最少（占 9.1%），无附加顶孔者。女性其次为仅有左侧顶孔者（占 28.6%），左右顶孔全者再次（占 14.3%），有 1 例标本有附加顶孔和右侧顶孔出现（占 7.1%）。

矢状嵴　男女以有矢状嵴出现者为主（占 72.7% 和 61.5%）。

腭型　男女以 V 型出现率最高（占 63.6% 和 57.1%），男性其余为 U 型和椭圆形（各占 18.2%）。女性椭圆形居次（占 28.6%），U 型最少（占 14.3%）。

腭圆枕　该项特征出现率较分散。男性无腭圆枕和腭圆枕嵴状、瘤状者各占 27.3%，丘状者所占比例最小（占 18.1%）。女性无腭圆枕者最多（50.0%），其次为腭圆枕嵴状和瘤状者（各占 21.4%），有 1 例标本为丘状（7.2%）。

下颌颏形　男性以圆形为主（占 50.0%），女性以尖形为主（占 78.6%）。男性其次为方形（占 30.0%），尖形者最少（20.0%），无角形和杂形者。女性剩余均为圆形（占 21.4%），无方形、角形和杂形者。

颏孔位置　男女均以 P_2 位最多（占 54.5% 和 85.8%）。男性其次为 P_2M_1 位（占 36.4%），M_1 位最少（占 9.1%），无 P_1P_2 位者。女性剩余为 P_1P_2 位和 P_2M_1 位（各占 7.1%），无 M_1 位者。

下颌圆枕　男女以无者为主（占 63.6% 和 92.9%），男性其次为中等者（占 18.2%），小和大者最少（各占 9.1%）。女性有 1 例标本为中等者，无小者和大者。

下颌角区　男性以直型为主（60.0%），其余为外翻者（40.0%），不见内翻者。女性以外翻者为主（占 50.0%），其次为直型（占 33.3%），内翻者最少（16.7%）。

是否为摇椅下颌　男性所有头骨均为非摇椅形下颌。女性绝大多数属于非摇椅形下颌，仅有 1 例标本属于轻度摇椅形下颌。

汾阳宋金墓地居民的连续性形态特征可概括为：颅型以卵圆形为主，有部分椭圆形和圆形颅。眉弓男性都在中等级及以上级，女性多在中等级及以下级，最多弱级。眉间突度以中等—微显级最多。颅顶缝以简单型为主。额中缝出现比率低。眶型以斜方形和椭圆形为主。梨状孔多心形，有部分梨形。梨状孔下缘男性以锐型为主，女性多钝型。乳突男性多大级，女性以小级为主。枕外隆突多为稍显级。鼻前棘分布多属于稍显—不显级。上颌中门齿全部为铲形。鼻根凹陷以浅平为主，有 36.4% 的男性属于显著级。犬齿窝发育以弱级为主。翼区多为蝶顶型。凹型鼻梁者最多，男性鼻骨多 I 型和 II 型，女性多 II 型。无顶孔出现者最多。无腭圆枕者占一定比例，特别是女性，无腭圆枕者最多。矢状嵴的出现率高。腭型以 V 型为主。颧骨上颌骨下缘转角处明显陡直者多。男性的颏形以圆形为主，女性多尖形。颏孔位置多在 P₂ 位。下颌圆枕以无者最多。下颌角区男性多直型，女性多外翻型。绝大多数个体属于非摇椅形下颌。

（二）测量特征的形态类型（表三）

汾阳宋金墓地居民的个体测量表见附表一、二。测量特征表现为：

颅指数（8：1）　以中颅型为主（66.7% 和 50.0%），圆颅型次之（分别占 22.2% 和 25.00%），男性有 1 例长颅型（11.1%），无特长颅型和特圆颅型。女性有一定比例的特圆颅型（25.0%），无特长颅型和长颅型。男性的颅型比女性长。

颅长高指数（17：1）　男性全部为高颅型，女性高颅型最多（占 75.0%），其余为正颅型（25.0%），男女均无低颅型。

颅宽高指数（17：8）　狭颅型最多（占 87.5% 和 55.6%），男性有 1 例为中颅型（12.5%），无阔颅型。女性剩余为中颅型和阔颅型（各占 22.2%）。男性的颅型比女性高并且狭窄。

额宽指数（9：8）　男性以狭额型为主（占 66.7%），其次为阔额型（22.2%），中额型最少（11.1%）。女性中额型最多（71.4%），其余为狭额型（28.6%），无阔额型。

垂直颅面指数（48：17）　男女多集中在小级（分别为 50.0% 和 66.6%），男性其次为中等级（占 33.3%），很小级最少（占 16.7%），无大级和很大级。女性剩余为大级和很大级（各占 16.7%），无很小级和中等级。男性比女性面型更低更窄。

上面指数（48：45）　男性中上面型最多（50.0%），阔上面型和狭上面型各有 1 例（25.0%），无特阔上面型和特狭上面型。女性狭上面型最多（占 80.0%），有 1 例特狭上面型（占 20.0%），无特阔上面型、阔上面型和中上面型。

全面指数（47：45）　只有 2 例男性个体可计算全面指数，1 例为狭面型，另 1 例为中面型。

鼻指数（54：55）　男性阔鼻型最多（50.0%），其次为中鼻型（37.5%），狭鼻型所占比例最少（12.5%）。女性狭鼻型和中鼻型稍多（36.4%），阔鼻型略少（占 27.2%），男女都无特阔鼻型，男性比女性鼻型显得宽阔。

眶指数（52：51）　男性以低眶型为主（62.5%），高眶型次之（25.0%），中眶型最少（12.5%）。女性中眶型略多（55.6%），其余为高眶型（44.4%），无低眶型。男性眶型比女性低。

鼻根指数（SS：SC）　统计比较分散。男性中等级稍多（37.5%），显著和很弱各占一定比例（25.0%），弱级所占比例最小（12.5%）。女性中等级最多（41.6%），其次为弱级（25.0%），很弱级和显著者各有 2 例（16.7%）。男女均无特别显著者。

表三　汾阳宋金墓地主要颅面部测量性特征出现率统计表（男女两性）

项　目	性　别	形态分类及出现率				
颅指数 （8∶1）		特长（<69.9）	长（70～74.9）	中（75～79.9）	圆（80～84.9）	特圆（>85）
	男（9）		11.1%（1）	66.7%（6）	22.2%（2）	
	女（8）			50.0%（4）	25.0%（2）	25.0%（2）
	合计（17）		5.9%（1）	58.8%（10）	23.5%（4）	11.8%（2）
颅长高指数 （17∶1）		低（<69.9）	正（70～74.9）	高（>75）		
	男（9）			100.0%（9）		
	女（8）		25.0%（2）	75.0%（6）		
	合计（17）		11.8%（2）	88.2%（15）		
颅宽高指数 （17∶8）		阔（<91.9）	中（92～97.9）	狭（>98）		
	男（8）		12.5%（1）	87.5%（7）		
	女（9）	22.2%（2）	22.2%（2）	55.6%（5）		
	合计（17）	11.8%（2）	17.6%（3）	70.6%（12）		
额宽指数 （9∶8）		狭（<65.9）	中（66～68.9）	阔（>69）		
	男（9）	66.7%（6）	11.1%（1）	22.2%（2）		
	女（7）	28.6%（2）	71.4%（5）			
	合计（16）	50.0%（8）	37.5%（6）	12.5%（2）		
垂直颅面指数 （48∶17）		很小（<47.8）	小（47.9～51.1）	中（51.2～54.8）	大（54.9～58.1）	很大（>58.2）
	男（6）	16.7%（1）	50.0%（3）	33.3%（2）		
	女（6）		66.6%（4）		16.7%（1）	16.7%（1）
	合计（12）	8.3%（1）	58.3%（7）	16.7%（2）	8.3%（1）	8.3%（1）
上面指数 （48∶45）		特阔（<44.9）	阔（45～49.9）	中（50～54.9）	狭（55～59.9）	特狭（>60）
	男（4）		25.0%（1）	50.0%（2）	25.0%（1）	
	女（5）				80.0%（4）	20.0%（1）
	合计（9）		11.1%（1）	22.2%（2）	55.6%（5）	11.1%（1）
全面指数 （47∶45）		特阔（<79.9）	阔（80～84.9）	中（85～89.9）	狭（90～94.9）	特狭（>95）
	男（2）			50.0%（1）	50.0%（1）	
	女					
	合计（2）			50.0%（1）	50.0%（1）	
鼻指数 （54∶55）		狭（<46.9）	中（47～50.9）	阔（51～57.9）	特阔（>58）	
	男（8）	12.5%（1）	37.5%（3）	50.0%（4）		
	女（11）	36.4%（4）	36.4%（4）	27.2%（3）		
	合计（19）	26.4%（5）	36.8%（7）	36.8%（7）		
眶指数L （52∶51）		低眶型（<75.9）	中眶型（76～84.9）	高眶型（>85）		
	男（8）	62.5%（5）	12.5%（1）	25.0%（2）		
	女（9）		55.6%（5）	44.4%（4）		
	合计（17）	29.4%（5）	35.3%（6）	35.3%（6）		
鼻根指数 （SS∶SC）		很弱（<23.4）	弱（23.5～35）	中（35.1～47.9）	突（48～59.5）	很突（>59.6）
	男（8）	25.0%（2）	12.5%（1）	37.5%（3）	25.0%（2）	
	女（12）	16.7%（2）	25.0%（3）	41.6%（5）	16.7%（2）	
	合（20）	20.0%（4）	20.0%（4）	40.0%（8）	20.0%（4）	
面突指数 （40∶5）		平颌（<97.9）	中颌（98～102.9）	突颌（>103）		
	男（6）	50.0%（3）	50.0%（3）			
	女（6）	66.7%（4）	33.3%（2）			
	合计（12）	58.3%（7）	41.7%（5）			

续表

项　目	性　别	形态分类及出现率				
腭指数 （63：62）		狭（<79.9）	中（80～84.9）	阔（>85）		
	男（6）	33.3%（2）	33.3%（2）	33.3%（2）		
	女（9）	66.7%（6）	22.2%（2）	11.1%（1）		
	合计（15）	53.3%（8）	26.7%（4）	20.0%（3）		
齿槽弓指数 （61：60）		长（<109.9）	中（110～114.9）	短（>115）		
	男（6）	16.7%（1）		83.3%（5）		
	女（9）		11.1%（1）	88.9%（8）		
	合计（15）	6.7%（1）	6.7%（1）	86.6%（13）		
面角 （72）		超突（<69.9）	突（70～79.9）	中（80～84.9）	平（85～92.9）	超平（>93）
	男（6）			50.0%（3）	50.0%（3）	
	女（6）			83.3%（5）	16.7%（1）	
	合计（12）			66.7%（8）	33.3%（4）	
齿槽面角 （74）		超突（<69.9）	突（70～79.9）	中（80～84.9）	平（85～92.9）	超平（>93）
	男（5）		100.0%（5）			
	女（6）	50.0%（3）	33.3%（2）	16.7%（1）		
	合计（11）	27.3%（3）	63.6%（7）	9.1%（1）		
鼻骨角 （75-1）		很小（<18.9）	小（19～23）	中（24～28）	大（29～33）	很大（>34）
	男（5）	40.0%（2）	60.0%（3）			
	女（4）	100.0%（4）				
	合计（9）	66.7%（6）	33.3%（3）			
鼻颧角 （77）		很小（<135）	小（136～139）	中（140～144）	大（145～148）	很大（>149）
	男（7）			71.4%（5）	28.6%（2）	
	女（7）		42.9%（3）	14.3%（1）	28.5%（2）	14.3%（1）
	合计（14）		21.4%（3）	42.9%（6）	28.6%（4）	7.1%（1）

　　面突指数（40：5）　男性平颌型和中颌型各占一半，女性平颌型最多（66.7%），其余为中颌型（33.3%），男女均无突颌型。

　　腭指数（63：62）　男性阔腭型、中腭型和狭腭型各占三分之一。女性多狭腭型（占66.7%），中腭型其次（22.2%），阔腭型最少（11.1%）。

　　齿槽弓指数（61：60）　男女多集中于短齿槽型（83.3%和88.9%）。

　　面角（72）　男性平颌型和中颌型各占一半。女性以中颌型为主（83.3%），有1例为平颌型（16.7%）。男女均无超突颌型、突颌型和超平颌型。女性比男性在矢状方向上突颌程度稍显。

　　齿槽面角（74）　男性全部为突颌型（100.0%）。女性超突颌型最多（50.0%），其次为突颌型（33.3%），有1例属于中颌型（16.7%）。无平颌型和超平颌型。女性比男性突颌程度明显。

　　鼻骨角（75-1）　男性小级稍多（60.0%），剩余为很小级40.0%。女性全部为很小级（100.0%）。该组居民鼻骨突起程度很弱。

　　鼻颧角（77）　男性集中于中等级（71.4%），其余为大级（28.6%）。女性小级较多（42.9%），其次为大级（28.5%），中等级和很大级各有1例（14.3%）。男性比女性在水平方向上面部更扁平。

　　汾阳宋金墓地居民的测量特征可概括为：中颅型—高颅型—狭颅型结合狭中额型的颅型，狭上面型—中、阔鼻型—低、中眶型—弱、中等级的鼻根突度—狭腭型—短齿槽型—面部在矢状方向的中、平颌型—齿槽面角上的突颌型—很弱的鼻骨突起程度—中等的上面部扁平程度的面型。

三　种系特征分析

在分析了汾阳宋金墓地居民的连续性形态观察特征和测量特征之后，以下拟对该组的种族特征进行探讨。

表四中选择了三大人种面部差异明显的测量项目的变异范围和一项观察项目与汾阳宋金墓地组进行对比，以确定其在大的人种划分中的位置。

表四　汾阳宋金墓地组与三大人种测量特征的比较（长度：毫米；角度：度；指数：%）

马丁号	比较项目	汾阳宋金墓地组	赤道人种	欧亚人种	亚美人种
54：55	鼻 指 数	50.1	51～60	43～49	43～53
SS：SC	鼻根指数	34.2	20～45	46～53	31～49
74	齿槽面角	75.8	61～72	82～86	73～81
77	鼻颧角	143.7	140～142	约135	145～149
48	上面高（n-sd）	74.6	62～71	66～74	70～80
45	面 宽	139.6	121～138	124～139	131～145
52	眶 高	33.9	30～34	33～34	34～37
61：62	齿槽弓指数	129.7	109～116	116～118	116～126
48：17	垂直颅面指数	50.5	47～53	50～54	52～60
	犬齿窝	浅	深	深	浅

注：表中三大人种数据转引自韩康信、谭婧泽、张帆：《青海大通上孙家寨古墓地人骨的研究》（《中国西北地区古代居民种族研究》，复旦大学出版社，2005年）。

与赤道人种相比，汾阳宋金组只有鼻根指数和眶高值落入其范围，并且眶高值还很接近赤道人种的上限，它与赤道人种差异很大。

汾阳宋金组与欧亚人种比较，落入其范围内的比较项目有眶高和垂直颅面指数，面宽值与欧亚人种上限接近，显示二者之间差别明显。

与亚美人种比较，汾阳宋金组的鼻指数、鼻根指数、齿槽面角、上面高、面宽在其比较范围内，它的鼻颧角值大于赤道人种和欧亚人种，更接近亚美人种，眶高值接近亚美人种下限。齿槽弓指数很大，与亚美人种的上限接近，与齿槽弓指数偏小的赤道人种、中等的欧亚人种差别明显。在唯一可资比较的观察项目中，汾阳宋金组的犬齿窝特征也与亚美人种一致。

因此，汾阳宋金组在大人种的归属中无疑属于亚美人种。

（一）与现代亚洲蒙古人种及其区域类型的比较

确定了汾阳宋金组属于亚洲蒙古人种后，下面将其与亚洲蒙古人种的四个区域类型进行对比，来了解汾阳宋金组在亚洲区域类型的人种归属上所处的位置。比较项目见表五。

与北亚类型比较，汾阳宋金组的颅长、最小额宽、面宽、上面高、颅指数、上面指数、鼻指数和鼻根指数落入其变异范围，占所有比较项目的 47.06%，说明二者之间存在形态特征上的差距。在颅型上汾阳宋金组与北亚类型区别非常明显，前者属于长高指数上的高颅型和宽高指数上的狭颅型，北亚类型则是低颅型结合阔颅型。在面部特征上，汾阳宋金组面型属于低窄面，北亚类型则是高宽面。眶型前者是偏低的中眶型，后者眶型高。上面部在水平方向上前者中等扁平，后者有着很大的上面部扁平度。

汾阳宋金组与东北亚类型比较，颅长、颅宽、面宽、上面高、颅指数、颅宽高指数、上面指数、面角落入其变异范围，同样占所比较项目的 47.06%。二者形态特征差异较大。颅型上的差异主要体现在额部，汾阳宋金组的额部倾斜程度比东北亚类型小。面部的差距体现在前者垂直颅面比例小，面型低窄，上面部在水平方向扁平度中等偏小，眶型低，鼻型阔，鼻根部突起程度低；后者具有很大的垂直颅面比例，面型高宽，上面部特别扁平，眶型高，鼻型狭，鼻根部突起程度中等偏高。

与东亚类型比较，汾阳宋金组落入其变异范围的项目有颅宽、最小额宽、上面高、颅指数、颅长高指数、上面指数、面角、鼻指数和鼻根指数，占 52.94%。汾阳组在颅长、额角、颅宽高指数、鼻颧角等 4 项比较项目上都非常接近东亚类型的上限或者下限。无论从颅型还是面部的形态特征上，汾阳宋金组都与东亚类型之间差距最小，关系最接近。

表五　汾阳宋金墓地组与亚洲蒙古人种的比较（长度：毫米；角度：度；指数：%）

马丁号	组别　　项目	汾阳宋金墓地组	亚洲蒙古人种			
			北亚类型	东北亚类型	东亚类型	南亚类型
1	颅　长	182.9	174.90～192.70	180.70～192.40	175.00～182.20	169.90～181.30
8	颅　宽	142.6	144.40～151.50	134.30～142.60	137.60～143.90	137.90～143.90
17	颅　高	145.6	127.10～132.40	132.90～141.10	135.30～140.20	134.40～137.80
9	最小额宽	93.4	90.60～95.80	94.20～96.60	89.00～93.70	89.70～95.40
32	额角（n-m FH）	87.2	77.30～85.10	77.00～79.00	83.30～86.90	84.20～87.00
45	面　宽	139.6	138.20～144.00	137.90～144.80	131.30～136.00	131.50～136.30
48	上面高（n-sd）	74.3	72.10～77.60	74.00～79.40	70.20～76.60	66.10～71.50
8:1	颅指数	77.7	75.40～85.90	69.80～79.00	76.90～81.50	76.90～83.30
17:1	颅长高指数	79.8	67.40～73.50	72.60～75.20	74.30～80.10	76.50～79.50
17:8	颅宽高指数	101.2	85.20～91.70	93.30～102.80	94.40～100.30	95.00～101.30
48:17	垂直颅面指数	50.5	55.80～59.20	53.00～58.40	52.00～54.90	48.00～52.20
48:45	上面指数	52.4	51.40～55.00	51.30～56.60	51.70～56.80	49.90～53.30
77	鼻颧角	143.7	147.00～151.40	149.00～152.30	145.00～146.60	142.10～146.00
72	面角（n–pr FH）	85.0	85.30～88.10	80.50～86.30	80.60～86.50	81.10～84.20
52:51	眶指数R	76.9	79.30～85.70	81.40～84.90	80.70～85.00	78.20～81.00
54:55	鼻指数	50.1	45.00～50.70	42.60～47.60	45.20～50.20	50.30～55.50
SS:SC	鼻根指数	34.2	26.90～38.50	34.70～42.50	31.00～35.00	26.10～36.10

　　汾阳宋金组与南亚类型相比，有颅宽、最小额宽、颅指数、颅宽高指数、垂直颅面指数、上面指数、鼻颧角、鼻根指数 8 项落入其变异范围，占 47.06%。汾阳组在颅型上与南亚类型具有较强的一致性。在面部形态特征上，二者存在着一些差异。汾阳组的上面部较长，面较宽，面部在矢状方向为平颌型，南亚类型上面部短，面窄，面部在矢状方向属于中颌型。

　　根据表五做出了汾阳宋金组在亚洲蒙古人种区域类型范围内的平均值折线图（图 1），从折线图中可以更清晰、直观地比较汾阳组与四个区域类型之间的亲疏关系。图 1 中，汾阳组在东亚类型范围内折线的波动最小，因此二者之间的关系最密切。

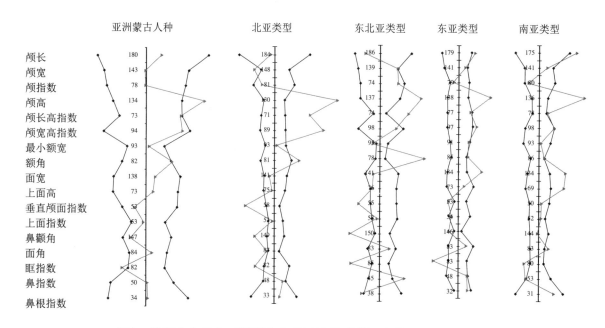

图1　汾阳宋金组在亚洲蒙古人种区域类型范围内的平均值折线图

（二）与近现代各地区、民族颅骨组的比较

　　表六中列出了汾阳宋金组与 5 个近代组的比较项目。华北组和华南组代表亚洲蒙古人种的东亚类型，华南组与华北组比较，受到了部分来自南亚类型因素的影响。蒙古组代表了北亚类型，因纽特组代表了东北亚类型，印尼组代表了南亚类型。通过计算汾阳宋金组与 5 个近代组的平均数组间差异均方根值的方法来考察它们之间形态特征上的亲疏关系。计算结果见表七。

　　表七中，汾阳宋金组全部 18 项比较项目与华南组的平均数组间差异均方根值最小，其次是华北组，因纽特组和印尼组居中，它与蒙古组的平均数组差均方根值最大，形态特征差距也最疏远。在 8 项指数和角度项目比较中，汾阳宋金组与印尼组的函数值最小，华南组次之，与蒙古组无论是全部项目还是指数角度项目上关系都最疏远。汾阳组虽然在指数和角度的比较项目上最接近印尼组，但是在诸如颅长、颅高、面宽，尤其是上面高等直线测量项目上区别明显，印尼组缺少面角这一比较项目也是造成这两组函数值最小的原因之一。汾阳宋金组与华北组、华南组的差异主

表六 汾阳宋金组与近代各人种的比较（长度：毫米；角度：度；指数：%）

马丁号	项目\组别	汾阳组	华北组	华南组	蒙古组	因纽特组	印尼组	δ
1	颅 长	182.9	178.50	179.90	182.70	181.8	174.9	5.73
8	颅 宽	142.6	138.20	140.90	149.00	140.7	139.4	4.76
17	颅 高	145.6	137.20	137.80	131.40	135.0	135.6	5.69
9	最小额宽	93.4	89.40	91.50	94.30	94.9	92.8	4.05
45	面 宽	139.6	132.70	132.60	141.80	137.5	132.7	4.57
48	上面高（n-sd）	74.3	75.30	73.82	78.00	77.5	66.6	4.15
54	鼻 宽	26.9	25.00	25.25	27.40	24.4	26.8	1.77
55	鼻高（n-ns）	53.8	55.30	52.60	56.50	54.6	50.6	2.92
51	眶宽（mf-ek）	44.7	44.00	42.10	43.20	43.4	[41.7]	1.67
52	眶 高	33.9	35.50	34.60	35.80	35.9	34.2	1.91
72	面角（n-pr FH）	85.0	83.39	84.70	87.50	83.8	—	3.24
8：1	颅 指 数	77.7	77.56	78.75	82.00	77.6	79.8	2.67
17：1	颅长高指数	79.8	77.02	77.02	72.12	74.26	77.5	2.94
17：8	颅宽高指数	101.2	99.53	97.80	87.92	95.95	97.5	4.30
9：8	额宽指数	65.6	[64.69]	[64.94]	[63.29]	[67.45]	[66.6]	3.29
48：45	上面指数	52.4	56.80	55.70	55.01	56.07	50.1	**3.30**
54：55	鼻 指 数	50.1	45.33	49.40	48.60	44.8	51.5	3.82
52：51	眶 指 数	76.9	80.66	84.70	82.90	83.0	80.2	5.05

说明：1. 方括号内的数值是根据平均值计算所得近似值。δ 中加下划线者为挪威组同种系标准差；加黑者为欧洲同种系标准差，其余均借用莫兰特埃及（E）组各项的标准差。

2. 华北组、华南组、蒙古组、因纽特组数据引自朱泓：《靺鞨人种研究》（《青果集——吉林大学考古专业成立二十周年考古论文集》，知识出版社，1993 年)，印尼组数据引自颜訚：《大汶口新石器时代人骨的研究》（《考古学报》1972 年第 1 期)。

表七 汾阳宋金组与亚洲蒙古人种5个近代组的平均数组间差异均方根值

汾阳宋金组	华北组	华南组	蒙古组	因纽特组	印尼组
全部项目18项	0.90	0.87	1.38	1.01	1.02
指数与角度8项	0.82	0.80	1.67	1.12	0.67

要体现在指数项目上，前者的上面部形态属于偏小的中上面型，面更宽、鼻更阔，后二组为狭上面型，面部和鼻部偏窄偏狭，华北组比华南组在上述特征上差异稍大。与因纽特组的差异体现在鼻型和眶型上，前者鼻较阔，眶更低。

与亚洲蒙古人种的 5 个近代组比较，汾阳宋金组与代表蒙古人种东亚类型的华南组和华北组关系较接近，特别是与部分形态特征受南亚类型影响的华南组关系更密切，与代表亚洲大陆蒙古人种的蒙古组和代表极地类型的因纽特组关系相对疏远，与蒙古组的关系最远。

（三）与相关古代组的比较

汾阳组居民生活在宋金时代，08FXM5出土的买地券上书有"明昌六年"，即1195年，处于金代中期，提供了墓地绝对年代的参考[1]。为了探讨宋金时代生活在晋中盆地的汾阳居民的人种构成以及与相邻地区古代组的亲疏关系，以下选择了与汾阳组在时代、地域相近或者不同的15个古代颅骨组与之进行比较（表八），它们是晋南地区时代属于战国中期至晚期的侯马乔村组[2]、晋北地区属于北魏时期的大同组[3]、晋东南属于明清时期的余吾组[4]、西安南郊的紫薇唐墓组[5]、陕北高原的神木汉代画像砖墓组[6]、黄河上游青海地区的上孙家寨汉代组[7]、陶家寨汉晋组[8]、内蒙古四子王旗城卜子元代墓地组[9]、鲁中南地区周－汉时代组[10]、天津蓟县桃花园明清墓地组[11]、代表辽代契丹平民的山嘴子墓地组[12]、代表东汉时期拓跋鲜卑的南杨家营子组[13]、宁夏平原的吴忠西郊唐墓组[14]、先秦时期的彭堡组[15]、华南地区的昙石山组[16]。

表八　汾阳宋金组与15个古代组之间的比较（男性）　（长度单位：毫米；角度：度；指数：%）

项目	汾阳宋金组	乔村组	大同组	余吾明清组	紫薇组	神木组	上孙家寨汉代	陶家寨组	城卜子组	鲁中南组	桃花园组	山嘴子组	南杨家营子组	吴忠西郊组	彭堡组	昙石山组
颅长	182.9	181.78	182.5	180.5	182.18	183.1	181.2	183.98	174.80	180.91	181.22	180.28	179.63	187.8	182.2	189.7
颅宽	142.6	142.79	144.4	143.0	139.76	148.1	139.7	140.32	143.89	141.06	140.95	148.78	144.75	136.9	146.8	139.2
颅高	145.6	140.99	137.9	140.38	142.81	136.9	136.2	135.56	135.54	137.33	139.14	135.15	126	144.4	131.9	141.3
额宽	139.6	137.52	137.1	137.83	140.64	138.3	137.1	137.73	137.04	137.69	134.53	141.56	136.8	136.1	139.8	135.6
最小额宽	93.4	92.49	94.9	92.63	94.52	94.4	91.1	90.42	94.29	91.54	91.84	92.83	90	95.3	96	91
眶宽	44.7	43.45	41.6	44.23	44.88	43.2	42.8	44.06	41.98	43.51	43.60	43.84	41.83	43.6	42.6	42.2
眶高	33.9	34.43	34.1	35.27	35.33	34.9	35.8	35.75	36.19	33.80	35.63	33.98	34.07	35.7	33.8	33.8
鼻宽	26.9	26.34	27.2	27.47	27.45	26.7	27.1	26.59	27.00	26.39	24.73	26.21	27	27.4	26.8	29.5
鼻高	53.8	54.55	54.8	57.87	55.05	55.9	56.5	54.43	54.20	53.24	55.49	52.96	57.5	56.2	58.6	51.9
上面高	74.6	74.39	72.6	78.1	74.99	74.7	75.8	75.91	74.39	70.53	72.42	76.47	76.8	76.9	77.8	71.1
面角	85.0	84.02	85.4	86.67	84.15	85.9	85.3	84.38	84.16	81.56	84.05	84.4	91.2	84.6	90.7	81
颅指数	77.7	79.10	79.1	79.22	76.8	80.9	77.3	76.38	82.55	78.0	77.85	82.63	79.9	73.6	81.1	73.4
颅长高指数	79.8	78.45	75.5	77.78	78.49	74.4	75.9	73.81	77.53	75.6	76.94	74.66	70.2	75.8	72.4	73.8
颅宽高指数	101.2	98.59	95.4	98.29	101.98	92.2	97.7	96.77	95.40	97.1	98.92	91.31	87.1	105.7	89.7	99.5
上面指数	52.4	54.56	55.5	56.64	53.95	54.2	55.2	55.61	54.45	51.2	56.33	53.77	55.7	55.8	55.6	52.5
垂直颅面指数	50.5	52.76	54.9	55.3	50.8	54.2	54.8	56.09	54.76	51.0	52.05*	57.22	60.7	53.2	59	48.12
眶指数	76.9	78.96	81.2	79.72	78.87	81.9	83.7	81.24	82.68	78.0	81.85	77.5	81.3	81.8	83.1	80
鼻指数	50.1	49.00	49.4	49.37	50.01	49.5	48.4	48.94	49.79	49.7	44.74	49.51	47.2	48.8	46.2	57
鼻颧角	143.7	145.05	144.5	143.75	142.97	149.3	146.6	145.96	149.56	143.42	—	150.06	150.4	143.1	146.6	143.8

＊桃花园组垂直颅面指数是根据平均数值计算出的结果。

①山西省考古研究所、汾阳市文物旅游局：《2008年山西汾阳东龙观宋金墓地发掘简报》，《文物》2010年第2期。
②潘其风：《侯马乔村墓地出土人骨的人类学研究》，《侯马乔村墓地》（1959～1996）附录四，科学出版社，2004年。
③张振标、宁立新：《大同北魏时期墓葬人骨的种族特征》，《文物季刊》1995年第3期。
④来源于笔者整理的屯留余吾明清时期墓地人骨的相关测量数据。
⑤陈靓：《西安紫薇田园都市唐墓人骨种系初探》，《考古与文物》2008年第5期。
⑥韩康信、张君：《陕西神木大保当汉墓人骨鉴定报告》，《神木大保当》附录，科学出版社，2001年。
⑦韩康信、谭婧泽、张帆：《青海大通上孙家寨古墓地人骨的研究》，《中国西北地区古代居民种族研究》，复旦大学出版社，2005年。
⑧张敬雷：《青海省西宁市陶家寨汉晋时期墓地人骨研究》，吉林大学博士学位论文，2008年。
⑨郑丽惠：《内蒙古四子王旗城卜子元代墓葬出土人骨的人种学研究》，吉林大学硕士学位论文，2003年。
⑩尚虹、韩康信、王守功：《山东鲁中南地区周－汉代人骨研究》，《人类学学报》2002年第1期。
⑪张敬雷、李法军等：《天津蓟县桃花园墓地人骨研究》，《文物春秋》2008年第2期。
⑫朱泓：《内蒙古宁城山嘴子辽墓契丹族颅骨的人类学特征》，《人类学学报》1991年第4期。
⑬潘其风、韩康信：《东汉北方草原游牧民族人骨的研究》，《考古学报》1982年第1期。
⑭韩康信等：《宁夏吴忠西郊唐墓人骨鉴定研究》，《吴忠西郊唐墓》附录二，文物出版社，2006年。
⑮韩康信：《宁夏彭堡于家庄墓地人骨种系特点之研究》，《考古学报》1995年第1期。
⑯韩康信、张振标、曾凡：《闽侯昙石山遗址的人骨》，《考古学报》1976年第1期。

采用计算汾阳宋金组与15个古代组的欧氏距离系数的方法来检验它们之间的亲疏关系，结果见表九。

表九中，汾阳宋金组与西安南郊紫薇唐墓组和战国时期侯马乔村组的欧氏距离系数值最小，表明以上三组古代居民的颅面部形态特征较为接近，关系密切。它与代表拓跋鲜卑人群的南杨家营子组、代表先秦时期北方长城地带游牧人群的彭堡组和代表辽代契丹平民的山嘴子组欧氏距离系数很大，表明汾阳宋金组与这三组古代居民的颅面部形态特征差异很大，关系疏远。

表九　汾阳宋金组与15个古代组的欧氏距离系数值

	1	2	3	4	5	6	7	8	9	10	11	12	13	14	15	16
1	0.000															
2	7.566	0.000														
3	13.716	7.590	0.000													
4	11.631	6.973	9.201	0.000												
5	5.748	7.297	12.674	10.183	0.000											
6	16.730	11.330	6.590	11.372	16.386	0.000										
7	15.178	9.120	8.639	8.361	12.099	11.888	0.000									
8	15.651	9.951	8.935	10.032	13.076	11.604	5.534	0.000								
9	17.537	11.417	9.728	11.545	15.987	11.097	10.844	13.389	0.000							
10	12.241	8.276	9.982	13.489	11.322	13.272	11.256	10.917	12.707	0.000						
11	13.316	7.707	9.633	10.498	11.533	13.658	8.135	10.081	12.676	10.314	0.000					
12	18.987	14.099	11.541	14.037	19.086	8.521	15.640	14.152	12.245	15.047	17.814	0.000				
13	30.375	24.144	19.206	21.650	28.876	17.210	19.182	18.409	19.479	23.763	23.540	16.833	0.000			
14	13.686	14.222	17.192	15.035	11.000	21.422	14.973	15.365	22.516	18.145	14.603	25.759	31.981	0.000		
15	24.850	19.365	14.069	16.405	23.486	11.020	16.018	15.954	16.130	21.232	19.821	12.860	10.675	26.730	0.000	
16	16.224	16.319	17.607	20.320	15.645	20.823	18.304	16.868	23.446	14.574	18.637	24.740	31.911	16.186	29.118	0.000

说明：1. 汾阳宋金组　2. 乔村组　3. 大同组　4. 余吾明清组　5. 紫薇组　6. 神木组　7. 上孙家寨汉代组　8. 陶家寨组　9. 城卜子组　10. 鲁中南组　11. 桃花园组　12. 山嘴子组　13. 南杨家营子组　14. 吴忠西郊组　15. 彭堡组　16. 昙石山组

依据表九计算的欧氏距离系数结果所做的汾阳宋金组与15个古代颅骨组的树状聚类图可以更加直观地反映出16个对比组相互之间的远近亲疏关系（图2）。从图2看，16个颅骨组除了昙石山组与其余15个古代组关系较远、最后聚类外，其余15组大致聚成两大类，按照距离值小于15来划分，上孙家寨汉代组、陶家寨组、大同组、神木组、汾阳宋金组、紫薇组、乔村组、余吾明清组、桃花园组、鲁中南组和城卜子组为一个大的类群；南杨家营子组和彭堡组聚为一类。吴忠西郊组虽然与两个类群距离都远一些，但从表九中计算欧式距离系数结果看，它与紫薇组函数值最小，关系相对密切。因此吴忠西郊组也应该属于第一类群。在第一大类中还可以划分出更小的类群，汾阳组与紫薇组、乔村组和余吾明清组距离更小，体质特征也更接近，属于一个更小的类群。第一大类群大体代表体质特征接近蒙古人种东亚类型或者受北亚类型因素影响的东亚类型的古代居民，第二类群代表体质特征接近蒙古人种北亚类型的古代居民。汾阳宋金组的居民被归入第一大类群中。

以下采用因子分析方法来分析 16 个古代颅骨组的 18 项线性、角度和指数项目，因为蓟县桃花园组缺少鼻颧角测量项目值，所以在做因子分析时，取消了鼻颧角。16 个组前 5 个主成分因子的特征根值、方差比和累计贡献率见表一〇。

表一〇　前五个主成分因子的特征根值、方差比和累计贡献率

成分	特征根值	方差贡献率（%）	累计方差贡献率（%）
1	6.782	37.679	37.679
2	3.168	17.602	55.281
3	2.837	15.759	71.040
4	1.845	10.248	81.288
5	1.220	6.777	88.066

表一〇中，前四个主成分的累计贡献率为 81.288%，基本上可以代表 18 个项目的绝大多数特征的信息量，因此选择前 4 个主成分因子进行分析。

表一〇中，第一主成分的方差比贡献率为 37.679%，最大载荷的原变量包括颅长、颅宽、最小额宽、眶宽、鼻宽、鼻高，大体代表了颅型长短、鼻型宽窄、眶型宽度等主要颅面部形态特征；第二主成分的方差比贡献率为 17.602%，最大载荷原变量包括颧宽、面角、颅指数、颅长高指数，代表了颅型的宽窄、面部的宽度以及面部在矢状方向的突出程度；第三主成分的方差比贡献率为

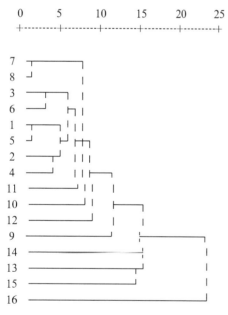

图 2　汾阳宋金组与 15 个古代颅骨组的聚类图

1. 汾阳宋金组　2. 乔村组　3. 大同组　4. 余吾明清组　5. 紫薇组　6. 神木组　7. 上孙家寨汉代组　8. 陶家寨组　9. 城卜子组　10. 鲁中南组　11. 桃花园组　12. 山嘴子组　13. 南杨家营子组　14. 吴忠西郊组　15. 彭堡组　16. 昙石山组

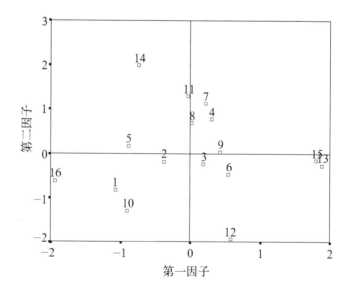

图 3　第一和第二因子散点图

1. 汾阳宋金组　2. 乔村组　3. 大同组　4. 余吾明清组　5. 紫薇组　6. 神木组　7. 上孙家寨汉代组　8. 陶家寨组　9. 城卜子组　10. 鲁中南组　11. 桃花园组　12. 山嘴子组　13. 南杨家营子组　14. 吴忠西郊组　15. 彭堡组　16. 昙石山组

15.759%，最大载荷原变量包括颅高、颅宽高指数、垂直颅面指数和鼻指数，代表了颅面部的比例和鼻部的特征；第四主成分的方差比贡献率为 10.248%，最大载荷变量为眶高、上面高和眶指数，代表了眼眶和上面部的特征（表一一）。

根据因子载荷矩阵绘制出第一主成分和第二主成分、第一主成分和第三主成分的因子散点图（图 3、图 4）。

表一一　前四个主成分的因子载荷矩阵

成分 项目	因子载荷矩阵			
	第一主成分	第二主成分	第三主成分	第四主成分
颅长	0.949	0.005	− 0.053	0.112
颅宽	0.869	0.105	− 0.009	0.347
颅高	− 0.833	0.210	0.399	0.185
额宽	− 0.824	0.479	0.260	0.075
最小额宽	0.713	− 0.462	0.341	− 0.235
眶宽	0.703	0.511	0.097	0.297
眶高	− 0.667	− 0.351	− 0.407	0.282
鼻宽	0.663	− 0.614	0.173	0.030
鼻高	0.606	0.296	0.312	0.543
上面高	− 0.552	0.178	− 0.398	0.524
面角	0.003	0.760	0.231	− 0.289
颅指数	0.577	0.705	0.037	0.059
颅长高指数	0.485	0.613	− 0.391	− 0.104
颅宽高指数	− 0.380	0.070	0.743	0.186
上面指数	− 0.549	0.134	0.705	− 0.160
垂直颅面指数	0.177	− 0.556	0.570	0.448
眶指数	− 0.373	− 0.055	− 0.522	0.597
鼻指数	0.097	0.057	0.419	0.405

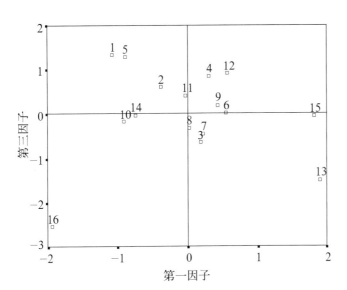

图 4　第一和第三因子散点图

1. 汾阳宋金组　2. 乔村组　3. 大同组　4. 余吾明清组　5. 紫薇组　6. 神木组　7. 上孙家寨汉代组　8. 陶家寨组　9. 城卜子组　10. 鲁中南组　11. 桃花园组　12. 山嘴子组　13. 南杨家营子组　14. 吴忠西郊组　15. 彭堡组　16. 昙石山组

图 3 中，与其他组离散程度大的组有昙石山组、山嘴子组、吴忠西郊组、南杨家营子组和彭堡组，其中彭堡组和南杨家营子组虽然远离其他对比组，但这两组非常集中，说明它们之间离散程度较小。汾阳宋金组、乔村组、紫薇组和鲁中南组相对集中，表明这四组差异不大。汾阳宋金组与鲁中南组关系更近。大同组、神木组和城卜子组位置集中，这三组恰好是明显受北亚因素影响的古代组。余吾明清组、上孙家寨汉代组、陶家寨组和桃花园组分布集中，它们的颅面部形态特征较为接近。

图 4 中仍旧是昙石山组、南杨家营子组和彭堡组与其他组较为离散。其余对比组集中成两大群，第一大群由汾阳宋金组、紫薇组、乔村组、鲁中南组和吴忠西郊组组成，第二类群由大同组、上孙家寨汉代组、陶家寨组、神木组、城卜子组、山嘴子组、余吾明清组和桃花园组组成，它们彼此在第一主成分和第三主成分所代表的因子上相对接近，形态特征较为相似。

从主成分因子分析结果看，汾阳宋金组与乔村组、紫薇组、鲁中南组、吴忠西郊组在形态特征上存在较多一致性。

四　病理现象

（一）口腔疾病

1. 龋齿

龋齿是最为常见的牙体硬组织病，发病一般从牙冠开始，如果病变持续发展，就会形成龋洞，未经治疗的龋洞是不会自行愈合的，最终结果是牙齿丧失。人类罹患龋病的历史由来已久，Grine 等[1]在距今约 180 万～150 万年前的原始人类牙齿中发现有牙颈部及邻面龋，其患龋率不到 3%。在国内，距今约 10 万年以前的山顶洞人的牙齿上也发现有龋[2]。人类患龋率总是随着人类物质文明的发展而呈现不断提高的趋势。

汾阳宋金时期居民共观察了 23 例成年个体，患龋齿的人数为 7 人，同时观察了 23 例成年人的 245 颗牙齿，其中 26 颗牙齿患龋病。流行病学研究中通常使用患龋率、龋齿率来描述龋病在某一人群中的发病情况。根据公式

$$患龋率 = 患龋病人数 ÷ 受检人数 × 100\%$$
$$龋齿率 = 患龋牙齿数 ÷ 受检牙齿数 × 100\%$$

分别计算出汾阳宋金人群的患龋率为 30.43%，龋齿率为 10.61%。该人群具体患龋状况描述如下：

08FXM1（西）：观察上颌左侧 P^1、P^2、M^1、M^2，右侧 M^1、M^2、M^3，无龋齿。

08FXM12（1）：上颌仅存左右侧 M^1、M^2、M^3，无龋齿。

08FXM13（西），观察了下颌右侧 P_1，左右侧 P_2、M_1，左侧 M_2，上颌左侧 P^1、P^2、M^2、

---

① Grine FE, Gwinnett Af, Okas HJ, Early Hominid Dental Pathology, *Interproximal Caries in 1.5 Million-year-old ParanhrtoPus Robustus from Swartkrans*. Arch Oral Biol, 1990, 35(5): 381-386.

②卞金有主编：《预防口腔医学》（第 4 版），人民卫生出版社，2003 年。

M^3，右侧 M^2，无龋齿。

08FXM15：观察下颌左右侧 I_1、I_2，左侧 C，左右侧 P_1、P_2，无龋齿。

08FXM17（西）：观察下颌左侧 I_1、I_2、左右侧 M_3，无龋齿。

08FXM18（东）：上颌 16 颗牙齿齐全。左侧 M^2 为龋齿，齿冠大部分蚀去，已穿髓。M^3 为龋齿，龋齿点在近中齿颈处。下颌左侧 P_2、M_2、M_3 已脱落，齿槽窝完全闭合。

08FXM18（西）：观察了上颌左侧 P^1、右侧 I^1、I^2、P^1、P^2、M^1、M^2，无龋齿。

08FXM19（1）：下颌右侧 M_1 已脱落，齿槽窝完全闭合。观察了上颌左侧 P^1、P^2，右侧 P^2、M^1、M^2、M^3，右侧 M^2 为龋齿，龋齿点在近中面齿冠𬌗面处，属于浅龋。

08FXM19（2）：观察了上颌左、右侧 P^1、P^2、M^1，右侧 M^3，下颌右侧 C、P_1、P_2、M_1、M_2、M_3，无龋齿。

08FXM19（4）：上颌仅存右侧 P^2，为龋齿，龋面在近中面及颊侧齿颈处。下颌仅存左侧 C 和 P^1，无龋齿。

08FXM19（5）：观察了上颌左、右侧 P^1、P^2、M^1，左侧 M^2，其中右侧 P^1、P^2 为龋齿，齿冠全部蚀去，仅存齿根。上颌左侧 M^1 为龋齿，龋面在远中面齿颈处，属于浅龋。下颌保存左侧 C、P_1、P_2、M_3，无龋齿。

08FXM21（东）：观察了下颌左、右侧 I_2、C、P_1、P_2，左侧 M_1、M_2，其中左侧 M_1 为龋齿，龋面在近中面齿颈处，属于中龋。

08FXM21（西）：观察了下颌右侧中 I_1、I_2、C、P_1，左侧 C、P_1、P_2 和 M_1，其余牙齿已脱落，齿槽窝完全闭合。其中左侧 C、P_1、P_2 为龋齿，齿冠全部蚀去，仅残存齿根。左侧 M_1 为龋齿，龋面在远中面齿冠及齿颈处，齿冠蚀去近半，已穿髓；右侧 I_1、I_2、C、P_1 为龋齿，属于邻面龋，龋面在邻面齿颈处。上颌观察了左侧 I^2、C，右侧 I^1、C、P^2、M^1、M^2，其余牙齿已脱落，齿槽窝闭合。其中左侧 I^2、C 为龋齿，I^2 齿冠已蚀去，仅存齿根，C 龋面在近中面齿颈处。右侧 I^1、C 为𬌗面龋，齿冠全部蚀去；P^2 龋面在邻面齿颈处；M^1 为龋齿，仅存远中舌侧齿根；M^2 为龋齿，龋面在近中面，齿冠大部分蚀去。

08FXM40（东）：观察了上颌左侧 I^1、左右侧 I^2、C、P^1、左侧 P^2，其中左侧 P^2 为龋齿，龋面在远中面齿颈处，为中龋。观察了下颌左侧 I_1、左右侧 C、左侧 P_1 和 P_2，左右侧 M_1、左侧 M_2，其中左侧 P_1 为龋齿，龋点在远中面齿颈处，为浅龋。

08FXM41（东）：上颌见有左右侧 M^1、M^2，无龋齿。

08FXM41（西）：观察了下颌左侧 I_1、左右侧 I_2、C、右侧 $P_1 \sim M_1$，上颌左侧 I^1、I^2、P^2、M^2、右侧 P^2、M^1，无龋齿。

08FXM42（东）：上颌仅存右侧 M^1，下颌保存左侧 M_1、M_3，其中左侧 M_3 为龋齿，龋洞在𬌗面中心处。

08FXM42（西）：观察下颌左侧 P_2，左右侧 M_1、M_2，上颌左右侧 M^1、M^2，无龋齿。

08FXM44，下颌除了左侧 I_1，其余 15 颗牙齿齐全。上颌仅保留左侧 C，右侧 I^1、I^2、C，无龋齿。

08FXM45（东）：观察了上颌左右侧 C、P^1、M^1，左侧 M^2，下颌左侧 I_2、左右侧 C、$P_1 \sim$

M_2，无龋齿。

08FXM45（西）：观察下颌左侧 C、P_1、M_1、M_2，右侧 P_2、M_1，上颌左侧 C、P^1，左右侧 P^2、M^1，右侧 M^2，无龋齿。

08FXM47：下颌仅存左侧 M_2，无龋齿。

2. 牙周病

牙周病是侵犯牙龈和牙周组织的慢性炎症，是一种破坏性疾病，其主要特征为齿槽萎缩以致使牙根明显暴露。正常情况下，牙槽嵴顶到釉牙骨质界的距离约为 1～2 毫米，若超过 2 毫米则可视为有牙槽骨吸收[①]。

汾阳宋金时期标本在 23 例成年人中，08FXM15、08FXM18（东）、08FXM19（1）、08FXM19（4）、08FXM19（5）、08FXM21（西）、08FXM40（东）、08FXM41（西）、08FXM42（东）、08FXM47 共 10 例个体患牙周病，牙槽嵴顶到釉牙骨质界的距离约 3～4 毫米，个别个体齿槽窝完全被骨质吸收。牙周病的患病率为 43.5%。

3. 牙列拥挤现象

汾阳宋金组的 08FXM19（1），下颌中 I_1、I_2 错位，I_2 被挤出齿列。

08FXM45（东）下颌左侧 I_2、C 错位，I_2 斜向内侧挤入 C 位置。

4. 根尖脓肿

汾阳宋金组的 08FXM21（西）上颌左侧 I^2、右侧 I^2 和 P^1 患根尖脓肿，在齿槽面留有直径为 3.7、6.7 和 6.8 毫米的蚀洞。

08FXM19（2）的上颌左右侧 I^1 患根尖脓肿，在齿槽面形成 4.8 和 6.8 毫米的蚀洞。

08FXM19（5）的上颌左侧 P^2 患根尖脓肿，在齿槽面形成一个直径为 8.3 毫米的蚀洞。

（二）其他病理现象

08FXM15，额骨额鳞部分有三个直径分别为 6.1、2.7 和 5.3 毫米的骨瘤。

08FXM40（东），额骨的额鳞部有一个直径约 6.3 毫米的骨瘤。

以上两例个体额骨上的骨瘤属于成骨性肿瘤，主要发生于膜内化骨的骨骼。这种骨瘤通常会随着骨骼发育成熟而停止生长，无癌变。骨瘤内仅为骨组织。

08FXM47，眶上筛孔明显。眶上筛孔又称眶顶板筛孔样病变，是一种发生于眼眶顶板靠前部的多孔状病变，可能和低水平营养以及不良卫生状况诱发的缺铁性贫血有关[①]。

五　几点认识

本文对晋中盆地汾阳宋金时代墓地采集的 36 例人骨进行了性别、年龄的鉴定，对其中保存较好的 27 例头骨进行了形态观察和测量值的比较研究，初步得出以下几点认识：

---

① 曹采方主编：《牙周病学》（第二版），人民卫生出版社，2003 年。

（1）汾阳宋金墓地成年个体死亡率集中在中年期，女性死于青年期和壮年期的比例显著高于男性，男女性比为 0.85 : 1。

（2）汾阳组居民的连续性形态特征可概括为：颅型以卵圆形为主，颅顶缝多为简单型，额中缝出现率低，眶型以斜方形和椭圆形为主，梨状孔多心形，鼻前棘、犬齿窝和鼻根凹陷发育弱，上颌中门齿全部为铲形，矢状嵴的出现率高，颧骨上颌骨下缘转角处明显陡直者最多。测量性特征体现为：中颅型—高颅型—狭颅型结合狭、中额型的颅型，狭上面型—中、阔鼻型—低、中眶型—弱、中等级的鼻根突度—狭腭型—短齿槽型—面部在矢状方向的中、平颌型—齿槽面角上表现出的突颌型—很弱的鼻骨突起程度—中等的上面部扁平程度的面型。

（3）与三大人种的面部测量项目比较，汾阳宋金组与亚美人种具有较多的一致性。与亚洲蒙古人种的区域类型比较，它最接近东亚类型，与近代颅骨组比较，它相对接近华南组和华北组，在指数特征上与印尼组比较接近，它与蒙古组和因纽特组关系最远。

（4）与 15 个古代组比较，汾阳组与乔村组、紫薇组、鲁中南组、吴忠西郊组在形态特征上关系较为密切。

（5）汾阳组居民口腔疾病发病率较高，这一人群中患龋率为 30.43%，龋齿率为 10.61%。牙周病的患病率为 43.5%。

长期以来，人类学的研究工作所关注的重点多集中在史前居民身上，即使将研究的时间段向后推移，学者们感兴趣的仍旧是先秦时期的古代居民。对于秦汉尤其是唐代之后的古代居民的种族特征关注较少。值得欣慰的是近些年来随着人类学研究的深入和细化，对于汉唐之后历史时期的人骨研究逐渐得到应有的重视。汾阳墓地采集的人骨资料为我们了解晋中盆地宋金时代居民的种族特征提供了一份宝贵的资料。

---

① Steinbock,R.T. *Palepathological Diagnosis and Interpretation*, Charles Thomas. Publisher, Springfield. II-linois. U S A, 1976. 铃木隆雄：《骨から見た日本人——古病理学が语る历史》，株式会社论讲谈社，1998 年。

附表一　汾阳东龙观宋金墓地男性头骨组个体测量表（长度：毫米；角度：度；指数：%）

马丁号	测量项目	M13(东)	M18(东)	M21(东)	M40(东)	M41(西)	M42(东)	M45(中)	M46	M47	M48(北)	平均值	标准差
1	颅长（g-op）	184.0	176.0	180.0	185.0	187.5	176.0	186.0	181.0	184.0	189.0	182.9	4.75
8	颅宽（eu-eu）	139.0	/	152.0	130.0	146.0	147.0	142.5	144.5	138.0	144.0	142.6	6.58
17	颅高（b-ba）	138.0	144.0	145.0	/	151.0	146.0	146.0	152.0	142.5	146.0	145.6	3.29
21	耳上颅高（po-po）	121.4	/	/	/	123.0	123.8	121.0	/	119.8	123.1	122.0	1.67
9	额宽（ft-ft）	95.0	/	92.8	90.0	94.7	95.6	91.8	90.5	99.4	91.2	93.4	3.16
	耳点间宽（au-au）	127.2	/	138.9	/	139.4	139.0	131.9	/	128.8	131.3	133.8	4.74
25	颅矢状弧（n-o）	393.0	/	380.0	/	386.0	384.0	385.0	/	393.0	388.0	387.0	4.34
26	额矢状弧（n-b）	132.0	/	125.0	131.0	131.0	132.0	130.0	142.0	130.0	133.0	131.8	4.77
27	顶矢状弧（b-l）	150.0	127.0	133.0	137.0	133.0	132.0	136.0	/	142.0	125.0	135.0	5.44
28	枕矢状弧（l-o）	111.0	122.0	122.0	/	122.0	115.0	119.0	/	121.0	130.0	120.3	4.50
29	额矢状弦（n-b）	115.0	113.4	111.7	113.4	117.7	118.6	114.2	124.6	113.6	119.0	116.4	4.21
30	顶矢状弦（b-l）	131.3	113.4	118.7	121.1	120.0	115.9	120.2	/	126.4	113.8	120.1	4.29
31	枕矢状弦（l-o）	93.8	104.2	101.6	/	102.6	102.2	102.7	100.1	100.2	104.0	101.4	1.38
43	上面宽（fmt-fmt）	107.0	/	/	100.0	105.4	109.9	104.6	100.8	110.7	103.2	105.2	4.14
44	两眶宽（ek-ek）	101.7	/	/	98.2	103.2	/	101.7	92.3	105.6	101.6	100.6	4.66
23	颅周长（g-op）	533.0	/	536.0	511.0	537.0	532.0	531.0	533.0	535.0	534.0	531.3	8.37
24	颅横弧（po-b-po）	322.0	/	329.0	/	326.0	333.0	326.0	/	318.0	/	325.7	5.50
5	颅基底长（n-enba）	101.0	/	101.2	/	108.5	106.0	105.0	/	104.0	111.0	105.2	3.44
40	面基底长（pr-enba）	99.0	/	/	/	102.0	98.0	104.0	100.7	98.0	111.0	102.0	5.37
48	上面高（n-pr）	65.5	/	/	73.8	74.0	64.2	71.3	75.6	69.4	73.0	70.9	3.84
	上面高（n-sd）	/	/	/	75.8	78.0	68.0	74.4	77.3	72.2	76.4	74.6	3.49
45	面宽（zy-zy）	131.0	/	/	/	141.5	144.0	140.5	/	/	141.0	139.6	1.55
46	中面宽（zm-zm）	107.0	/	/	103.6	108.6	103.3	105.0	100.7	108.4	107.0	105.5	2.93
	鼻棘下点到中面宽之矢高	26.5	/	/	30.5	29.7	29.5	/	32.6	23.3	32.3	29.2	3.37
54	鼻宽	27.0	/	/	27.7	27.2	27.0	26.9	24.1	29.6	25.9	26.9	1.68
55	鼻高	52.5	/	/	52.6	56.3	51.8	53.5	54.2	54.3	55.0	53.8	1.50
SC	鼻最小宽	8.7	/	/	7.3	7.9	8.4	9.2	7.4	11.5	7.3	8.5	1.52
SS	鼻最小宽高	3.2	/	/	1.2	3.5	2.0	4.8	3.6	2.3	2.3	2.9	1.21
51	眶宽1（mf-ek）L	44.6	/	42.7	44.0	46.3	47.0	43.7	43.1	45.4	45.1	44.7	1.54
	眶宽1（mf-ek）R	44.5	/	/	43.0	/	41.8	43.9	41.4	44.8	43.8	43.3	1.31

续附表

马丁号	测量项目	M13(东)	M18(东)	M21(东)	M40(东)	M41(西)	M42(东)	M45(中)	M46	M47	M48(北)	平均值	标准差
51a	眶宽2（d-ek）L	41.6	/	/	41.0	42.3	/	41.0	40.0	40.0	41.6	41.1	0.90
	眶宽2（d-ek）R	41.7	/	/	40.0	/	40.8	40.8	39.0	41.0	39.3	40.4	0.85
52	眶高L	33.1	/	37.5	32.0	34.4	34.7	33.2	32.9	33.0	34.7	33.9	1.70
	眶高R	33.5	/	/	33.6	/	33	32.4	33.6	33.7	34.8	33.5	0.80
50	眶间宽（mf-mf）	19.4	/	/	19.6	18.8	19	20.2	14.2	23.3	18.7	19.2	2.69
FC	两眶内宽（fmo-fmo）	98.3	/	/	96.0	/	97.4	97.8	93.0	104.6	98.1	97.9	3.81
FS	鼻根点至两眶内宽矢高	17.3	/	/	15.8	/	13.2	14.7	15.9	15.7	15.9	15.5	1.08
60	齿槽弓长	/	63.3	/	58.9	50.7	/	56.3	/	/	54.6	56.8	4.72
61	齿槽弓宽	/	70.8	/	63.1	69.1	/	72.1	/	68.4	73.8	69.6	3.72
62	腭长	/	50.7	/	48.9	41.8	/	53.2	/	48.0	50.5	48.9	3.89
63	腭宽	/	37.8	/	39.0	41.8	/	43.0	/	/	40.5	40.4	2.09
MH L	颧骨高（fmo-zm）	46.2	/	50.2	45.3	49.2	/	49.5	48.5	44.8	49.0	47.8	2.13
R		48.0	/	/	45.0	/	47.5	50.3	51.0	40.8	52.2	47.8	4.31
MB L	颧骨宽（zm-rim）	25.5	/	24.0	23.5	25.8	/	24.4	27.0	25.6	29.0	25.6	1.91
R		26.1	/	/	24.5	/	26.5	27.1	27.6	25.5	30.7	26.9	2.14
7	枕大孔长（ba-o）	34.2	34.7	39.1	/	35.3	36.1	34.2	/	34.2	34.6	35.3	1.74
16	枕大孔宽	28.4	28.1	31.2	/	32.4	29.6	29.0	/	25.8	27.5	29.0	2.24
	眶间宽（d-d）	22.5	/	/	22.1	22.8	21.7	23.5	17.2	28.3	24.4	22.8	3.33
DN	眶内缘鼻根突度	4.5	/	/	4.4	3.1	3.9	5.1	7.3	4.1	6.2	4.8	1.45
DS	鼻梁眶内缘宽高	7.2	/	/	5.8	7.0	7.8	7.4	11.3	8.4	10.0	8.1	1.87
	全面高（n-gn）	/	/	/	/	128.4	/	126.3	/	113.5	/	122.7	8.06
	n-rhi	24.8	/	/	24.7	32.5	24.3	27.6	/	/	27.2	26.9	3.27
	rhi-pr	44.0	/	/	49.8	44.0	41.8	45.5	/	/	50.4	45.9	3.72
	枕骨最大宽	103.6	/	104.1	/	129.3	107.4	108.2	/	106.4	111.0	110.0	9.21
8：1	颅指数	75.5	/	84.4	70.3	77.9	83.5	76.6	79.8	75.0	76.2	77.7	4.60
17：1	颅长高指数	75.0	81.8	80.6	/	80.5	83.0	78.5	84.0	77.4	77.2	79.8	2.52
17：8	颅宽高指数	99.3	/	95.4	/	103.4	99.3	102.5	105.2	103.3	101.4	101.2	3.26
48：17	垂直颅面指数	/	/	/	/	51.7	46.6	51.0	50.9	50.7	52.3	50.5	2.02
47：45	全面指数	/	/	/	/	90.7	/	89.9	/	/	/	90.3	0.57
54：55	鼻指数	51.4	/	/	52.7	48.3	52.1	50.3	44.5	54.5	47.1	50.1	3.50
52：51	眶指数L	74.2	/	87.8	72.7	72.8	73.2	76.0	76.3	72.7	76.9	75.8	5.07

续附表

马丁号	测量项目	M13(东)	M18(东)	M21(东)	M40(东)	M41(西)	M42(东)	M45(中)	M46	M47	M48(北)	平均值	标准差
52：51	眶指数R	79.6			78.1	70.6	/	73.8	81.2	75.2	79.5	76.9	3.93
52：51a	眶指数L	75.3			78.0	82.8	81.3	81.0	82.3	82.5	83.4	80.8	1.80
	眶指数R	80.3			84.0	75.8	/	79.4	86.2	82.2	88.5	82.3	4.61
SS:SC	鼻根指数	36.8			16.4	44.3	23.8	52.2	48.6	20.0	31.5	34.2	14.50
48：45	上面指数（pr）	50.0			/	52.3	44.6	50.7	/	/	51.8	49.9	3.56
	上面指数（sd）	/			/	55.1	47.2	53.0	/	/	54.2	52.4	3.56
63：62	腭指数	/	74.6		79.8	90.7	100.0	80.8	/	/	80.2	84.4	9.28
61：60	齿槽弓指数	/	139.6		107.1	131.8	136.3	128.1	/	/	135.2	129.7	11.70
9：8	额宽指数	68.3		61.1	69.2	64.9	65.0	64.4	62.6	72.0	63.3	65.6	3.59
40：5	面突指数	98.0			/	94.0	92.5	99.0	/	94.2	100.0	96.3	3.33
16：7	枕骨大孔指数	83.0	81.0	79.8		91.8	82.0	84.8	/	75.4	79.5	82.2	5.16
48：46	中上面指数（pr）	61.2			71.2	68.1	58.4	67.9	75.1	64.0	68.2	66.8	5.28
	中上面指数（sd）	/			73.1	71.8	61.9	70.9	76.8	66.6	71.4	70.4	4.80
45：0.5 (1+8)	横颅面指数	81.1			/	84.9	89.2	85.5	/	/	84.7	85.1	2.11
17：0.5 (1+8)	高平均指数	85.4		87.3	/	90.6	90.4	88.9	93.4	88.5	87.7	89.0	2.11
54：51	鼻眶指数（R）	60.5			64.4	58.7	57.4	61.6	55.9	65.0	57.4	60.1	3.63
54：51a	鼻眶指数（R）	64.9			69.3	66.8	63.8	65.6	60.3	73.5	62.3	65.8	4.45
72	面角（n-pr FH）	88.0			/	87.0	85.0	84.0	/	83.0	83.0	85.0	1.67
73	鼻面角（n-ns FH）	90.0			/	90.0	87.0	86.0	/	87.0	85.0	87.5	1.87
74	齿槽面角（ns-pr FH）	78.0			/	75.0	78.0	76.0	/	72.0	76.0	75.8	2.19
32	额倾角I（n-mFH）	90.0			/	88.0	85.0	87.0	/	93.0	84.0	83.2	4.38
	额倾角II（g-m FH）	83.0			/	82.0	78.0	82.0	/	90.0	80.0	87.2	4.72
	前囟角（g-b FH）	51.0			/	51.0	47.0	49.0	/	48.0	49.0	49.2	1.48
	鼻梁侧角（n-rhi FH）	66.0			/	75.0	62.0	66.0	/	/	62.0	66.2	6.13
	Pr-n-rhi	23.8			11.1	16.9	18.7	16.7	/	/	27.3	19.1	5.86
77	鼻颧角（fmo-n-fmo）	141.3			143.7	140.7	/	146.8	142.3	146.8	144.2	143.7	2.43
	颧上颌角（zm-ss-zm）	127.3			119.0	122.2	120.4	122.0	114.0	133.4	117.8	122.0	6.05
	上齿槽角（n-pr-ba）	72.5			/	74.1	78.6	70.8	/	74.5	70.7	73.5	3.25
	鼻根角（pr-n-ba）	69.3			/	64.8	65.0	69.4	/	65.4	70.7	67.4	2.78
	颅底角（n-ba-pr）	38.2			/	41.1	36.4	39.8	/	40.1	38.6	39.0	1.80

续附表

马丁号	测量项目	M13(东)	M18(东)	M21(东)	M40(东)	M41(西)	M42(东)	M45(中)	M46	M47	M48(北)	平均值	标准差
(72-75)	鼻梁角	22.0	/	/	/	12.0	23.0	18.0	/	/	21.0	19.2	4.80
65	下颌髁间宽	132.0	/	127.3	/	140.5	/	134.0	/	127.9	/	132.3	6.18
66	下颌角间宽	107.6	/	/	/	100.0	102.5	/	98.8	103.7	/	102.5	2.25
67	颏孔间宽	51.7	52.2	51.7	/	56.3	54.8	53.9	52.8	49.6	49.8	52.5	2.33
69	下颌联合高	43.1	38.2	33.0	/	40.6	34.7	37.3	36.5	28.8	39.1	36.8	3.78
MBH I L	下颌体高I 左	35.7	/	32.5	/	30.5	32.2	33.4	32.4	29.5	37.8	33.0	2.64
R	下颌体高I 右	35.0	34.1	29.6	/	29.0	27.4	33.6	31.8	24.3	33.4	30.9	3.46
MBH II L	下颌体高II 左	34.3	/	31.4	/	29.3	31.2	34.0	30.1	/	36.3	32.4	2.62
R	下颌体高II 右	34.0	28.9	28.2	/	29.3	26.3	32.5	29.0	/	33.7	30.2	2.55
MBT I L	下颌体厚I 左	17.3	/	13.4	/	18.5	17.8	14.9	16.3	17.4	22.0	17.2	2.76
R	下颌体厚I 右	16.7	15.6	13.4	/	16.2	18.8	14.6	16.4	18.4	22.0	16.9	2.72
MBT II L	下颌体厚II 左	18.0	/	15.7	/	19.3	18.8	13.5	17.6	/	20.6	17.6	2.60
R	下颌体厚II 右	17.5	15.8	15.1	/	16.4	19.0	13.1	17.7	/	20.6	16.9	2.51
70 L	下颌支高 左	73.0	/	/	/	66.4	67.1	66.2	66.0	61.8	/	66.8	2.11
70 R	下颌支高 右	74.3	71.2	71.0	/	65.0	/	/	/	62.2	/	68.7	4.48
71 L	下颌支宽 左	40.4	/	/	/	46.2	/	47.1	44.6	44.2	/	44.5	1.36
71 R	下颌支宽 右	40.8	47.0	44.5	/	47.3	/	/	/	44.6	/	44.8	1.51
71a L	下颌支最小宽 左	38.0	/	/	/	35.7	35.6	38.6	38.5	35.2	/	36.9	1.68
71a R	下颌支最小宽 右	37.5	35.8	35.2	/	36.7	/	39.5	37.8	34.4	/	36.7	1.86
	颏孔间弧	65.0	59.0	61.0	/	69.0	64.0	66.0	63.0	56.0	60.0	62.6	4.13

注：表中墓号前"08FX"省略。

附表二　汾阳东龙观宋金墓地女性头骨组个体测量表（长度：毫米；角度：度；指数：%）

马丁号	测量项目	M1(东)	M1(西)	M12(1)	M13(西)	M15	M17(西)	M18(西)	M19(1)	M19(2)	M19(5)	M21(西)	M41(东)	M42(西)	M45(东)	M48(南)	平均值	标准差
1	颅长 (g-op)	/	/	170.0	183.0	181.0	178.0	/	178.0	/	/	168.0	171.5	/	176.0	/	175.7	5.36
8	颅宽 (eu-eu)	144.0	/	140.0	148.0	152.0	136.0	/	134.5	/	/	150.5	133.5	/	153.5	133.0	142.3	8.58
17	颅高 (b-ba)	148.0	/	140.0	146.0	134.0	133.0	/	142.5	/	/	140.5	132.0	/	139.0	136.0	138.1	4.70
21	耳上颅高 (po-po)	/	/	117.9	122.1	/	/	/	118.3	/	/	123.3	115.0	/	124.0	/	120.1	3.56
9	额宽 (ft-ft)	/	/	99.0	99.7	90.9	/	89.3	91.3	92.2	/	100.8	91.2	/	88.4	89.0	93.2	4.75
	耳点间宽 (au-au)	133.7	/	131.2	135.1	132.0	129.8	/	124.6	/	124.4	131.2	121.3	122.3	124.6	130.1	127.9	4.56
25	颅矢状弧 (n-o)	/	/	366.0	384.0	372.0	/	/	365.0	/	/	362.0	359.0	/	379.0	/	369.6	9.18
26	额矢状弧 (n-b)	/	/	120.0	135.0	130.0	126.0	113.0	124.0	122.0	/	137.0	121.0	/	123.0	120.0	124.5	7.38
27	顶矢状弧 (b-1)	132.0	/	112.0	127.0	128.0	126.0	/	128.0	/	/	120.0	108.0	120.0	136.0	/	123.1	9.25
28	枕矢状弧 (1-o)	124.0	/	134.0	122.0	114.0	127.0	/	113.0	/	/	105.0	130.0	120.0	120.0	/	120.6	9.06
29	额矢状弦 (n-b)	/	/	108.6	122.5	114.6	/	102.5	111.8	110.8	/	123.9	109.3	/	107.8	108.6	112.0	6.65
30	顶矢状弦 (b-1)	119.8	/	101.8	114.2	115.8	111.9	/	116.0	/	/	109.4	98.5	/	121.0	/	111.1	7.58
31	枕矢状弦 (1-o)	107.1	/	112.2	100.4	97.6	102.1	/	103.6	/	/	92.8	106.8	101.8	104.7	/	102.4	5.50
43	上面弧 (fmt-fmt)	/	/	109.8	100.0	/	/	103.7	106.8	105.6	/	109.6	103.0	/	94.7	104.2	104.2	4.73
44	两眶宽 (ek-ek)	/	/	97.2	105.0	/	/	98.2	99.3	101.6	/	102.8	89.0	93.9	89.0	98.7	98.4	4.80
23	颅周长 (g-op)	/	/	530.0	537.0	538.0	/	/	510.0	/	/	519.0	491.0	/	518.0	/	520.4	16.60
24	颅横弧 (po-b-po)	314.0	/	317.0	339.0	319.0	308.0	/	311.0	/	/	336.0	306.0	/	331.0	316.0	320.3	12.20
5	颅底长 (n-enba)	/	/	104.5	107.0	100.2	/	/	105.0	/	99.5	98.0	100.0	/	97.0	102.5	101.5	3.41
40	面基底长 (pr-enba)	/	/	106.0	102.0	/	/	/	105.5	/	95.5	94.0	96.5	94.0	94.0	101.5	98.8	4.99
48	上面高 (n-pr)	/	67.7	67.0	84.3	/	/	67.5	70.0	65.6	73.3	78.2	61.2	61.7	69.6	70.5	69.7	6.52
	上面高 (n-sd)	/	70.0	71.3	87.8	/	/	69.8	72.6	67.8	75.0	80.6	63.6	64.0	70.8	74.0	72.3	6.74
45	面宽 (zy-zy)	/	/	/	142.0	/	/	/	130.5	/	/	136.0	/	/	123.5	/	133.0	7.88
46	中面宽 (zm-zm)	/	/	101.8	104.4	/	/	/	100.5	/	/	97.8	/	91.0	92.9	102.4	98.7	5.05
	鼻棘下点到中面宽之矢高	/	/	28.6	29.9	/	/	/	23.9	/	/	22.4	/	20.1	28.4	26.0	26.0	25.61
54	鼻宽	/	23.6	27.8	27.3	/	/	27.9	24.0	29.2	25.3	27.6	24.8	27.9	23.1	27.7	26.4	2.06
55	鼻高	/	49.5	52.0	60.6	/	/	50.3	52.3	53.3	52.4	56.1	51.7	48.2	53.7	51.3	52.6	3.24
SC	鼻最小宽	/	8.0	9.7	10.8	8.7	/	8.8	6.1	10.5	11.6	10.6	7.0	7.0	8.2	6.7	8.7	1.78
SS	鼻最小宽高	/	3.3	4.1	4.9	4.6	/	1.7	2.5	2.9	2.4	2.4	1.9	2.2	3.8	3.8	3.1	1.04
51	眶宽1 (mf-ek) L	/	/	43.8	45.8	/	/	42.6	44.0	43.0	44.2	45.1	43.0	42.4	39.7	42.3	43.2	1.78
	眶宽1 (mf-ek) R	/	/	46.6	44.4	/	/	43.3	43.6	44.3	/	43.2	/	43.4	40.2	41.0	43.4	1.70

续附表

马丁号	测量项目	M1(东)	M1(西)	M12(1)	M13(西)	M15	M17(西)	M18(西)	M19(1)	M19(2)	M19(5)	M21(西)	M41(东)	M42(西)	M45(东)	M48(南)	平均值	标准差
51a	眶宽2（d-ek）L	/	/	39.9	/	/	/	39.0	41.5	39.0	/	43.2	/	/	36.4	39.9	39.9	2.13
	眶宽2（d-ek）R	/	/	43.4	41.5	/	/	40.8	41.2	41.4	42.0	41.4	40.1	39.7	37.5	39.4	40.8	1.55
52	眶高L	/	/	31.9	35.3	/	/	34.6	37.4	35.3	/	38.5	/	/	34.8	37.6	35.7	2.11
	眶高R	/	/	32.4	34.2	/	/	33.4	37.2	35.6	36.0	39.0	34.5	35.6	34.0	36.2	35.3	1.85
50	前眶间宽（mf-mf）	/	/	16.0	21.5	/	/	20.0	19.0	20.4	/	22.0	/	13.7	14.8	21.5	18.8	3.14
FC	两眶内宽（fmo-fmo）	/	/	101.0	104.7	/	/	98.2	99.4	101.0	/	101.3	96.6	/	88.2	95.6	98.4	4.71
FS	鼻根点至两眶内宽矢高	/	/	10.8	19.9	/	/	16.9	13.9	19.0	/	13.2	14.4	/	17.4	12.9	15.4	3.06
60	齿槽弓长	/	54.7	60.4	60.0	/	/	/	51.2	48.0	56.9	49.6	/	46.7	52.3	57.4	53.7	4.90
61	齿槽弓宽	/	65.3	69.0	73.2	/	/	/	62.3	63.4	65.8	56.0	65.2	60.6	63.1	65.2	64.5	4.41
62	腭长	/	47.3	51.0	51.7	/	/	45.7	44.5	44.0	50.8	44.0	/	46.0	47.0	52.2	47.7	3.19
63	腭宽	/	38.5	40.3	39.4	/	/	/	35.2	38.3	37.2	36.8	37.5	34.8	36.1	42.4	37.9	2.25
MH L	颧骨高（fmo-zm）	/	50.2	47.2	50.9	/	47.8	43.0	44.5	/	/	53.2	/	/	42.5	49.5	47.6	3.70
R		/	/	45.1	52.0	/	/	/	44.4	44.6	47.6	53.2	42.0	48.2	42.2	49.4	46.9	3.87
MB L	颧骨宽（zm-rim）	/	22.5	27.0	28.8	/	28.8	19.9	23.3	/	25.6	25.7	/	25.9	24.9	23.8	25.1	2.66
R		/	/	26.1	29.4	/	/	20.4	24.0	24.6	24.8	26.0	24.4	25.7	23.4	25.0	24.9	2.17
7	枕大孔长（ba-o）	38.1	/	34.7	38.0	37.8	32.3	/	37.5	/	32.8	34.8	36.7	35.7	36.2	32.8	35.4	2.08
16	枕大孔宽（d-d）	29.4	/	32.5	30.6	28.2	29.0	/	28.5	/	27.8	29.5	27.3	28.5	29.6	27.8	29.0	1.49
	眶间宽（d-d）	/	/	20.8	/	/	/	23.0	19.6	20.4	/	22.5	/	13.7	17.8	/	19.7	3.16
DN	眶内缘鼻根突度	/	/	4.7	5.7	/	/	4.0	4.4	6.5	/	4.9	/	3.4	5.7	/	4.9	1.01
DS	鼻梁眶内缘宽矢高	/	/	10.8	/	/	/	6.3	8.7	8.9	/	7.6	/	/	9.6	/	8.7	1.56
	全面高（n-gn）	/	/	/	/	/	/	/	123.8	/	/	129.1	/	/	119.6	/	124.2	4.76
	n-rhi	/	23.1	23.2	/	/	/	21.7	25.3	27.5	/	29.8	/	22.1	24.7	/	24.7	2.80
	rhi-pr	/	46.2	45.4	/	/	/	47.7	47.2	42.2	/	50.0	/	40.7	46.3	/	45.7	2.99
	枕骨最大宽	116.2	/	109.8	112.8	110.7	106.0	/	110.5	/	/	108.0	115.8	113.3	105.1	/	110.2	3.48
8:1	颅指数	/	/	82.4	80.9	84.0	76.4	/	75.6	/	/	89.6	77.8	/	87.2	/	81.7	5.06
17:1	颅长高指数	/	/	82.4	79.8	74.0	74.7	/	80.1	/	/	83.6	77.0	/	79.0	/	78.8	3.42
17:8	颅宽高指数	102.8	/	100.0	98.6	88.2	97.8	/	105.9	/	/	93.4	98.9	/	90.6	/	96.7	5.68
48:17	垂直颅面指数	/	/	50.9	60.1	/	/	/	50.9	/	/	57.4	48.2	/	50.9	/	53.1	4.60
54:55	鼻指数	/	47.7	53.5	45.0	/	/	55.5	45.9	54.8	48.3	49.2	48.0	57.9	43.0	48.3	49.8	4.61
52:51	眶指数L	/	/	72.8	77.1	/	/	81.2	85.0	82.1	/	85.4	/	/	87.7	/	81.6	5.19

续附表

马丁号	测量项目	M1(东)	M1(西)	M12(1)	M13(西)	M15	M17(西)	M18(西)	M19(1)	M19(2)	M19(5)	M21(西)	M41(东)	M42(西)	M45(东)	M48(南)	平均值	标准差
52:51	眶指数R	/	/	69.5	77.0	/	/	77.1	85.3	80.4	81.4	90.3	80.2	82.0	84.6	81.4	80.8	5.32
52:51a	眶指数L	/	/	79.9	/	/	/	88.7	90.1	79.7	/	89.1	/	/	95.6	/	87.2	6.23
	眶指数R	/	/	74.7	82.4	/	/	81.9	90.3	86.0	85.7	94.2	86.0	89.7	90.7	85.7	86.1	5.28
SS:SC	鼻根指数	/	41.3	42.3	45.4	52.9	/	19.3	41.0	27.6	20.7	22.6	27.1	31.4	46.3	20.7	33.7	11.60
48:45	上面指数（pr）	/	/	/	59.4	/	/	/	53.6	/	/	57.5	/	/	56.4	/	56.7	2.42
	上面指数（sd）	/	/	/	61.8	/	/	/	55.6	/	/	59.3	/	/	57.3	/	58.5	2.67
63:62	腭指数	/	81.4	79.0	76.2	/	/	/	79.1	87.0	73.2	83.6	/	75.7	76.8	73.2	78.5	4.47
61:60	齿槽弓指数	/	119.4	114.2	122.0	/	/	/	121.7	132.1	115.6	112.9	/	129.8	120.7	115.6	120.4	6.42
9:8	额宽指数	/	/	70.7	67.4	59.8	/	/	67.9	/	/	67.0	68.3	/	57.6	/	65.5	4.85
40:5	面突指数	/	/	101.4	95.3	/	/	/	100.5	/	96.0	95.9	96.5	/	96.9	96.0	97.3	2.30
16:7	枕骨大孔指数	77.2	/	93.7	80.5	74.6	/	/	76.0	/	84.8	84.8	74.4	79.8	81.8	84.8	81.5	5.90
48:46	中上面指数（pr）	/	/	65.8	80.7	/	/	/	69.7	/	/	80.0	/	67.8	74.9	/	73.2	6.35
	中上面指数（sd）	/	/	70.0	84.1	/	/	/	72.2	/	/	82.4	/	70.3	76.2	/	75.9	6.16
45:05（1+8）	横颅面指数	/	/	/	85.8	/	/	/	83.5	/	/	85.4	/	/	75.0	/	82.4	5.05
17:05（1+8）	高平均指数	/	/	90.3	88.2	80.5	/	/	91.2	/	/	88.2	86.6	/	84.4	/	87.1	3.66
54:51	鼻眶指数（R）	/	/	63.5	59.6	/	/	65.5	54.5	67.9	57.2	61.2	57.7	64.3	58.2	57.2	60.6	4.19
54:51a	鼻眶指数（R）	/	/	69.7	65.8	/	/	71.5	57.8	74.9	60.2	63.9	61.8	70.3	63.5	60.2	65.4	5.48
72	面角（n-pr FH）	/	/	80.0	83.0	/	/	/	83.0	/	/	90.0	80.0	/	82.0	/	83.0	3.69
73	鼻面角（n-ns FH）	/	/	85.0	88.0	/	/	/	89.0	/	/	94.0	84.0	/	87.0	/	87.8	3.54
74	齿槽面角（ns-pr FH）	/	/	61.0	67.5	/	/	/	67.0	/	/	82.0	74.0	/	73.0	/	70.8	7.24
32	额倾角I（n-m FH）	/	/	90.0	82.0	/	/	/	82.0	/	/	87.0	89.0	/	89.0	/	83.2	7.00
	额倾角II（g-m FH）	/	/	87.0	78.0	/	/	/	74.0	/	/	82.0	84.0	/	94.0	/	86.5	3.62
	前囟角（g-b FH）	/	/	44.0	43.0	/	/	/	45.0	/	/	50.0	45.0	/	47.0	/	45.7	2.50
	鼻梁侧角（n-rhi FH）	/	/	60.0	/	/	/	/	69.0	/	/	76.0	/	/	63.5	/	67.1	6.98
	Pr-n-rhi	/	17.6	17.9	/	/	/	19.8	21.0	24.7	/	15.2	/	14.4	15.9	/	18.3	3.42
77	鼻颧角（fmo-n-fmo）	/	/	146.7	138.2	/	/	140.7	148.6	138.6	/	149.9	146.2	/	136.6	/	143.2	5.23
	颧上颌角（zm-ss-zm）	/	/	121.7	120.6	/	/	/	129.4	/	/	131.9	/	132.5	117.0	/	125.5	6.57
	上齿槽角（n-pr-ba）	/	/	70.1	69.2	/	/	/	70.3	/	/	68.6	74.9	/	70.9	/	70.7	2.23
	鼻根角（pr-n-ba）	/	/	72.8	63.2	/	/	/	71.0	/	/	63.3	68.9	/	66.4	/	67.6	3.99
	颅底角（n-ba-pr）	/	/	37.1	47.6	/	/	/	38.7	/	/	48.1	36.2	/	42.7	/	41.7	5.24

续附表

测量项目	马丁号	M1(东)	M1(西)	M12(1)	M13(西)	M15	M17(西)	M18(西)	M19(1)	M19(2)	M19(5)	M21(西)	M41(东)	M42(西)	M45(东)	M48(南)	平均值	标准差
鼻梁角	(72-75)	/	/	20.0	/	/	/	/	14.0	/	/	14.0	/	/	18.5	/	16.6	3.09
下颌髁间宽	65	/	/	/	/	136.1	121.4	/	118.4	/	/	127.2	/	/	117.1	/	124.0	7.78
下颌角间宽	66	/	/	/	/	103.7	91.4	/	100.5	/	/	96.3	91.9	/	95.4	/	96.5	4.82
颏孔间宽	67	/	/	/	50.8	45.5	47.8	/	47.8	/	46.6	45.3	50.0	48.4	44.8	46.6	47.4	1.99
下颌联合高	69	/	/	/	31.7	34.4	35.7	/	33.8	/	38.1	39.9	28.3	31.6	30.7	38.1	34.2	3.73
下颌体高I 左	MBH I L	/	/	/	28.6	/	27.0	/	29.0	/	27.8	33.9	29.6	27.7	23.7	27.8	28.3	2.68
下颌体高I 右	R	/	/	/	27.8	/	26.2	/	29.0	/	27.3	/	23.0	28.3	23.7	27.3	26.6	2.16
下颌体高II 左	MBH II L	/	/	/	28.0	/	25.8	/	29.0	/	27.2	30.6	/	27.6	26.7	27.2	27.8	1.48
下颌体高II 右	R	/	/	/	/	/	26.7	/	30.0	/	28.7	/	28.2	28.2	26.0	28.7	28.1	1.46
下颌体厚I 左	MBT I L	/	/	/	15.9	/	15.7	/	15.3	/	15.3	14.4	15.2	15.1	14.7	15.3	15.2	0.46
下颌体厚I 右	R	/	/	/	15.5	/	16.2	/	14.4	/	15.6	16.0	16.0	14.0	14.0	15.6	15.2	0.89
下颌体厚II 左	MBT II L	/	/	/	17.1	/	17.0	/	16.7	/	17.8	17.1	/	17.3	15.0	17.8	17.0	0.88
下颌体厚II 右	R	/	/	/	/	/	17.0	/	15.4	/	17.5	/	/	16.0	13.0	17.5	16.1	1.72
下颌支高 左	70 L	/	/	/	63.6	57.4	58.9	/	70.0	/	/	57.2	/	/	58.7	/	61.0	5.00
下颌支高 右	70 R	/	/	/	/	58.3	59.0	/	70.8	/	/	67.5	63.6	/	57.0	/	62.7	5.57
下颌支宽 左	71 L	/	/	/	44.9	39.2	35.0	/	43.6	/	/	/	/	/	32.1	/	39.0	5.47
下颌支宽 右	71 R	/	/	/	/	39.2	35.3	/	44.2	/	/	41.5	45.7	/	33.7	/	39.9	4.79
下颌支最小宽 左	71a L	/	/	/	38.0	32.4	30.2	/	34.6	/	32.8	34.2	36.3	33.0	26.1	32.8	33.0	3.26
下颌支最小宽 右	71a R	/	/	/	/	31.7	31.0	/	36.0	/	33.3	32.3	37.3	32.8	26.6	33.3	32.7	3.04
颏孔间弧		/	/	/	60.0	51.0	58.0	/	56.0	/	55.0	51.0	60.0	59.0	52.0	55.0	55.7	3.53

注：表中墓号前"08FX"省略。

附录二 汾阳东龙观宋金墓地出土部分瓷器的 ED-XRF分析

崔剑锋 王 俊*

一 样品以及分析方法

共分析样品 14 件，其中瓷器 13 件，澄泥砚 1 件。采用 ED-XRF 无损分析，仪器型号为日本堀场制作所(Horiba Inc.)生产的 XGT-7000 型 X 荧光显微镜。分析条件：X 入射线光斑直径：1.2mm；X 光管管电压：30kV；X 光管管电流：0.029mA；数据采集时间：150s。解谱方法为单标样基本参数法。

二 分析结果

分析结果参见表一、表二，其中表一给出的是瓷器胎体和澄泥砚的分析结果，表二是釉以及彩的分析结果。

表一 瓷器胎体和澄泥砚的化学组成（%）

		Na₂O	MgO	Al₂O₃	SiO₂	P₂O₅	SO₃	K₂O	CaO	TiO₂	MnO	Fe₂O₃
M40：6	白釉黑花盘	0.6	0.6	32.0	56.4			2.6	2.4	1.0		4.4
M34：2	褐釉碗	0.6	1.5	27.0	63.1			2.4	1.3	0.7	0.0	3.5
M44：2	白釉盘	0.8	1.5	30.3	59.4			2.7	1.1	0.9	0.0	3.2
M44：2支钉	白釉盘	0.4	1.1	40.4	55.4			0.4	1.1	0.6		0.7
M48：1	白釉碗	0.5	0.9	36.3	56.5			2.2	2.3	0.4	0.0	0.9
M48：2	白釉盘	0.5	1.0	33.0	57.5			2.6	2.1	0.4	0.0	1.1
M48：2支钉	白釉盘	0.5	1.3	35.3	56.7	0.4		1.7	2.5	0.5		1.2
M37：01	白釉碗	0.5	1.1	33.5	56.3	0.1		3.0	1.2	0.8	0.0	3.5
M48：13	青釉印花小碗	0.6	0.3	26.5	60.9			3.5	3.3	1.4		3.5
M6：1	白釉碗	0.5	1.0	39.6	56.1			1.0	0.8	0.3		0.9
M1：3	白釉碗	0.5	1.9	34.1	55.7			2.4	1.5	0.7		3.2
M3：2	黑釉兔毫盏	0.5	1.5	30.5	57.3			1.7	4.1	1.3		2.9
M48：14	茶叶末釉罐	0.5	1.8	33.0	51.9			3.3	2.1	1.3	0.1	6.0
M18：5	褐釉盏	0.7	1.9	23.6	65.1			2.6	2.8	1.0		2.3
M5：004	澄泥砚（红斑）	0.8	2.6	17.2	57.4	2.2	0.8	3.3	4.5	0.7	0.6	9.9
M5：004	澄泥砚（正面）	0.8	2.8	17.3	65.1	0.3	0.5	3.1	2.0	0.7	0.2	7.0

* 崔剑锋：北京大学考古文博学院。王俊：山西省考古研究所。

表二　瓷器釉和彩的化学组成（%）

		Na₂O	MgO	Al₂O₃	SiO₂	P₂O₅	K₂O	CaO	TiO₂	MnO	Fe₂O₃
M40：6	白釉黑花盘	0.8	0.4	15.0	73.9	0.0	3.7	4.7	0.1		1.2
M40：6（彩）	白釉黑花盘彩	0.8	0.9	15.0	70.3	0.0	3.4	4.2	0.2	0.2	5.0
M48：1	白釉碗	0.8	1.3	14.6	71.1	0.3	3.0	7.8	0.2		1.2
M48：2	白釉盘	0.8	1.9	16.2	62.8	0.3	2.5	13.6	0.2	0.1	1.5
M34：2	褐釉碗	0.7	3.4	15.2	65.3		3.6	3.3	0.7	0.1	7.8
M44：2	白釉盘	1.7	1.4	15.3	71.8		4.2	4.4	0.2		1.0
M37：01	白釉碗	0.8	2.6	12.0	68.2		2.6	6.8	0.6		6.4
M48：13	青釉印花小碗	0.8	1.6	11.9	66.4	0.5	2.7	12.1	0.2	0.1	3.6
M6：1	白釉碗	1.0	1.5	32.3	60.4		1.8	1.8	0.3		1.0
M1：3	白釉碗	0.0	1.6	16.9	70.1	0.1	4.2	4.7	0.2		2.1
M3：2	黑釉兔毫盏	0.8	2.4	13.2	66.1		2.2	7.2	0.6	0.1	7.3
M48：14	茶叶末釉罐	0.8	3.5	12.2	62.8		3.3	9.3	0.7	0.1	7.3
M18：5	褐釉盏	0.8	2.1	11.4	68.4		3.1	7.7	0.6		6.0

三　结果讨论

（一）胎分析讨论

使用统计学软件 SPSS 对胎的化学组成进行了主成分（PCA）分析，并使用第一、第二主成分绘制散点图，结果参见下图 1。

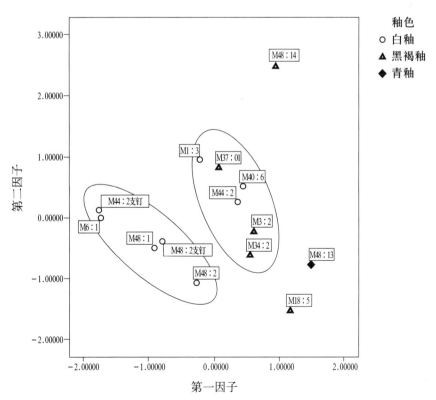

图 1　瓷器胎体主成分分析散点图

　　从图 2 中可以看出细白瓷基本聚为一组，化妆白瓷和黑褐釉瓷则聚为一组。表明这两组瓷器分别有着相似的来源或者相同的制作工艺。青釉印花小碗 M48∶13、茶叶末釉罐 M18∶14 以及黑釉兔毫盏 M3∶2 最为离散。说明这三件器物烧制所用黏土与其他不同。

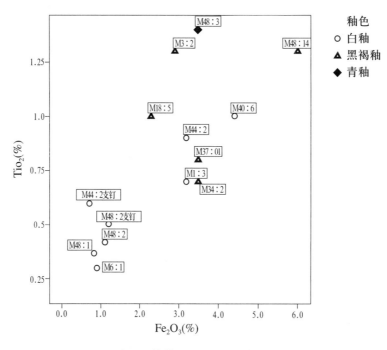

图 2　瓷器胎体的 $Fe_2O_3 -$ TiO_2 散点图

1. 白瓷

　　从分析情况看，按照胎中 Fe_2O_3 的含量，可将白瓷分为两类。除了两件支钉外，所有 Fe_2O_3 的含量接近或低于 1% 的白瓷都是细白瓷，而所有 Fe_2O_3 的含量高于 3% 的则都为化妆白瓷。同时，Fe_2O_3 含量低的白瓷，其 TiO_2 含量也较低。因此胎中铁、钛呈色元素含量可以将白瓷划分为两大系统——定窑系的细白瓷系统和磁州窑系的化妆白瓷系统[1]。需要指出的是，M44∶2 支钉所选用黏土 Al_2O_3 的含量超过 40%，Fe_2O_3 和 TiO_2 的含量则非常低，说明生产该瓷器的窑口拥有生产细白瓷的优质黏土资源，但因何却只生产化妆白瓷，可能是由于类似的资源较为稀缺或从外地进口所致。根据以前学者对北方化妆白瓷化妆土的分析，化妆土的组成往往使用白度很高的高铝低杂质的黏土，而由于此次为非破坏分析，无法直接分析化妆土的成分，但 M44∶2 支钉的成分表明支钉的制作很可能使用了化妆土相似的黏土。综上所述，汾阳东龙观的白瓷很可能主要来自两个窑口，一个窑生产不施化妆土的细白瓷，属于当时的定窑系；而另一窑口则生产磁州窑系的主要产品，包括化妆白瓷和白釉褐彩或者黑彩瓷。

　　上述两类白瓷的共有特点是胎中 Al_2O_3 的含量都超过 30%，部分超过 35%，其中一件白瓷小碗的 Al_2O_3 的含量达到 39%，这类高铝低硅质的煤系沉积高岭土盛产于山西各地。因此到了宋元时期，山西各地生产瓷器的窑口已经相当多[2]。其中以生产细白瓷为主的窑口包括平定窑和霍州

　　①李国桢、诸培南：《山西古代白瓷的研究》，《硅酸盐通报》1987 年第 5 期。
　　②李家治：《中国科学技术史·陶瓷卷》第 179 ～ 181、411 ～ 415 页，科学出版社，1998 年。

窑等；而以生产化妆白瓷为主的窑口则有浑源窑、介休窑、八义窑等[①]。由于迄今为止，对产品进行化学分析的山西窑口数量非常少，目前仅见的有浑源窑、介休窑、平定窑和霍窑等少数几个知名窑口，且所分析瓷片数量也非常之少，每个窑所见数据仅为3～4片，大部分发表的数据又都属于唐至五代的早期产品。这给使用化学组成分析判断这些瓷器的窑口增添了困难。但仅就目前发表的数据看来，细白瓷的化学组成很接近已经发表的元代霍窑白瓷的分析结果[②]，因此这些细白瓷可能是霍窑生产的。而化妆白瓷的对比结果则显示，已经发表的山西诸窑口生产的化妆白瓷或白釉黑褐彩瓷的胎体中 Al_2O_3 的含量极少有超过 30%[③]，因此目前不能判断这些化妆白瓷的生产窑口。需要指出的是，不排除同一窑既烧造细白瓷又烧制化妆白瓷的可能，这样这些瓷器有可能来自同一窑。例如最近的考古发掘表明，定窑在早期时既生产细白瓷也生产化妆白瓷。而我们此次分析的 M44：2 也说明，生产化妆白瓷的窑口也具备生产细白瓷的原料，这样我们不能够排除这两类瓷器来自同一窑口的可能。如果如此，目前经过化学分析的具有如此生产规模的窑口只有霍窑一处。若果如此，则表明当时的窑工对待原料的选择已经非常明确，生产化妆白瓷和黑褐釉瓷选用较为粗质的原料，而细白瓷则使用化妆土所用的精致黏土。同时，一个窑可以使用不同原料生产不同系统的瓷器，说明当时山西窑业非常发达。

综上所述，两类白瓷分属当时北方两大制瓷工艺系统——定窑系和磁州窑系。细白瓷的可能来自霍窑，而化妆白瓷目前尚不能确定窑口。若想完全理清这些瓷器窑口的方法只有扩大调查采集和分析山西诸窑口产品，建立更广泛的山西各窑口生产瓷器的数据库。

2. 其他瓷器

统计分析结果表明，大部分黑褐釉瓷和化妆白瓷的生产窑口相同，因此目前为止尚不能确定它们的窑口。也有可能和细白瓷都来自同一窑口。M48：14 茶叶末釉罐的成分比较特殊，其胎体 Fe_2O_3 的含量超过 6%，使得胎体呈现褐色，但其他元素组成和主要的化妆白瓷和黑褐釉瓷比较接近，因此可能在制作时没有特别精细的淘洗黏土，导致 Fe_2O_3 的含量增高，或者为了釉的效果，故意提高了胎料中 Fe_2O_3 的含量。据此，目前不能够判断该罐是否和别的黑褐釉产地不同。

M18：5 褐釉盏的成分最为特殊，单从分析结果看，和上述已经发表的山西诸窑口的化妆白瓷或黑褐釉瓷都不相同，据此可以判断，这件盏的来源和其他瓷器的完全不同，可能是当地土窑的产品，具体烧制窑口需要更多的数据积累才能确定。

M48：13 青釉印花小碗的成分也与其他瓷器的完全不同，因此其来源和其他瓷器也完全不同。根据瓷器的风格，发掘者判断其为耀州窑生产的青釉刻花碗，成分分析结果也表明这件瓷器和耀州窑宋代、元代的胎、釉结果都很接近[④]，因此这件瓷器应是耀州窑的产品，通过某种方式到达汾阳市场。

---

① 秦大树：《宋元明考古》，文物出版社，2000 年。
② 郭演仪、张志刚、陈士萍、李国桢、李德金：《元代霍窑白瓷的研究》，《'99 古陶瓷科学技术国际讨论会论文集》，上海科学技术文献出版社，1999 年。
③ 李国桢、诸培南：《山西古代白瓷的研究》，《硅酸盐通报》1987 年第 5 期。张志刚、李家治、孟耀虎、任志录：《山西省八义窑金代彩瓷研究》，《'99 古陶瓷科学技术国际讨论会论文集》，上海科学技术文献出版社，1999 年。李家治：《中国科学技术史·陶瓷卷》，科学出版社，1998 年。张福康：《长治东山窑和磁州窑白釉黑彩瓷的研究》，《'99 古陶瓷科学技术国际讨论会论文集》，上海科学技术文献出版社，1999 年。
④ 李国霞、赵维娟、张斌等：《古耀州青瓷釉原料产地、着色机理和烧制技术研究》，《'05 古陶瓷科学技术国际讨论会论文集》，上海科学技术文献出版社，2005 年。

（二）釉的分析讨论

从图 3 可以看到，按照助熔剂的种类，这批瓷器的釉可以分为两个种类，CaO 小于 5% 的样品，都属于钙碱釉类，而大于 5% 的则都属于钙釉。此外黑釉的主要助熔剂还包括 Fe_2O_3。

根据以上分类，细白瓷 M48∶1 和 M48∶2 都属于高温钙釉瓷，而其他白瓷则都属于钙碱釉瓷。这也是比较特殊的，说明 M48 的两件细白瓷和其他细白瓷的生产工艺不同，说明这两件白瓷可能和其他细白瓷的生产批次不同，或者不是同一窑口所产。目前已知的北方宋金时期细白瓷釉以钙碱釉为主，只有早期如唐至五代的部分细白瓷使用钙釉。保留有早期白瓷制作工艺的窑口比较特殊，这是值得我们以后研究注意的地方。

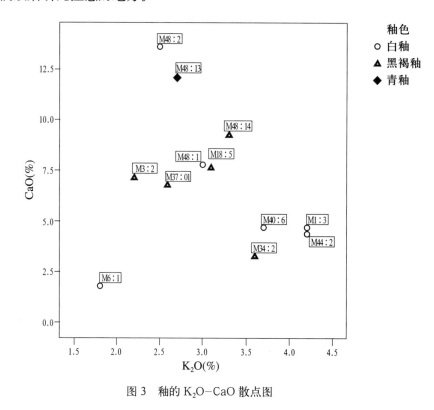

图 3　釉的 K_2O-CaO 散点图

从分析结果看，青釉、黑褐釉以及黑彩的呈色元素都是 Fe，只是青釉的 Fe_2O_3 含量要比黑釉低得多，可低 1 倍左右。

M48∶14 茶叶末釉罐的釉中 MgO 含量高达 3.5%，这是茶叶末釉颜色形成的主要原因，以前的研究表明，茶叶末釉是由于釉中的 MgO 和黏土以及 Fe_2O_3 高温反应形成了辉石结晶，而形成不同颜色的茶叶末釉[1]。

（三）关于澄泥砚

澄泥砚的分析显示制作该器物的黏土是易熔黏土，这类黏土是古代制细泥陶、瓦当等的最主要原料，主要是河床沉积土、红黏土等黏性较大、含沙量低的黏土[2]。此类黏土在我国各地均

---

① 张福康：《中国古陶瓷的科学》第 90 页，上海人民美术出版社，2000 年。
② 周仁、张福康、郑永圃：《我国黄河流域新石器时代和殷周时代制陶工艺的总结》，《考古学报》1964 年第 1 期。

有产出，因此其产地不能确定，很有可能就是砚台所自标的产地。而砚台上的红斑并未测出朱砂所含的 Hg 元素，红斑与其他部位的元素差异是 Fe_2O_3 含量显著偏高，这表明红斑可能是极细的赭石（赤铁矿、Fe_2O_3）颗粒，因此所谓"丹粉"可能指的是黏土中的赭石含量较高。澄泥砚的表面还检测出了很高的 P 和 S 等与有机物相关的元素，表明砚台制作时经过烟熏或其他处理使得表面变黑。

四　结论

根据上述分析结果，可以得到以下初步结论：

东龙观白瓷可以分为两大类，细白瓷和化妆土白瓷，这两大类白瓷代表了当时北方制瓷工艺的两大传统窑系：定窑系和磁州窑系。从分析结果看，细白瓷的成分和已经发表的元代霍窑细白瓷的成分接近，说明细白瓷可能来自霍窑；化妆白瓷和大部分黑褐釉的来源目前尚不能确定，但可以知道的是山西在宋元时期有很多生产类似瓷器的窑口，因此这些瓷器在山西省内生产的可能性非常大，而更明确的结论则需要对山西诸窑口宋元瓷器的化学成分进行普遍分析，积累数据库后方能得出。一件褐釉盏（M18：5）的成分分析显示其可能来自本地，但和其他褐釉瓷器不是一个窑口烧制的。青釉印花小碗（M48：13）则和耀州窑宋元青瓷的胎釉成分十分接近，因此该碗应是耀州窑生产的无疑。

白瓷釉的种类也有两类：钙釉和钙碱釉。而 M48 两件细白瓷均采用钙釉这种早期白釉配方是值得注意的方面。青釉和黑褐釉的呈色元素都是 Fe_2O_3，一件茶叶末釉的 MgO 含量高达 3.5%，是形成茶叶末釉色的主要原因。

澄泥砚由普通制作细泥陶的原料制作，其中的红色斑点主要是含有较高的赤铁矿等矿物，其外表可能经过烟熏等变黑处理。

附录三 汾阳东龙观宋金壁画墓壁画颜料分析检测报告

崔剑锋 王 俊*

分析方法：XRF 成分分析，激光拉曼光谱。

仪器

XRF：日本 Horiba（堀场）公司的 XGT-7000 能量色散 X 荧光光谱显微镜对这些颜料样品进行了无损半定量分析。

分析条件：X 光管电压，30kV；管电流，1mA；采谱时间，150 秒；每次分析采谱 2～3 次，取平均值。结果归一化。

激光拉曼光谱：Thermo Nicolet Almega 型显微共聚焦激光拉曼光谱仪

分析条件：长焦物镜 50 倍，10 倍；激光器波长：532nm,780nm

其他测试条件参见附图。

1. 08FXM5-1黑色颜料

XRF 分析结果见表一。

表一 08FXM5-1黑色颜料XRF分析结果

MgO	Al_2O_3	SiO_2	CaO	TiO_2	Fe_2O_3	SrO
3.55	3.88	15.6	73.55	0.22	3.15	0.05

XRF 结果未分析出显色物相的组成，只表明地仗层应该为 CaO 或者 $CaCO_3$。说明黑色颜料可能为有机物，最大可能是墨（炭黑）。

激光拉曼分析结果见图1及彩版二〇〇，1。

拉曼结果证实了 XRF 分析的结果，显示出黑色颜料应为墨（炭黑），而白色地仗层为白灰。

2. 08FXM5-2白色颜料

XRF 分析结果见表二。

表二 08FXM5-2白色颜料XRF分析结果

Al_2O_3	SiO_2	K_2O	CaO	TiO_2	MnO	Fe_2O_3
7.57	20.9	0.28	66.11	0.29	0.08	1.82

XRF 的分析结果表明，白色颜料的主要氧化物为 CaO，说明主要显色物相为 CaO（熟石灰）

* 崔剑锋：北京大学考古文博学院。王俊：山西省考古研究所。

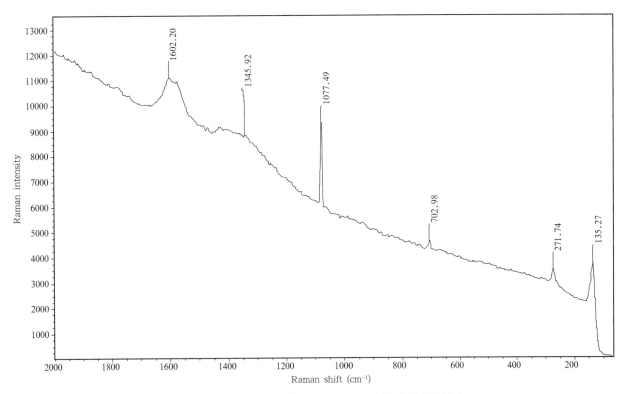

图1　08FXM5-1黑色颜料分析区域激光拉曼谱图
（激光器波长：532mm；能量：40%）

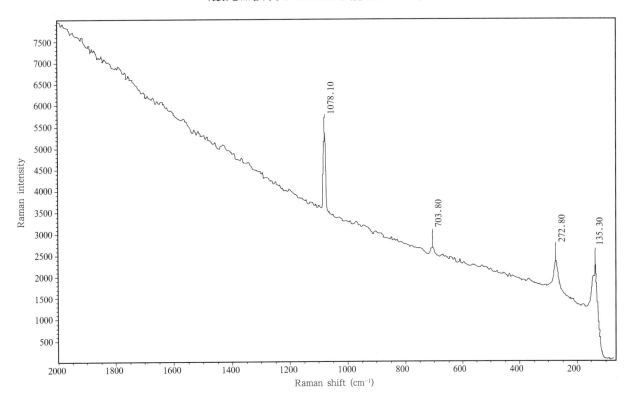

图2　08FXM5-2白色颜料分析区域激光拉曼谱图
（激光器波长：532mm；能量：50%）

或者 $CaCO_3$（生石灰），同时含有少量的砂或者黏土。与黑色颜料地仗层的化学组成相似。

激光拉曼分析结果见图 2 及彩版二○○，2。

激光拉曼光谱分析结果解谱后显示白色物相主要为 $CaCO_3$（碳酸钙），即生石灰。

3. 08FXM5-3黄色颜料

XRF 分析结果见表三。

表三　08FXM5-3黄色颜料XRF分析结果

Al_2O_3	SiO_2	P_2O_5	K_2O	CaO	TiO_2	Fe_2O_3
8.66	27.46	0.08	0.71	51.85	0.7	7.98

XRF 分析结果表明黄色颜料并无明显显色物相，与地仗层以及白色颜料相同，含有大量的 CaO。同时 Fe_2O_3 含量相对较高，表明黄色颜料可能是白色颜料羼入少量红色颜料铁红 Fe_2O_3 后形成的。

激光拉曼分析结果未检出明显显色物相。

4. 08FXM5-4红色颜料

XRF 分析结果见表四。

表四　08FXM5-4红色颜料XRF分析结果

Al_2O_3	SiO_2	K_2O	CaO	TiO_2	MnO	Fe_2O_3
10.82	16.9	0.32	39.35	2.25	0.21	28.83

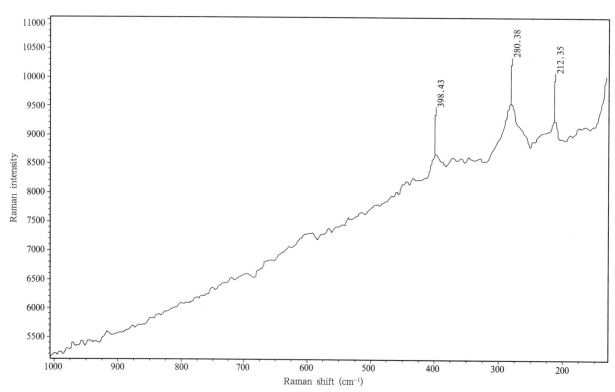

图 3　08FXM5-4红色颜料分析区域激光拉曼谱图
（激光器波长：780mm；能量：100%）

XRF 分析结果表明红色颜料含有大量的 Fe_2O_3，说明红色的显色物相为铁红。其中较多的 CaO 为地仗层的主要元素。

激光拉曼分析结果见图 3 及彩版二〇〇，3。

解谱结果表明红颜料为典型的 Fe_2O_3（铁红）。

5. 08FXM34-5红色颜料

XRF 分析结果见表五。

表五　08FXM34-5红色颜料XRF分析结果

Al_2O_3	SiO_2	SO_3	K_2O	CaO	TiO_2	MnO	Fe_2O_3	CuO	HgO	PbO
9.65	38.73	7.17	1.52	6.06	0.7	0.1	5.7	0.03	28.96	1.39

XRF 分析结果表明，08FXM34-5 红色部分 Hg 和 S 的元素含量明显偏高，据此说明红色颜料可能使用了 HgS，即朱砂。

激光拉曼分析结果见图 4 及彩版二〇〇，4。

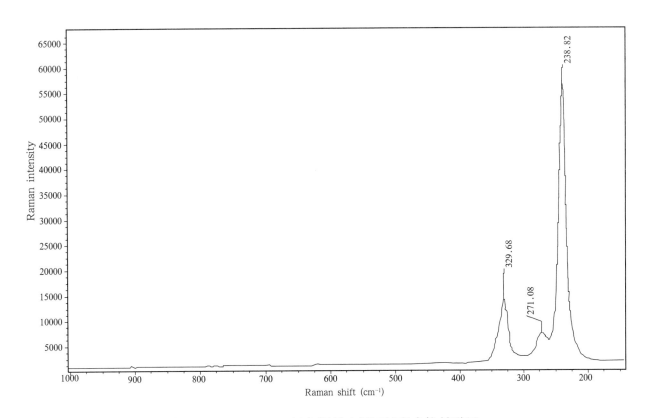

图 4　08FXM34-5 红色颜料分析区域激光拉曼谱图
（激光器波长：780mm；能量：16%）

激光拉曼解谱结果表明红色呈色物相确为朱砂（HgS）

6. 结论

颜料分析结果见表六。

表六　颜料分析结果

样品名称	颜色	分析结果	备注
08FXM5-1	黑色	炭黑+白灰	
08FXM5-2	白色	白灰	
08FXM5-3	黄色	白灰+少量铁红	激光拉曼未检出明显呈色物相
08FXM5-4	红色	铁红	
08FXM34-5	红色	朱砂	

后 记

本次发掘领队为王俊，参加发掘人员有畅红霞、邢晋中、张银才、杨志宏、廉玉龙、贾有林、马泉、吕剑飞、马洪等，毕德群参加了部分钻探工作。现场壁画临摹、遗迹图由畅红霞主绘，技工配合绘制。墓地、墓葬的平面图、全站仪测绘工作是由廉玉龙、张王俊、杨志宏、马泉、贾有林、张银才等完成。摄影工作主要是由王俊完成，部分由畅红霞完成。

室内整理工作由王俊主持，参加人员有畅红霞、张光辉、杨志宏、王鹏等。器物图草绘由畅红霞、张银才、廉玉龙、杨志宏完成，线图清绘由畅红霞主笔，其中人物服饰线图由耿鹏完成，器物拓片由张银才、贾有林完成。器物修复由梁苏红完成。器物摄影由王俊完成。

本报告由王俊执笔完成。北京大学考古文博学院秦大树先生审定了报告中的瓷器部分。中央民族大学黄义军教授翻译了英文提要。西北大学文化遗产学院陈靓副教授完成人骨鉴定工作报告。北京大学考古文博学院科技考古教研室崔剑锋博士完成壁画颜料成分及瓷器成分鉴定分析报告。

这次发掘工作得到了山西省考古研究所宋建忠所长、海金乐副所长、马昇副所长的大力支持，也得到了考古界很多同仁的热忱关心。山西省文物局宁立新副局长、文物处董养忠处长亲临工地现场指导文物保护工作。汾阳市原市长刘广龙先生对发掘现场的保护起了决定性作用，汾阳市副市长雷正雄先生在发掘期间积极斡旋，多次到工地慰问。汾阳市文化局老局长、书协主席武毓璋先生为本书题写书名。

在本报告即将付梓之际，首先要感谢国家文物局、山西省文物局、汾阳市人民政府、汾阳市文物旅游局等各级领导的大力支持与协助。中国社会科学院考古研究所徐光冀先生、中国国家博物馆信立祥先生，他们对工地发掘、保护起了关键性的作用。另外，浙江大学文化遗产研究院的李志荣先生在仿木建筑构件定名给予了无私的帮助和指导。感谢中国社会科学院文学研究所扬之水先生、北京大学考古文博学院秦大树先生与山西省考古研究所合作，成功地完成了大型公众考古活动——"走近考古，步入宋金"。最后，还要感谢汾阳市文物局的各位同仁，特别是汾阳市道教学会副会长任汝平先生为明堂研究给予了很多指导。汾阳市文物旅游局局长韩守林、副局长包金泉、博物馆馆长王仲璋等先生，他们是保障发掘、整理工作顺利进行的最基层的生力军。

在此，对以上所有提供帮助的诸位先生及同仁表示衷心的感谢！

王 俊

2010 年端阳节于汾阳关帝庙初稿

2011 年大雪纷飞之际二校完成

2012 年小满时节终校完成

Abstract

From June to September in the year of 2008, an archaeological field work cooperated with the construction of Grade-I highway from Fenyang to Xiaoyi in Shanxi province was carried out along the line by Shanxi Provincial Institute of Archaeology. Forty eight tombs dated from Tang to Qing Dynasty have been excavated, among which the family cemeteries of Song, Jin and Yuan, located to the northwest of Donglongguan village, are of the most important findings.

Twenty-seven tombs have been excavated at Donglongguan cemetery. Sixteen of them are made of brick and eleven are earthen catacomb tombs（土洞墓）. A large amount of twice burials（二次葬）were found here as well as a small number of relocated burials（迁葬）. In most brick tombs, bodies of the tomb occupants were generally arranged in the supine position, with straight limbs while some remain unknown because of robbing or disturbing, and a handful of tomb owner were cremated. Most catacomb tombs are joint burials and the owners were interred in supine position, with straight limbs. Only in two tombs, the bodies of the occupants lay in the prostrate position, with bent limbs.

With an area of 7.45 square meters, Tomb No. 48 has a stepped tomb passage on the east, a gate with arched roof and a chamber of octagonal plane. With the coffin already rotten away, a coffin platform was found in the chamber, on which three bodies were buried, all with their heads pointing westward and one body arranged in the supine position, with straight limbs. Two occupants were twice buried and the third was cremated. The tomb chamber has the brick architecture mimic wood structure with colorful paintings. On the corners are simplified columns, between which interlaced doors and windows. The tomb gate was arranged on the east wall and a brick lamp carved on the north-east wall, while scissors, ruler, pot and iron were sculptured on the south-east wall.

Twenty one in total, funerary objects were unearthed from Tomb No. 48, containing a cuboid Sancai ceramic pillow, green-glazed small bowls fired at Yaozhou Kiln, white-glazed bowls and dishes, iron ox and pipe, earthen spirit jars, pillows made of clay and bronze hairpin and so forth.

An octagonal brick with 地 心 戊 己 inscriptions on the center was found to the north of the tomb passage, preliminary judged as Mingtang of Wu or Zhou family graveyard. Based on the tomb structure and burial goods, Tomb No. 48 is dated to late Northern Song.

With an area of 7.84 square meters, Tomb No. 5 has a stepped tomb passage on the north, a brick loft-styled gate mimic wood architecture and a chamber of octagonal plane. A high brick coffin platform was built in the tomb chamber. Judged from the remains, three bodies were buried in separate coffins, already rotten away. The dead were arranged in supine position, with straight limbs and some of them might be twice buried. On the northern wall of the chamber, there are pictures drawn on a layer of white powder depicting the images of a couple, the tomb occupants, and their waiter or waitress, as well as the pictures of "Tea and Wine" （茶酒位） and "Kitchen for Buddhist Monks " （香积厨） on each side.   On the east and west walls are pictures describing exchanging Jiaochao (paper currency) and images of doors. Pictures depicting a women opening the door as well as dog and cat were seen respectively on the south-west and south-east walls. The tomb gate was open on the south wall, on each side of which waiters holding something were painted. On the wall of tomb corridor stood two door spirits with swears in hands.

Fifteen funerary goods were excavated from Tomb No. 5, containing two white glazed bowls, one green-glazed pillow, six earthen spirit objects, an iron ox and round coffin handle as well as a land-purchase contract which clearly told the date of the tomb as the Fourth Year of Mingchang of Jin Zhangzong's Reign, that is, the year of 1193.

In addition, an earth pit was discovered on the east side of the tomb passage, which is deemed to be the Mingtang of the Wang family graveyard. In the pit, from top to bottom are the brick land-purchase contract of Tomb No. 5, a brick "Map of Graveyard" and a pottery jar. With the side of inscriptions facing down, the land-purchase contract has the same content as the one found inside Tomb No.5 which dated the Fourth Year of Ming Chang, Jin Zhangzong's reign. On the brick a map of graveyard, Dixin (Ground Center), Bagua (the Eight Diagrams), Tiangan (the Ten Heavenly Stems), Dizhi (the Twelve Terrestrial Branches), 尊穴 (pit of dignity), 次穴（secondary pit) and 卑穴（humble pit） were labeled respectively according to their locations. The pottery jar contains an inkstand made of fine clay produced in Zezhou (present Jincheng, Shanxi), over one hundred clay coins, carbonized ink sticks and so on. The structure of Mingtang tallies with what Su Bai described in his famous work "Baisha Song Tombs" and has provide material evidence for the records in some historical literatures of Tang, Song and Jin, such as Di Li Xin Shu, Da Han Yuan Ling Mi Zang Jing and Zang Lu. The Mingtang of Tomb No. 5 is the Dixin (Ground Center) of Wang family graveyard, whose map has revealed the rank and relative locations of Tomb No. 2-3 and Tomb No. 5-6. According to the map, Tomb No. 2 should be the pit of dignity, while Tomb No. 5 is the secondary and Tomb No. 6 might be the pit for the humble one.

Six tombs of early or middle Tang were excavated at Xilongguan cemetery. At the north section of Tuancheng cemetery four tombs were unearthed, dated to Qing (Tomb No. 35-36) and Yuan (Tomb No. 37-38). At the southern section of Tuancheng cemetery eleven tombs have been found, dating respectively to Tang (Tomb No. 24-27) , Yuan (Tomb No. 28-31), Ming (Tomb No. 34) and Qing Dynasty (Tomb No. 32-33).

Judged from the number and the intensity of tombs of Song, Jin and Yuan, Donglongguan cemetery should include two family graveyards. The tombs at the northern section of the cemetery were thought to belong to family Wu or family Zhou, which consists of Tomb No. 48, Tomb No.1 and Tomb No. 39-46. The group at the southern section may be of Family Wang, including Tomb No. 2-6, Tomb No. 12-20 and so forth. But the owners of Tomb No. 21-22 still remain uncertain Based on the funeral porcelains or potteries as well as the style of tomb architecture, Tomb No. 48, the earliest tomb at the cemetery, was dated to Late Northern Song and Tomb No. 1 was dated to the period from the end of Northern Song or the beginning of Jin. Tomb No. 2-5 are early Jin (From Zhenglong to Mingchang Reign), and Tomb No. 6 is dated to late Jin. Tombs to the south of Tomb No. 12 are dated to the period from Jin to Yuan Dynasty.

The finds of tombs and the Mingtang are of great importance for the study of funerary system, burial custom and the circulation of porcelains in Shanxi in the period of Jin and Yuan. For the first time in China, Mingtang has been proved to be the precondition for location of the graveyard and of particular significance for the research of burial culture. Jinzhong (Central Shanxi) basin area, with Fenyang, Pingyao, Jiexiu and Xiaoyi as its centers already formed their own regional tomb style in Song and Jin period, different from that of southern Shanxi (with Houma and Jishan as its centers), South-eastern Shanxi (with Changzhi as its center) and Northern Shanxi (with Shuoxian as its center) . The regional style of central Shanxi has three characteristics. First, either the decoration or the architecture is relatively rough and simple, without the heavy-coated brick brackets. Second, with dominated spirit jars, there is a distinctive assembly among the funerary objects. Third, mural pictures and brick sculptures were simultaneously applied in the tomb, with a mature technique and diversified artistic expressions. Fourth, the tomb mural depicting the exchange of Jiaochao (paper currency) is of an epoch-making significance for the study of financial and monetary history in the period of Song and Jin and even helps to promote the research of the early history of business of Jin (Ancient Shanxi) merchants.

1. M48 全景

2. M48 封门

3. M48 封门上的字

1. M48 土圹与墓顶

2. M48 墓室（俯视）

1．M48 墓室（西－东）

2．M48 墓室（东－西）

3．M48 墓室（东－西）

1. M48 墓室（南－北）

2. M48 墓室（北－南）

彩版四　M48 墓室

1. M48 墓室（东北－西南）

2. M48 墓室（东南－西北）

3. M48 墓室（西南－东北）

彩版五　M48 墓室

彩版六　M48 东壁墓门

彩版七　M48 东南壁

彩版八　M48 南壁

彩版九　M48 西南壁

彩版一〇　M48 西壁

彩版一一　M48 西北壁

彩版一二　M48 北壁

彩版一三　M48 东北壁

1．M48 东南壁壁画局部

2．M48 东南壁壁画局部临摹图

彩版一四　M48 东南壁壁画

1. M48 东北壁檠灯

2. M48 斗栱

彩版一五　M48 檠灯与斗栱

1. M48 斗栱

2. M48 栱眼中牡丹花

彩版一六　M48 斗栱及壁画

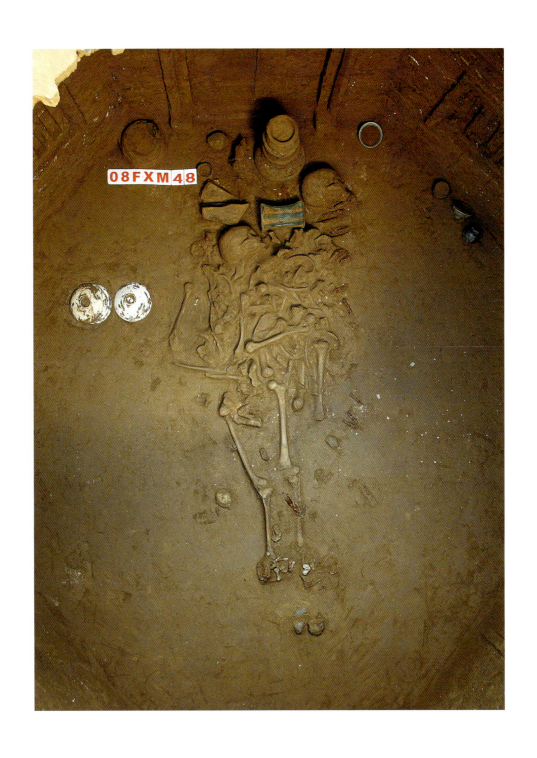

彩版一七　M48 墓室局部（俯视）

1. M48 黄绿釉方形枕出土情况

2. M48 瓷器出土情况

彩版一八　M48 出土遗物

1．M48 明堂   2．M48 明堂

3．M48 明堂细部

1. 陶明器 M48：6、12、15、17

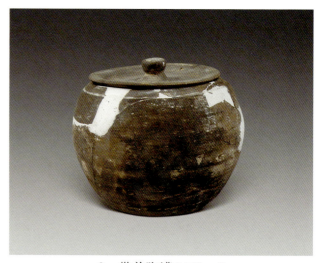

2. 带盖陶罐 M48：5

3. 陶魂瓶 M48：9

4. 泥枕 M48：7

5. 铁牛 M48：8

彩版二〇　M48 出土遗物

1．地心砖 M48：001、002

2．地心砖 M48：002

3．地心砖 M48：002 局部

4．条砖

5．子母砖

6．方砖

彩版二一　M48 出土遗物

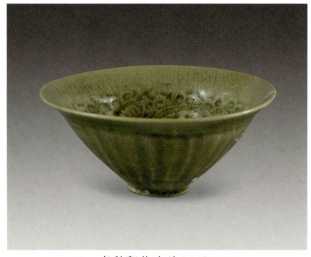

1．青釉印花小碗 M48：11

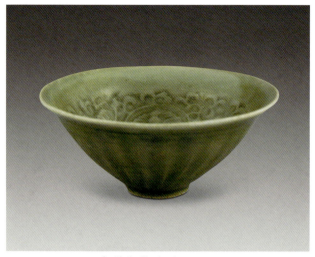

4．青釉印花小碗 M48：13

2．青釉印花小碗 M48：11 内壁局部

5．青釉印花小碗 M48：13

3．青釉印花小碗 M48：11 外底

6．茶叶末釉罐 M48：14

彩版二二　M48 出土瓷器

1. 白釉碗 M48：1

4. 白釉碗 M48：01

2. 白釉碗 M48：1 内底

5. 白釉碗 M48：01 内底

3. 白釉碗 M48：1 外底

6. 白釉碗 M48：01 外底

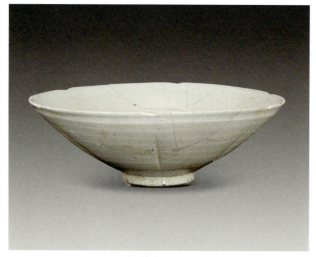

1. 白釉碗 M48：4

4. 白釉盘 M48：2

2. 白釉碗 M48：4 内底

5. 白釉盘 M48：3

3. 白釉碗 M48：4 外底

6. 白釉盘 M48：3 外底

彩版二四　M48 出土瓷器

1. 黄绿釉方形枕 M48∶10

2. 黄绿釉方形枕 M48∶10 侧面

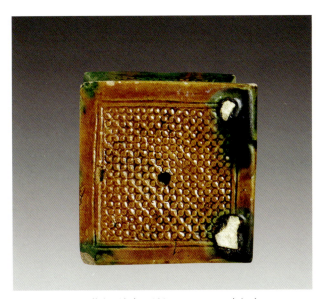

3. 黄绿釉方形枕 M48∶10 侧面

彩版二五　M48 出土瓷枕

1. M1 全景

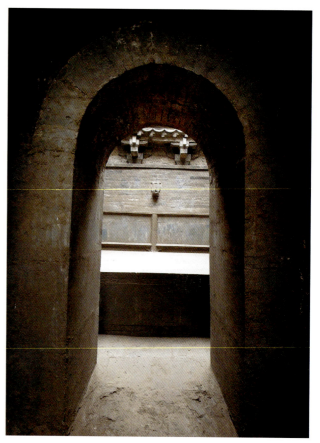

2. M1 墓门（由外向内）

彩版二六　M1

1. M1 土圹

2. M1 墓顶

彩版二七　M1 土圹与墓顶

1. M1 墓室（俯视）

2. M1 棺床（正视）

彩版二八　M1 墓室

1. 北壁（仰视）

2. 东壁（仰视）

彩版二九　M1 墓室

1. 南壁（由内向外）

2. M1 西壁（仰视）

彩版三〇　M1 墓室

1. M1 灯台

2. M1 棺床局部

3. M1 柱头铺作

4. M1 补间铺作

彩版三一　M1 墓内砖雕

1. M1 转角栱

2. M1 补间铺作之一

3. M1 补间铺作之二

彩版三二　M1 斗栱

1. 陶明器 M1：1、2、5、6、14、16

2. 带盖陶罐 M1：14

3. 陶魂瓶 M1：4

4. 铁牛 M1：18

5. 玻璃耳环 M1：7、8

彩版三三　M1 出土遗物

1. 白釉碗 M1：3

4. 白釉碗 M1：12

2. 白釉碗 M1：3 内底

5. 白釉碗 M1：12 内底

3. 白釉碗 M1：3 外底

6. 白釉碗 M1：12 外底

彩版三四　M1 出土瓷器

1. 白釉碗 M1：10

4. 白釉碗 M1：21

2. 白釉碗 M1：11

5. 白釉碗 M1：21 内底

3. 白釉碗 M1：19

6. 白釉碗 M1：21 外底

彩版三五　M1 出土瓷器

1. 白釉碗 M1：22

2. 白釉碗 M1：22 内底

3. 白釉盘 M1：13

4. 白釉盘 M1：13 外底

5. 白釉盘 M1：15

6. 白釉盘 M1：20

彩版三六　M1 出土瓷器

1. 白釉黑花腰圆形枕 M1：17

2. 白釉黑花腰圆形枕 M1：17

3. 白釉黑花腰圆形枕 M1：17 底部

1. 三彩腰圆形枕 M1：9

2. 三彩腰圆形枕 M1：9

3. 三彩腰圆形枕 M1：9 侧面

彩版三八　M1 出土瓷枕

1. M40 全景

2. M40 墓室

彩版三九　M40

彩版四〇　M40 墓室（俯视）

1. 陶砚 M40：2

2. 陶砚 M40：2 底部

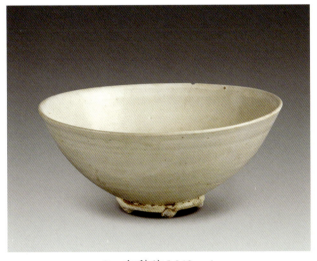

3. 白釉碗 M40：1

4. 白釉钵 M40：3

5. 白釉黑花盘 M40：6

6. 白釉黑花盘 M40：6

彩版四一　M40 出土遗物

1. 白釉黑花腰圆形枕 M40：4

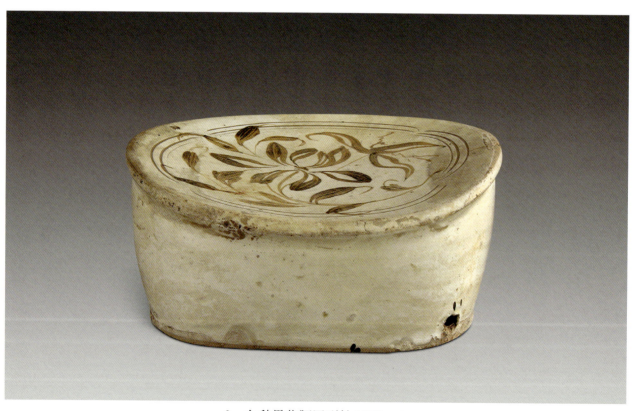

2. 白釉黑花腰圆形枕 M40：4

彩版四二　M40 出土瓷枕

1. 白釉黑花加彩腰圆形枕 M40：5

2. 白釉黑花加彩腰圆形枕 M40：5

彩版四三　M40 出土瓷枕

1. M41 全景

2. M41 墓室

1. 白釉碗 M41：1-2

2. 白釉盘 M41：1-1

3. 白釉黑花腰圆形枕 M41：2

4. 白釉黑花腰圆形枕 M41：2 粘釉

彩版四五　M41 出土瓷器

1. 白釉黑花腰圆形枕 M41 : 2

2. 白釉黑花腰圆形枕 M41 : 2 底部

彩版四六　M41 出土瓷枕

1. M42 全景

2. M42 墓室

彩版四七　M42

1. M42 瓷器出土情况

4. 白釉盘 M42：2-1

2. 白釉碗 M42：2-2

5. 白釉钵 M42：3

3. 白釉碗 M42：2-2 外底

6. 白釉钵 M42：3 外底

彩版四八　M42 出土瓷器

1. 白釉黑花腰圆形枕 M42：1

2. 白釉黑花腰圆形枕 M42：1

彩版四九　M42 出土瓷枕

1. M43 墓室

2. 白釉剔花腰圆形枕 M43：01

彩版五○ M43 墓室及出土瓷枕

1．M44 全景

2．M44 墓室

1. M44 墓道中的人骨

2. M44 甬道中人骨和随葬品

1. 白釉碗 M44：3

4. 白釉盘 M44：2 外底

2. 白釉盘 M44：2

5. 白釉钵 M44：1

3. 白釉盘 M44：2 内底

6. 白釉钵 M44：1 外底

彩版五三　M44 出土瓷器

1. M45 全景（东南－西北）

2. M45 墓室（东－西）

彩版五四　M45

1. M45 墓室局部（南－北）

2. 白釉碗 M45：3

4. 白釉碗 M45：01

3. 白釉碗 M45：3 外底

5. 白釉碗 M45：03

彩版五五　M45 出土瓷器

1. 白釉碗 M45：02

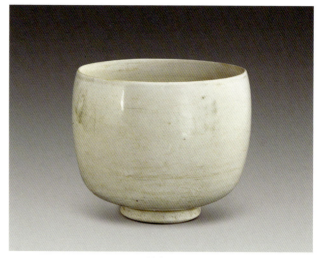

4. 白釉钵 M45：1

2. 白釉碗 M45：02 内底

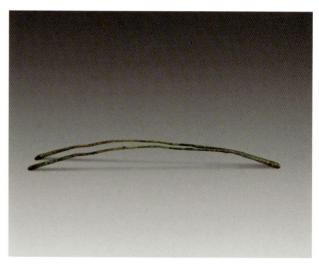

5. 铜钗 M45：4

3. 白釉碗 M45：02 外底

彩版五六　M45 出土遗物

1. 白釉黑花加彩腰圆形枕 M45：04

2. 白釉黑花加彩腰圆形枕 M45：04

彩版五七　M45 出土瓷枕

1. 白釉黑花腰圆形枕 M45：2

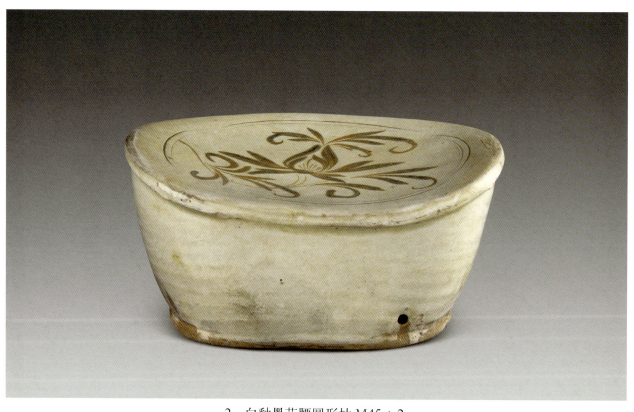

2. 白釉黑花腰圆形枕 M45：2

彩版五八　M45 出土瓷枕

1. M46 全景

2. 白釉碗 M46：01

3. 白釉盘 M46：02

彩版五九　M46 及出土瓷器

1. M2 全景

2. M2 墓道

彩版六〇　M2

1. M2 土圹与墓顶

2. M2 墓室（俯视）

彩版六一　M2

1. M2 封门

2. M2 墓门（由内向外）

彩版六二　M2 墓门

彩版六三　M2 东壁（由外向内）

彩版六四　M2 东壁（墓门）

彩版六五　M2 东南壁局部

彩版六六　M2 南壁局部

彩版六七　M2 南壁"妇人启门"

彩版六八　M2 西南壁

1. M2 西南壁妇人侍酒

2. M2 西南壁折枝梅花

彩版六九　M2 西南壁局部

1．M2 西壁

2．M2 西壁墓主人

3．M2 西壁墓主人

彩版七〇　M2 西壁

彩版七一　M2 西壁

1. M2 西北壁

2. M2 西北壁折枝梅花

彩版七二　M2 西北壁

彩版七三　M2 西北壁局部

1. M2 北壁

2. M2 北壁妇人启门

彩版七四　M2 北壁

彩版七五　M2 北壁局部

1. M2 东北壁

2. M2 东北壁局部

彩版七六　M2 东北壁

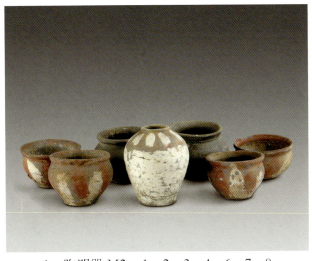

1. 陶明器 M2：1、2、3、4、6、7、8

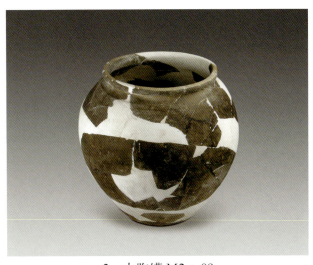

2. 大陶罐 M2：09

3. 陶魂瓶 M2：5

4. 铁牛 M2：9

4. 磨刀石 M2：08

彩版七七　M2 出土遗物

1. 白釉碗 M2：01

2. 白釉碗 M2：01 内底

3. 白釉碗 M2：02

4. 白釉碗 M2：02 外底

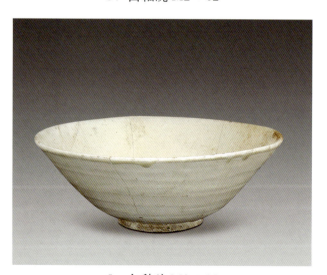

5. 白釉碗 M2：05

1. 白釉碗 M2：06

2. 白釉折腰盘 M2：03

3. 白釉盘 M2：04

4. 白釉盘 M2：04 外底

5. 绿釉黑地腰圆形枕 M2：07

彩版七九　M2 出土瓷器

1. 绿釉黑地腰圆形枕 M2：07

2. 绿釉黑地腰圆形枕 M2：07

彩版八〇　M2 出土瓷枕

1. M3 全景

2. M3 封门情况

彩版八一　　M3

1. M3 土圹与墓顶

2. M3 墓室（俯视）

彩版八二　M3

彩版八三　M3 北壁（墓门）

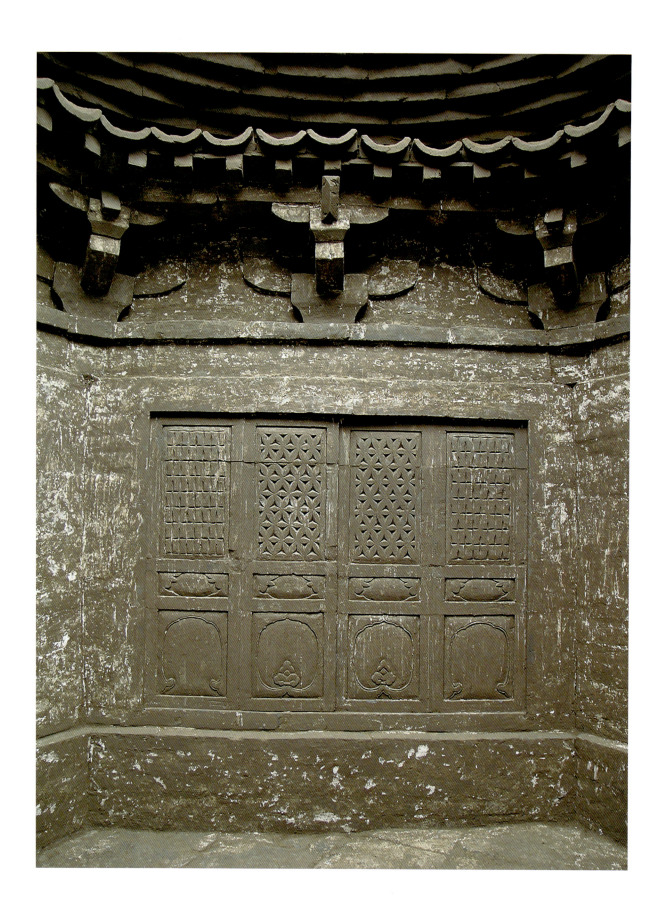

彩版八四　M3 东北壁

彩版八五　M3 东南壁

彩版八六　M3 南壁

彩版八七　M3 西南壁

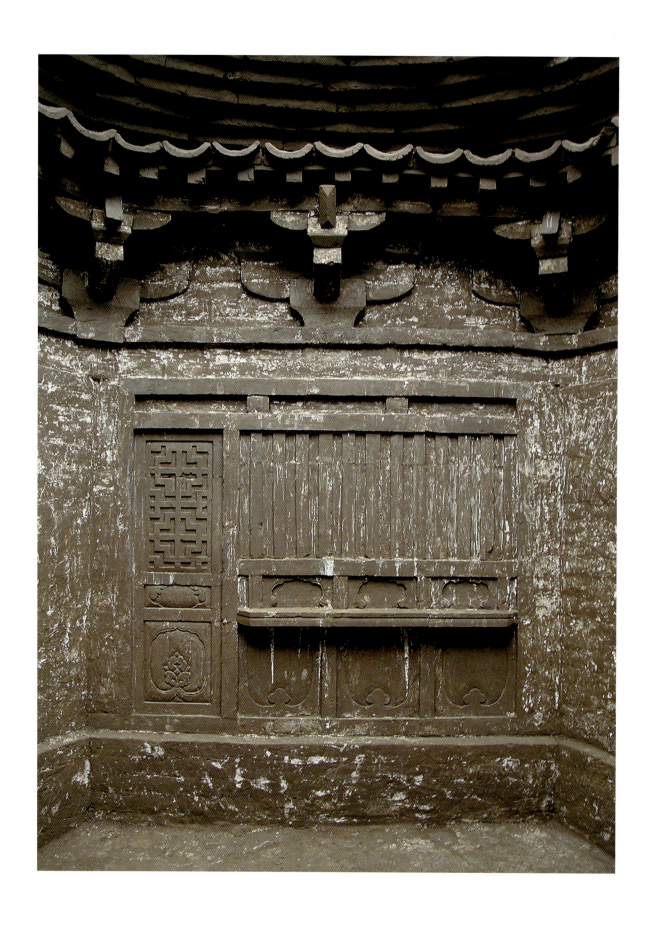

彩版八八　M3 西北壁

1. M3 东北壁隔扇门

2. M3 西南壁上的斗栱

彩版八九　M3 隔扇门与斗栱

1. M3 东北壁隔扇门局部

2. M3 东北壁隔扇门局部

3. M3 东北壁隔扇门局部

4. M3 东北壁隔扇门局部

彩版九〇　M3 东北壁局部

1. M3 南壁砖雕板门

2. M3 南壁砖雕板门西侧灯台

3. M3 西南壁板棂窗

彩版九一　M3 南壁、西南壁局部

1. M3 西北壁门与窗

2. M3 西北壁局部

3. M3 西北壁局部

彩版九二　M3 西北壁局部

1. 陶明器 M3：3、4、5

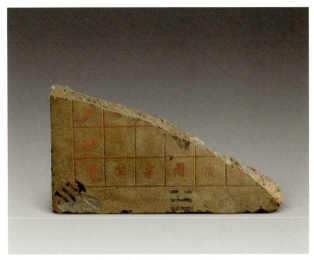

3. 地心砖 M3：001

2. 买地券 M3：01

4. 白釉碗 M3：1

5. 黑釉兔毫碗 M3：2

彩版九三　M3 出土遗物

1. M4 全景

2. M4 墓门（由外向内）

彩版九四　M4

1. M4 墓室（俯视）

2. 陶明器 M4：02、03、1、3、4、6、7

3. 带盖陶罐 M4：02、03

彩版九五　M4 及出土遗物

1. M4 南壁东侧

2. M4 南壁西侧

彩版九六　M4 南壁

1．M4 西壁北侧

2．M4 西壁南侧

彩版九七　M4 西壁

1．M4 北壁西侧

2．M4 北壁东侧

彩版九八　M4 北壁

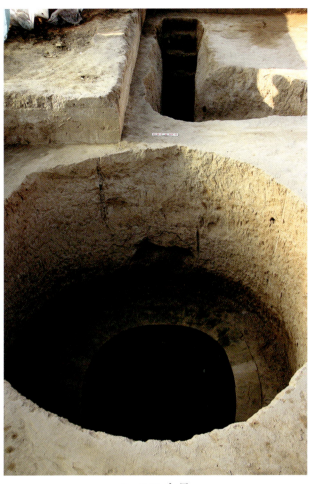

1. M5 全景

2. M5 墓道

1. M5 墓门封门情况

2. M5 墓门匾额

3. M5 墓门（由外向内）

彩版一〇〇　M5 墓门

1. M5 土圹与墓顶

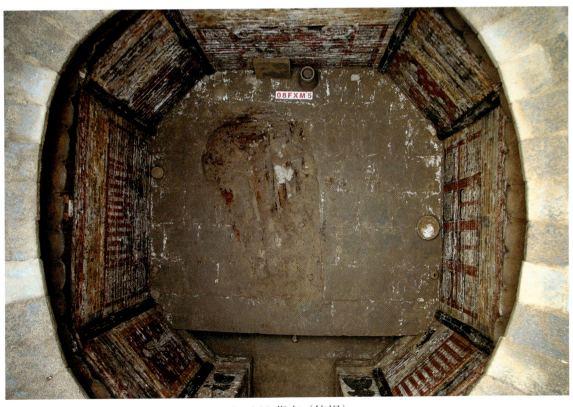

2. M5 墓室（俯视）

1. M5 明堂地心出土层位

2. M5 明堂地心下所压"茔地图"

3. M5 明堂地心砖

4. M5 明堂地心上发现买地券纪年局部

1．M5 明堂

2．M5 明堂

彩版一〇三　M5 明堂

彩版一〇四　M5 南壁（墓门）

彩版一〇五　M5 南壁临摹图

1. M5 墓门西侧男侍

2. M5 墓门东侧男侍

彩版一〇六　M5 墓门男侍

彩版一〇七　M5 西南壁

彩版一〇八　M5 西南壁"妇人启门"壁画

彩版一○九　M5 西南壁"妇人启门"临摹图

彩版一一○　M5 西壁

彩版一一一　M5西壁"换钞"壁画

彩版一一二　M5 西壁"换钞"临摹图

彩版一一三　M5 西北壁

彩版一一四　M5 西北壁"香积厨"壁画

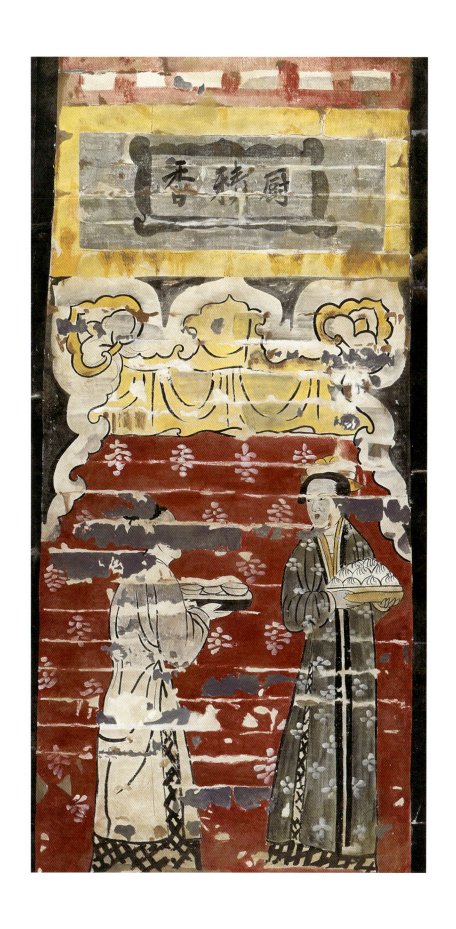

彩版一一五　M5 西北壁"香积厨"临摹图

彩版一一六　M5 北壁

彩版一一七　M5 北壁墓主人壁画

彩版一一八　M5 北壁墓主人临摹图

彩版一一九　M5 东北壁

1. M5 东北壁 "茶酒位" 图

2. M5 东北壁人物特写

3. M5 东北壁人物特写

彩版一二〇 M5 东北壁壁画局部

彩版一二一　M5 东北壁"茶酒位"临摹图

彩版一二二　M5 东壁

彩版一二三　M5 东壁临摹图

彩版一二四　M5 东南壁

彩版一二五　M5 东南壁临摹图

1. M5 甬道西侧门神

2. M5 甬道西侧门神临摹图

彩版一二六　M5 甬道西侧门神

1. M5 甬道东侧门神

2. M5 甬道东侧门神临摹图

彩版一二七　M5 甬道东侧门神

1. M5门楼上绘制的菊花

2. M5门楼栱眼内绘制的牡丹

彩版一二八　M5门楼局部壁画

1. 陶明器 M5：1、5、6、7

2. 明堂陶罐 M5：003

3. 陶魂瓶 M5：3

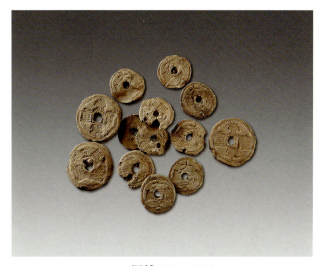

4. 泥钱 M5：005

5. 铁牛 M5：8

6. M5 明堂中出土墨块 M5：007（已炭化）

彩版一二九　M5 出土遗物

1. 澄泥砚 M5：004

2. 澄泥砚 M5：004 背面

3. 澄泥砚 M5：004 背面

5. 澄泥砚 M5：004 背面戳记

4. 澄泥砚 M5：004 背面局部

彩版一三〇　M5 出土澄泥砚

1. M5 明堂复原

2. 明堂地心砖 M5：002

彩版一三一　M5 出土遗物

1. 墓室内的买地券 M5：4

2. 明堂内的买地券 M5：001

彩版一三二　M5 出土买地券

1. 白釉碗 M5：2

4. 绿釉划花牡丹纹八角形枕 M5：02

2. 白釉碗 M5：2 外底

5. 绿釉划花牡丹纹八角形枕 M5：02

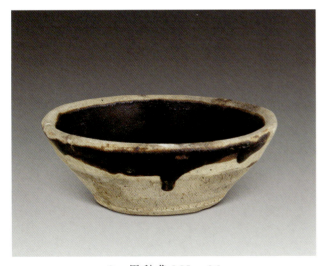

3. 黑釉盏 M5：06

1. 绿釉划花牡丹纹八角形枕 M5：02

2. 绿釉划花牡丹纹八角形枕 M5：02

彩版一三四　M5 出土瓷枕

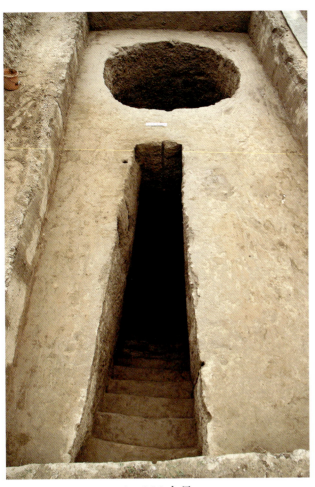

1. M6 全景

2. M6 墓门封门情况

3. M6 墓道旁残存的彩绘土雕

1. M6 土圹与墓顶

2. M6 墓门特写

彩版一三六　M6

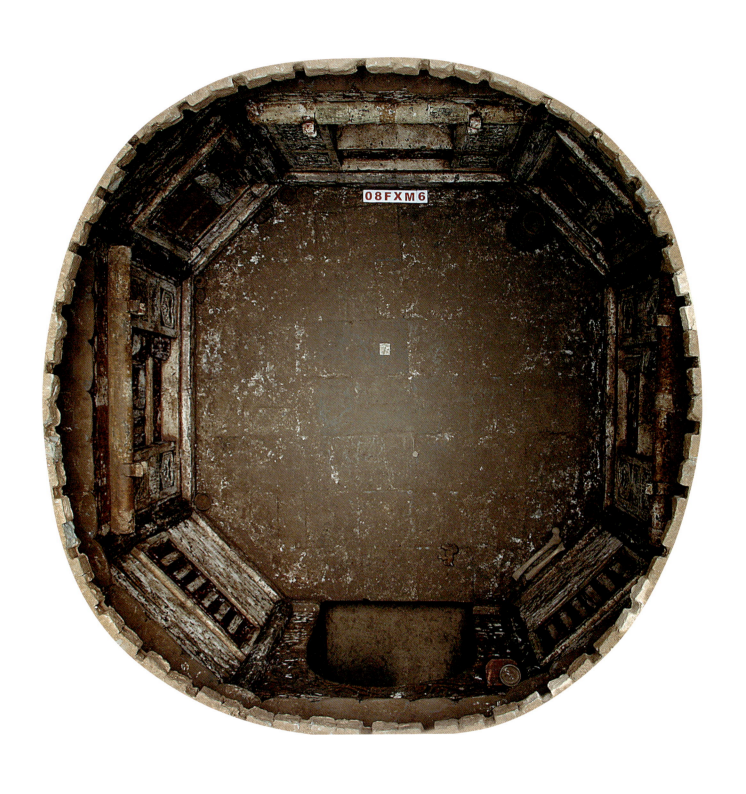

彩版一三七　M6墓室（俯视）

彩版一三八　M6 北壁（墓门）

彩版一三九　M6 东北壁

彩版一四〇　M6 东壁

1. M6 东壁局部

2. M6 东壁人物特写

彩版一四一　M6 东壁局部

彩版一四二　　M6 东南壁

彩版一四三　M6 东南壁"妇人启门"特写

彩版一四四　M6 南壁

彩版一四五　M6 南壁墓主人特写

彩版一四六　M6 西南壁

1．M6 西南壁特写

2．M6 西壁人物特写

彩版一四七　M6 西南壁及西壁局部

彩版一四八　M6 西壁

彩版一四九　M6 西北壁

1. 陶明器 M6：3、4、5、6、7、8、9

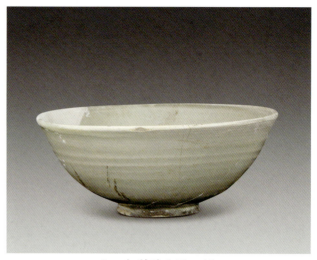

3. 白釉碗 M6：01

2. 陶魂瓶 M6：2

4. 白釉碗 M6：1

5. 白釉盘 M6：02

彩版一五〇　M6 出土遗物

1. M47 全景

2. M47 墓室

彩版一五一　M47

1. M12 全景

2. M12 东壁

彩版一五二　M12

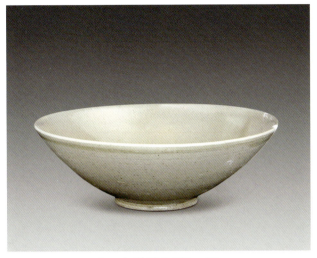

1. 白釉碗 M12：01

4. 白釉黑花瓷盘 M12：1

2. 白釉碗 M12：01 外底

5. 白釉黑花瓷盘 M12：1 外底

3. 白釉黑花瓷盘 M12：1

1. M13 土圹与墓顶

2. M13 墓室俯视（北—南）

彩版一五四　　M13

1. 白釉碗 M13：3

2. 白釉碗 M13：3

3. 黑釉碗 M13：1

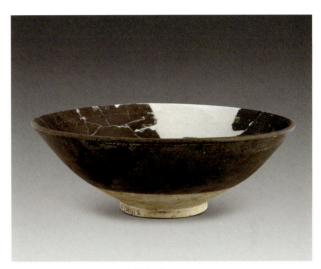

4. 褐釉碗 M13：2

5. 褐釉碗 M13：8

6. 褐釉盏 M13：7

彩版一五五　M13 出土瓷器

1. 黑釉盘 M13：5

2. 褐釉盘 M13：4

3. 褐釉盘 M13：9

4. 黑釉梅瓶 M13：6

5. 黑釉梅瓶 M13：6 外底

彩版一五六　M13 出土瓷器

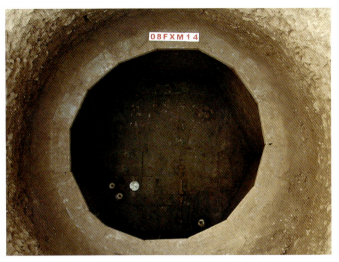

1. M14 墓室全景

2. 白釉碗 M14：2

4. 黑釉盘 M14：3

3. 黑釉碗 M14：1

5. 黑釉盘 M14：4

彩版一五七　M14 及出土瓷器

1. M15 墓室（俯视）

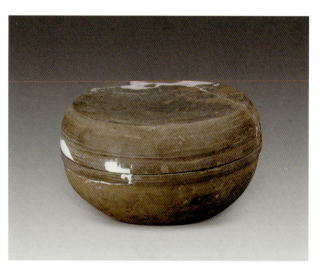

2. 陶盒 M15：1

4. 黑釉罐 M15：01

3. 褐釉盏 M15：2

5. 铜钗 M15：3

彩版一五八　M15 及出土遗物

1. M16 土圹与墓顶

2. M16 墓室（俯视）

彩版一五九　M16

1. M16东壁铺作

2. M16斗栱正视

3. 白釉碗 M16：2

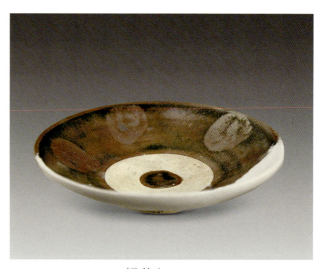

4. 褐釉盘 M16：1

5. 黑釉罐 M16：01

6. 铜钗 M16：3、4

彩版一六○　M16及出土遗物

1. M18全景

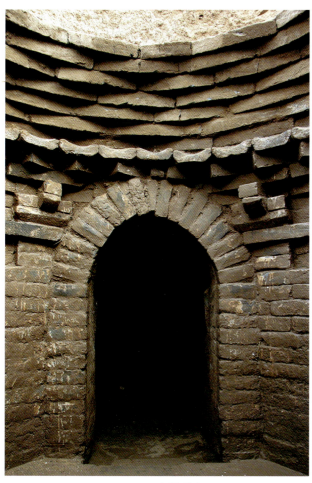

2. M18南壁墓门

1. M18 土圹与墓顶

2. M18 墓室（俯视）

彩版一六二　M18

1. 陶盘 M18：2

4. 黑釉碗 M18：4

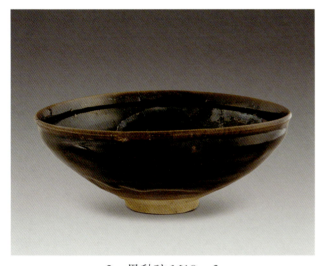

2. 黑釉碗 M18：3

5. 黑釉碗 M18：4 外底

3. 黑釉碗 M18：3 外底

6. 黑釉玉壶春瓶 M18：01

彩版一六三　M18 出土遗物

1. M19 土圹与墓顶

2. M19 墓室（俯视）

1. M19 封顶石

2. 黑釉碗 M19：2

3. 黑釉碗 M19：5

4. 黑釉碗 M19：11

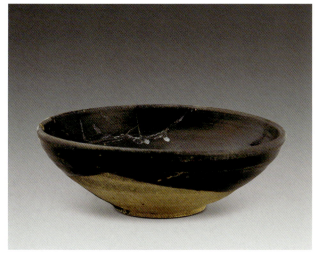

5. 黑釉碗 M19：3

6. 黑釉盘 M19：01

彩版一六五　M19 出土遗物

1. 黑釉盘 M19：9

2. 褐釉盘 M19：7

3. 黑釉碗 M19：6

4. 褐釉盘 M19：8

5. 褐釉盘 M19：10

6. 黑釉盘 M19：4

彩版一六六　M19 出土瓷器

1. M20 全景

2. M20 土圹

彩版一六七　M20

1. M21 墓室（俯视）

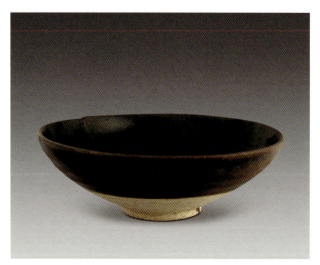

2. 黑釉碗 M21：1

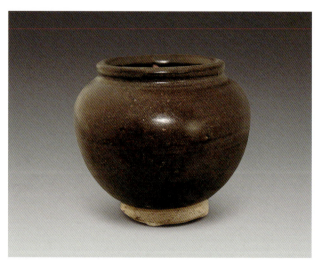

3. 褐釉罐 M21：2

彩版一六八　M21 及出土瓷器

1. M7全景

2. M7墓门封门情况

彩版一六九　M7

1. M7 土圹与墓顶

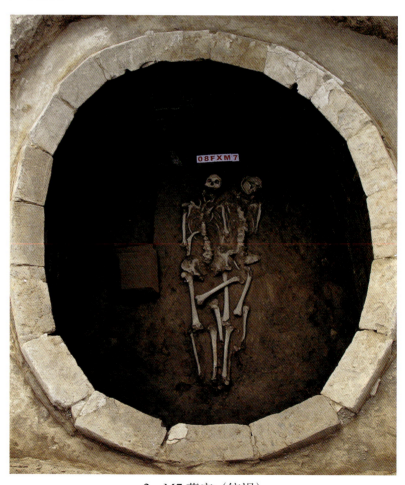

2. M7 墓室（俯视）

彩版一七〇　M7

1. M7 墓志出土情况

2. 陶罐 M7：01

3. 陶罐 M7：02

彩版一七一　M7 及出土遗物

1. M8 墓室

2. 方形花砖 M9:1

3. M9 垒砌用条砖

1. M9墓室

2. M10墓室

彩版一七三　M9 与 M10

1. 陶罐 M10：2

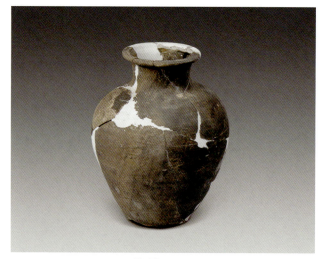

2. 陶罐 M10：3

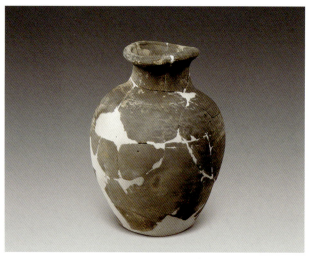

3. 陶罐 M10：4

4. 陶罐 M10：5

5. 石墓志盖 M10：1

彩版一七四　M10 出土遗物

1. M11 墓室

2. M11 泥俑出土情况

彩版一七五　M11

1. 陶罐 M11：1

2. 陶罐 M11：4

3. 陶罐 M11：7

4. 陶罐 M11：6

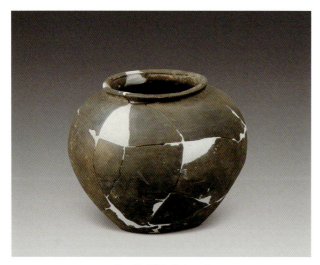

5. 陶罐 M11：8

6. 陶磨盘 M11：9

彩版一七六　M11 出土遗物

1. 泥俑头 M11：3

2. 泥俑头 M11：10

3. 铜带饰 M11：12

4. 石墓志 M11：2、5

5. 石墓志 M11：2

6. 石墓志 M11：2

彩版一七七　M11 出土遗物

1. M36 墓室（东－西）

2. 黑釉罐 M36：3

3. 黑釉罐 M36：4

4. 玉耳环 M36：1

5. 铜扣 M36：2

彩版一七八　M36 及出土遗物

1. 陶瓦 M36：5（外侧）

2. 陶瓦 M36：5（内侧）

3. 陶瓦 M36：6（外侧）

4. 陶瓦 M36：6（内侧）

5. 陶砖 M36：7

彩版一七九　M36 出土遗物

1. M37 土圹与墓顶

2. M37 墓室（南—北）

1．M37 东壁

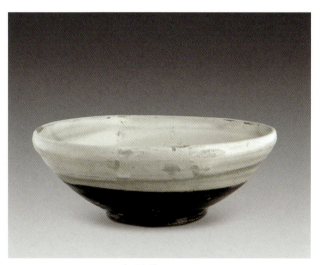

2．白釉碗 M37：01

3．褐釉盏 M37：02

4．黑釉罐 M37：1

5．黑釉罐 M37：2

彩版一八一　M37 及出土瓷器

1. M38 土圹与墓顶

2. M38 墓室（俯视）

彩版一八二　M38

1. M38 墓门

2. M38 南壁

彩版一八三　M38

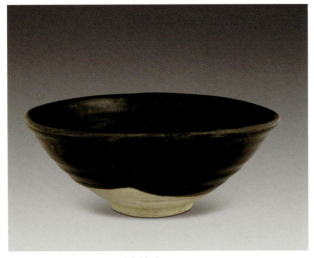

1. 黑釉碗 M38：2

2. 黑釉碗 M38：3

3. 褐釉盏 M38：1

4. 褐釉盏 M38：7

5. 黑釉罐 M38：5

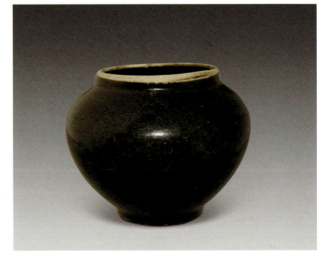

6. 黑釉罐 M38：6

彩版一八四　M38 出土瓷器

1. M25 墓室

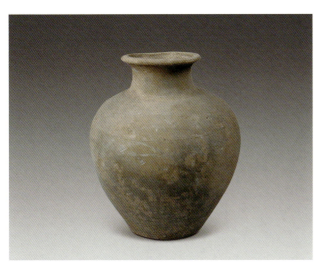

2. 陶罐 M25：1

3. 陶罐 M25：2

4. 白釉碗 M25：01

5. 青釉轴顶钵 M25：02

彩版一八五　M25 及出土遗物

1. M26 土圹与墓顶

2. M26 墓门二次葬用土坯封门情况

1. M26 墓室（俯视）

2. M26 墓门及随葬品

彩版一八七　M26

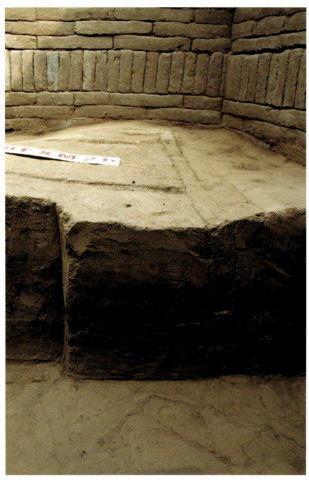

1. M26 木棺床解剖

2. 陶罐 M26：2

3. 陶罐 M26：6

4. 陶墓志 M26：1

5. 陶墓志 M26：1

彩版一八八　M26 棺床及出土遗物

1. M27 墓室（俯视）

2. M28 墓室（俯视）

彩版一八九　M27 与 M28

1. 黑釉碗 M28：1

2. 黑釉碗 M28：2

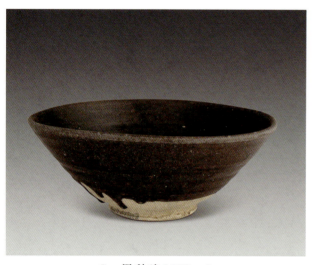

3. 黑釉碗 M28：3

4. 黑釉碗 M28：4

5. 黑釉盏 M28：5-1、5-2

彩版一九〇　M28 出土瓷器

1. M29 土圹与墓顶

2. M29 墓室（俯视）

彩版一九一　M29

1. M29 墓室（俯视）

2. M29 墓室内壁装饰

彩版一九二　M29

1．M29 简易斗栱

3．黑釉罐 M29：1

2．M29 瓷器出土情况

4．黑釉罐 M29：2

彩版一九三　M29 斗栱及出土瓷器

1. M30 土圹与墓顶

2. M30 墓室

彩版一九四　M30

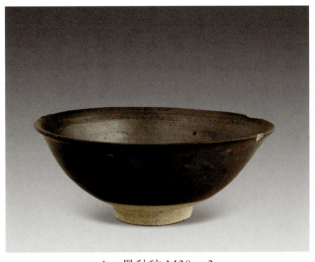

1. 黑釉碗 M30：3

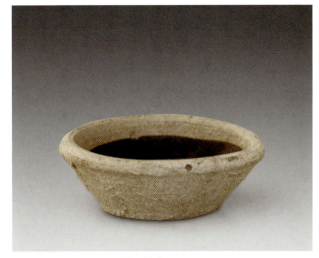

2. 褐釉盏 M30：4

3. 黑釉罐 M30：2

4. 黑釉罐 M30：2 外底

5. 黑釉碗 M31：1

6. 黑釉罐 M31：2

彩版一九五　M30 与 M31 出土瓷器

1. M31 全景

2. M31 墓室（俯视）

彩版一九六　M31

1. M32 墓室

2. M33 全景

彩版一九七　M32 与 M33

1. M34 墓室（俯视）

2. 褐釉碗 M34：2

4. 黑釉碗 M34：3

3. 褐釉碗 M34：2 内底

5. 褐釉盏 M34：4

彩版一九八　M34 及出土瓷器

1．黑釉罐 M34：5

2．褐釉罐 M34：6

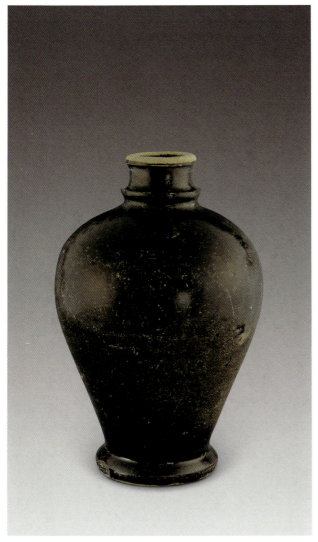

4．黑釉梅瓶 M34：1

3．骨簪 M34：7

5．黑釉梅瓶 M34：1 外底

彩版一九九　M34 出土遗物

1. 08FXM5-1 黑色颜料分析区域显微照片
（激光器波长：532nm；能量：40%）

2. 08FXM5-2 白色颜料分析区域显微照片
（激光器波长：532nm；能量：50%）

3. 08FXM5-4 红色颜料分析区域显微照片
（激光器波长：780nm；能量：100%）

4. 08FXM34-5 红色颜料分析区域显微照片
（激光器波长：780nm；能量：16%）